Fahrradlust
Berlin und Umgebung
25 Traumtouren
für Pedalritter und E-Bike-Entdecker

GPS-Daten zum Download

www.kompass.de/gps

Kostenloser Download der GPS-Daten der im Fahrradbuch enthaltenen Fahrradtouren.

INHALT

TOURENÜBERSICHT

ALL DAS MACHT MIR

Fahrradlust

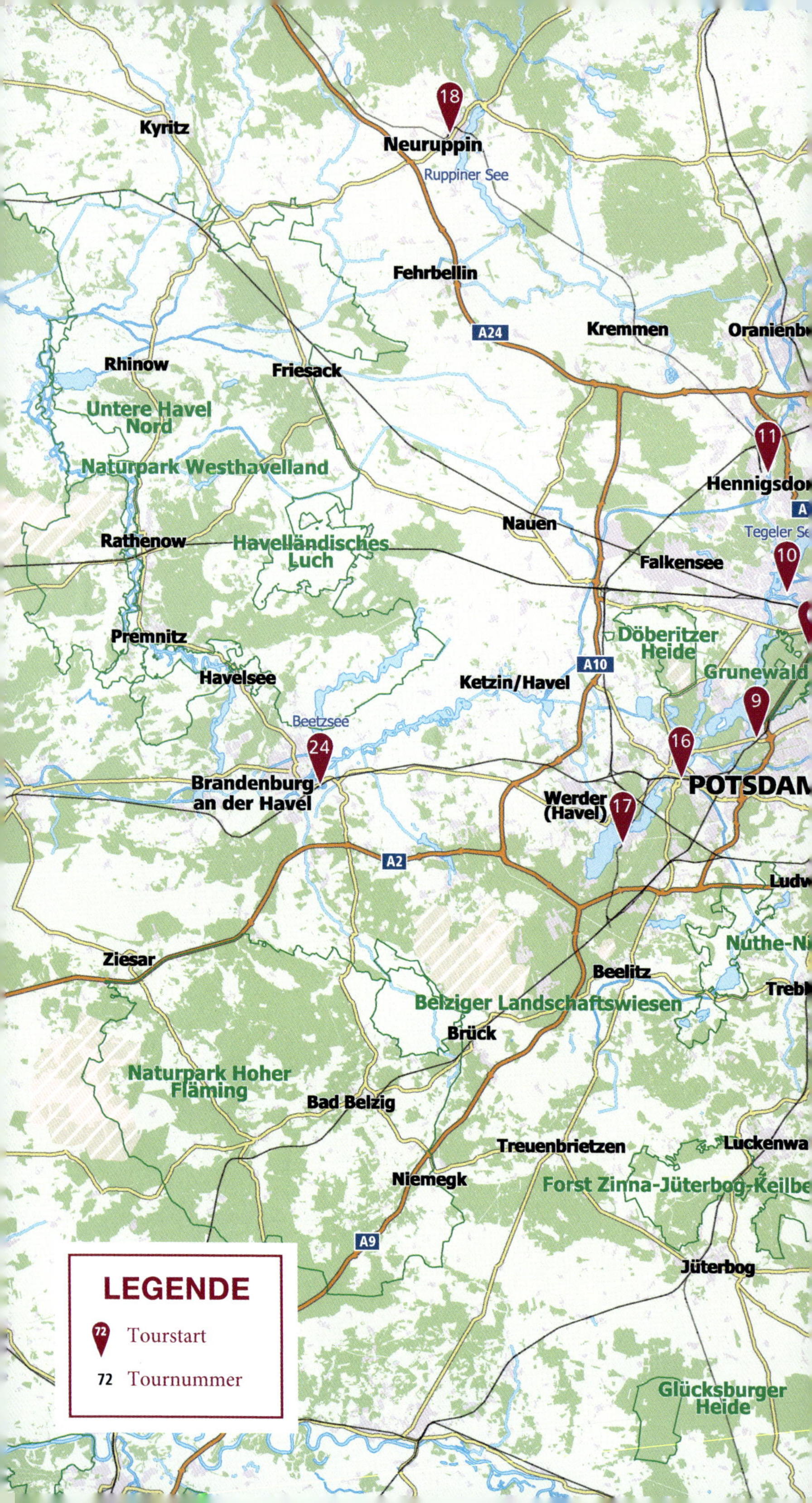

Kyritz
18
Neuruppin
Ruppiner See
Fehrbellin
A24
Kremmen
Rhinow
Friesack
Untere Havel Nord
Naturpark Westhavelland
11
Hennigsdo
Nauen
Tegeler Se
Rathenow
Havelländisches Luch
Falkensee
10
Premnitz
Döberitzer Heide
A10
Grunewald
Havelsee
Ketzin/Havel
9
Beetzsee
24
16
Brandenburg an der Havel
POTSDAM
Werder (Havel)
17
A2
Ludw
Nuthe-N
Ziesar
Beelitz
Trebb
Belziger Landschaftswiesen
Brück
Naturpark Hoher Fläming
Bad Belzig
Treuenbrietzen
Luckenwa
Niemegk
Forst Zinna-Jüterbog-Keilbe
A9
Jüterbog
LEGENDE
72 Tourstart
72 Tournummer
Glücksburger Heide

ÜBERSICHTSKARTE

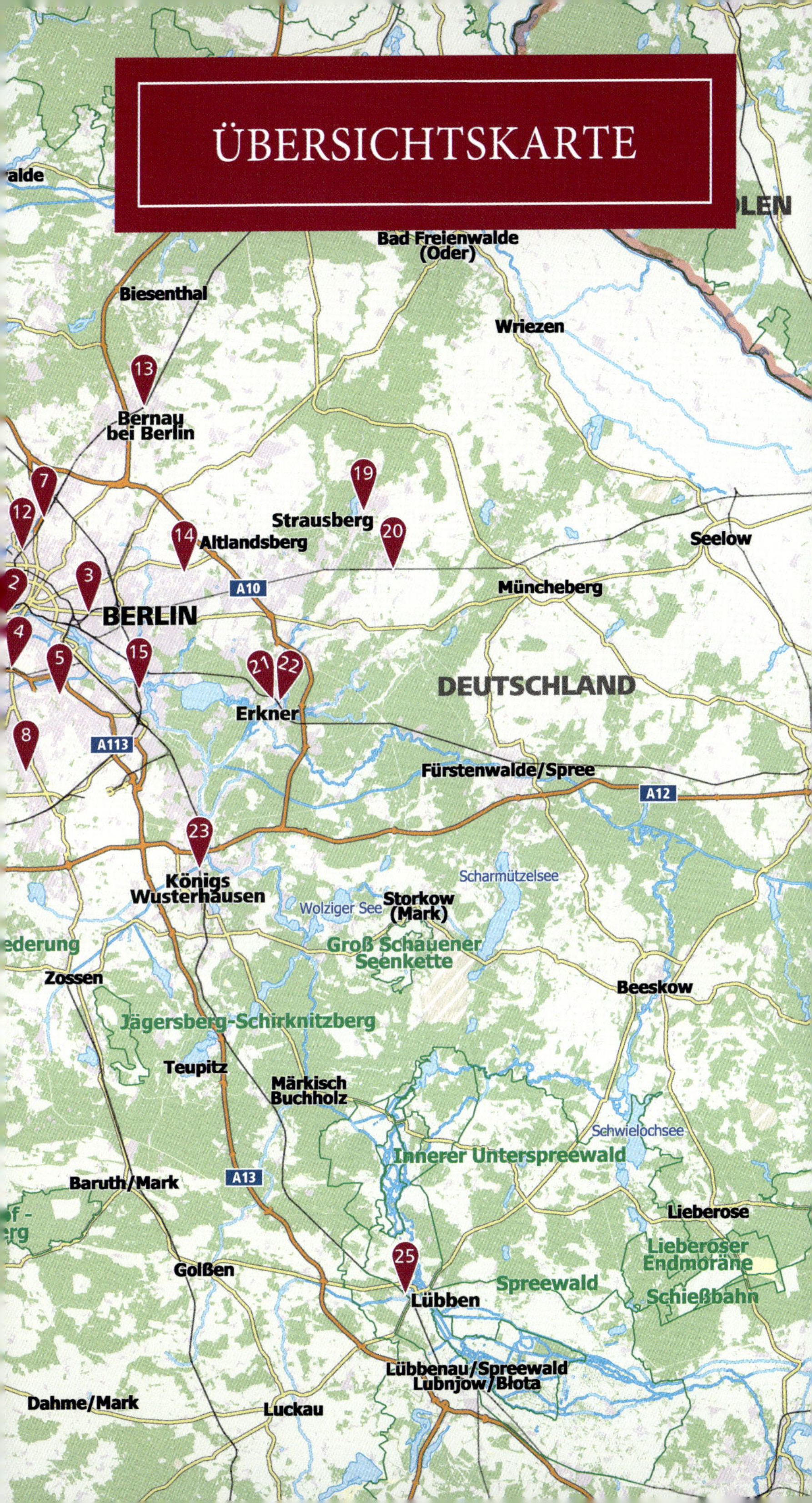

WISSENSWERT - PRAKTISCH

Tourenplanung

Ohne große Erfahrung plant man am Anfang besser eher kürzere Touren. Wenn man sein Konditionslevel nicht kennt, ist es hilfreich, vorab mit beladenem Tourenrad eine Testfahrt zu unternehmen. Dabei sollte man möglichst ohne große Anstrengung fahren, da es auf die Ausdauer und nicht auf die Geschwindigkeit ankommt. So wird schnell klar, bei welcher durchschnittlichen Tageskilometer-Leistung die eigene Komfortzone liegt und was die Stärken und Schwächen des Rades und der Sitzposition sind. Des Weiteren gilt es, regelmäßig Pausen einzuplanen und nicht vergessen sich zu verpflegen.

Wie viele Kilometer schafft man? Pauschal kann dies nicht beantwortet werden, da zu viele Faktoren eine Rolle spielen wie u.a. die eigene Kondition, das Gepäck, die zu überwindenden Höhenmeter oder auch das Wetter. Starker Gegenwind kann die Durchschnittsgeschwindigkeit halbieren. Mit dem E-Bike kann die Distanz schnell um 20–30 % oder sogar 50 % und mehr gesteigert werden. Die nachfolgende Auflistung zeigt Erfahrungswerte, also Tages-Distanzen in Abhängigkeit vom Konditionslevel für Radtouren in ebenem bis mäßig hügeligem Gelände und dient der groben Orientierung:

< 30 km	relativ einfach (Anfänger und Etappen mit Kindern)
30–40 km	gemütlich (häufige Pausen und größere Gruppen)
40–50 km	durchschnittlich (ab 50 km sind Sportliche gut dabei)
50–80 km	erhöhte Kondition (nach Training gut machbar)
80–120 km	gute Kondition (mit viel Gepäck benötigt man für 120 km den ganzen Tag)
> 120 km	sehr gute Kondition

Anreise mit dem Zug

Umweltfreundlich, mit Freunden als Gruppe und ohne Stau. Mit genügend Vorlaufzeit und Planung gelingt die An- und Abreise mit dem Zug problemlos. Die Frage, wie man nach der Radtour das am Start abgestellte Auto erreicht, stellt sich erst gar nicht. Informationen bieten die folgenden Adressen.

Die Fahrradmitnahme kann je nach Anbieter und Verbindung variieren und sollte vorab geprüft werden.

Alle Informationen über die Mitnahme des Fahrrads bei der Deutschen Bahn:
www.bahn.de

Informationen über die Fahrradmitnahme in den Zügen der Österreichischen Bundesbahnen:
www.oebb.at

Notruf

Über die kostenlose Telefonnummer 112 erreichst du in ganz Deutschland automatisch die nächstgelegene Rettungsleitstelle und können dort Unfälle, medizinische Notfälle oder Feuer melden – und zwar sowohl aus dem Fest- als auch aus jedem Mobilfunknetz. Wenn du die 112 wählst, ist für die Rettungskräfte sehr wichtig, dass du den Notfall knapp und präzise beschreibst. Dabei können dir die sogenannten W-Fragen helfen:

- Wo ist der Notfall/Unfall passiert?
- Was ist geschehen?
- Wie viele Verletzte gibt es?
- Welche Art der Verletzung?

Wettervorhersage

Deutscher Wetterdienst
www.dwd.de
Wetter im Internet
www.wetteronline.de
www.wetter24.de
www.tagesschau.de/wetter/deutschland
www.wetter.com
www.wetter.tv/de-DE

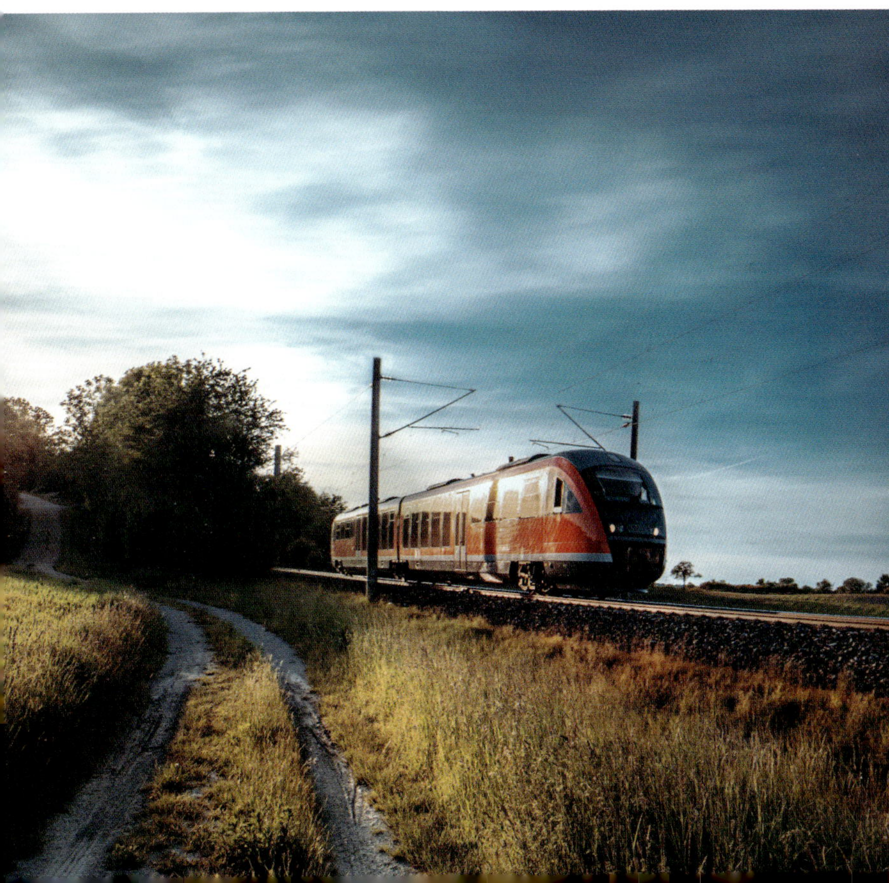

VORBEREITUNG

Tipps vom Experten

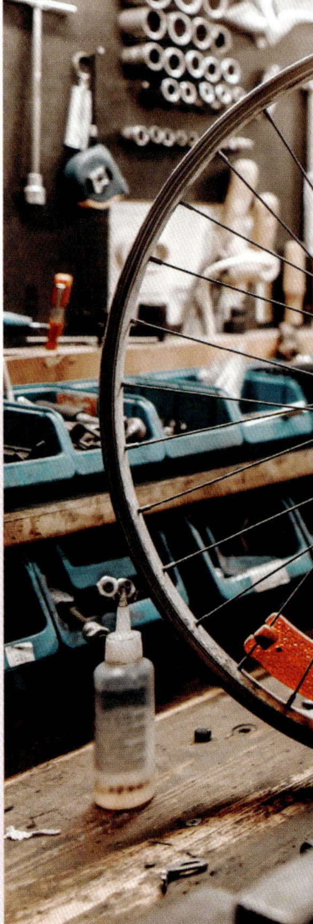

Die Profis von Diamant blicken auf eine über 135-jährige Geschichte zurück. Für uns haben sie das Wichtigste zusammengeschrieben, damit die Fahrradtour gelingt.

Checkliste vor jeder Fahrt:

- Lenker und Vorbau kontrollieren
- Laufräder prüfen (Reifendruck, Befestigung etc.)
- Bremsen testen (Bremsbelag, Scheiben, Felgen etc.)
- Kettenspannung überprüfen
- Sattel (Sitz) und Sattelstütze kontrollieren
- Federung prüfen und Wartungsintervall checken
- Beleuchtung und Reflektoren sicherstellen
- Rahmen und Gabel begutachten
- Akku beim Elektrorad prüfen
- Pannenset & Kompatibilität kontrollieren

Die Länge einer Tour hängt von vielen Faktoren ab. Insbesondere von der eigenen Kondition, der Motivation, den Wetter- und Wegebedingungen und natürlich auch von den Wegbegleitern. Greift man auf ein Elektrorad zurück, sind weitere Faktoren zu beachten. Es ist sowohl vor Antritt als auch während einer Fahrt schwierig, die Reichweite der Akkuladung exakt vorherzusagen. Allgemein gilt jedoch:

Bei gleichem Unterstützungslevel des E-Bike-Antriebs: Je weniger Kraft du einsetzen musst, um eine bestimmte Geschwindigkeit zu erreichen (z.B. durch optimales Benutzen der Schaltung), umso weniger Energie wird der Antrieb verbrauchen und umso größer wird die Reichweite einer Akkuladung sein. Je höher der Unterstützungslevel bei ansonsten gleichen Bedingungen gewählt wird, umso geringer ist die Reichweite.

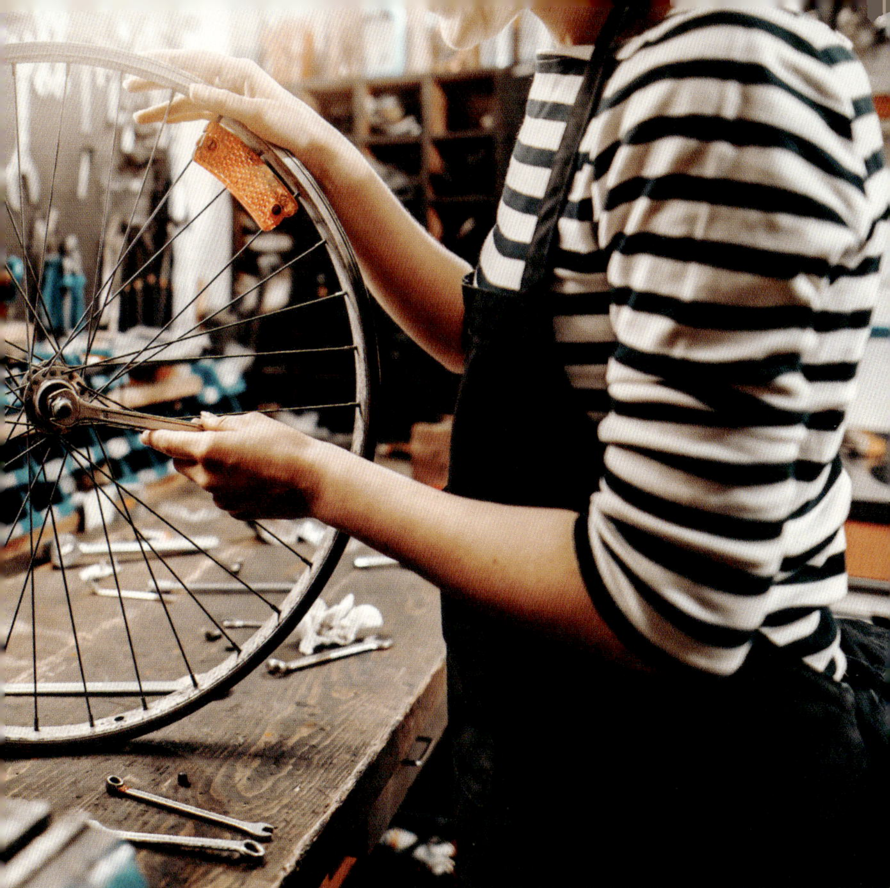

Spezielles zum Elektrorad

- Ganz wichtig: Mach dir bewusst, dass andere Verkehrsteilnehmer womöglich nicht damit rechnen, dass ein Elektrorad schneller fahren kann als ein herkömmliches Fahrrad. Außerdem erhöht eine schnellere Geschwindigkeit das Unfallrisiko.
- Überlaste den hinteren Gepäckträger nicht. Die maximal erlaubte Zuladung des hinteren Gepäckträgers beträgt in der Regel 20–25 kg.
- Reinige das E-Bike niemals mit einem Hochdruckreiniger. Die elektrischen Komponenten sind feuchtigkeitsempfindlich. Unter Hochdruck auftreffendes Wasser kann in Steckverbindungen und andere Teile des Elektrosystems eindringen.
- Akku vor längerer Nichtbenutzung auf bis etwa 60 % aufladen (normalerweise 3 bis 4 LEDs der Ladezustandsanzeige). Nach 6 Monaten den Ladezustand prüfen. Leuchtet nur noch eine LED der Ladezustandsanzeige, Akku wieder auf bis etwa 60 % aufladen.
- Es ist nicht empfehlenswert, den Akku dauerhaft am Ladegerät angeschlossen zu lassen.
- Wird der Akku längere Zeit in leerem Zustand aufbewahrt, kann er trotz der geringen Selbstentladung beschädigt und die Speicherkapazität stark verringert werden.

PRAKTISCH

Eingepackt

Was muss mit? Die Packliste hilft bei dieser Frage. Individuelle Anpassungen sind erforderlich, da jede Radreise einzigartig ist. Beutel und Packsäcke sorgen für Ordnung in den Packtaschen.

NAVIGATION

- Kartenmaterial, Radreiseführer
- Handy (Ladekabel, Akkus)
- GPS-Fahrradcomputer (Ladekabel, Akkus prüfen)

ALLGEMEINES

- Ausweise, Papiere, Telefonnummern
- Reisedokumente
- Bargeld, EC-Karte, Kreditkarte
- Stift & Notizbuch
- Stirnlampe/Taschenlampe (Ladekabel, Akkus prüfen)
- Wasserdichte Schutzhüllen f. Handy und Wertsachen
- Powerbank (mobile Stromversorgung)

FAHRRADSPEZIFISCH

- Tacho/Fahrradcomputer
- Getränkeflasche/Schlauch-Trinksystem
- Fahrradlicht vorne & hinten
- Fahrradwerkzeug für Standardreparaturen & Flickzeug
- Ersatzschlauch & Reifenheber
- Luftpumpe, Lappen
- Schloss
- E-Bike-Ladegerät nicht vergessen!

NOTIZEN

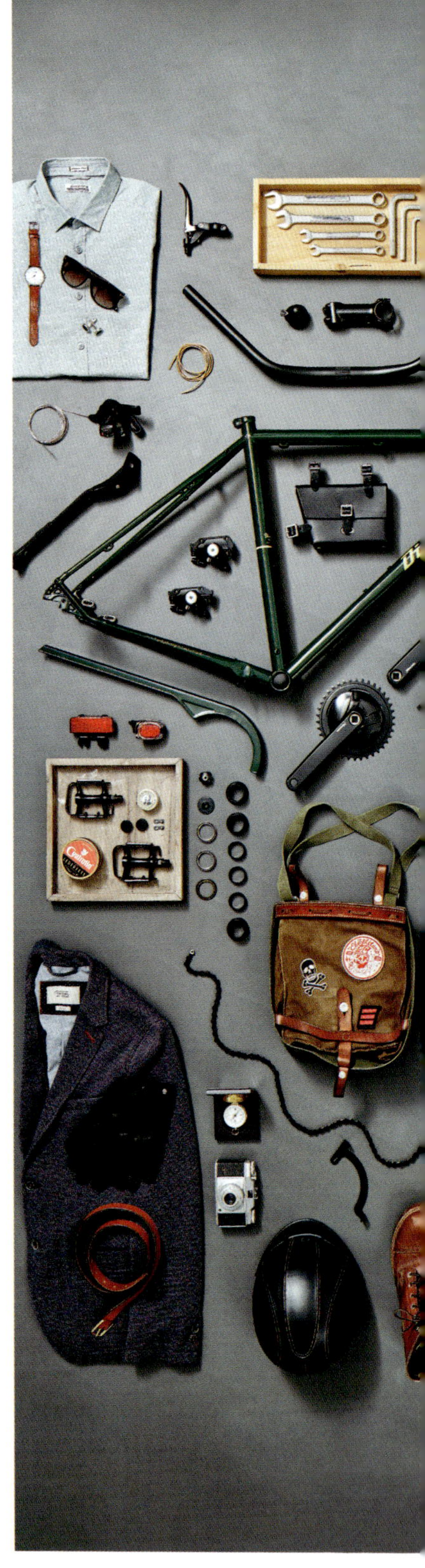

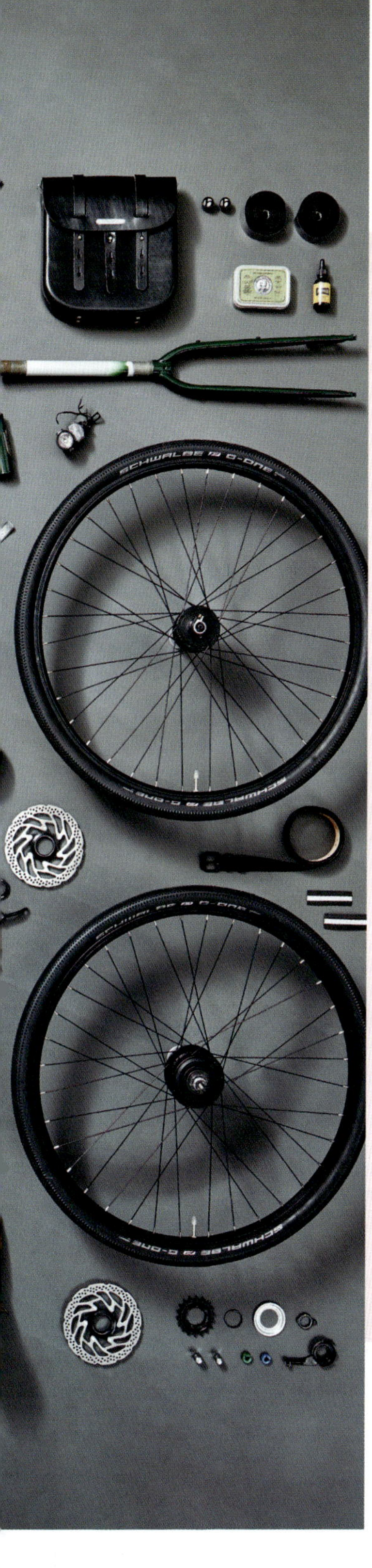

KLEIDUNG & SCHUTZ

- Tages- & Wechselkleidung
- Gepolsterte Radunterhose
- Leichte Isolationsjacke
- Regenjacke und Regenhose
- Eventuell Badezeug
- Radtourenschuhe
- Wechselschuhe oder Sandalen
- Sport-, Sonnenbrille (bruchsicher)
- Helm
- Unterhelmstirnband/-mütze
- Schlauchtuch/Buff
- Fahrradhandschuhe

REISEAPOTHEKE

- Erste-Hilfe-Set (ergänzt um pers. Medikamente)
- Desinfektionsmittel, Mundschutz, Seife
- Pflaster/Stretchverband
- Sonnen- & Insektenschutz
- Augentropfen
- Ohrstöpsel

SONSTIGES

- Ersatzbrille
- Fotoapparat (Speicherkarte & Akkus prüfen)
- Unterhaltung: Buch, Spielkarten, Zeitschrift …
- Kopfhörer
- Feuerzeug & Taschenmesser (optimal mit Schere)
- Spülmittel, Schwamm und Geschirrtuch
- Campingausrüstung (falls erforderlich)
- Geschirr & Besteck

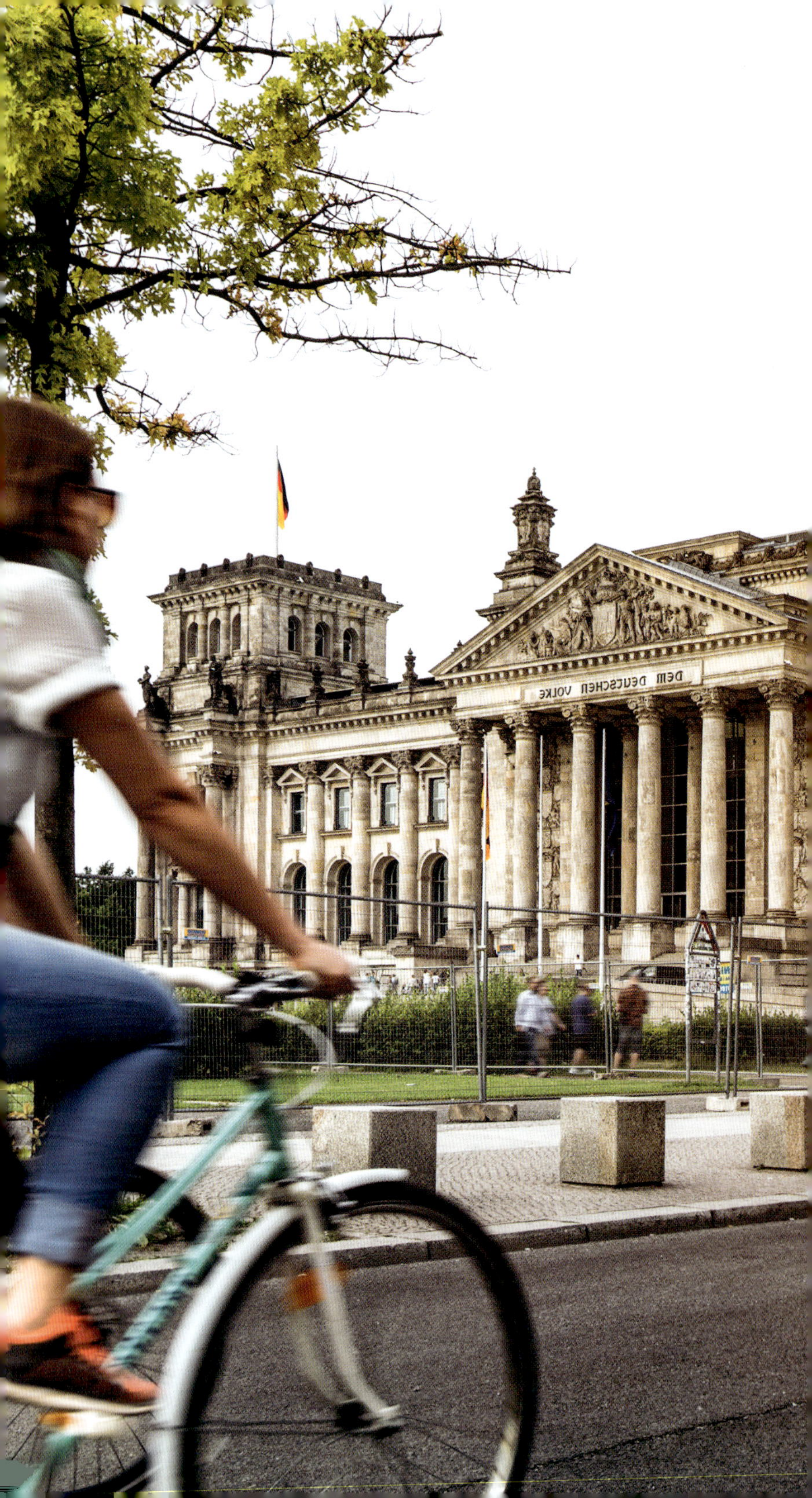
DEM DEUTSCHEN VOLKE

TOUREN 01 – 25
Beschreibungen

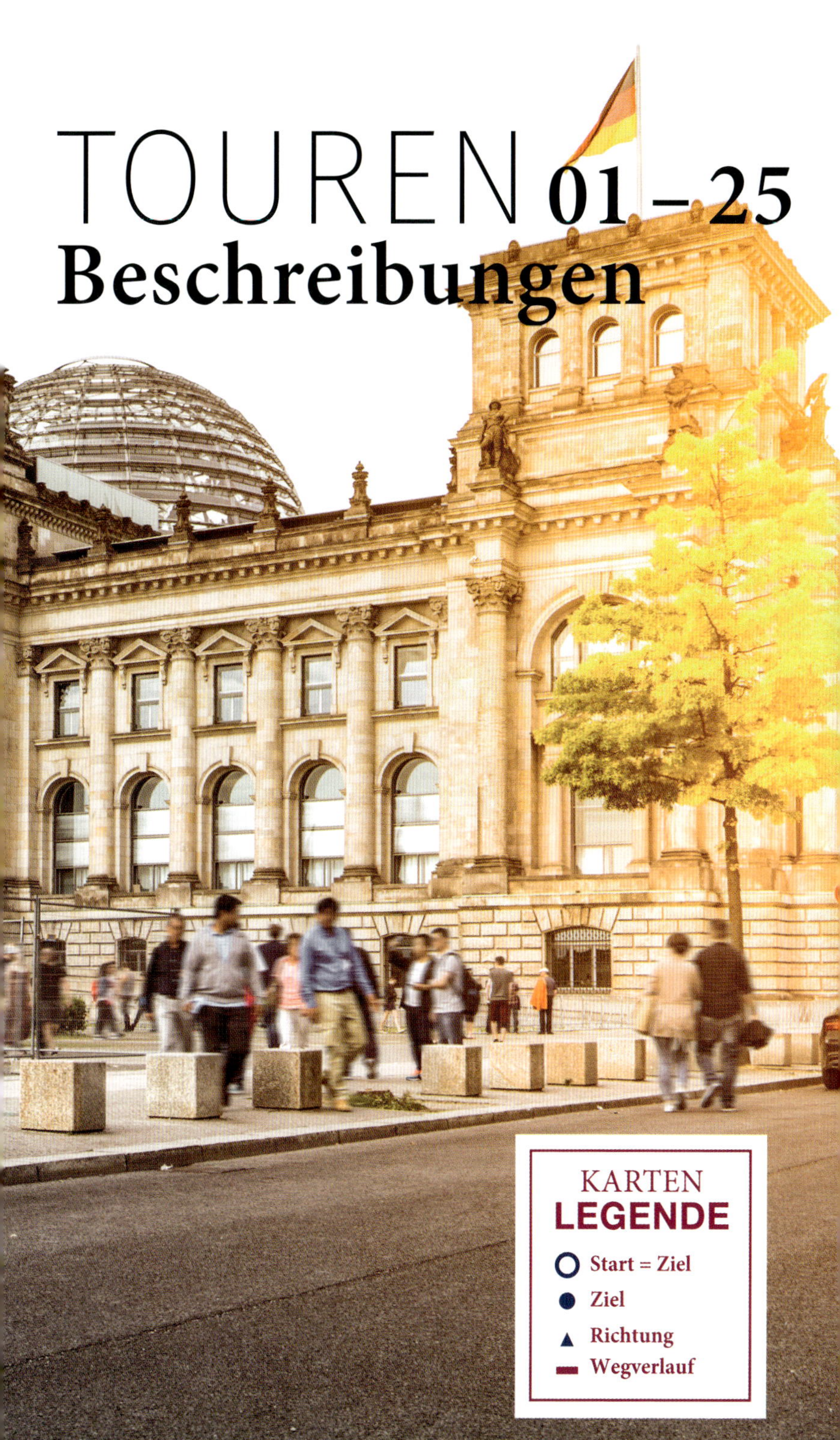

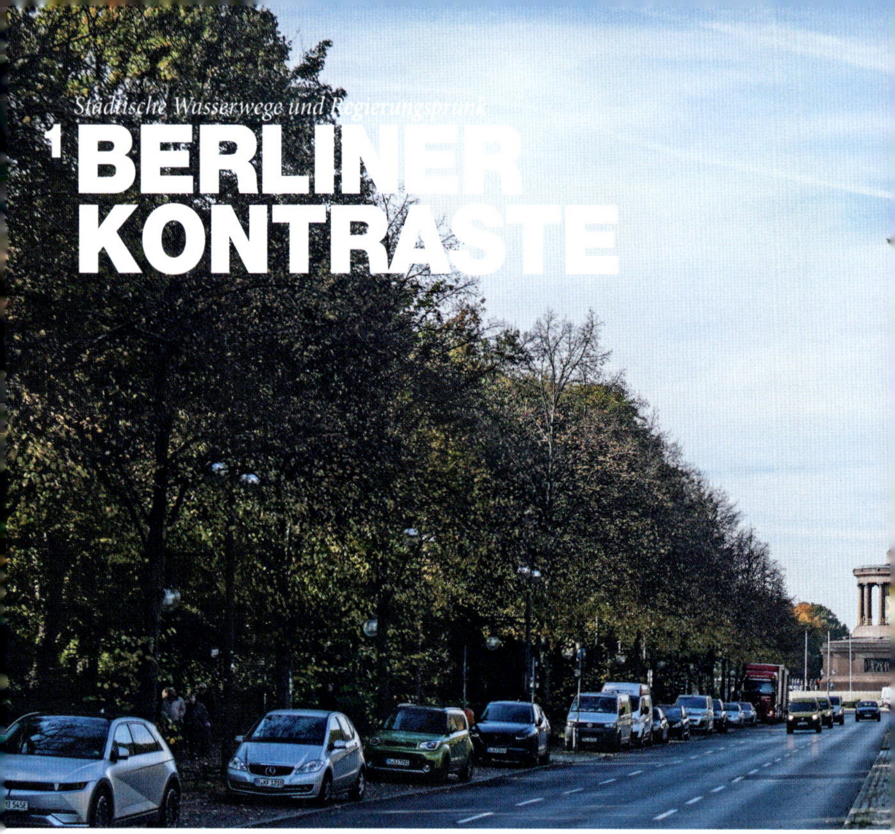

Städtische Wasserwege und Regierungsbezirk

1 BERLINER KONTRASTE

Start/Ziel

BERLINER HAUPTBAHNHOF

Rundtour

20,2 Kilometer

70 Höhenmeter

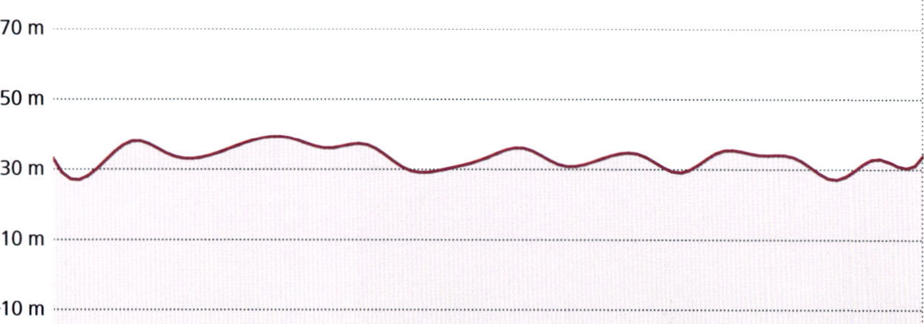

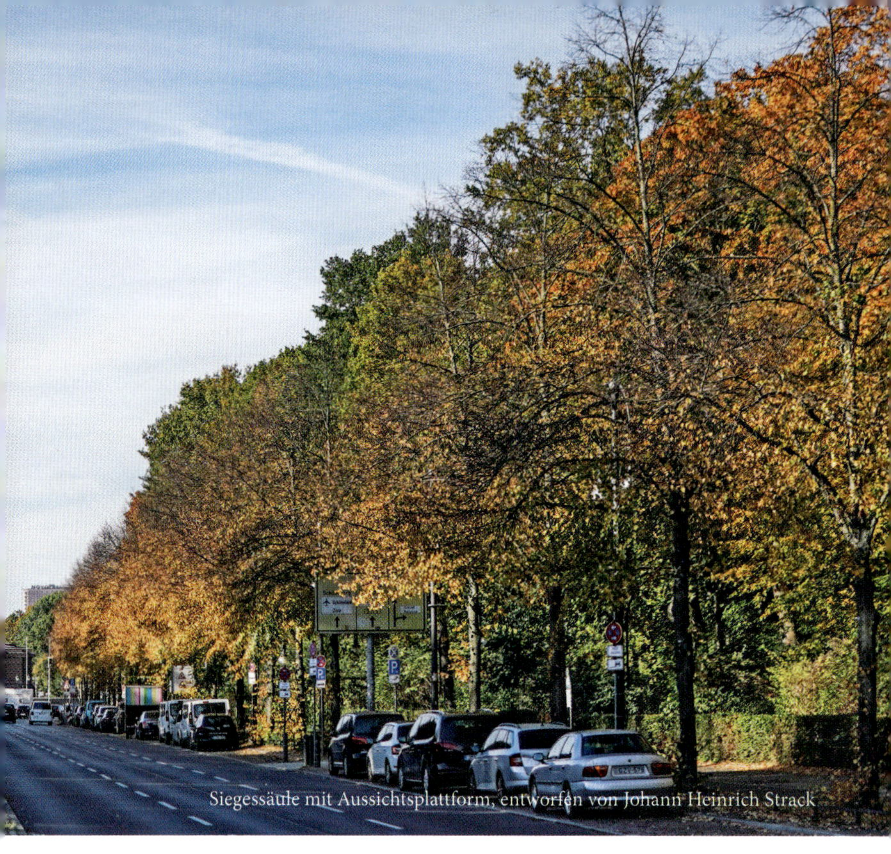

Siegessäule mit Aussichtsplattform, entworfen von Johann Heinrich Strack

Eine Stadtrundfahrt, wie du sie noch nicht gemacht hast! Wir fahren zwischen modernen Beton- und prunkvollen Barockgebäuden entlang der zahlreichen Berliner Grünflächen und Gewässer, allen voran die berühmte Spree – perfekt auch an heißen Tagen!

Zahlreiche Stopps laden zur Besichtigung ein – Zeit einplanen! Mix aus Asphalt und gut fahrbaren Naturwegen mit etwas Kopfsteinpflaster. Inkludiert eine Treppe, die aber umfahren werden kann. Viel Schatten und an Gewässern entlang, daher perfekt für warme Tage in der Stadt mit Bademöglichkeit am Plötzensee.

Unsere Tour startet im Herzen Berlins am imposanten Berliner Hauptbahnhof (Washingtonplatz 2, 10557 Berlin). Glas, Stahl und Beton dominieren nicht nur hier, sondern auch im Neubauviertel südlich der Spree. Herzlich Willkommen im modernen Berliner Regierungsviertel mit Bundestag, Bundeskanzleramt sowie zahlreichen weiteren Regierungsgebäuden! Und wir rollen mit den Fahrrädern mitten hindurch! Vom Bahnhof aus links folgen wir dem Radweg am Kapelle-Ufer, der uns direkt ins Herz der deutschen Regierung bringt: Am Nordufer der Spree am Schiffbauerdamm hat man einen großartigen Blick auf das gegenüberliegende Bundestagsgebäude. Dorthin radeln wir über die Marshallbrücke und gelangen so erneut über die Spree. Hier lässt sich etwas Zeit verbringen, die Architektur zwischen Moderne und

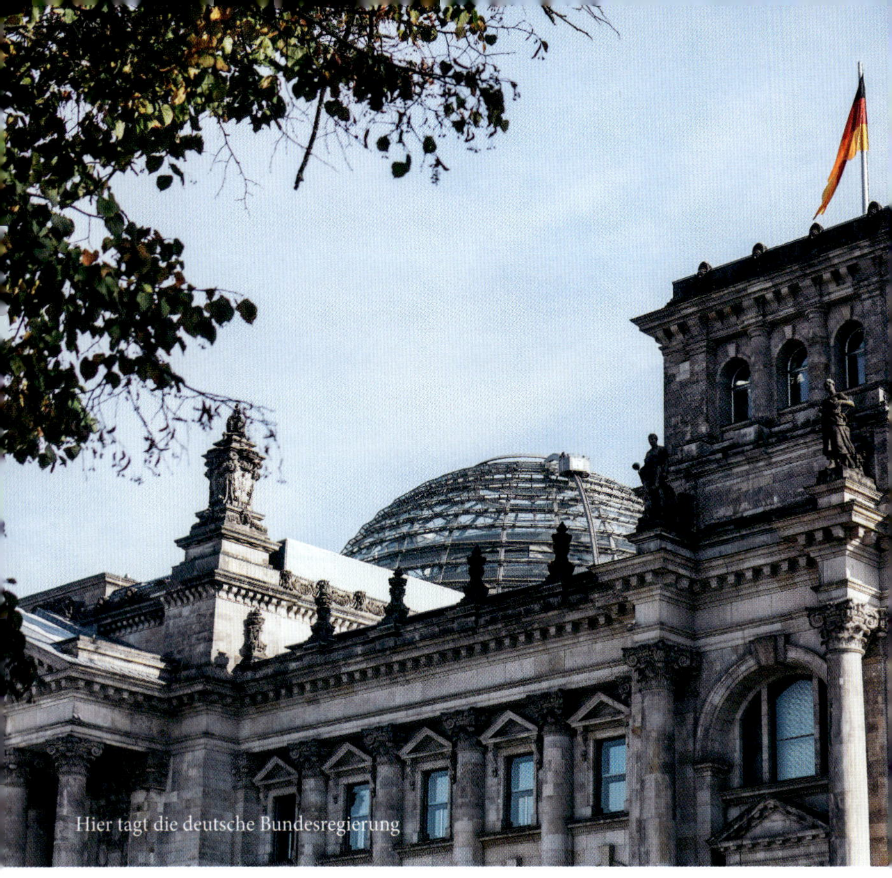
Hier tagt die deutsche Bundesregierung

Historie bestaunen oder gar einen Rundgang durch die erstaunliche Glaskuppel des Reichstags machen (nach Reservierung, Platz der Republik 1, 11011 Berlin, bundestag.de).

Wir rollen weiter über die John-Foster-Dulles-Allee nach Westen und vorbei am ungewöhnlichen Bau des Hauses der Kulturen der Welt (John-Foster-Dulles-Allee 10, 10557 Berlin). Das Kongress- und Veranstaltungsgebäude ist ein reizvolles Fotomotiv. Bevor wir es richtig gemerkt haben, sind wir schon mittendrin im Berliner Tiergarten! Das grüne Herz der Stadt erstreckt sich auf knapp 3 km vom Brandenburger Tor bis zum Zoologischen Garten, in der Länge geteilt von der mehrspurigen Straße des 17. Juni. Im schattigen Grün der Kastanienallee atmen wir durch und entspannen uns vom touristischen Treiben des Regierungsviertels. Wir kreuzen die Bellevueallee, die ihren Namen nicht von ungefähr hat.

Schließlich gelangen wir zur Straße des 17. Juni und zum Großen Stern, in dessen Mittelpunkt ein weiteres Berliner Wahrzeichen thront: die Siegessäule, die u.a. an den preußischen Sieg im Deutsch-Dänischen-Krieg 1864 erinnert (April–Okt., Mo–Fr 9:30–18:30, Sa–So bis 19, Nov.–März bis 17:30 Uhr, Eintritt: 3,50/3,00 €, Großer Stern, 10557 Berlin, berlin.de/orte/sehenswuerdigkeiten/siegessaeule). Sobald wir wieder auf dem Rad sitzen, gönnen wir uns noch ein wenig grüne Entspannung und radeln über den Bremer Weg parallel zur Straße des

Highlights
am Wegesrand

Km 2
Das Gebäude des Reichtags wurde mehrfach umgestaltet – zuletzt in den 90ern durch den Architekten Sir Norman Foster. Die Aussichtsplattform der Stahl- und Glaskonstruktion der Kuppel befindet sich auf über 40 m Höhe und bietet grandiose Ausblicke.

285
Über 285 Stufen kann man bis zur Aussichtsplattform der Siegessäule direkt unter der glänzenden Figur der geflügelten Goldelse gelangen und wird mit einem atemberaubenden Blick über die Stadt belohnt.

BEHALA
Noch einige der alten Westhafen-Speicher, allen voran das große Gebäude mit dem BEHALA-Schriftzug (Berliner Hafen- und Lagerhaus AG), sind erhalten und bezeugen die ehemalige Wichtigkeit der Hafenanlage für die Stadt. Sie steht heute unter Denkmalschutz.

17. Juni. Aufmerksame Augen können hier auch zu allen Tageszeiten zahlreiche Tiere beobachten. Neben den üblichen Verdächtigen wie Stockenten und allerlei Singvögeln, wohnen auch viele Eichhörnchen und Kaninchen im Tiergarten. Andere Bewohner wie Waschbären, Füchse und Fledermäuse lassen sich allerdings nur mit viel Ruhe und am ehesten in der Dämmerung entdecken. Also Augen offen halten.

Wir biegen nach links ab und queren über zwei Schleusenbrücken den Landwehrkanal. Direkt an der Tiergartenschleuse lädt der Schleusenkrug (Sommer, tgl. 10–00:30 Uhr, ab Nov. Mi–Fr 10–18, Sa–So bis 19 Uhr, schleusenkrug.de) bereits seit Mitte der 60er Jahre zu einer Pause ein. Heute können wir uns vom Frühstück bis zum Abendessen dort im Biergarten oder in den Innenräumen mit allerlei Leckereien verwöhnen. Direkt links daneben liegt auch der Zoo Berlin. Wer also mehr Zeit mitbringt, kann einen Abstecher machen und Tiere verschiedenster Art bestaunen.

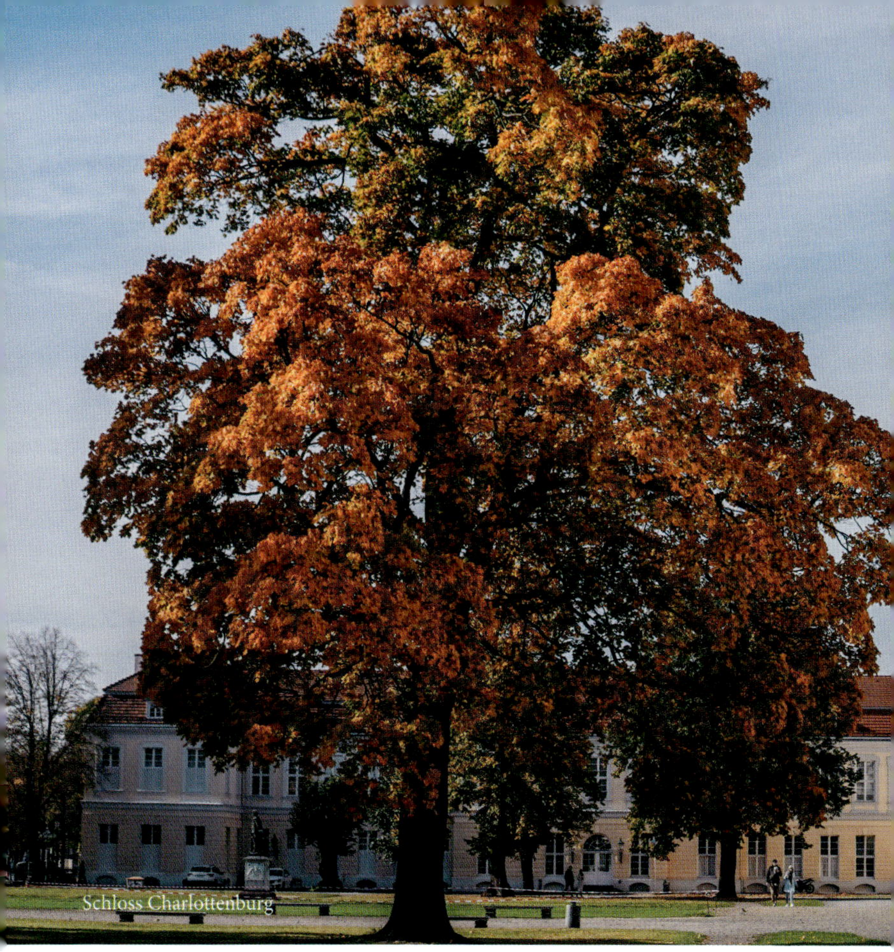
Schloss Charlottenburg

Für uns geht es nun nordwestlich weiter entlang des Landwehrkanals, der bald wieder auf die Spree trifft, der wir weiter folgen. Es liegen ein paar herrliche Kilometer Uferweg vor uns, auf denen es immer wieder schöne Ausblicke, Brücken und Gebäude zu entdecken gibt, wie zum Beispiel die stählerne Fußgängerbrücke Siemenssteg. Über das Charlottenburger Ufer nähern wir uns nun architektonisch einem großen Kontrast zum Start unserer Tour. Links des Kanals liegt der traumhafte Schlosspark Charlottenburg (Spandauer Damm 10–22, 14059 Berlin, spsg.de) und das Schloss selbst.

Der Uferweg ist zum Radfahren freigegeben, doch es lohnt hier, auch mal abzusteigen und ein paar Meter durch die eindrucksvolle Barockanlage zu schlendern. Wir folgen dem Uferweg bis zu den Bahngleisen der Ringbahn und überqueren die Spree über die schmale Fußgängerbrücke. Auf der anderen Seite gibt es leider nur eine Treppe. Wer diese vermeiden möchte, radelt den Uferweg wieder zurück bis zur Schlossbrücke und überquert dort die Spree. Auf der anderen Seite am Tegeler Weg gibt es einen straßenparallelen Radweg, der wieder auf unsere Route führt.

Auf dem Radweg fahren wir nach Norden über den Siemensdamm und ein

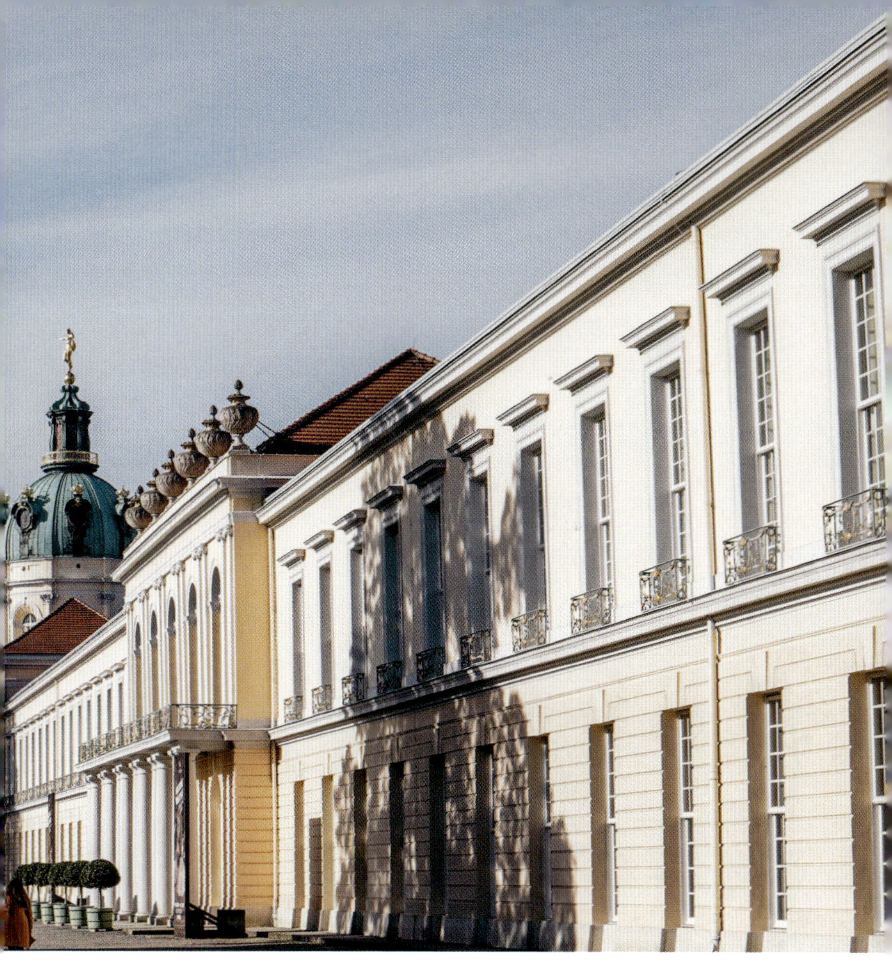

kurzes Stück parallel zur A 111. Um die rauschende Autobahn zu vermeiden, biegen wir ab und radeln durch eine Kleingartenkolonie auf der Straße 70 bis zum Berlin-Spandauer Schifffahrtskanal. Der Uferweg ist Teil der Eurovelo 7 Route und führt uns wieder in Richtung Innenstadt. Dabei kommen wir am Plötzensee vorbei, wo im Sommer ein Strandbad Erfrischung ermöglicht. Nachdem wir die Seestraße überquert haben, bietet sich nun vom Uferweg aus ein guter Blick auf die größte Hafenanlage Berlins: der Westhafen (Westhafenstraße, 13353 Berlin).

Für uns geht es nun immer weiter am Schifffahrtskanal nach Süden. Spannend ist es auch hier wieder, die abwechslungsreiche Architektur zu beobachten, die zwischen modernen Neu- und historischen Altbauten die Stadt gestaltet. Wir radeln ein Stück über einen der ältesten Berliner Friedhöfe, den Invalidenfriedhof und können ein paar Meter weiter auf der anderen Uferseite den alten Hamburger Bahnhof ausmachen. Geschafft, denn wir sind am Ausgangspunkt unserer Tour durch Berlin angekommen und befinden uns wieder am Berliner Hauptbahnhof. Eine vielfältige Runde zwischen Historie und Moderne liegt hinter uns, wie du sie in Berlin sicherlich so noch nie gemacht hast!

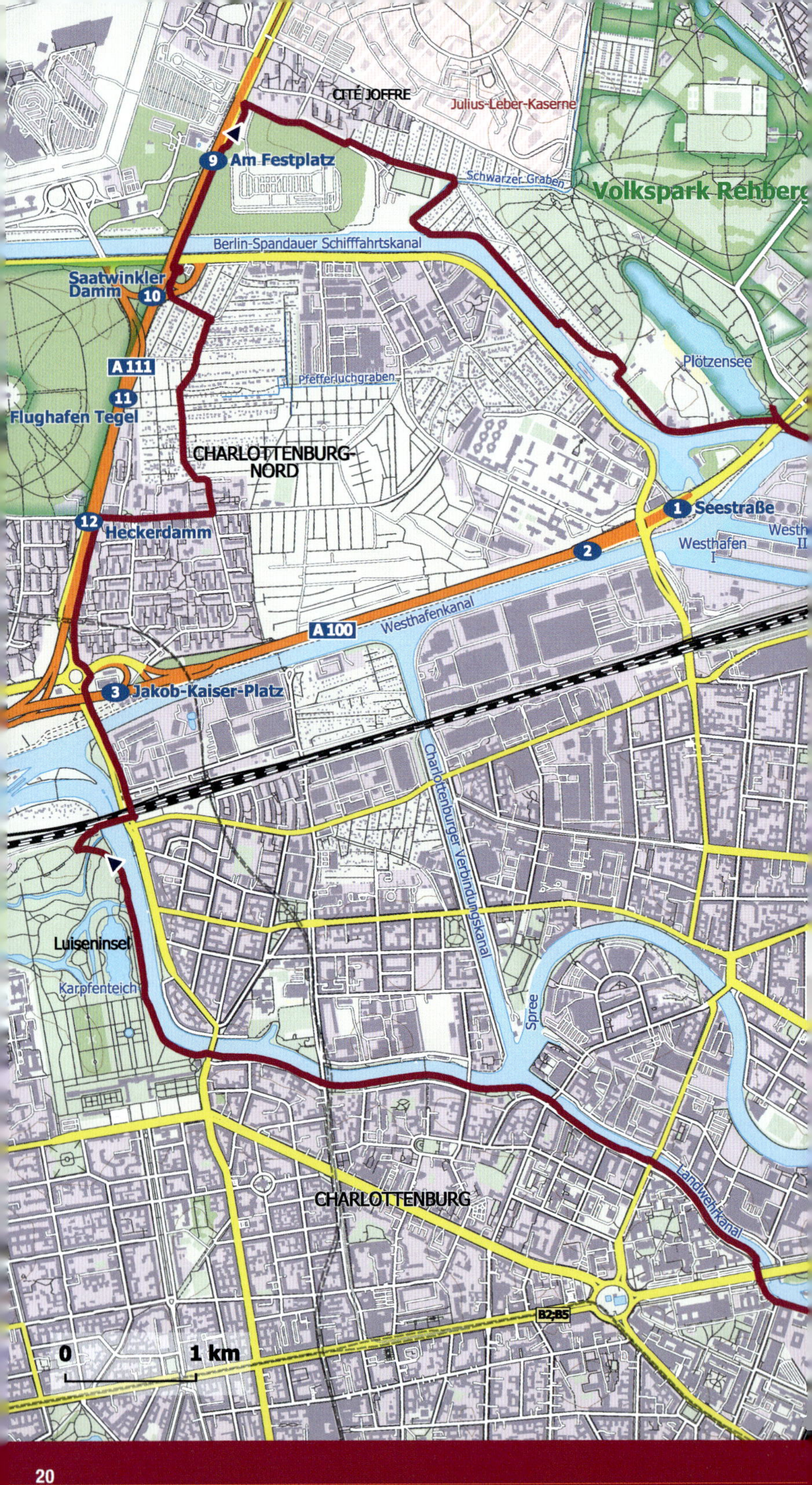
CITÉ JOFFRE
Julius-Leber-Kaserne
9 Am Festplatz
Schwarzer Graben
Volkspark Rehberge
Berlin-Spandauer Schifffahrtskanal
Saatwinkler Damm
10
A 111
Pfefferluchgraben
Plötzensee
11
Flughafen Tegel
CHARLOTTENBURG-NORD
1 Seestraße
12 Heckerdamm
2
Westhafen I
Westhafen II
A 100
Westhafenkanal
3 Jakob-Kaiser-Platz
Charlottenburger Verbindungskanal
Luiseninsel
Karpfenteich
Spree
CHARLOTTENBURG
Landwehrkanal
B2;B5
0
1 km

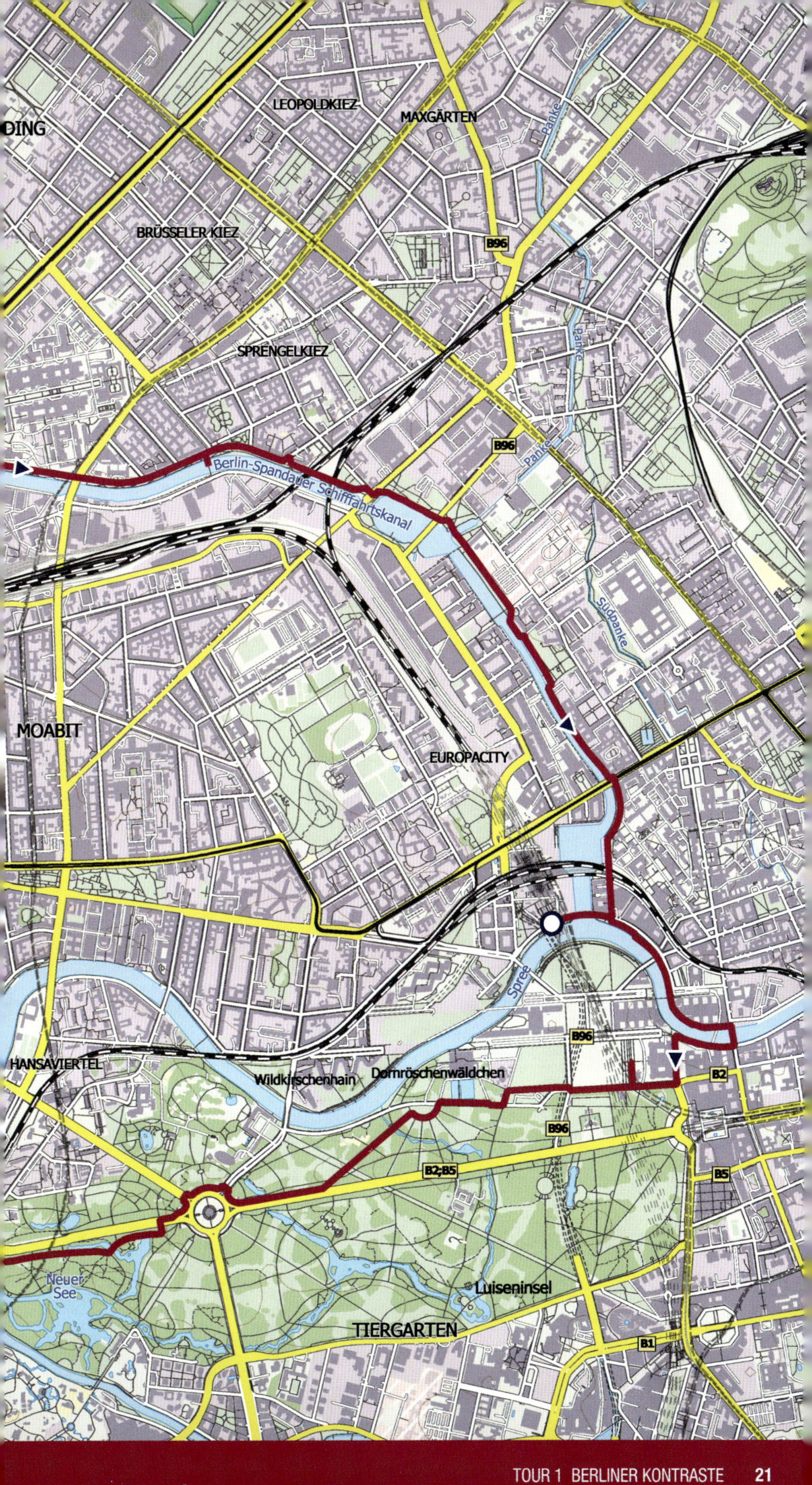
DING
LEOPOLDKIEZ
MAXGÄRTEN
Panke
BRÜSSELER KIEZ
B96
SPRENGELKIEZ
Panke
B96
Panke
Berlin-Spandauer Schiffahrtskanal
Südpanke
MOABIT
EUROPACITY
Spree
HANSAVIERTEL
Wildkirschenhain
Dornröschenwäldchen
B96
B2
B96
B2;B5
B5
Neuer See
Luiseninsel
TIERGARTEN
B1

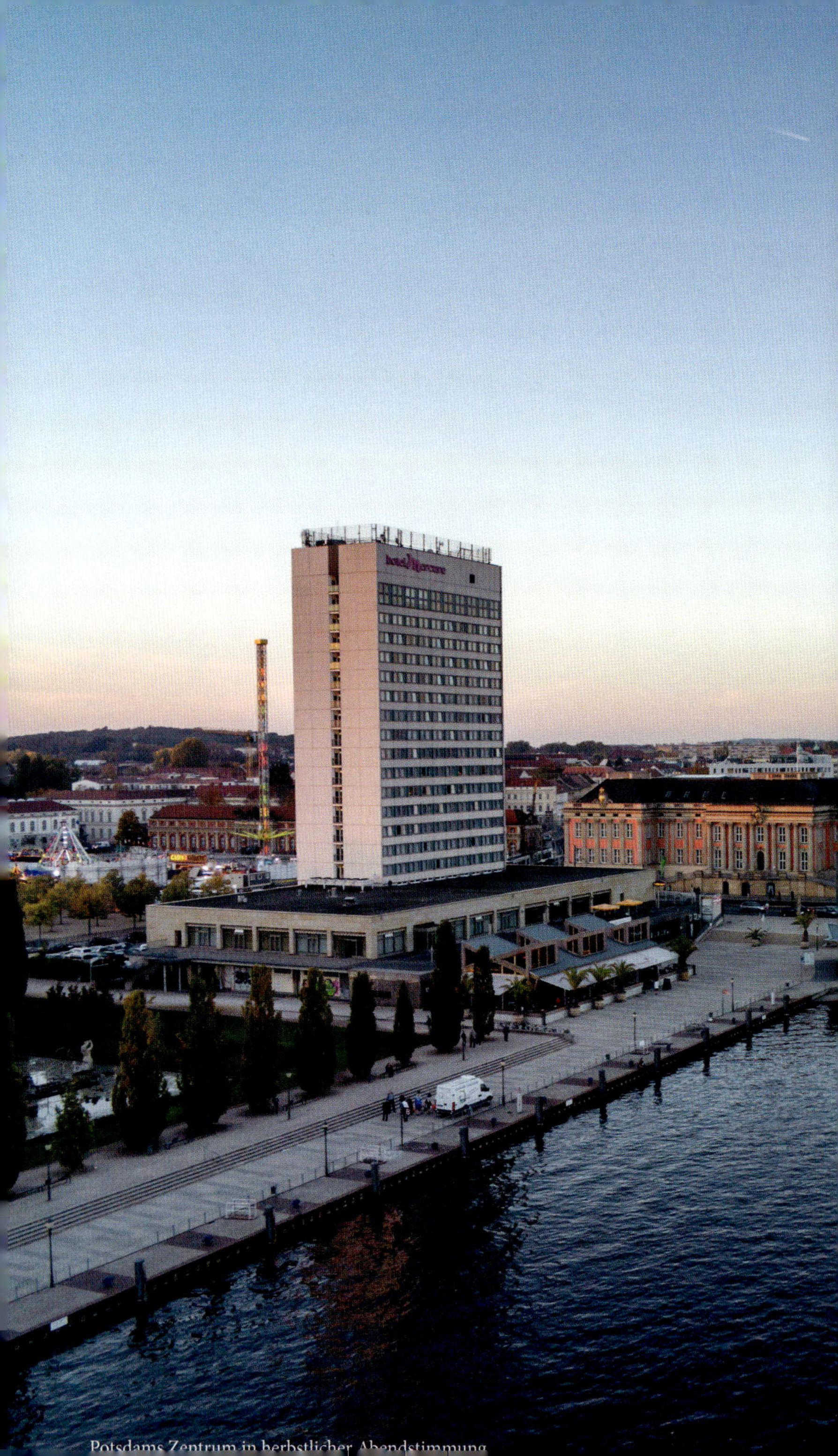

Potsdams Zentrum in herbstlicher Abendstimmung

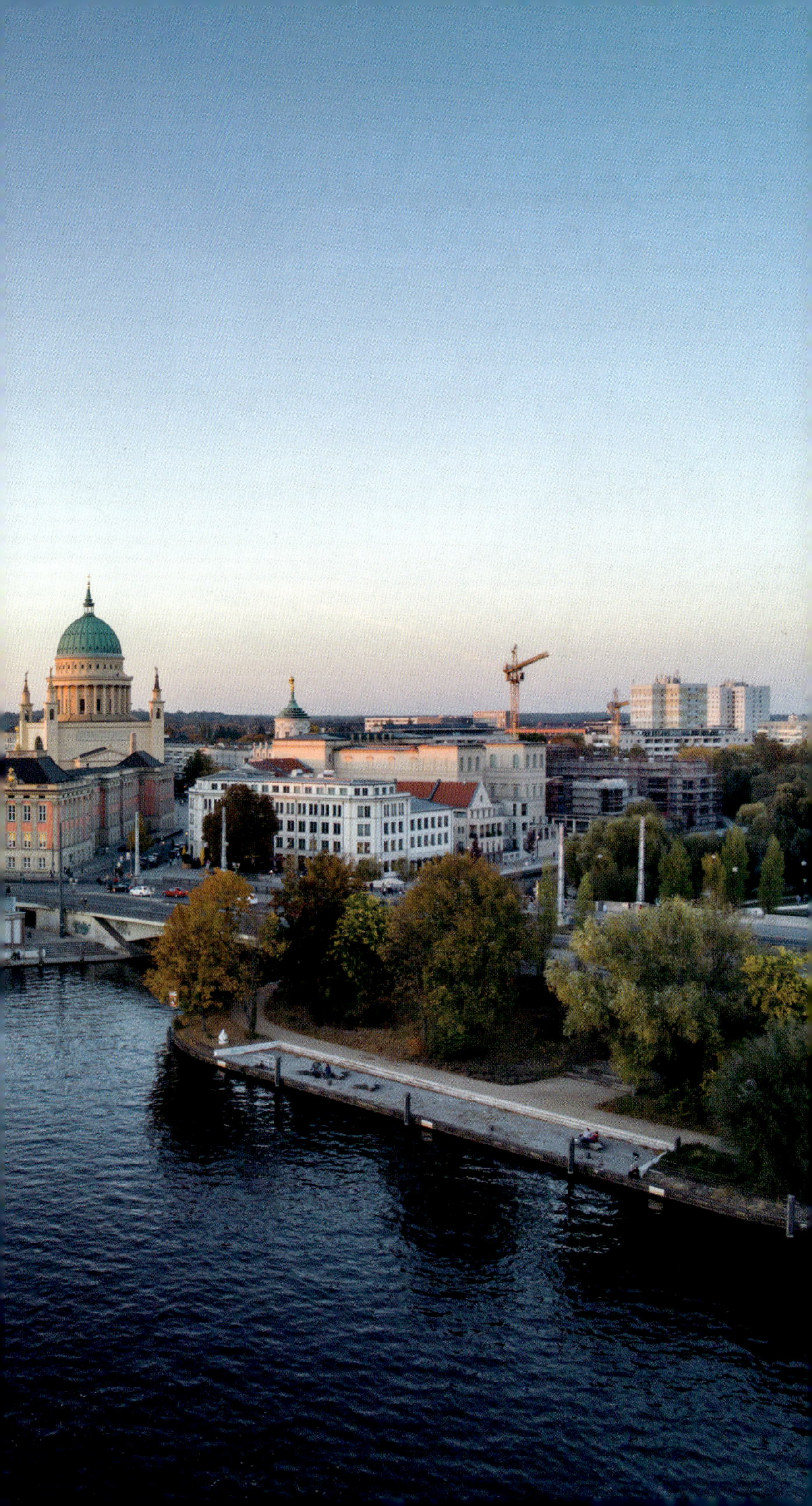

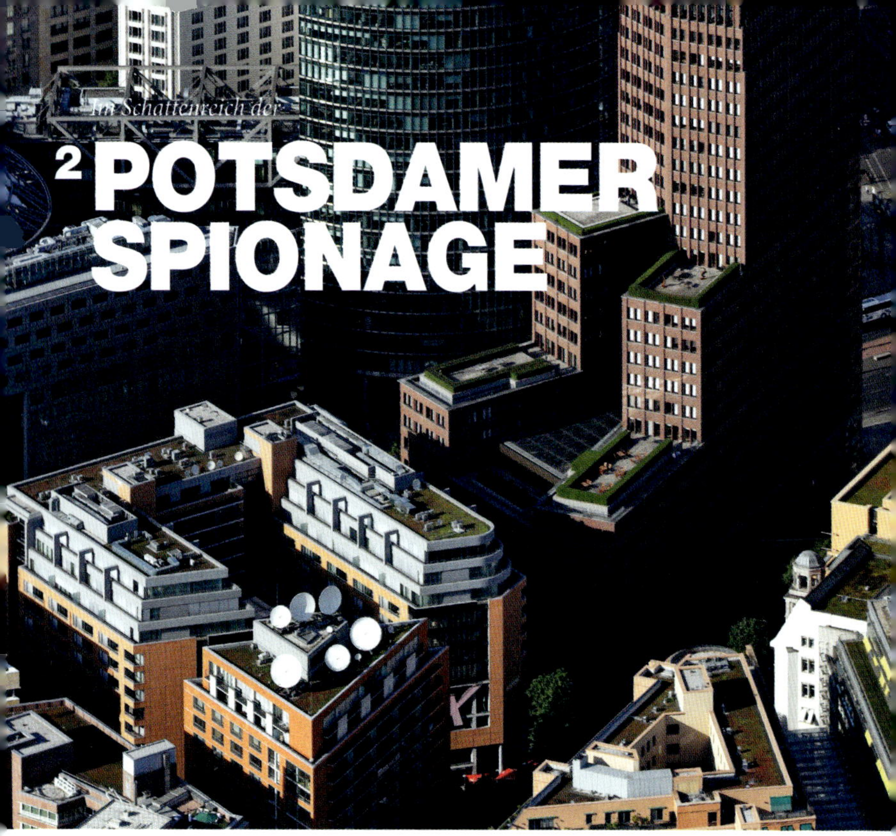

Im Schattenreich der

2 POTSDAMER SPIONAGE

vom

POTSDAMER PLATZ

nach

LICHTENRADE

39,5 Kilometer

60 Höhenmeter

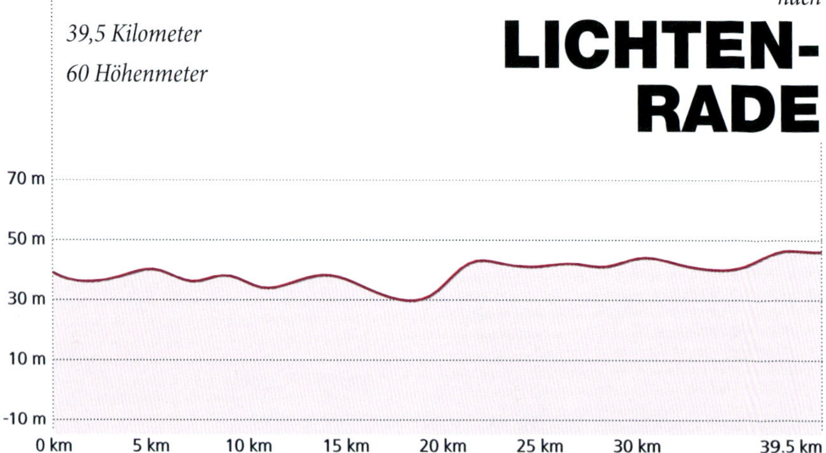

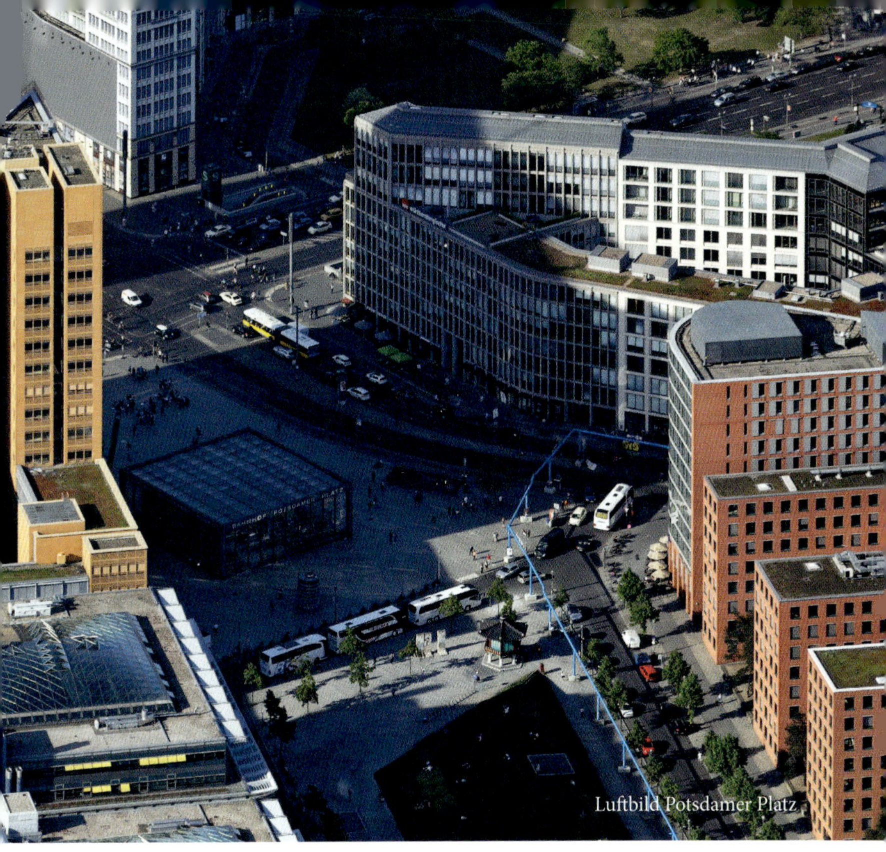
Luftbild Potsdamer Platz

Der Mauerweg beginnt im Zentrum des „neuen“ Berlin, wo die ehemals geteilten Stadthälften zusammengewachsen sind, am Potsdamer Platz und Leipziger Platz. Am Potsdamer Platz ist noch ein Teil der Mauer zu sehen und am Leipziger Platz das Spionagemuseum. Gleich am Eck zur Niederkirchnerstraße steht der Gropius-Bau, eines der bedeutendsten Ausstellungshäuser Europas, gegenüber das Abgeordnetenhaus von Berlin.

Besser nachvollziehbar wird die Grenzsituation in der Niederkirchner- und Zimmerstraße an der rund 200 Meter langen Originalmauer. „Mauerspechte“ haben der Mauer stark zugesetzt. Die Souvenirjäger haben sich am schnellen Abriss des verhassten Bauwerks beteiligt. Dahinter das Haus des Dokumentationszentrums „Topographie des Terrors“. Es war zwischen 1933 und 1945 Sitz der Gestapo und Sitz der Reichsführung-SS. Schon ist der Checkpoint Charlie erreicht. Dort registrierten alliierte Posten ab dem 22.9.1961 die Angehörigen der amerikanischen, britischen und französischen Streitkräfte vor ihrer Fahrt nach Ost-Berlin. Nostalgie garantiert das Trabi-Museum direkt am Checkpoint.

Gleich daneben steht die Gedenksäule, die an den grausamen Tod von Peter Fechter erinnert. Über die Kommandantenstraße, dort residiert die Bundesdruckerei, kommt man zu den Gartenanlagen des Peter Joseph Lenné am

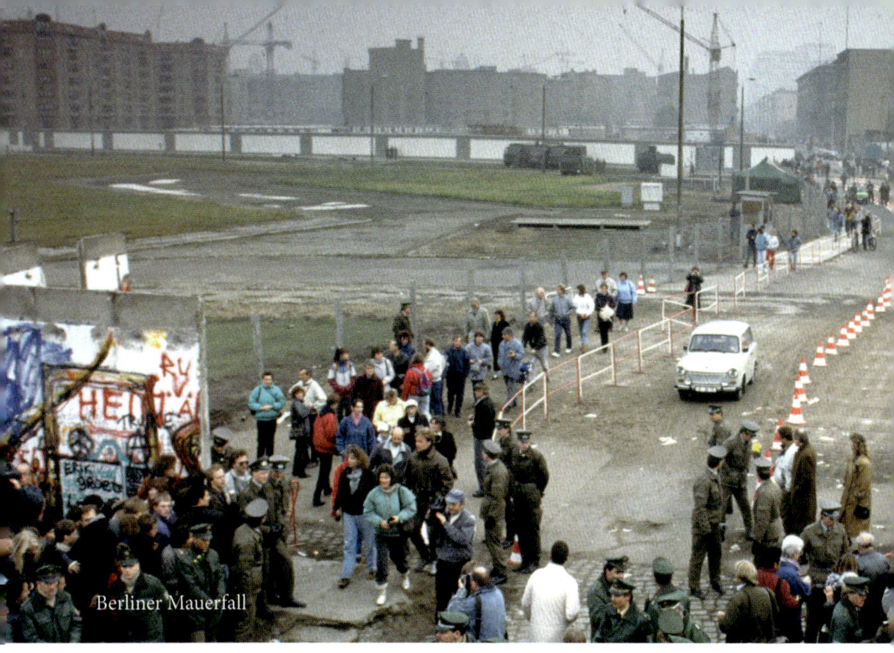
Berliner Mauerfall

Luisenstädtischen Kanal. Mit Blick über das Engelbecken erkennt man die St.-Michael-Kirche. Das kunterbunte Baumhaus am Engeldamm ist auch nicht zu übersehen.

Schon geht es über die Spree. Am Stralauer Platz steht wieder ein Mauerrest, als Vorbote der East-Side-Gallery. 118 Künstler aus 21 Ländern bemalten dort auf 1,3 Kilometer die Mauer, machten sie zur weltberühmten Open-Air-Gallery und bewahrten sie damit vor dem Abriss.

Wenig später geht es auf der schönsten Brücke Berlins, so wird erzählt, der Oberbaumbrücke, über die Spree zurück nach „Westberlin". Hier gab es den ehemaligen Grenzübergang Oberbaumbrücke, an dem zwei Maueropfer zu beklagen sind. Durch die Schlesische Straße radelt man zum Landwehrkanal. Dahinter, im Schlesischen Busch, stehen noch ein Wachtturm und zugehörige Mauerreste. Erst einmal geht es am Landwehrkanal entlang und dann zur Kiefholzstraße. Hier erinnert eine Stele an sechs Maueropfer. Am Anfang des Grünzuges Heidekampgraben wurde ein Denkmal für die Maueropfer im Bezirk Treptow aufgestellt.

Der Grünzug führt zur Sonnenallee, auch ein ehemaliger Grenzübergang. Erst nach dem Fall der Berliner Mauer im November 1989 ist der Grenzübergang durch den Film „Sonnenallee" über Berlin hinaus bekannt geworden. Am Britzer Zweigkanal steht das Denkmal von Chris Gueffroy, der mit einem Freund durch den Britzer Zweigkanal fliehen wollte. Er war der letzte Flüchtling, der von Grenzsoldaten der DDR vor dem Mauerfall erschossen wurde.

Zwischen Teltowkanal und Autobahn radelt man zur Stubenrauchstraße. An der Massantebrücke starben weitere zwei Menschen bei der Flucht aus der DDR. Mit der Autobahn wechselt man die Uferseite des Teltowkanals und gelangt an die Rudower Höhe, ein 28 Meter hoher Trümmerberg. Danach erinnert eine Infotafel an den Spionagetunnel der Amerikaner Richtung DDR.

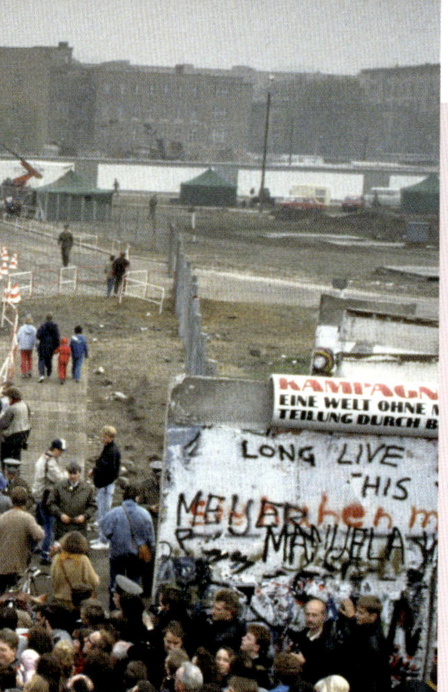

Highlights
am Wegesrand

Das Deutsche Spionagemuseum am Leipziger Platz

Den Besuchern stehen modernste Technologien zur Seite, um die raffinierten und zum Teil skurrilen Methoden von Agenten und Geheimdiensten aufzudecken. Nach dem Ende des Zweiten Weltkriegs entwickelte sich Berlin während des Kalten Krieges zur unumstrittenen Hauptstadt der Spione.

Nirgendwo trafen die damaligen Großmächte so unmittelbar aufeinander. In den 1950er Jahren dienten DDR-Bürger als Infoquelle. Sie wurden zu Vorgängen in ihrer alten Heimat befragt. Amerikanern und Briten gelang es mit dem Bau eines 450 Meter langen Tunnels, wichtige Telefonkabel auf dem Gebiet der DDR anzuzapfen. Auch die Sowjets spionierten. Das Tunnel-Projekt mit dem Namen „Operation Gold" wurde frühzeitig enttarnt. Mit dem Bau der Mauer wurde die Spionage durch Menschen deutlich schwerer. Die „Field Station Berlin" auf dem Teufelsberg wurde errichtet. Eine Abhöranlage, durch die amerikanische und britische Geheimdienste mit modernster Technik weit in die Staaten des Warschauer Paktes hineinhorchen konnten. Zu den besonders spannenden Kapiteln zählt auch der Agentenaustausch auf der Glienicker Brücke. Dreimal wurden hier hochrangige Spione auf spektakuläre Art und Weise ausgetauscht.

Doch auch heute noch bewegen sich in Berlin zahlreiche Agenten. Auch der Bundesnachrichtendienst, der deutsche Auslandsgeheimdienst, hat sein neues Hauptquartier in der Mitte Berlins.

Öffnungszeiten: Mo. – So. 10–20 Uhr.

Nächster Halt ist der Grenzübergang Waltersdorfer Chaussee. Heute führt die Chaussee zum Flughafen Berlin-Schönefeld bzw. Berlin-Brandenburg. Ab hier erkennt man an der Topografie den Verlauf der Mauer. Rechts die Stadtsilhouette, links Wiesen und Felder. Von der Spitze des „Dörferblicks", der ist immerhin 86 Meter hoch, tut sich ein fantastisches Panorama auf. Weiter auf dem Kolonnenweg an den Rand der Gropiusstadt, Stadtkante mit Hochhäusern, vom berühmten Bauhaus-Architekten Walter Gropius erbaut. Hier gab es einst die Großdeponie Großziethen, auf der Westberliner Müll in der DDR abgeladen wurde.

Highlights

am Wegesrand

East-Side-Gallery – Street Art an der Berliner Mauer

Im Februar 1990 beginnt die Bemalung des 1.316 m langen Stückes Berliner Mauer. 118 Künstler malten 106 Bilder an die Mauer und machten sie zur East-Side-Gallery. Sie verkünden von der Freude über den Fall der Mauer und der Beendigung des Kalten Krieges in Europa. Ein Jahr später wird das Kunstwerk unter Denkmalschutz gestellt. Seither sind die Bilder der Willkür der Besucher und der Witterung ausgesetzt. Zum 20. Jahrestag des Falls der Mauer 2009 wurden Mauer und Bilder saniert. Dazu wurden alle Künstler eingeladen, von Kani Alavi bis Ulrike Zott, um ihre ursprünglichen Motive zu restaurieren. Sie erstrahlen heute wieder. Der Verein „Künstlerinitiative East-Side-Gallery" setzt sich seit 1996 für den Erhalt der Bilder ein, Alle Künstler, die 1990 ein Bild an die Mauer malten, sind Mitglied des Vereins.

Hinter der Gartenstadt Großziethen biegt man Richtung Süden ab nach Lichtenrade. Die Stadtkante nutzten einige DDRler zur Flucht. Vergeblich, wie die Stelen erzählen. Am Kirchhainer Damm steht wieder ein Mauerdenkmal als Erinnerung an den Grenzübergang Mahlow. Man quert dort die B96 und folgt der Bahnlinie zum S-Bahnhof Berlin-Lichtenrade.

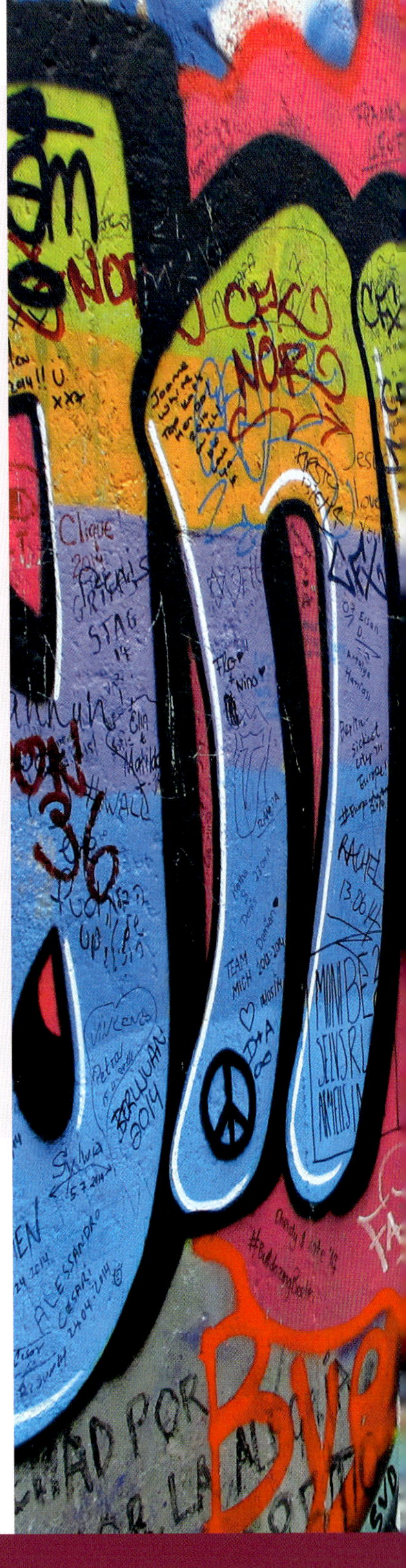

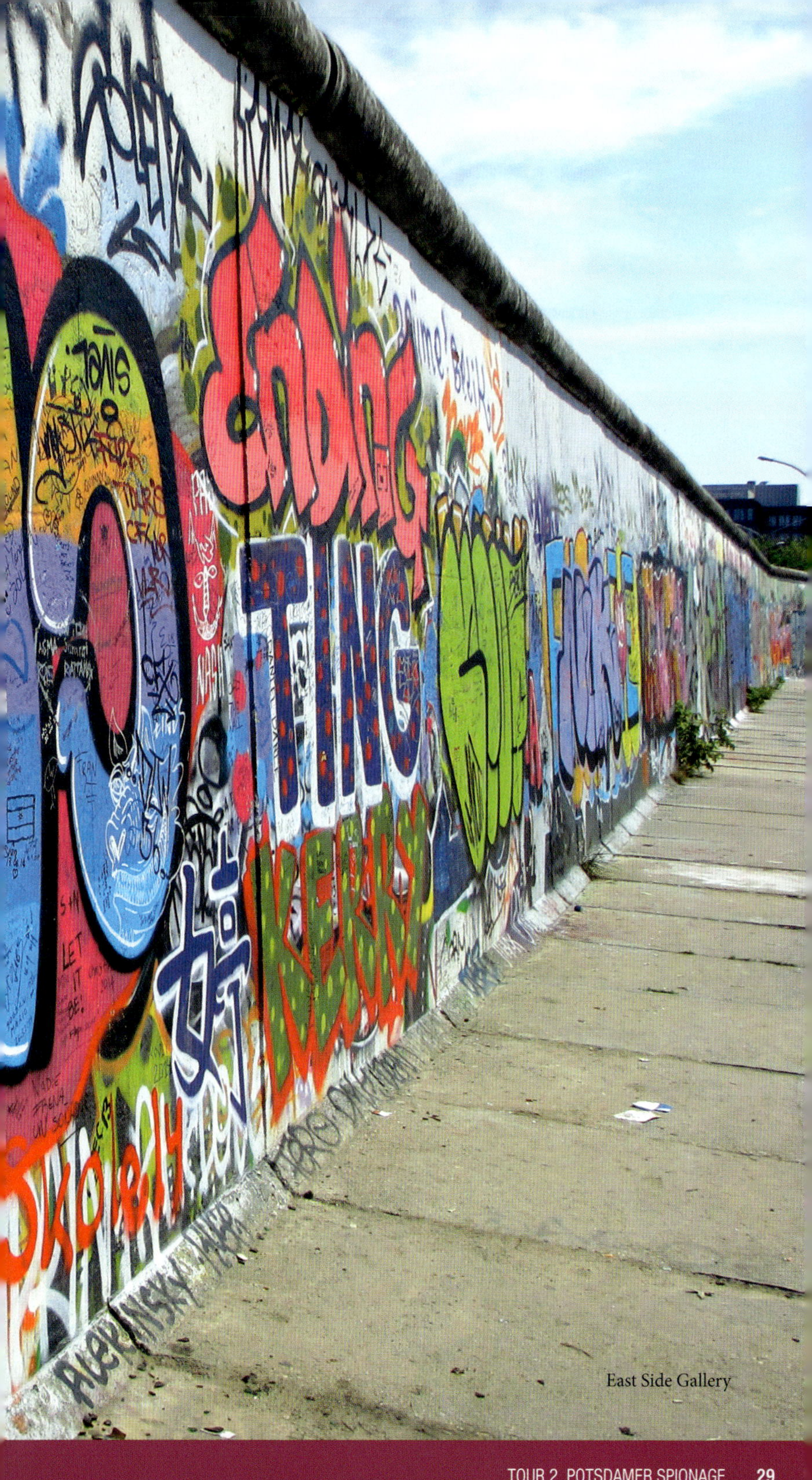

East Side Gallery

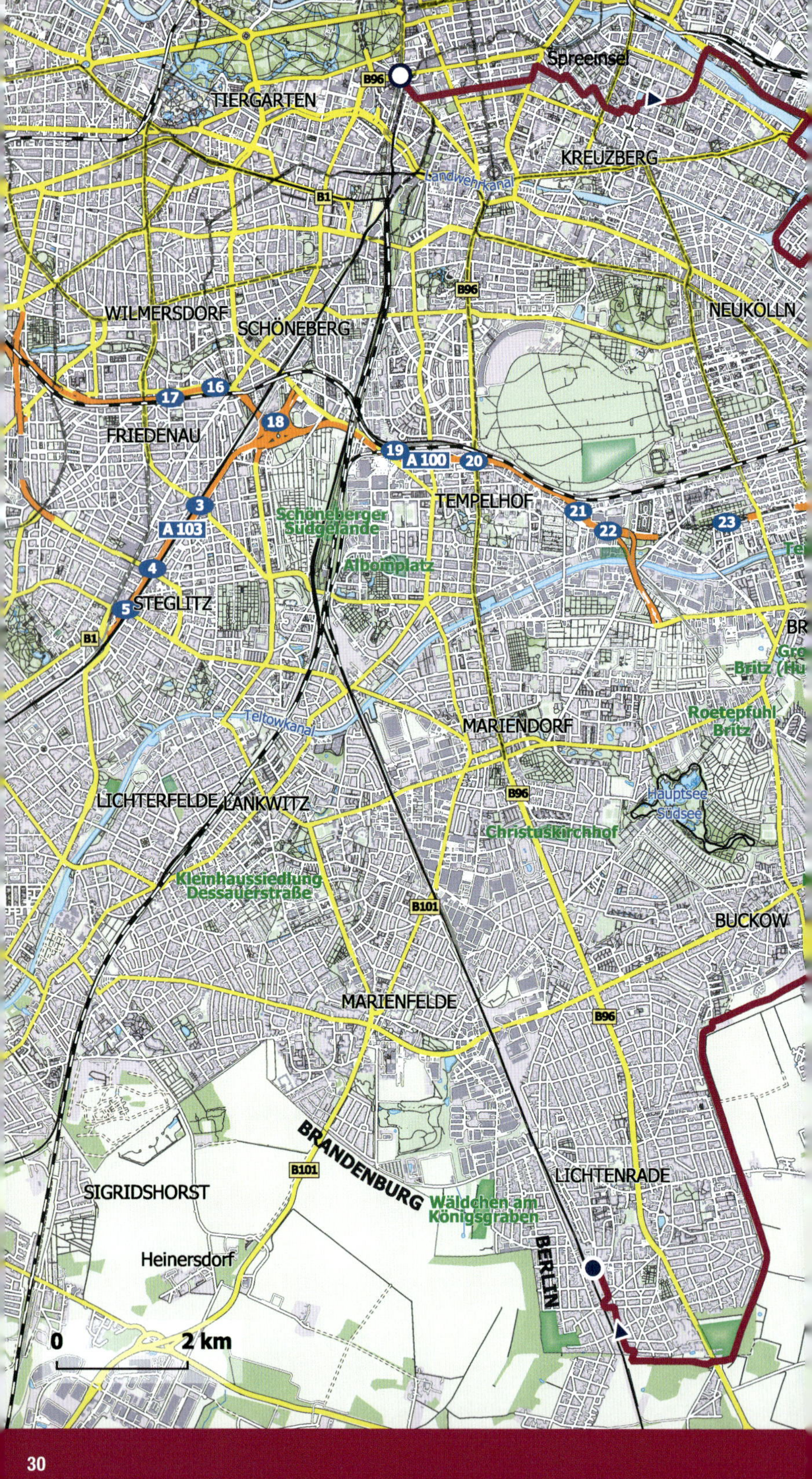
Spreeinsel
B96
TIERGARTEN
KREUZBERG
Landwehrkanal
B1
B96
WILMERSDORF
SCHÖNEBERG
NEUKÖLLN
17
16
18
FRIEDENAU
19
A 100
20
TEMPELHOF
3
A 103
Schöneberger Südgelände
21
22
23
4
Alboinplatz
5
STEGLITZ
B1
Britz (Hu
Teltowkanal
Roetepfuhl Britz
MARIENDORF
B96
Hauptsee
Südsee
LICHTERFELDE
LANKWITZ
Christuskirchhof
Kleinhaussiedlung Dessauerstraße
B101
BUCKOW
MARIENFELDE
B96
BRANDENBURG
B101
LICHTENRADE
SIGRIDSHORST
Wäldchen am Königsgraben
BERLIN
Heinersdorf
0
2 km

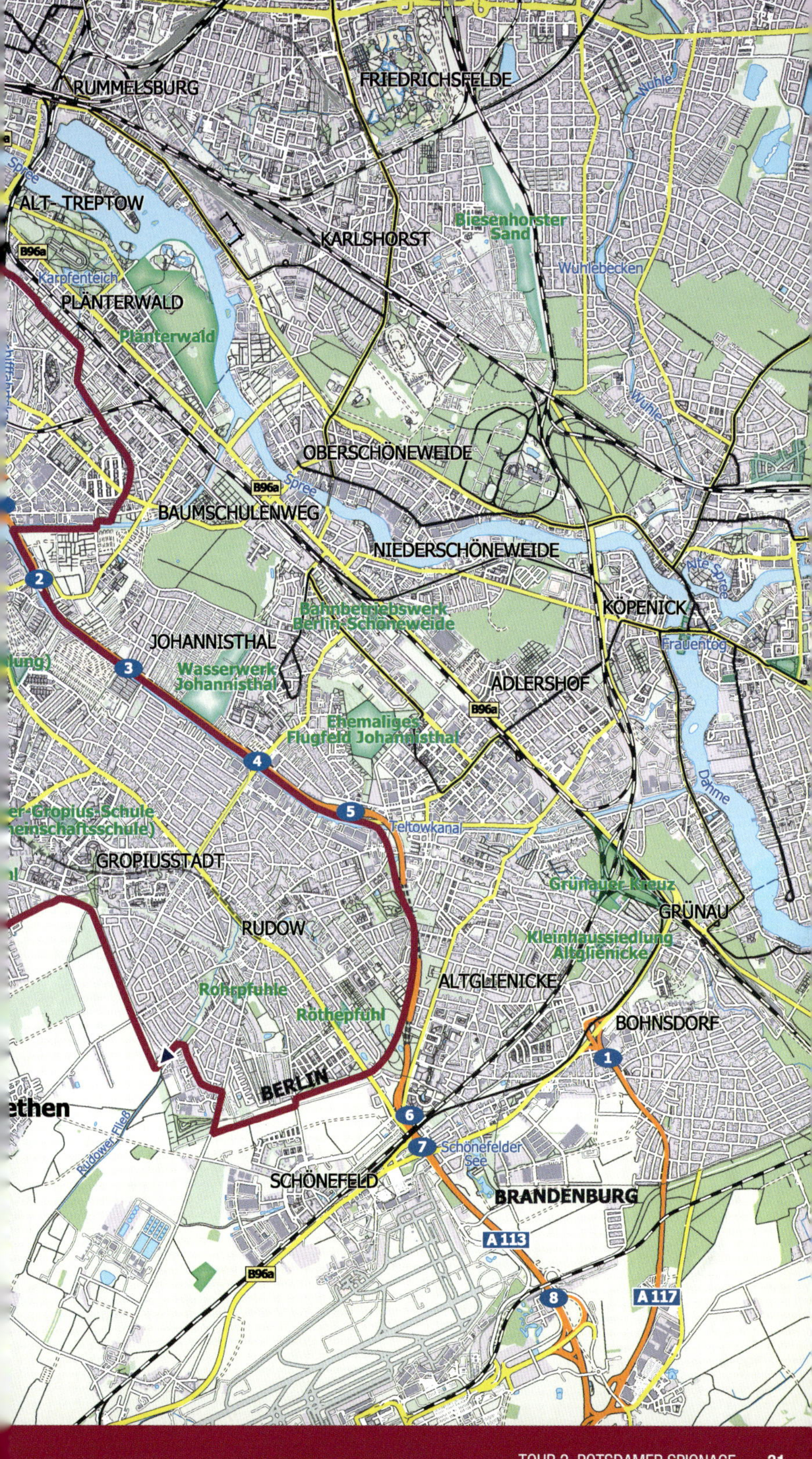
RUMMELSBURG
FRIEDRICHSFELDE
ALT-TREPTOW
KARLSHORST
Biesenhorster Sand
Wuhlebecken
Karpfenteich
PLÄNTERWALD
Plänterwald
OBERSCHÖNEWEIDE
BAUMSCHULENWEG
NIEDERSCHÖNEWEIDE
Bahnbetriebswerk Berlin-Schöneweide
KÖPENICK
JOHANNISTHAL
Wasserwerk Johannisthal
ADLERSHOF
Ehemaliges Flugfeld Johannisthal
Teltowkanal
GROPIUSSTADT
Grünauer Kreuz
GRÜNAU
RUDOW
Kleinhaussiedlung Altglienicke
ALTGLIENICKE
BOHNSDORF
BERLIN
Schönefelder See
SCHÖNEFELD
BRANDENBURG
A 113
A 117
B96a
Spree
Wuhle
Dahme
Frauentog
Rudower Fließ

Zu den Hochlandrindern auf die Rieselfelder

3 STADTRAND-ROMANTIK

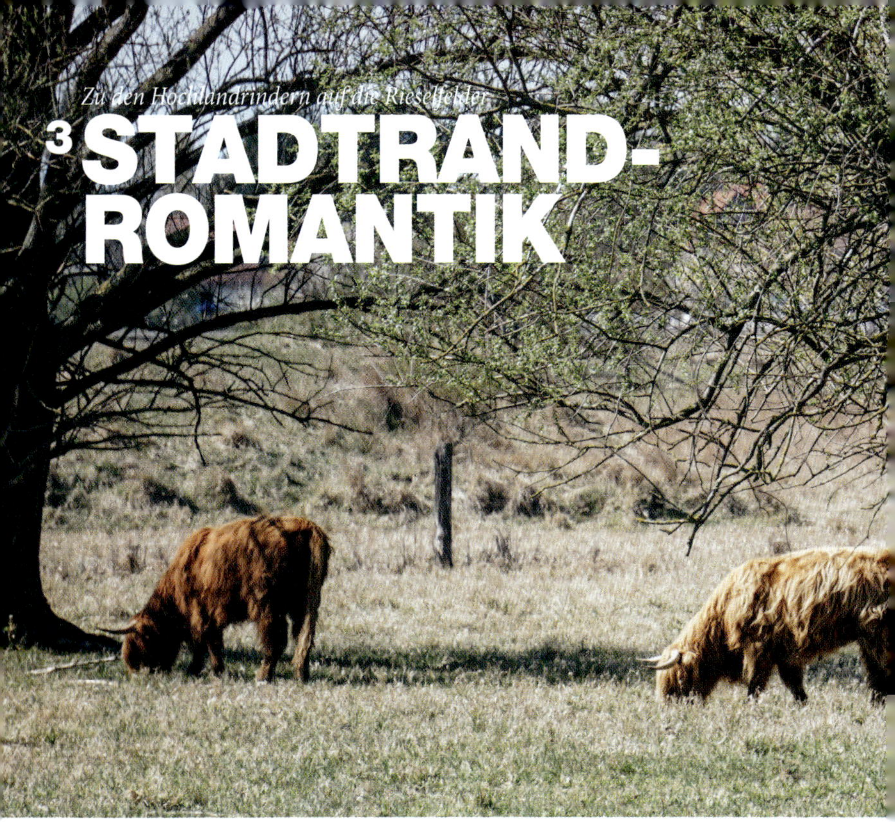

Start/Ziel

BAHNHOF LICHTENBERG

Rundtour

22,6 Kilometer

20 Höhenmeter

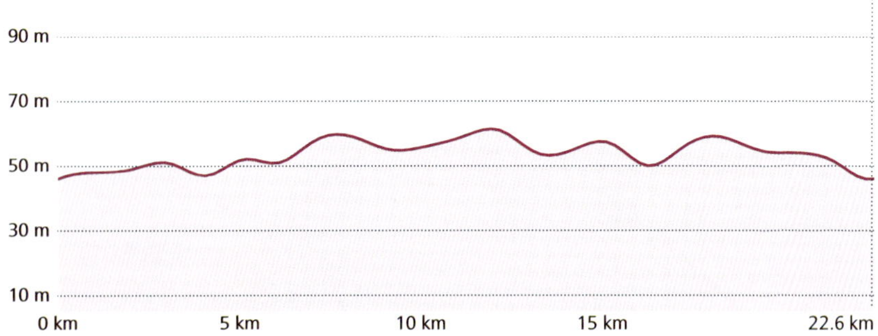

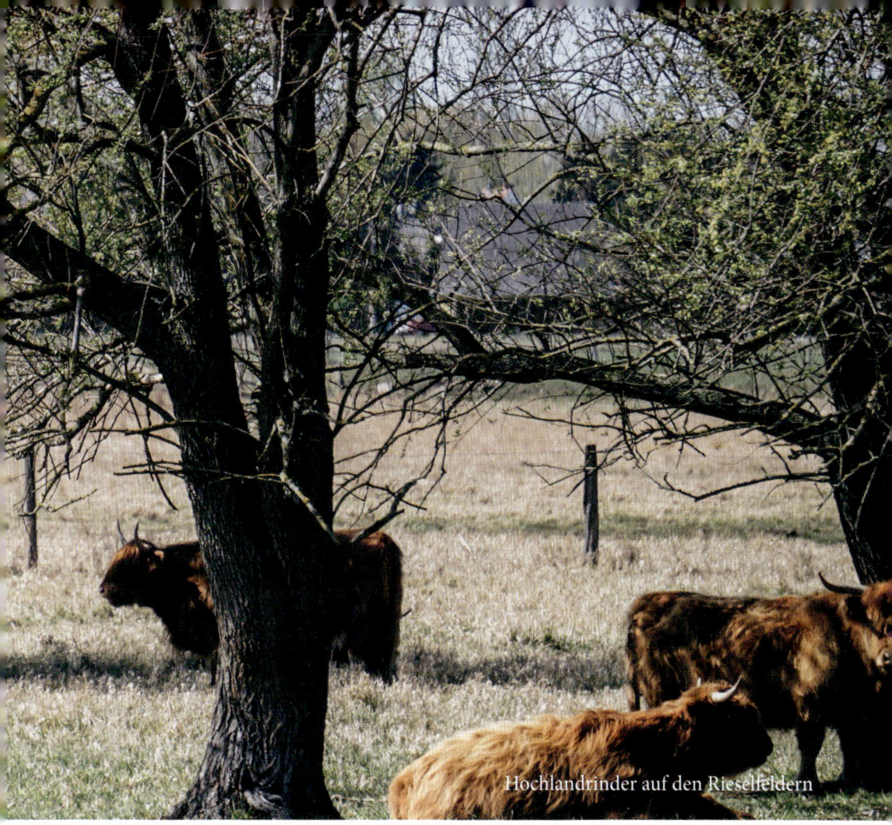
Hochlandrinder auf den Rieselfeldern

Auf spannenden Wegen begeben wir uns nach Norden und entdecken neben urbanen Naturschutzgebieten und Gemüseanbau auch versteckte Radwege im Industriegebiet. Der Abstecher an die Stadtgrenze offenbart das Besondere um die Ecke und lässt uns dabei zahlreiche Tierarten beobachten.

Für die schnelle Solo-Abendrunde als auch für Familen geeignet, da es viele Tiere zu beobachten gibt. Fast durchgängig auf asphaltierten Radwegen und gut fahrbaren Schotterwegen mit einer steilen Steigung, die aber optional ist. Das Café hat nur am Wochenende geöffnet.

Doch zunächst wird es historisch-urban. Wir starten unsere Rundtour am S- und U-Bahnhof Lichtenberg im gleichnamigen Bezirk. Los geht es parallel zu den Bahngleisen auf der Gudrunstraße gen Norden. Während rechts die Züge auf einer imposanten Ansammlung an Gleisen im Minutentakt vorbeirollen, rollen wir mit dem Rad entspannt auf den Eingang des Zentralfriedhofs Friedrichsfelde (Gudrunstr. 33, 10365 Berlin) zu. Auf diesem großen Parkfriedhof liegt die Gedenkstätte der Sozialisten und Rosa Luxemburg und Karl Liebknecht ruhen hier.

Wir radeln links am Haupteingang des alten Friedhofs vorbei, denn zwischen diesem und einer Reihenhausneubau-Siedlung führt ein asphaltierter Rad- und Fußweg rein ins erfrischende Grün

Highlights

am Wegesrand

Km 2
Der Landschaftspark Herzberge beherbergt die seltenen Pommerschen Landschafe. Diese stehen sogar auf der Liste der gefährdeten Arten. Im Park sorgen sie u. a. für die Flächenpflege. Besonders schön zu beobachten: Im Frühjahr gibt es hier immer Nachwuchs und viele kleine Lämmchen bereichern dann die Herde.

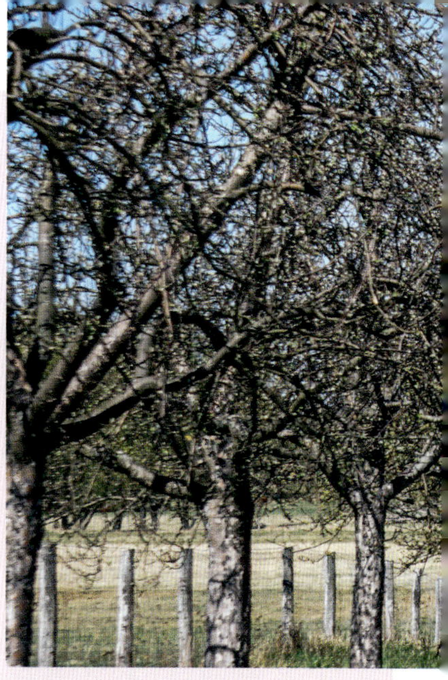

Nietzsche
Wenn man auf die Falkenberger Rieselfelder fährt, kommt man an großen Steinmauern vorbei, die ein Zitat von Friedrich Nietzsche tragen: „Schönheit ist deshalb für den Künstler etwas außer aller Rangordnung, weil in der Schönheit Gegensätze gebändigt sind."

2 km
So lang ist in etwa der Radschnellweg Zwei-Wege-Radweg, der das Falkenberger Dorf mit dem S-Bhf. Gehrenseestraße verbindet. Ungestört vom Verkehr rollt es sich hier entspannt oder auch mal schneller auf perfektem Asphalt entlang der Hohenschönhausener Straße.

des Landschaftsparks Herzberge. Hier erleben wir eine lebhafte Mischung aus Naturschutzgebiet, Biotop und landwirtschaftlicher Nutzung – und das mitten in Berlin an der Grenze zum Lichtenberger Industriegebiet! Im Frühjahr lohnt ein Ausflug hierher besonders, wenn die seltenen Pommerschen Landschafe weiden und die neugeborenen Lämmchen über die Weiden springen.

Wer die Runde direkt mit einem Gemüseeinkauf verknüpfen möchte oder am Wochenende unterwegs ist, sollte defintiv einen Stopp an den Anlagen der StadtFarm Lichtenberg (StadtFarm Laden, Mo–Do 10–16, Fr–Sa 10–18 Uhr mit Frischfischverkauf, Markttage siehe Website, Allee der Kosmonauten 16, 10315 Berlin, stadtfarm.de) auf dem Gelände des Landschaftsparks einlegen – perfekt auch für einen Familienausflug. Denn hier wird Gemüse mitten in der Großstadt angebaut – „Urban Farming" nach dem Solawi-Prinzip (Solidarische Landwirtschaft) nennt sich das. Erkennbar ist die Anlage an den großen, langgestreckten Gewächshäusern. Direkt gegenüber lockt ein Mosaikgarten mit Bänken und Beeten mit den verschiedensten Kräutern und Blumen zum Verweilen und Entdecken ein. Wir verlassen

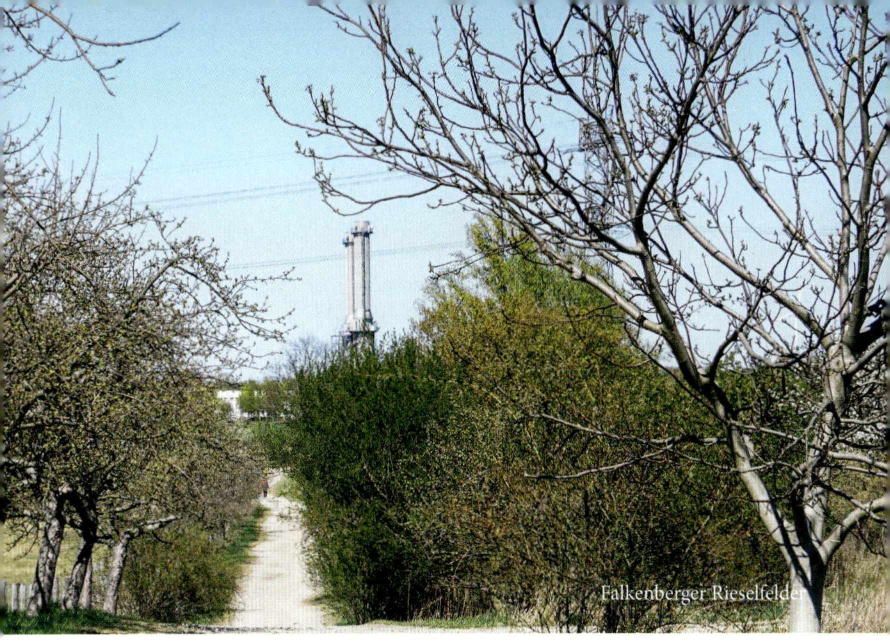
Falkenberger Rieselfelder

den Landschaftspark schließlich, indem wir rechts über einen Nebenweg an auffälligen Rohren vorbei Richtung Allee der Kosmonauten radeln.

So schnell ist man wieder im Großstadtrummel angekommen. Auf einem Radweg fahren wir an der Rhinstraße entlang bis zur Kreuzung Landsberger Allee. Dort biegt man rechts auf diese ab und setzt den Weg bis kurz vor der Märkischen Allee fort. Durch eine Unterführung gelangen wir auf die andere Seite der Hauptstraße. Der nun folgende Radweg an den S-Bahngleisen ist ein verstecktes Highlight. Wer nicht weiß, dass es ihn gibt, wird ihn sicherlich nicht zufällig finden. Der Weg kreuzt das Knorr-Bremse Firmengelände an der Grenze zum Berliner Bezirk Marzahn und startet unterhalb der Straßenbahnstation „Gewerbepark Georg Knorr“. Hier rollt es sich herrlich verkehrsfrei auf glattem Asphalt. Nach ca. 1,5 km geht es rein ins Hohenschönhausener Industriegebiet auf die Klettwitzer Straße. Links bietet die imposante mehrstöckige Anlage einer Autoverwertungsanlage einen farbenfrohen Anblick mit Fahrzeugen, die ihre Zeit hinter sich haben.

Nach einem kurzen Schlenker auf den Radweg der Bitterfelder Straße geht es nach rechts in eine völlig kontrastierende Umgebung: Über die Falkenberger Krugwiesen, die mit eigenem Abenteuerspielplatz und vielen Sitzgelegenheiten auch als Wohngebietspark für die angrenzende Plattenbausiedlung dienen, führt die Route nun auf festen Kies-/Sandwegen weiter raus aus der Stadt. Wer möchte, kann sich nach ca. 8,5 km den kleinen Hügel hinaufkämpfen und wird dafür mit einem tollen Blick über die Umgebung belohnt. Wer dazu keine Lust hat, rollt einfach daran vorbei weiter.

Wir haben die Stadtgrenze erreicht und befinden uns im Dorf Falkenberg. Zeit für eine Pause. Was man an hier auf dem Dorf sicherlich nicht erwartet hätte, ist das beschauliche Klein-

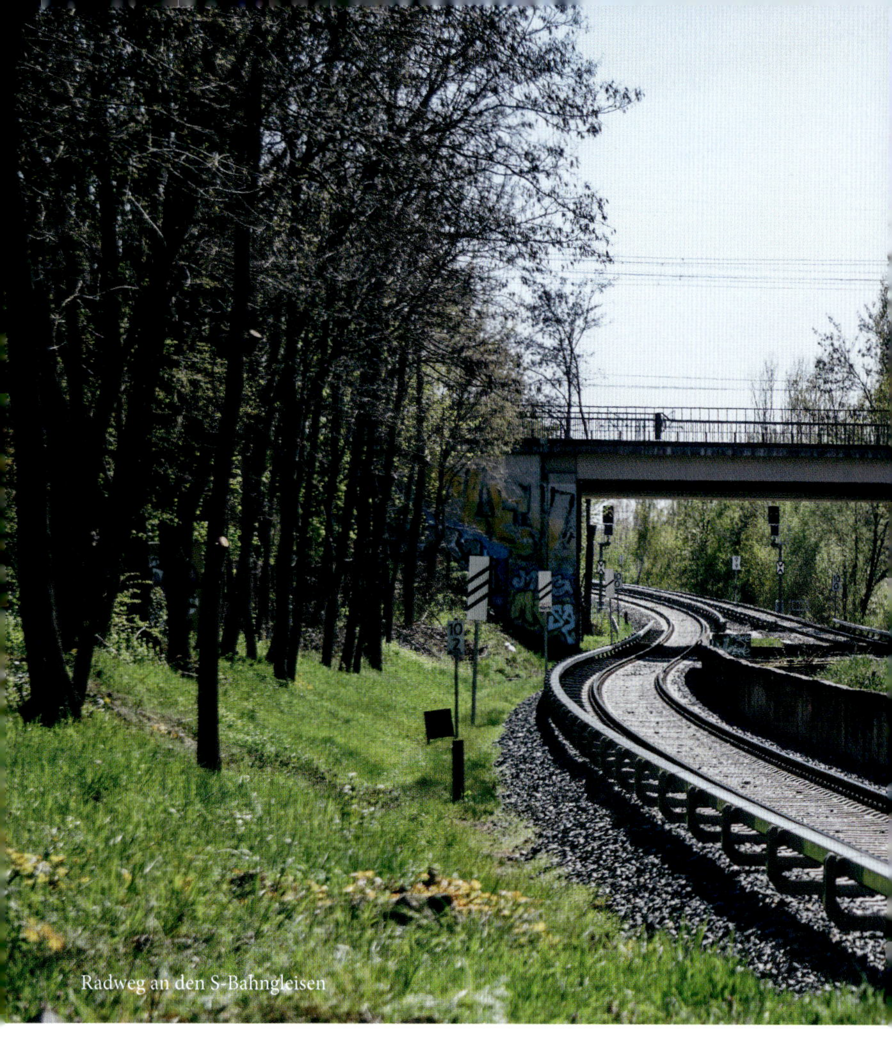
Radweg an den S-Bahngleisen

od des Cafés Lehmsofa (Fr–So 12–17 Uhr, Dorfstraße 4, 13057 Berlin-Falkenberg, cafelehmsofa.wixsite.com/falkenberg), das von einer Kanadierin bereits seit über 17 Jahren betrieben wird. Neben frischem kanadisch inspiriertem Mittagstisch locken hier am Wochenende leckere Kuchen und Torten – auch zum Mitnehmen. Frisch gestärkt kreuzen wir dann die Dorfstraße und lassen die Stadt endlich hinter uns.

Baustadtrat James Hobrecht löste Ende des 19. Jahrhunderts Berlins Abwasserproblem durch den Bau einer Kanalisation und die Anlage von Rieselfeldern rund um die Stadt. Eine dieser ehemaligen Anlagen liegt nun vor uns und zeigt sich heute lebendig und grün: die Falkenberger Rieselfelder. Im Frühjahr säumen herrlich blühende Obstbäume die Schotterwege. Es geht rechts weiter vorbei an den Hochlandrinder weiden, wo ein Aussichtspunkt einen schönen Rundumblick auf die Felder bietet. Mit etwas Glück sieht man hier abends auch zahlreiche Rehe oder einen Fuchs auf der Pirsch. Daher lohnt sich die Tour

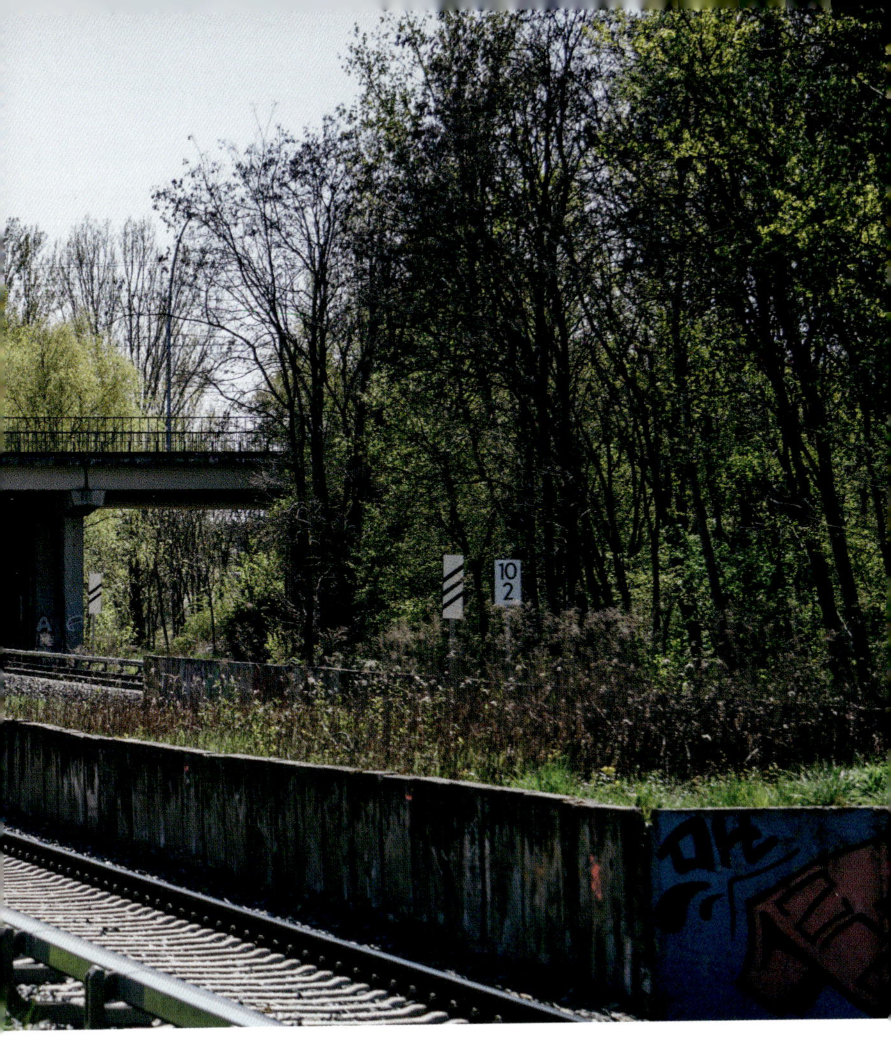

auch sehr zum Sonnenuntergang, wenn eine orange-rote Sonne die Obstbäume und Wiesen in ein stimmungsvolles Licht taucht. Direkt an der Feldgrenze liegt außerdem auf 16 ha Fläche Europas größtes Tierheim, das Tierheim Berlin Falkenberg. Dieses ist ein echtes architektonisches Highlight und neben den beliebtesten Haustierarten gibt es hier eine Exotenstation und einen Tierschutz-Bauernhof mit Nutztieren.

Am Tierheim vorbei gefahren, befinden wir uns nun bereits wieder auf dem Rückweg nach Lichtenberg. Parallel zur Hohenschönhauser Straße befindet sich ein Radschnellweg, der in beide Richtungen perfekten Asphalt bietet. Huuuuuui, das rollt! Es geht noch einige Kilometer geradeaus, bevor wir wieder kurz auf die Rhinstraße und dann auf die ruhigere Ferdinand-Schultze Straße biegen, um dort auf dem Radweg weiter zu radeln. Zum Abschluss gönnen wir uns noch ein paar verkehrsfreie Meter durch den Landschaftspark Herzberge, bevor wir wieder am Bahnhof Lichtenberg ankommen.

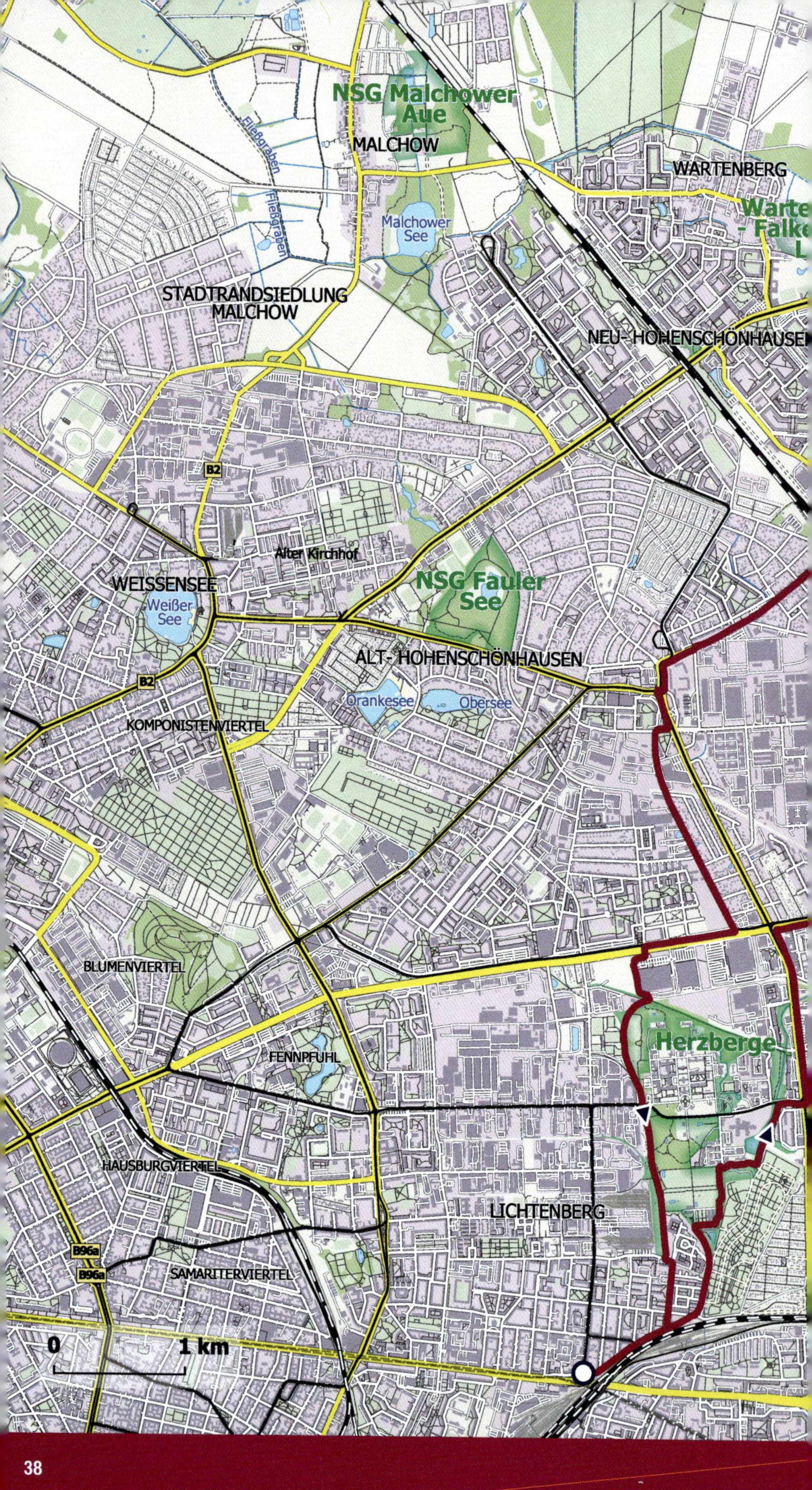
NSG Malchower Aue
MALCHOW
WARTENBERG
Fließgraben
Fließgraben
Malchower See
STADTRANDSIEDLUNG MALCHOW
B2
Alter Kirchhof
WEISSENSEE
Weißer See
NSG Fauler See
ALT-HOHENSCHÖNHAUSEN
Orankesee
Obersee
B2
KOMPONISTENVIERTEL
BLUMENVIERTEL
FENNPFUHL
Herzberge
HAUSBURGVIERTEL
LICHTENBERG
B96a
B96a
SAMARITERVIERTEL
0
1 km

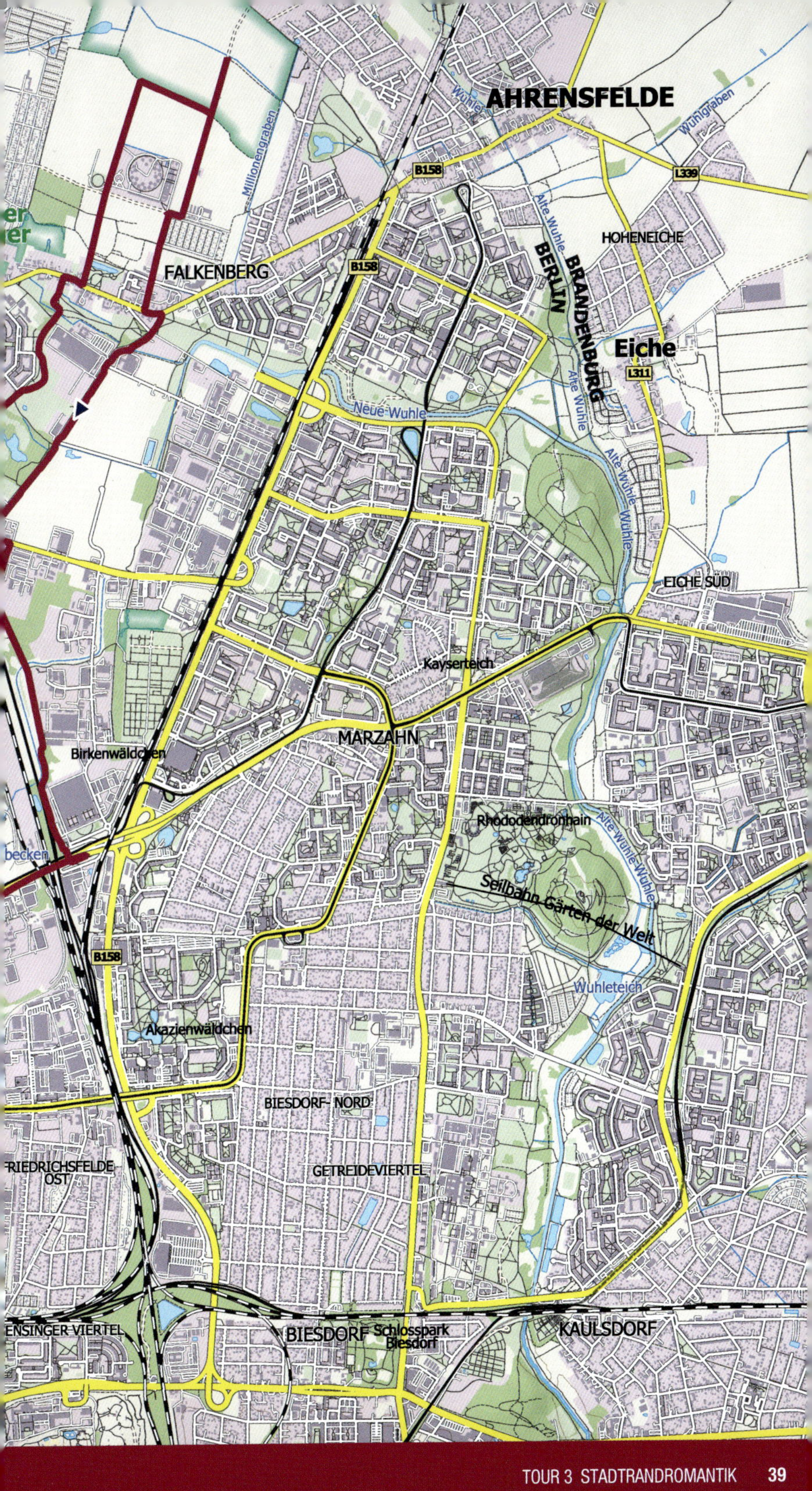
AHRENSFELDE
B158
L339
Wuhle
Wuhlgraben
Millionengraben
FALKENBERG
HOHENEICHE
Alte Wuhle
BERLIN
BRANDENBURG
Eiche
L311
Neue Wuhle
EICHE SÜD
Kayserteich
MARZAHN
Birkenwäldchen
Rhododendronhain
Seilbahn Gärten der Welt
Wuhleteich
Akazienwäldchen
BIESDORF-NORD
FRIEDRICHSFELDE OST
GETREIDEVIERTEL
ENSINGER VIERTEL
BIESDORF
Schlosspark Biesdorf
KAULSDORF

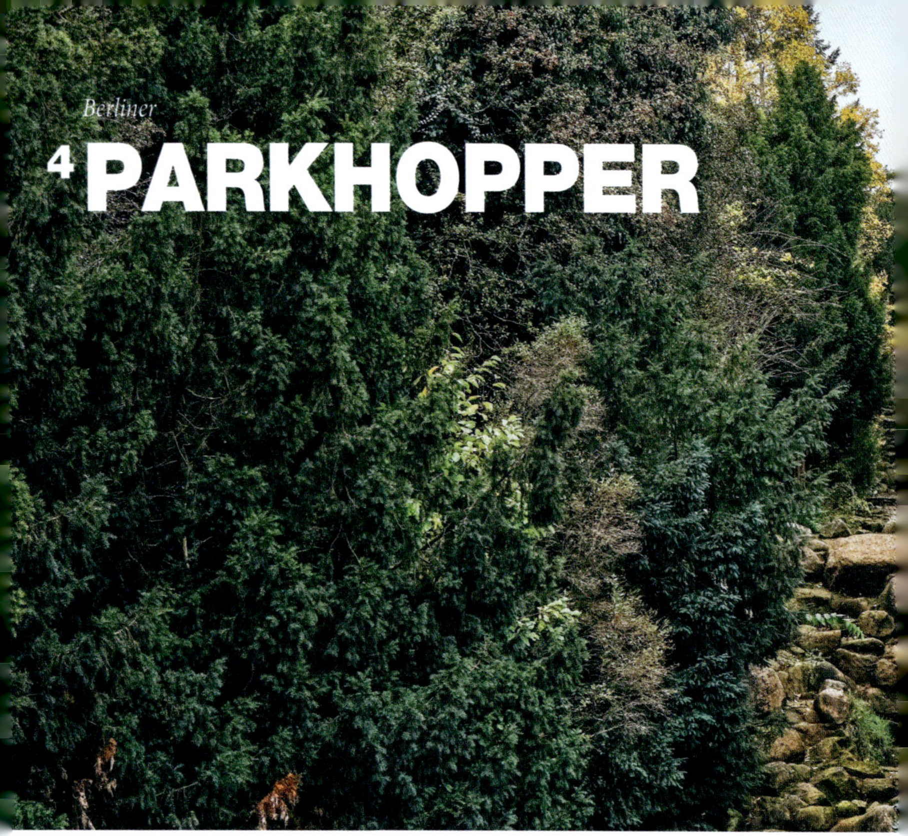

Berliner

4 PARKHOPPER

Start/Ziel

S-BAHNHOF TEMPELHOF

Rundtour

23,7 Kilometer

45 Höhenmeter

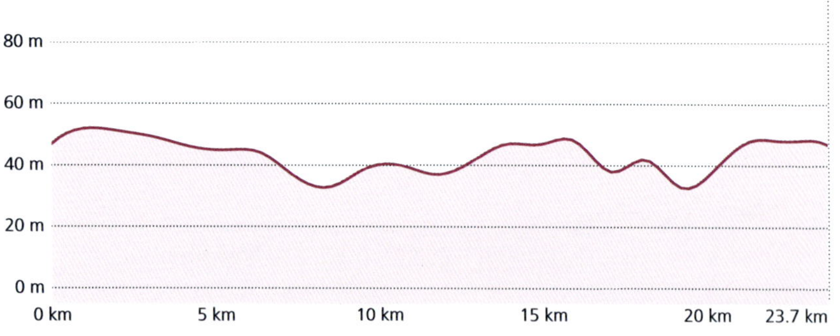

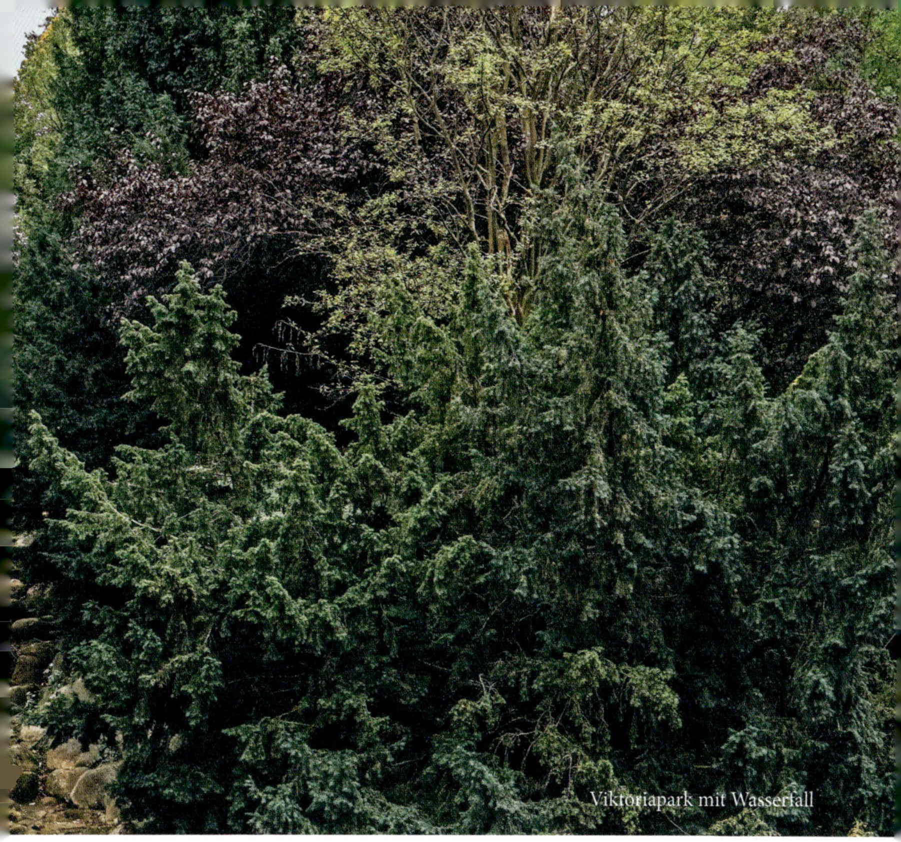

Viktoriapark mit Wasserfall

Etwa sieben Parkanlagen befinden sich auf unserer abwechslungsreichen Park-Route, die in vielen Facetten das Bild der grünen Stadt Berlin unterstreichen. Kilometerlang lässt es sich dabei auf glattem Asphalt und naturbelassenen Wegen durch alte und neue Parks rollen.

Asphaltierte Straßen mischen sich mit gut fahrbaren Naturwegen, die für Familien machbar sind, auch mit Anhänger, kurze Kopfsteinpflasterabschnitte, größtenteils flach, wenige Straßen ohne Radweg.

Unsere Tour beginnt und endet am S-Bahnhof Tempelhof. Der ehemalige Flughafen Tempelhof und sein Flugfeld Tempelhofer Feld liegen direkt gegenüber. Das Feld ist mit seinen 300 Hektar eines der größten städtischen Freigelände weltweit und wird seit der Öffnung im Jahr 2010 von Berlinern und Besuchenden der Stadt vielfältig genutzt. Kein Wunder, denn die riesige Fläche, die im Nordwesten von den Hangars und dem alten Flughafengebäude begrenzt wird, bietet ausreichend Platz für allerlei sportliche Aktivitäten, Entspannung und sogar zum urbanen Gärtnern. Auf dem Tempelhofer Feld weht meist ein guter Wind. Doch wir treten fleißig in die Pedale, genießen die frische Brise, die uns um die Nase weht, und verlassen das Feld im Nordosten.

Wir überqueren den Columbiadamm und gelangen in den grünen Volkspark Hasenheide in Neukölln. Dieser bietet im Gegensatz zum Tempelhofer

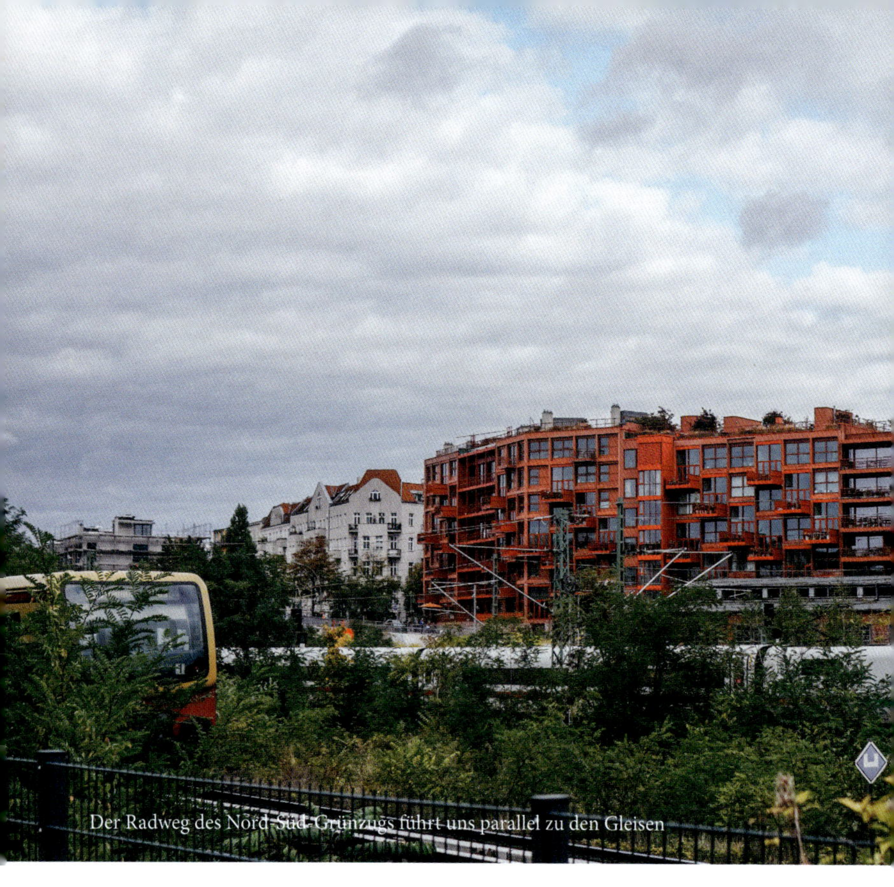

Der Radweg des Nord-Süd-Grünzugs führt uns parallel zu den Gleisen

Feld einiges an Schatten mit seinen vielen Bäumen und Grünflächen und ist mitunter sogar recht hügelig. Wir radeln Richtung Norden einmal hindurch, doch nicht ohne einen kleinen Stopp einzulegen an einem Ort, mit dem man hier sicherlich nicht unbedingt rechnet. Der Tierpark Neukölln (April–Okt. 9–19:30, Nov.–März 9–15:30 Uhr, Eintritt frei, Hasenheide 82, 10967 Berlin, tierpark-neukoelln.berlin) ist ein toller Platz für Familien mit Kindern, wo u. a. verschiedene, teilweise gefährdete Haustierrassen bestaunt werden können.

Nach den grünen Metern durch die Parks geht es nun nach Westen über die Straße der Hasenheide ins quirlige Kreuzberg. Vorbei an der imposanten Kirche am Südstern biegen wir nach links ab in die Fahrradstraße der Bergmannstraße. Und dann befinden wir uns plötzlich mittendrin in einem der abwechslungsreichen Berliner Kieze. Der Bergmannkiez mit seinen vielen Shops und Restaurants ist der perfekte Ort für eine Pause. Entweder auf einen Snack in der Marheineke Markthalle oder in einem der vielen Cafés, wie zum Beispiel Barcomis Café & Rösterei (Mo–Do 10–18, Fr–So bis 19 Uhr, Bergmannstraße 21, 10961 Berlin) mit leckeren Torten und hausgeröstetem Kaffee.

Wir folgen der Straße nach Westen und überqueren den quirligen Mehringdamm. Über den Radstreifen der Kreuzbergstraße radeln wir auf den Ende des 19. Jahrhunderts angelegten

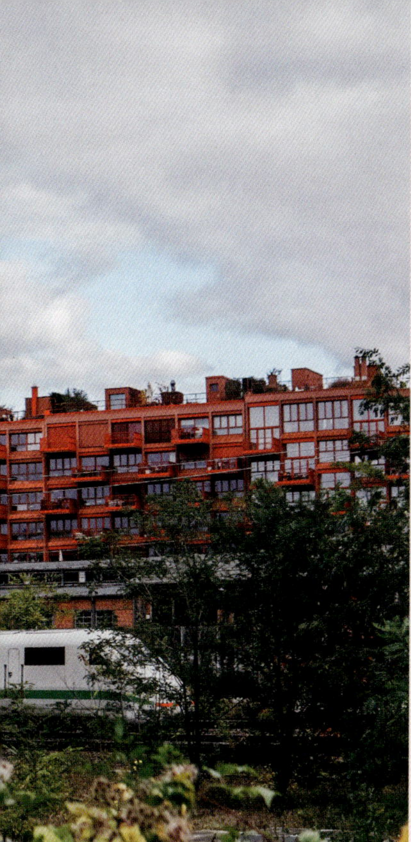

Highlights
am Wegesrand

Abstecher vom Tempelhofer Feld ins Schillerkiez im Osten oder Graefekiez im Norden der Hasenheide lohnen sich für Einkehr oder Bummel.

Km 3–5
In den Kiezen an den Bezirksgrenzen zu Tempelhof, Neukölln und Kreuzberg („Kreuzkölln“) ist einiges los.

1892
… ist das Jahr, in dem die Marheineke Markthalle im Kreuzberger Bergmannkiez eröffnet wurde. Sie ist seither nicht nur ein Ort für die Versorgung der Berliner mit frischen Lebensmitteln, Feinkost und Handwerk, sondern auch ein Platz zum Treffen und Austausch.

78
Der Trümmerberg Insulaner ist eine 78 m hohe Erhebung, die aus Stadttrümmern nach dem 2. Weltkrieg entstanden ist. Auf dem Gelände liegen auch die Wilhelm-Foerster-Sternwarte, ein Planetarium und ein Sommerbad.

Viktoriapark zu. Der hügelige Park fällt besonders durch seinen terrassenartig angelegten Wasserfall als auch durch sein neugotisches Befreiungskrieg-Denkmal auf, das imposant auf dem Berggipfel des Kreuzbergs thront. Wir fahren daran vorbei und biegen nach rechts auf die Möckernstraße. Nach ca. 500 Metern wartet bereits die nächste Grünanlage auf uns, die sich gänzlich vom Viktoriapark unterscheidet.

Auf dem ehemaligen Bahngelände mitten in der Stadt ist der Park am Gleisdreieck (Möckernstraße 26, 10963 Berlin) als öffentlich zugängliche Grünfläche entstanden. Das im Norden befindliche Berliner Technikmuseum (Di–Fr 9–17:30, Sa–So 10–18 Uhr, Eintritt 8/4 €, Trebbiner Straße 9, 10963 Berlin, technikmuseum.berlin) reicht bis in den Ostpark hinein und auch die alte Windmühle, an der wir nun vorbeiradeln, gehört mit zum sehenswerten Museum. Wir passieren den Skatepark und biegen nach rechts ab. Entlang der Bahngleise der S-Bahn fahren wir nun einen kleinen Bogen

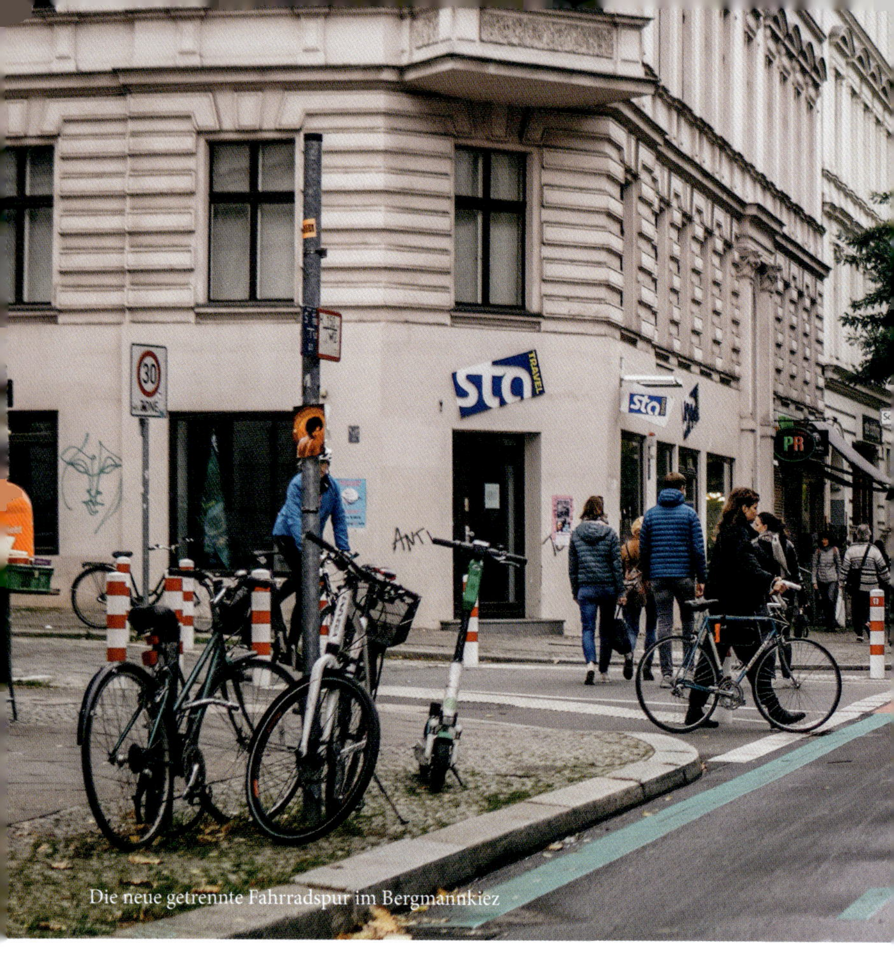

Die neue getrennte Fahrradspur im Bergmannkiez

nach Norden und wechseln vom Ostpark in den Westpark. Nun sehen wir auch deutlich, woher der Name Gleisdreieck stammt: Gleich zwei imposante Brückenbauten der Bahn mit großen Stahlträgern kreuzen die Parkfläche. Wir setzten den Weg auf der anderen Seite der S-Bahngleise Richtung Süden fort. Nach dem glatten Asphalt wird der Untergrund kurzzeitig etwas unebener. Doch das ist nach wenigen Metern geschafft und wir befinden uns auf dem Parkplatz eines Baumarktes an der Yorkstraße und wieder mitten im städtischen Gewusel. So schnell geht das in Berlin! Die Route führt nun über eine Nebenstraße auf den gut ausgebauten Rad- und Fußweg des Nord-Süd-Grünzugs parallel zu den Bahngleisen. Ca. 1,5 Kilometer rollen wir, ungestört vom Straßenverkehr, gen Süden. Am großen Bahnhof Südkreuz fahren wir über den Bahnhofsvorplatz und dann den Radwegzeichen folgend über eine kleine Brücke, die über den wuseligen Sachsendamm führt.

Zack, nächste Parkanlage erreicht: Zwischen den Gleisen der Bahnlinien liegt der Natur-Park Schöneberger Südgelände (Öffnung saisonal, 9–16, max. bis 21 Uhr, 1 €, Kinder unter 14 frei, Priesterweg, 12157 Berlin), der ein ehemaliger Rangierbahnhof ist. Heute ein Naturreservat und Veranstaltungsort mit dem ehemaligen Lokschuppen und dem angrenzenden Theater, lässt sich dort der

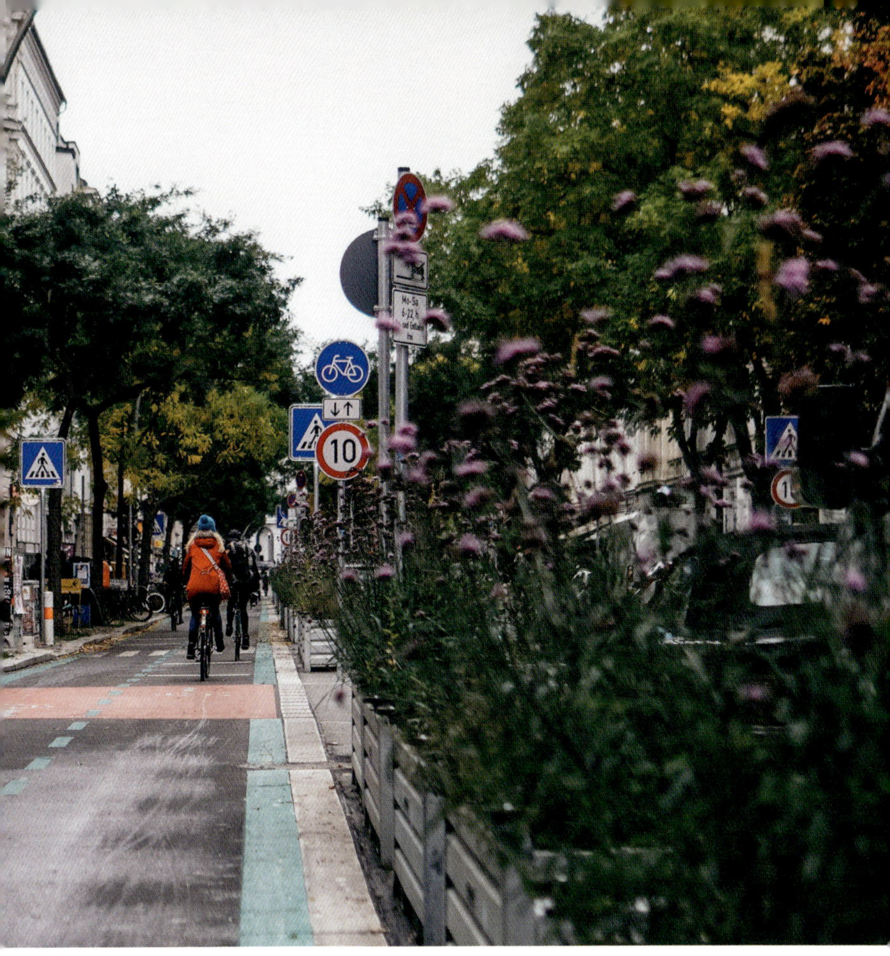

Kontrast zwischen Bahnrelikten, Stadtnatur und Kunst in einer Art Freilandausstellung entdecken. Wir erreichen das Gelände nach ein paar Metern über Kopfsteinpflaster über die Fußgängerbrücke am S-Bahnhof Priesterweg, der links unserer Route liegt. Die Fahrräder müssen draußen bleiben, also an ein Schloss denken!

Anschließend fahren wir am Insulaner (Munsterdamm/Prellerweg, 12169 Berlin) vorbei, dem ältesten Trümmerberg Berlins und gelangen über Nebenstraßen in den Bezirk Steglitz. Der gleichnamige Stadtpark Steglitz ist eine hübsche Grünanlage mit einem schönen Rosengarten und einigen großen Spielplätzen.

Nach so vielen Parks in der Stadt wird es Zeit für ein anderes Berliner Merkmal: Wasserwege. Direkt am Ausgang des Steglitzer Stadtparks liegt der Schifffahrtskanal Teltowkanal, der sich von Ost nach West quer durch den Berliner Süden zieht. Der uferbegleitende Weg unter schattigen Bäumen ist oft naturbelassen mit einigen Wurzeln und Steinen, aber gut mit einem Stadtfahrrad fahrbar. Am Wochenende sollte man hier besonders rücksichtsvoll unterwegs sein, da es auch ein beliebter Spazierweg ist. Jetzt nochmal tief durchatmen, bevor wir nach insgesamt vier Brückenquerungen schließlich den Weg gen Norden über den Radweg der Manteuffelstraße antreten und wieder am Bahnhof Tempelhof eintreffen.

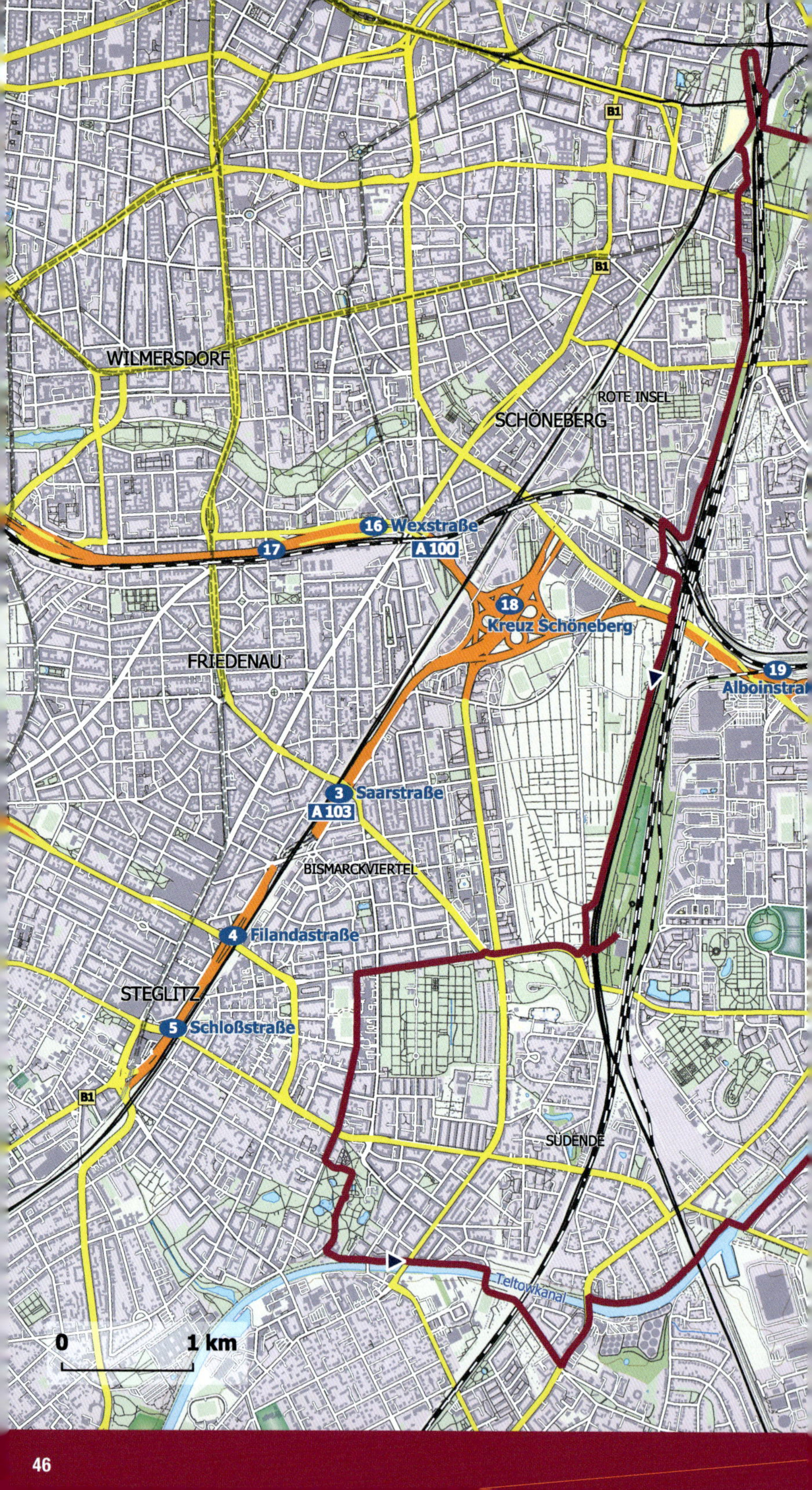

B1
B1
WILMERSDORF
SCHÖNEBERG
ROTE INSEL
16 Wexstraße
17
A 100
18
Kreuz Schöneberg
19
Alboinstra
FRIEDENAU
3 Saarstraße
A 103
BISMARCKVIERTEL
4 Filandastraße
STEGLITZ
5 Schloßstraße
B1
SÜDENDE
Teltowkanal
0
1 km

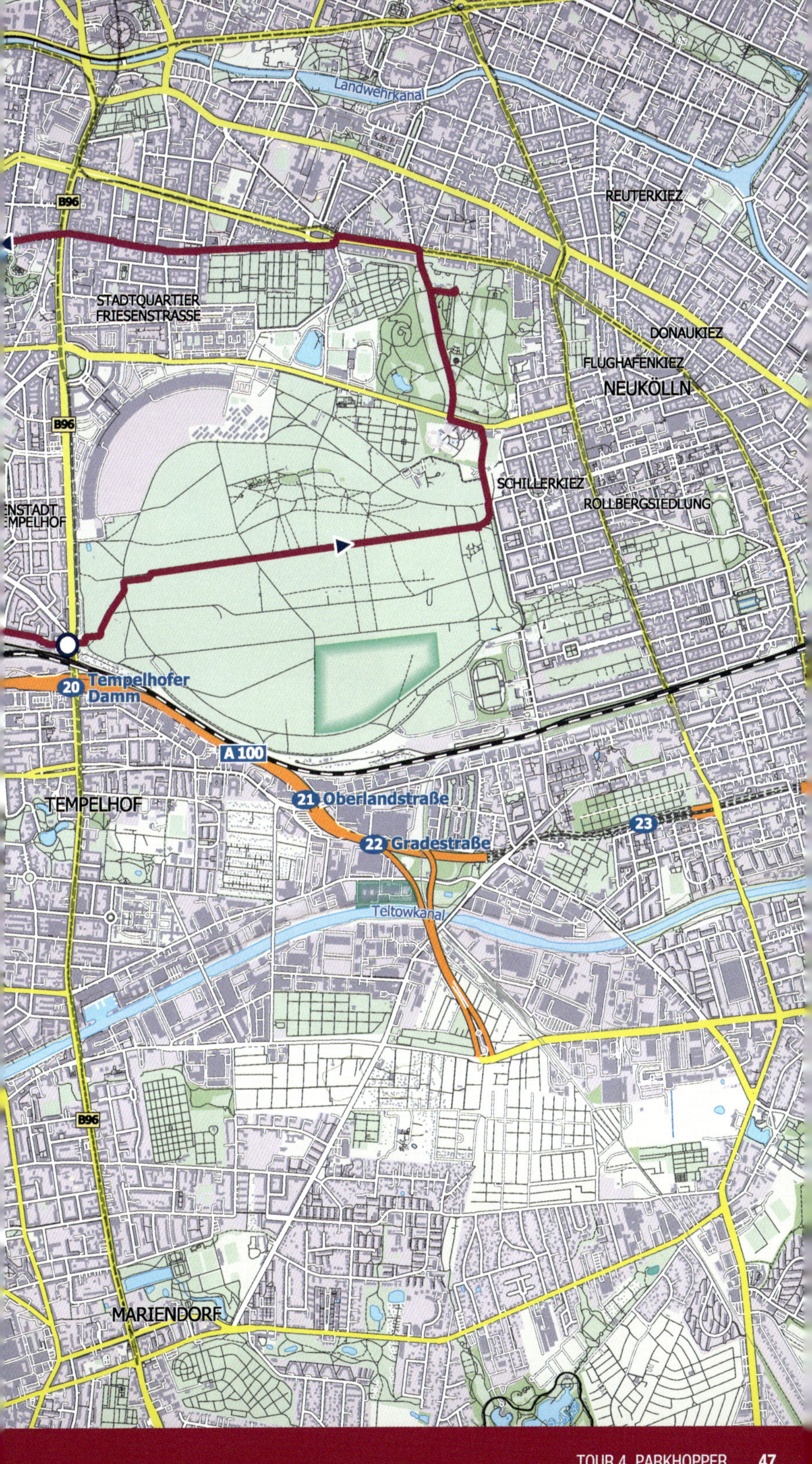
Landwehrkanal
REUTERKIEZ
B96
STADTQUARTIER
FRIESENSTRASSE
DONAUKIEZ
FLUGHAFENKIEZ
NEUKÖLLN
B96
SCHILLERKIEZ
ROLLBERGSIEDLUNG
20 Tempelhofer Damm
A 100
TEMPELHOF
21 Oberlandstraße
22 Gradestraße
23
Teltowkanal
B96
MARIENDORF

Zwischen Bauhausarchitektur und ehemaliger Grenze

5 BERLINER SÜDVIELFALT

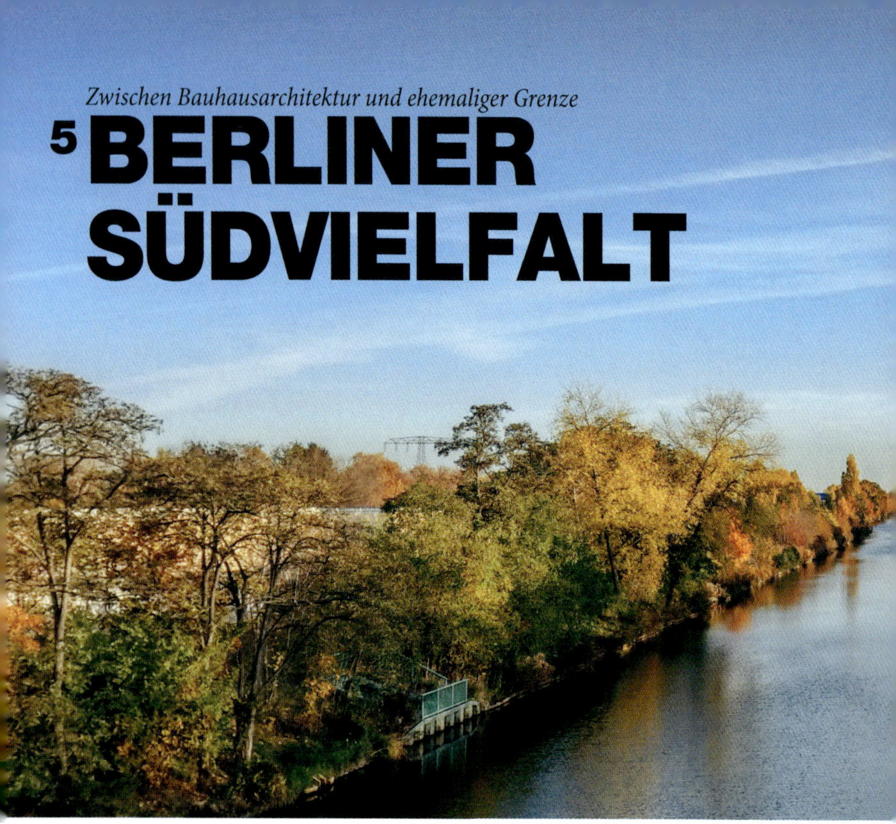

Start/Ziel

U-BAHNHOF PARCHIMER ALLEE

Rundtour

25,2 Kilometer

130 Höhenmeter

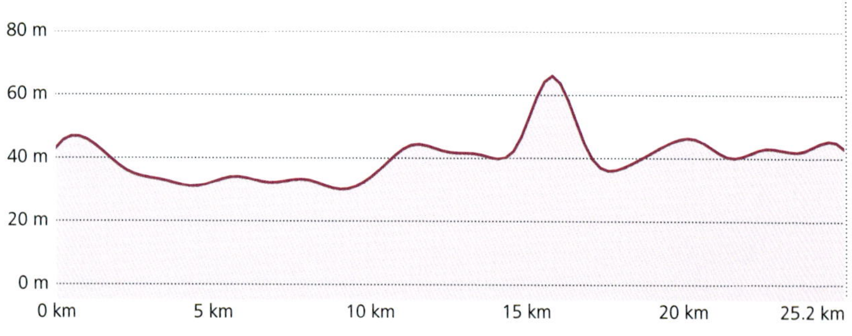

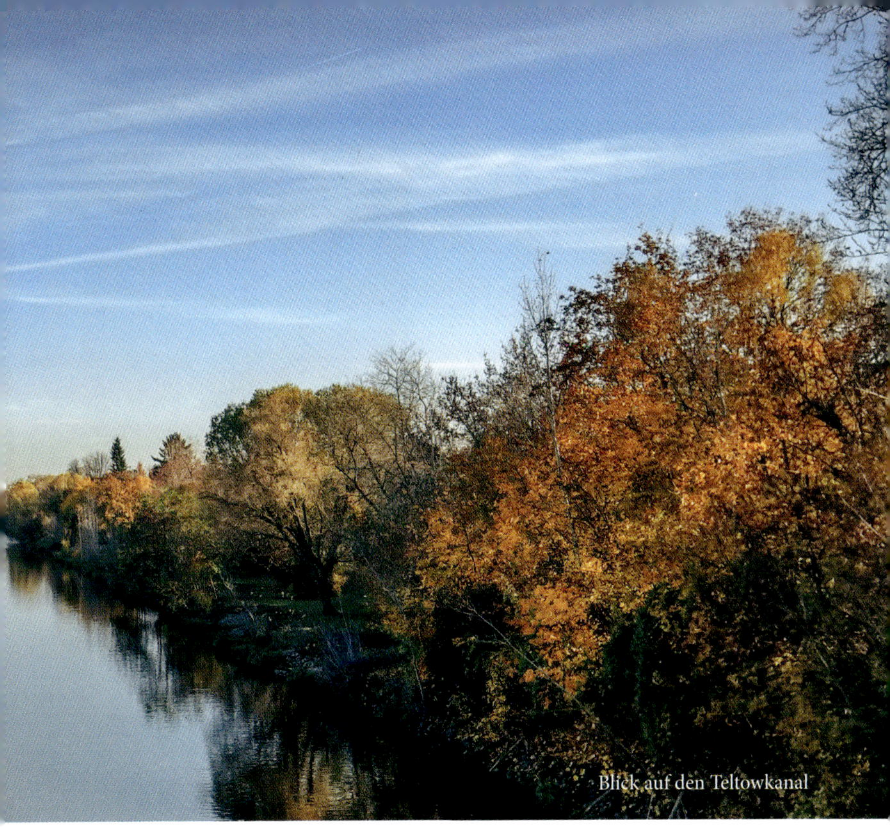
Blick auf den Teltowkanal

Einzigartige Stadtplanung mit Welterbesiegel trifft bei dieser entspannten Runde durch Berlins Süden auf die Geschichte der Berliner Teilung und die Tierwelt entlang des ehemaligen Grenzstreifens – eine bunte Mischung von Stadt, Natur und Geschichte für die ganze Familie.

Größtenteils asphaltiert, für Familien geeignet, eine größere Steigung, die auch umgangen werden kann.

Vom U-Bahnhof Parchimer Allee im Neuköllner Ortsteil Britz geht es über die gleichnamige Straße mitten ins UNESCO-Welterbe der berühmten Hufeisensiedlung von Bauhaus-Architekten Bruno Taut. Die bemerkenswerte Großsiedlung, die Ende der 1920er als erstes Prestigeprojekt des sozialen Wohnungsbaus in Berlin entstanden ist, lässt sich perfekt mit dem Fahrrad erkunden. Wir radeln auf der Fritz-Reuter-Allee an dem zentral gelegenen und namensgebenden Komplex in Form eines Hufeisens vorbei. Hier befindet sich auch ein kleines, am Wochenende geöffnetes Infozentrum (Fritz-Reuter-Allee 44, 12359 Berlin). Über die Stavanagerstraße verlassen wir die Siedlung und fahren über die Onkel-Bräsig-Straße Richtung Norden.

Wir überqueren die geschäftige Blaschkoallee. Knapp einen Kilometer später wird es dann ruhiger und wir biegen noch vor der Brücke von der Rungius-

Highlights

am Wegesrand

Km 1

Der südliche Teil der Onkel-Bräsig-Straße an der Hufeisensiedlung ist besonders im Frühjahr, zwischen April und Mai, einen Besuch wert. Hier blühen dann im schönsten Rosa die Kirschbäume und schaffen eine wunderbare Atmosphäre inmitten der klassisch-modernen Architektur.

85,6 m ü. NN

Der Trümmerberg Rudower Dörferblick ist eine der höchsten Erhebungen Berlins. Wer dort hinauf radelt, wird nicht nur mit einer herrlichen Aussicht belohnt, sondern findet auch einen schönen Pausenplatz. Also Proviant einpacken und oben genießen!

Stadtgut

Auf dem Gut Britz finden zahlreiche Veranstaltungen für die ganze Familie statt, wobei hier die mittelalterlichen Märkte und die historische Märchenweihnacht hervorzuheben sind. Vorher den Veranstaltungskalender prüfen!

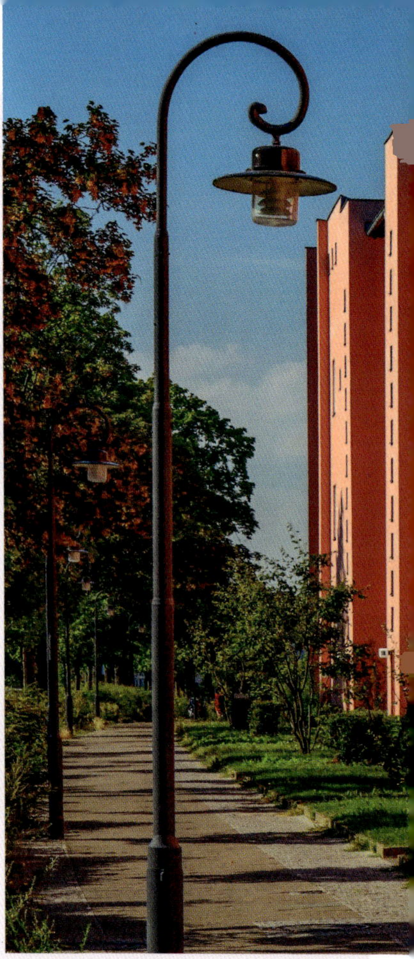

straße nach rechts auch den Radweg entlang des Teltowkanals ab. Am Delfter Ufer kreuzen sich die Verbindungskanäle und der Teltowkanal und Letzterer macht einen Bogen nach Süden. Hier ist der Blick aufs Wasser zum Britzer Hafen und auf die Brücke der A 113 definitiv sehenswert.

An der Neuen Späthstraße überqueren wir den Kanal und fahren auf der anderen Seite auf dem Berliner Mauerweg weiter. Dieser zeichnet den Verlauf der ehemaligen Berliner Teilung nach und ist uns im Norden während einer anderen Tour (2) bereits begegnet. Auf dieser Runde folgen wir dem Mauerweg ein Stück an der südlichen Stadtgrenze entlang. Der folgende, lange Asphaltabschnitt, auch als Ostkrone bekannt, ist besonders unter Rennradfahrenden beliebt. Aber auch zum Skaten und Laufen eignet sich der perfekte Weg am Kanalufer entlang bestens. Hier rollt es sich

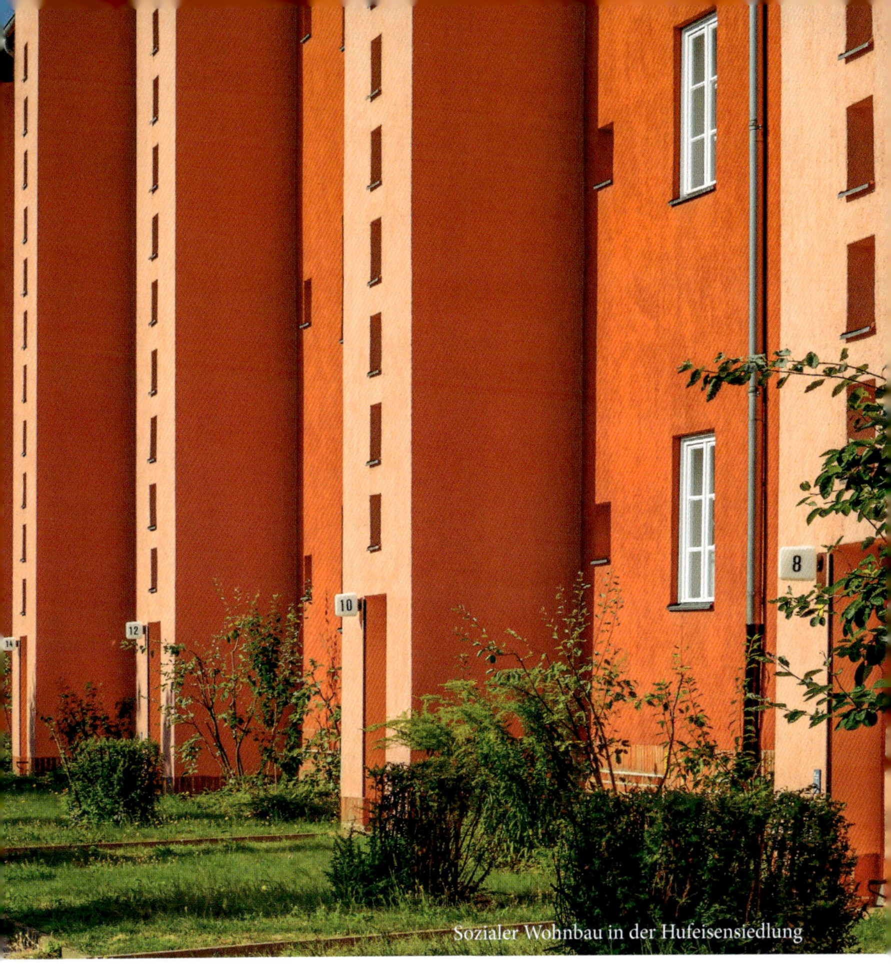
Sozialer Wohnbau in der Hufeisensiedlung

großartig! An der Wredebrücke überqueren wir den Teltowkanal parallel zur Autobahn ein letztes Mal und fahren nun immer weiter gen Süden bis an die Stadtgrenze nur wenige Kilometer vom Großflughafen Berlin-Brandenburg (BER) entfernt.

Wir befinden uns mittlerweile im Stadtteil Rudow. Wenige Meter, nachdem wir die Rudower Straße überquert haben, stoßen wir auf die Mauergedenkstelle Rudow-Altglienicke. Hier halten wir an, können an den Infostelen über die Teilung lesen und sogar originale Überbleibsel der Berliner Hinterlandmauer anschauen – ein Moment zum Besinnen und glücklich schätzen, dass wir heute so frei durch das Land radeln können. Auf diesem Mauerwegabschnitt werden uns noch weitere dieser Infotafeln begegnen. Kurz darauf radeln wir durch den zentralen Teil des idyllischen Landschaftsparks Rudow-Altglienicke. Das kleine Naherholungsgebiet an der Stadtgrenze ist vor allem von Wiesen geprägt und beliebt bei Spaziergehenden und Radfahrenden gleichermaßen.

Ein besonderes Highlight sind die Wasserbüffelwiesen (Am Klarpfuhl 1, 12355 Berlin). Sie sind Teil eines Beweidungsprojektes auf den Feuchtwiesen des Landschaftsparks. Zu beobachten, wie

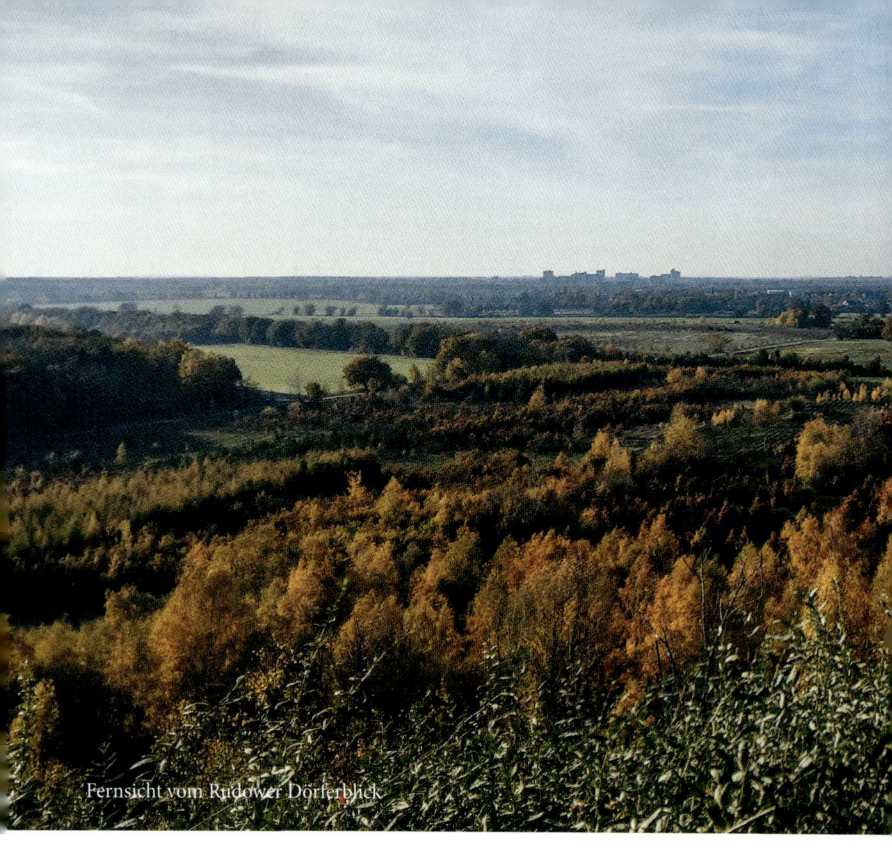
Fernsicht vom Rudower Dörferblick

sie sich an den Teichen ein Schlammbad gönnen, ist außerdem ein willkommener Pausengrund. Wir radeln dann weiter bis der Mauerweg an der Rudower Chaussee nach rechts abbiegt. Hier fahren wir jedoch nur einen kleinen Bogen über eine Nebenstraße, bevor wir über einen zugegebenermaßen etwas ruppigen Weg schließlich an Weideflächen gelangen. Selbst wenn wir hier kurz absteigen müssen, so lohnt sich das auf jeden Fall. Denn nun sind wir an einer Art kleinen Bauernhof angekommen, wo große, flauschige Hochlandrinder und Schafe grasen. Die sanften, recht zutraulichen Tiere zu beobachten, ist sehr unterhaltsam und es gibt auch immer wieder Jungtiere zu bewundern.

Das nächste Highlight wartet nur ein paar Meter weiter an der Waßmannsdorfer Chaussee. Hier bietet sich die Gelegenheit einen großartigen Ausblick auf die Umgebung und bis zum naheliegenden Flughafen zu genießen. Einziger Haken: Wir müssen ein paar Höhenmeter erklimmen, um zum Rudower Dörferblick (Waßmannsdorfer Chaussee 189, 12355 Berlin) zu gelangen. Wer nicht hochradeln möchte, stellt die Räder einfach unten beim Parkplatz an einem der Fahrradbügel ab und läuft hinauf oder lässt den Anstieg ganz aus. Im Anschluss geht es gen Norden weiter. Wir haben nämlich den südlichsten Punkt unserer Tour erreicht und radeln nun an der Stadtgrenze zwischen Feldern und Bäumen noch ein kleines Stück auf dem Berliner Mauerweg. Bald schon erstreckt sich eine kleine Birkenallee vor uns, die besonders im Herbst eine wunderbare Farbenpracht zeigt. Zwischen den

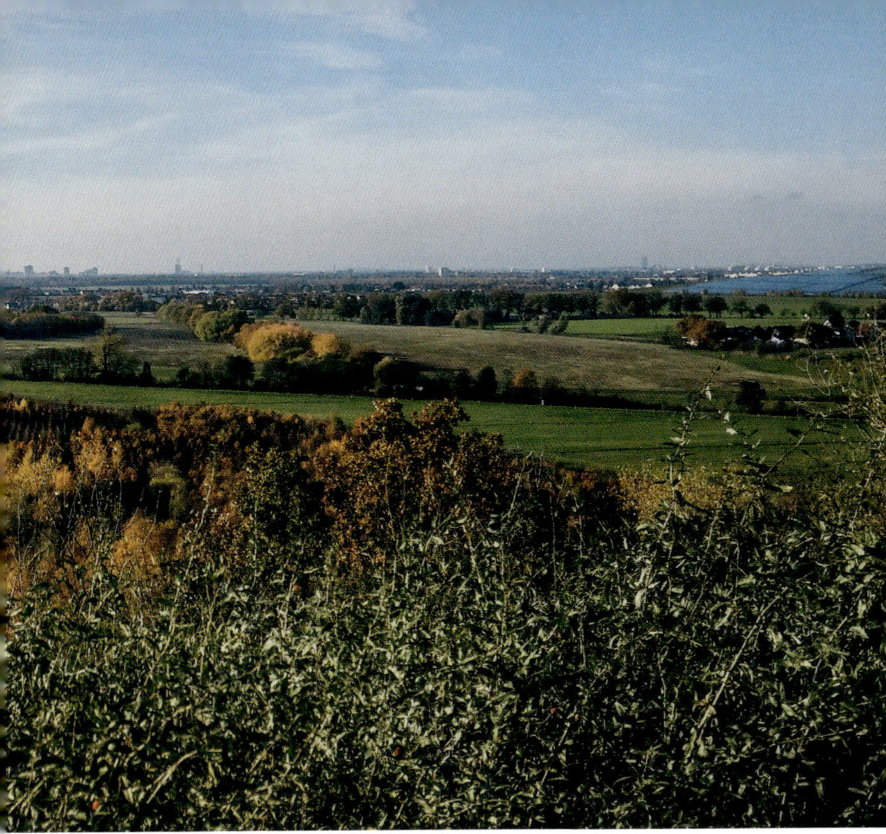

Bäumen lässt es sich schnell vergessen, dass wir uns noch so nah an der Stadt befinden. Dies wird sich gleich wieder ändern.

Am Kölner Damm verlassen wir den Berliner Mauerweg, um nach ein paar Metern auf der Lipschitzallee direkt am U-Bahnhof nach links in die Parkanlage Gropiusstadt abzubiegen. Die Radroute 10 führt dort mitten hindurch und gibt immer wieder Blicke auf die großen Wohnanlagen frei. Wir fahren weiter von Grünanlage zu Grünanlage und vermeiden so den Stadtverkehr nahezu vollständig.

Kurz vor dem Ziel wartet dann noch ein sehenswerter Stopp auf uns. Das Gut Britz (tgl. bis Dunkelheit, Alt-Britz 81-89, 12359 Berlin, schloss-gutshof-britz.de) mit seinen sanierten Häusern aus dem 19. Jh. müssen wir auf jeden Fall genauer betrachten. Also steigen wir am Eingang der Parchimer Allee vom Rad, denn Radfahren ist auf dem Gut nicht erlaubt, und schieben es über das weitläufige Gelände, das neben einem Museum und Kulturstall auch einen kleinen Bauernhof mit Nutztierrassen beherbergt. Zum Gut gehört auch ein schöner Schlosspark und das Schloss Britz (Di–So 12–18 Uhr, Alt-Britz 73, 12359 Berlin, schlossbritz.de), das viel mehr ein herrschaftliches Gutswohnhaus ist. Um 1700 wurde das heutige Gebäude als barockes repräsentatives Steinbauwerk neu errichtet und steht nun unter Denkmalschutz. Schließlich radeln wir parallel zur Fulhamer Allee zurück zum U-Bahnhof Parchimer Allee.

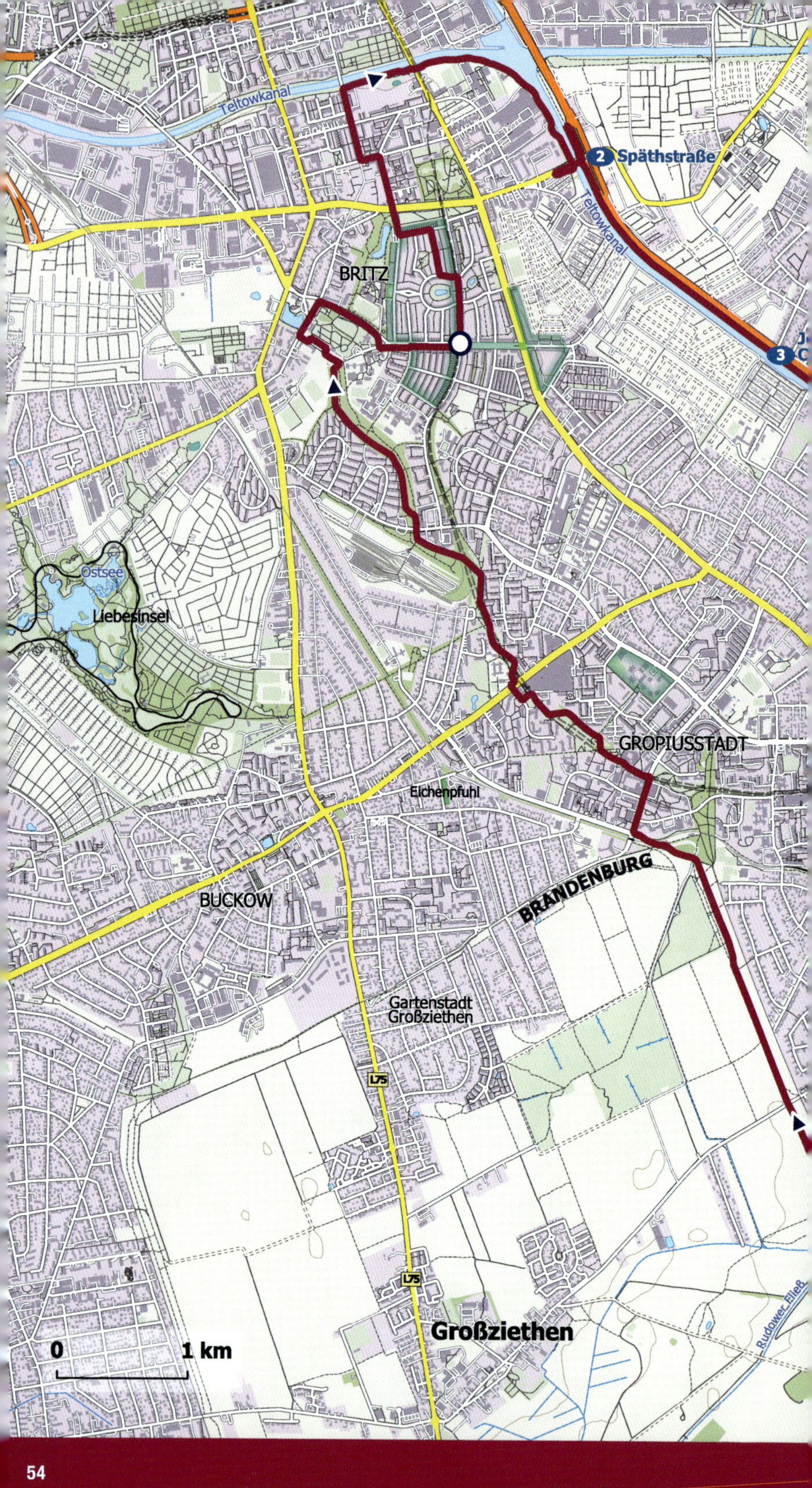

Teltowkanal
2 Späthstraße
Teltowkanal
3
BRITZ
Ostsee
Liebesinsel
GROPIUSSTADT
Eichenpfuhl
BUCKOW
BRANDENBURG
Gartenstadt
Großziethen
L75
L75
Großziethen
Rudower Fließ
0
1 km

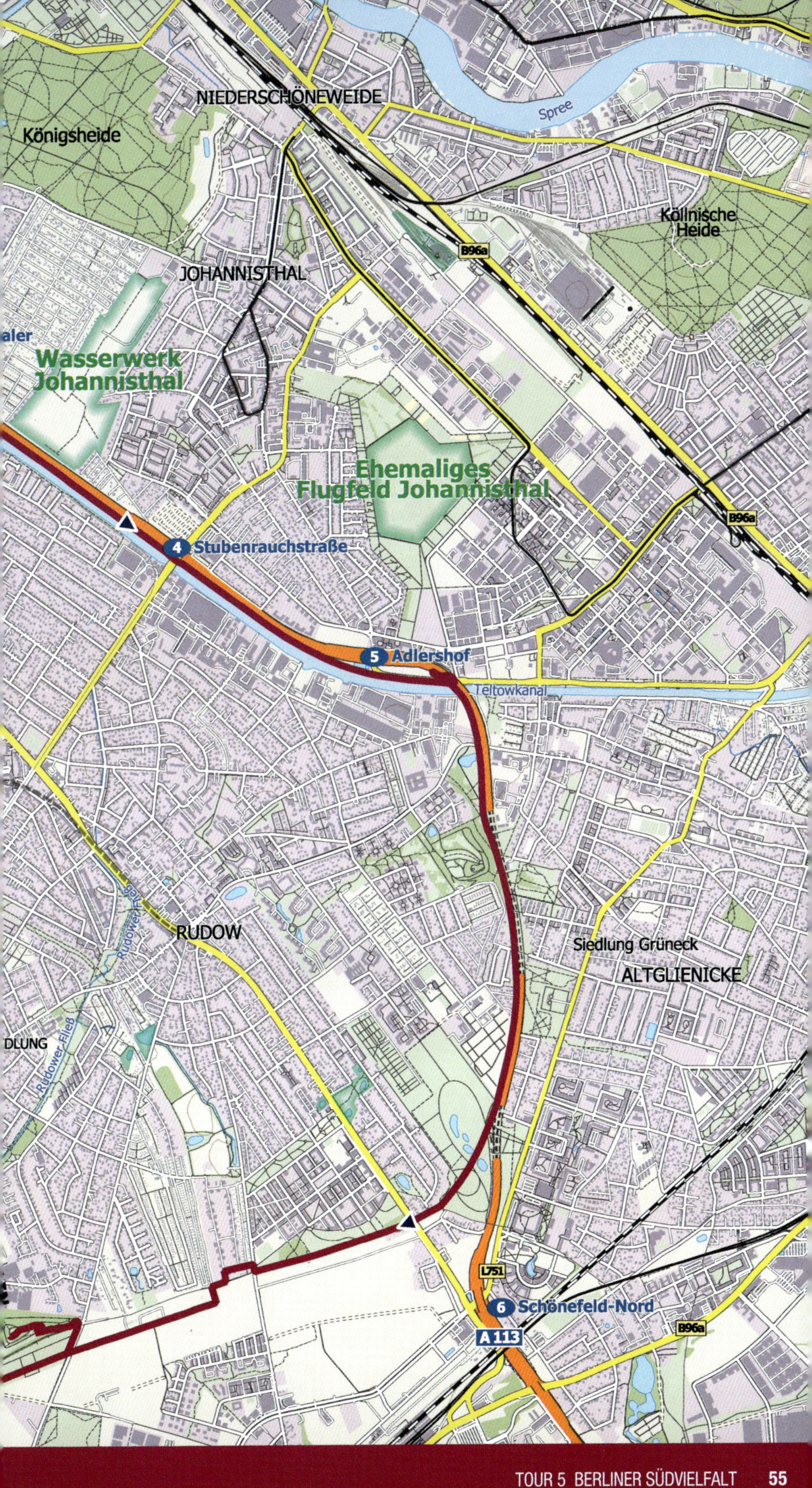
NIEDERSCHÖNEWEIDE
Spree
Königsheide
Köllnische Heide
B96a
JOHANNISTHAL
Wasserwerk Johannisthal
Ehemaliges Flugfeld Johannisthal
4 Stubenrauchstraße
5 Adlershof
Teltowkanal
RUDOW
Rudower Fließ
Siedlung Grüneck
ALTGLIENICKE
L751
6 Schönefeld-Nord
A 113
B96a

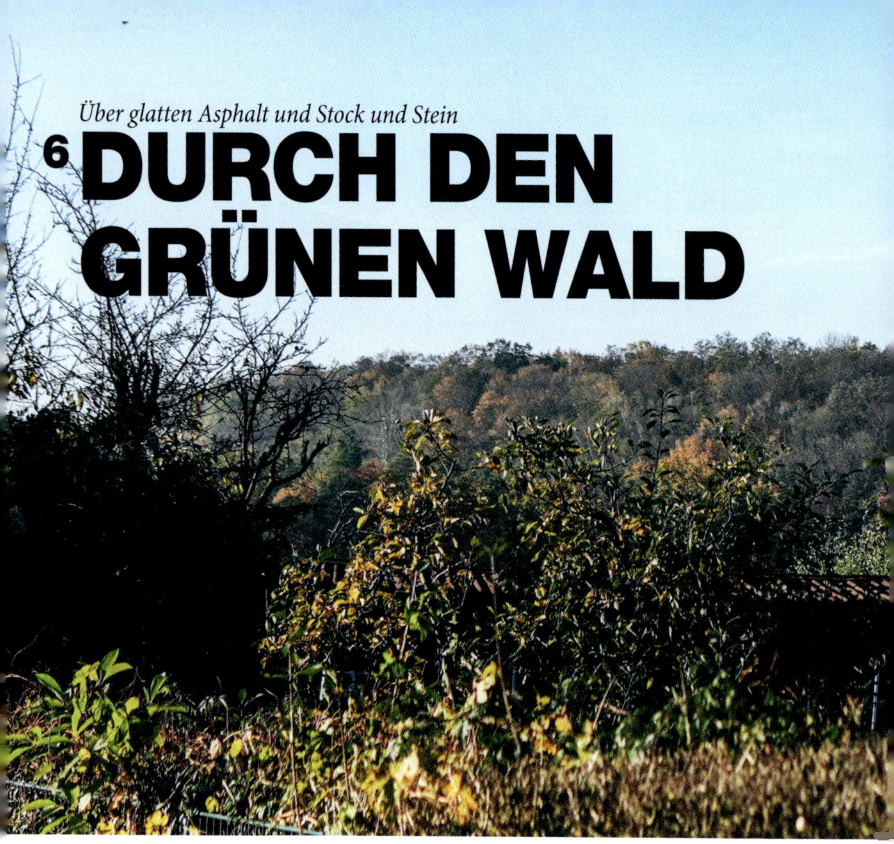

Über glatten Asphalt und Stock und Stein

6 DURCH DEN GRÜNEN WALD

Start/Ziel

S-BAHNHOF GRUNEWALD

Rundtour

24,1 Kilometer

260 Höhenmeter

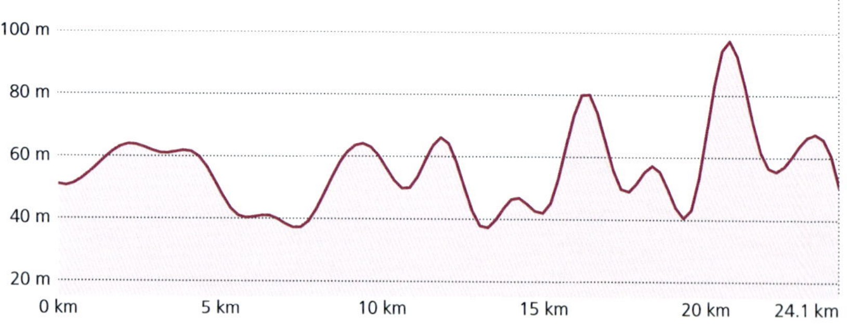

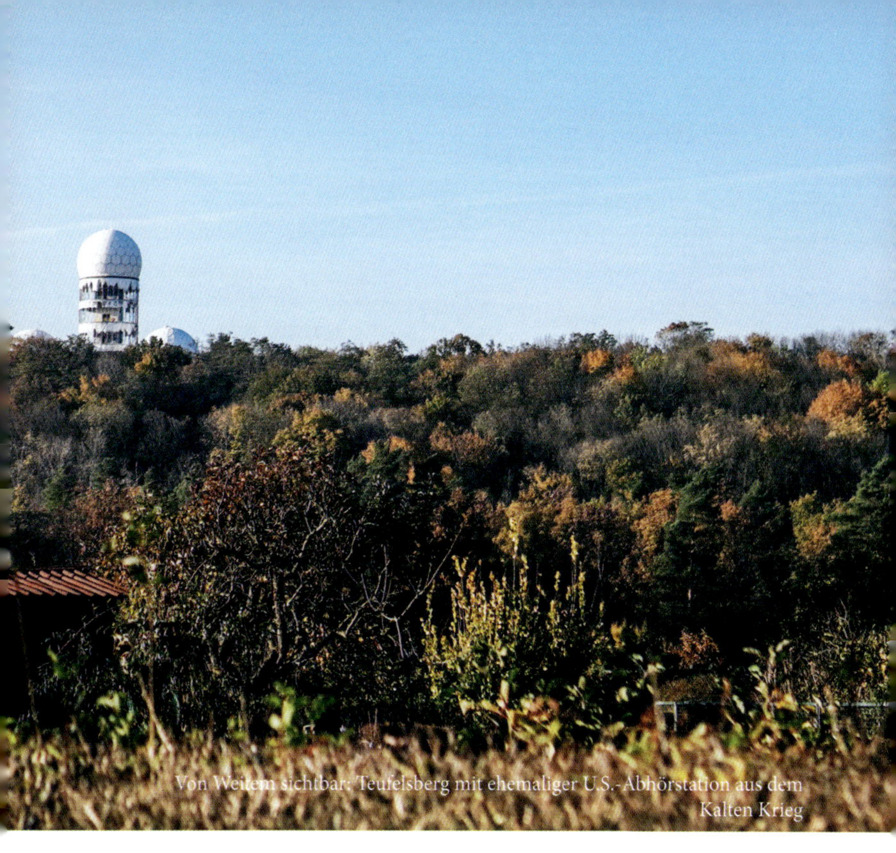

Von Weitem sichtbar: Teufelsberg mit ehemaliger U.S.-Abhörstation aus dem Kalten Krieg

Wer in Berlin Höhenmeter sucht, der hat nicht so viele Optionen. Doch wenn man genau hinschaut, kann man sie finden. Exakt das machen wir auf dieser Runde durch den vielfältigen Grunewald über Waldwege und Asphalt.

Abwechslungsreiche Naturrunde mit einem Gemisch aus Waldwegen und Asphalt, Rad mit etwas Reifenprofil ist aufgrund der verschiedenen Untergründe mit Wurzeln und Steinen sinnvoll. Enthält ein paar kleinere, moderate und eine größere Steigung.

Der Grunewald ist ein beliebtes Ausflugsziel für Spaziergehende und Radfahrende. Kein Wunder, ist der tier- und pflanzenreiche Wald doch durchzogen von zahlreichen Wegen und Seen, liegt direkt an der Havel und bietet sogar einen der schönsten Ausblicke der Stadt. Unsere Tour beginnt klassisch am S-Bahnhof Grunewald.

Wir fahren zunächst über den Parkplatz am Schmetterlingsplatz und von dort über die schöne Allee des Schildhornwegs hinein in den Wald. Auf dem ersten Drittel der Tour werden wir primär auf festem Waldboden radeln. Kurz darauf kommen wir am Naturschutzgebiet der Sandgrube im Jagen 86 vorbei, welches in einem ehemaligen Sandabbaugebiet liegt und über Treppen und Rampen zum Teil betretbar ist. Wir setzen unseren Weg

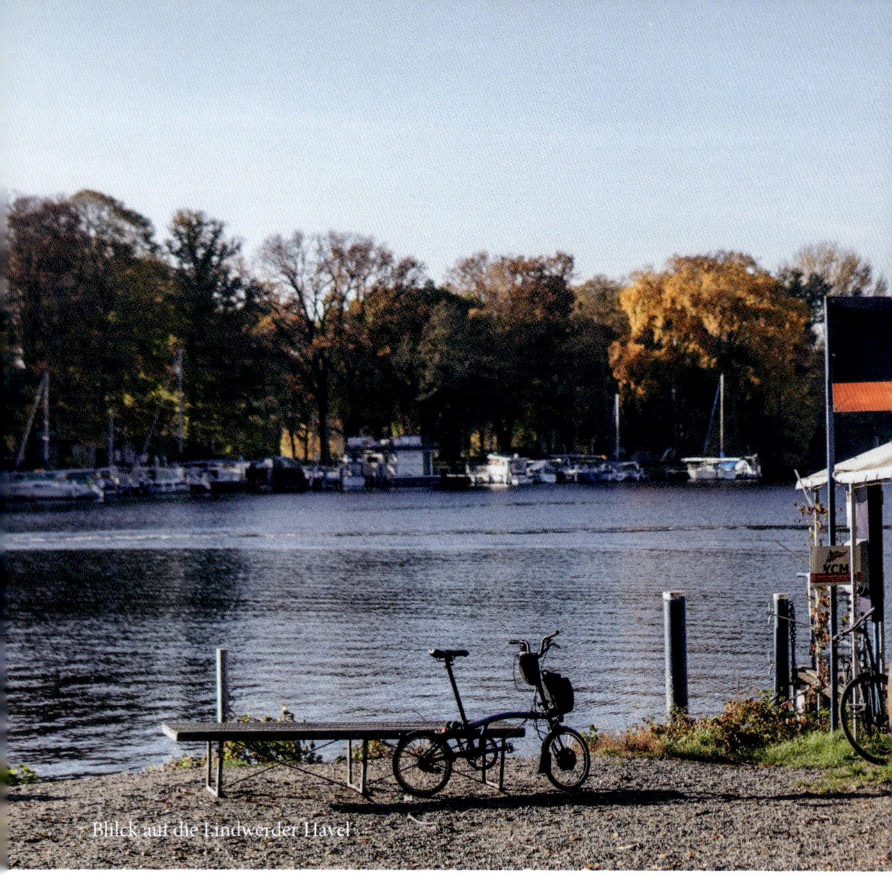

Blick auf die Lindwerder Havel

Richtung Südwesten über einen breiten Waldweg fort bis wir auf den Teltower Weg stoßen und diesem bis zur Autobahnunterführung folgen.

Südöstlich der AVUS Stadtautobahn befindet sich eine Landschaft, die ein stark eiszeitlich geprägtes Höhenprofil aufweist. Dorthin führt uns nun der schmale Radweg entlang des Autobahnzubringers Hüttenweg mitten durch den Wald. Nach ca. 1,5 km biegen wir nach Süden in das Sumpfgebiet des Naturschutzgebiets Langes Luch ab und radeln auf weichem Waldboden entlang des Fenngrabens. Auch wenn wir hier etwas auf den Untergrund achten müssen, lohnt es sich doch, sich immer wieder umzuschauen und das wildromantische Naturschutzgebiet zu bestaunen. Schnell vergisst man, dass nur wenige hundert Meter weiter die pulsierende Großstadt dominiert.

Den Fenngraben überqueren wir etwas später über eine Holzbrücke und passieren die Onkel-Tom-Straße, um zum Sumpf und Flachgewässergebiet des Riemeisterfenn zu gelangen. Hier führt der Waldweg nördlich des Grabens entlang und bringt uns schließlich zur Krummen Lanke, ein gebogener See, der genau wie der folgende Schlachtensee ein beliebter Naturbadesee für die Berliner ist. Das Seepanorama ist besonders an einem sonnigen Herbsttag wunderschön, wenn sich die farbigen Laubbäume im ruhigen Seewasser spiegeln. Hier lässt es sich wunderbar vom Alltag

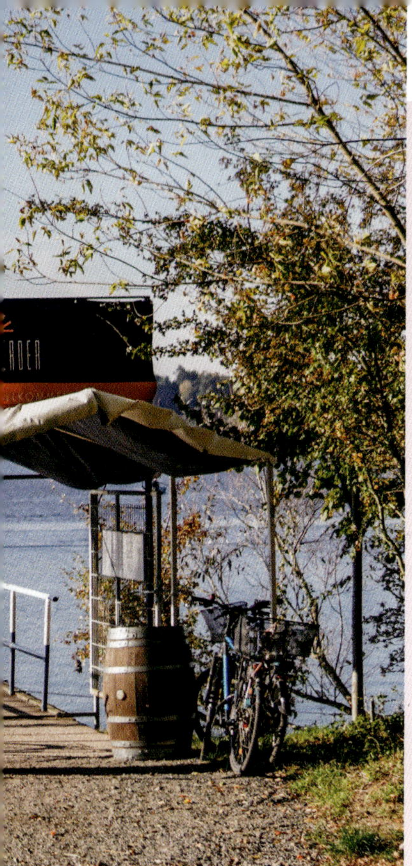

Highlights
am Wegesrand

Km 6
Der Grunewald ist ein deutlich von der Eiszeit geprägtes Waldgebiet. Das sieht man z. B. besonders gut in der glazialen Grunewaldseenrinne, zu welcher der Grunewaldsee, das sumpfige Naturschutzgebiet Langes Luch, die Krumme Lanke und der auch zum Baden beliebte Schlachtensee im Süden gehören.

200
Das ist die Anzahl der Stufen, die man bewältigen muss, um die herrliche Aussicht über Grunewald und Havel auf dem Grunewaldturm genießen zu können. Der Turm wurde Ende des 19. Jahrhunderts errichtet und ist 55 Meter hoch.

Backstein
Das Naturschutzzentrum Ökowerk liegt auf dem Gelände des ehemaligen und ältesten noch als Gesamtanlage erhaltenen Wasserwerks der Stadt – gebaut Ende des 19. Jahrhunderts. Der hohe rote Backsteinschornstein des Kesselhauses ragt über allem empor.

abschalten. Nachdem wir uns an der Krummen Lanke etwas entspannt haben, schieben wir nun das Rad ein paar Meter eine kleine Anhöhe hoch und biegen nach rechts ab. Hier befinden sich am Parkplatz der Fischerhüttenstraße ein kleiner, typisch Berliner Imbiss und ein WC-Container.

Jetzt wird es kurz etwas fordernder: Der Weg durch den Wald, der uns wieder zurück in den nördlichen Grunewald bringt, ist ein teilweise von alten Pflastersteinen überzogener Forstweg. Wenn das zu unbequem wird, kann aber nach rechts auf einen schmalen Waldweg ausgewichen werden. Nach knapp 1 km haben wir es geschafft und links erstreckt sich der perfekte Asphalt des unter Berliner Rennradfahrenden sehr beliebten Kronprinzessinnenwegs. Hach, da rollt es wieder! Und weil das so schön ist, machen wir das jetzt noch ein paar Kilometer länger, und zwar auf einem weiteren Berliner Klassiker: der Havelchaussee,

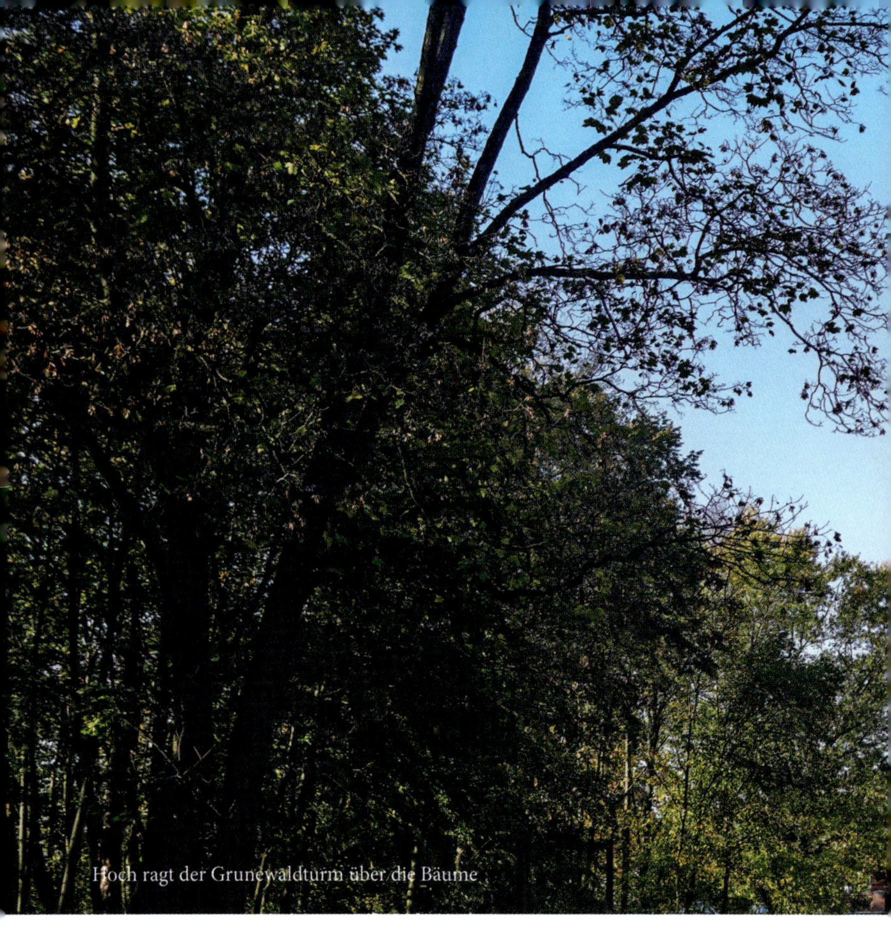
Hoch ragt der Grunewaldturm über die Bäume

die durch den westlichen Grunewald unter Bäumen und unweit der Havel verläuft. Zur Abkühlung befinden sich entlang unserer Route nun auch einige Badestellen und kleine Strände.

Wer lieber einmal übers Wasser statt hinein möchte, hat dazu mit einer privaten Fähre die Gelegenheit, die auf Glockenruf auf die kleine Havelinsel Lindwerder (2 € für Hin- und Rückfahrt, Fahrräder 1 €, Havelchaussee 43, 14193 Berlin, lindwerder.de) übersetzt. Dort befindet sich ein gleichnamiges Restaurant mit Terrasse, welches saisonal geöffnet hat und einen schönen Blick über die Havel bietet. Ein toller Ort für eine Erfrischung im Sommer!

Nach der Inselpause radeln wir weiter über die Havelchaussee bis zum beeindruckenden Grunewaldturm (tgl. 11–18 Uhr, Havelchaussee 61, 14193 Berlin), ein roter Aussichtsturm im märkischen Backsteingotik-Stil. Hier begeben wir uns wieder auf die abwechslungsreichen Waldwege des Grunewalds, die nun etwas hügeliger werden. Auf den größtenteils gut fahrbaren festen Wald- und Schotterböden treffen wir vereinzelt auf ein paar Wurzeln und Sand.

Dabei passieren wir lehrreiche Infotafeln über Wald und Klima, entdecken Aussichtsplattformen und Brücken mitten im Wald und erleben die vielfältige Natur des Grunewalds in verschiedenen

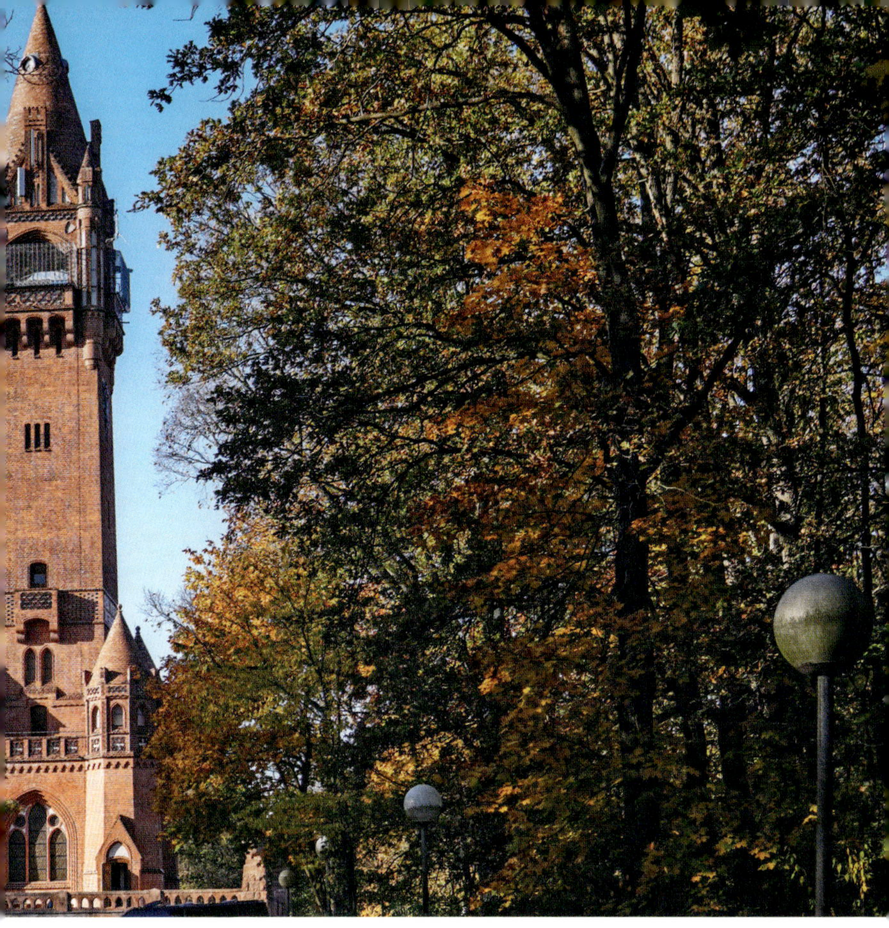

Facetten. Unweit des Teufelssees befindet sich dazu passend das Naturschutzzentrum Ökowerk (Fr–So 11–16 Uhr, Teufelsseechaussee 22, 14193 Berlin, oekowerk.de) mit seinen roten Backsteingebäuden. Der Naturschutzverband gibt u. a. Workshops und Führungen und ein kleines Bistro findet man hier auch.

Der fulminante Abschluss unserer Tour ist sicherlich die Auffahrt zum Trümmerberg Teufelsberg (tgl. 11 Uhr bis Sonnenuntergang, 8/6 €, Teufelsseechaussee 10, 14193 Berlin, teufelsberg-berlin.de), der mit 120 m ü. NN die zweithöchste Erhebung Berlins ist. Das markante Wahrzeichen auf der Spitze des Berges, die ehemalige U.S.-Abhörstation aus dem Kalten Krieg mit ihren charakteristischen Kuppeln, ist schon von Weitem sichtbar. Einst ein beliebter Lost-Place, heute eine betriebene Anlage mit Aussichtsmöglichkeit und Wandkunst zahlreicher Street-Art Künstler. Wir fahren an der Anlage vorbei den Berg wieder hinunter, zunächst über einen anfangs unebenen Weg, der dann in eine geteerte Straße übergeht. Dabei passieren wir auch den etwas kleineren Drachenberg, der einen ebenso tollen Rundumblick bietet. Am Ende gönnen wir uns noch ein entspanntes Ausrollen über den Asphalt der Fahrradstraße der Teufelsseechaussee bevor wir nach links in die Kleingartenanlage und Richtung Bahnhof Grunewald abbiegen und wieder am Ausgangspunkt unserer Tour ankommen.

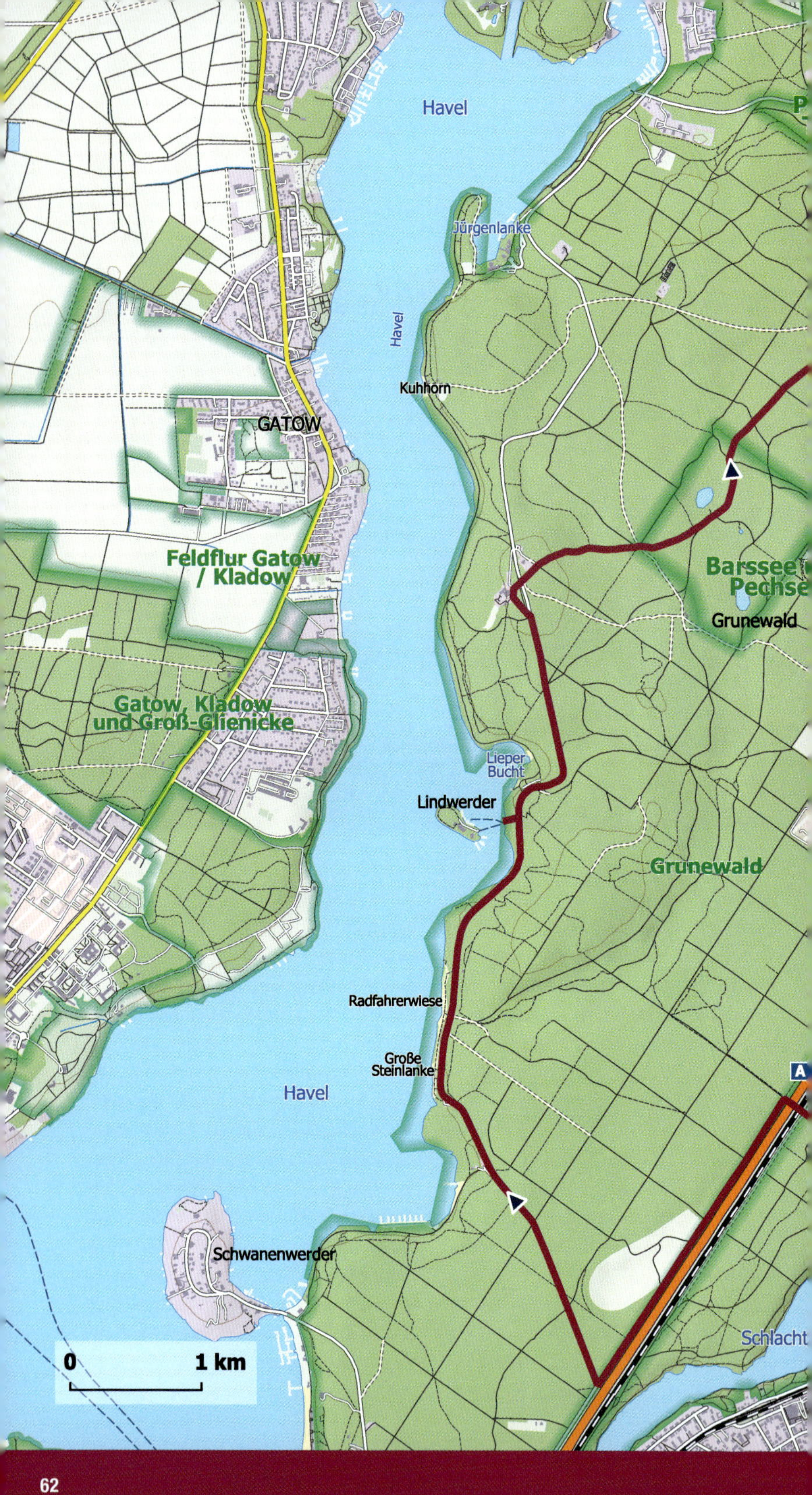
Havel
Jürgenlanke
Havel
Kuhhorn
GATOW
Feldflur Gatow / Kladow
Barssee Pechse
Grunewald
Gatow, Kladow und Groß-Glienicke
Lieper Bucht
Lindwerder
Grunewald
Radfahrerwiese
Große Steinlanke
Havel
A
Schwanenwerder
0
1 km
Schlacht

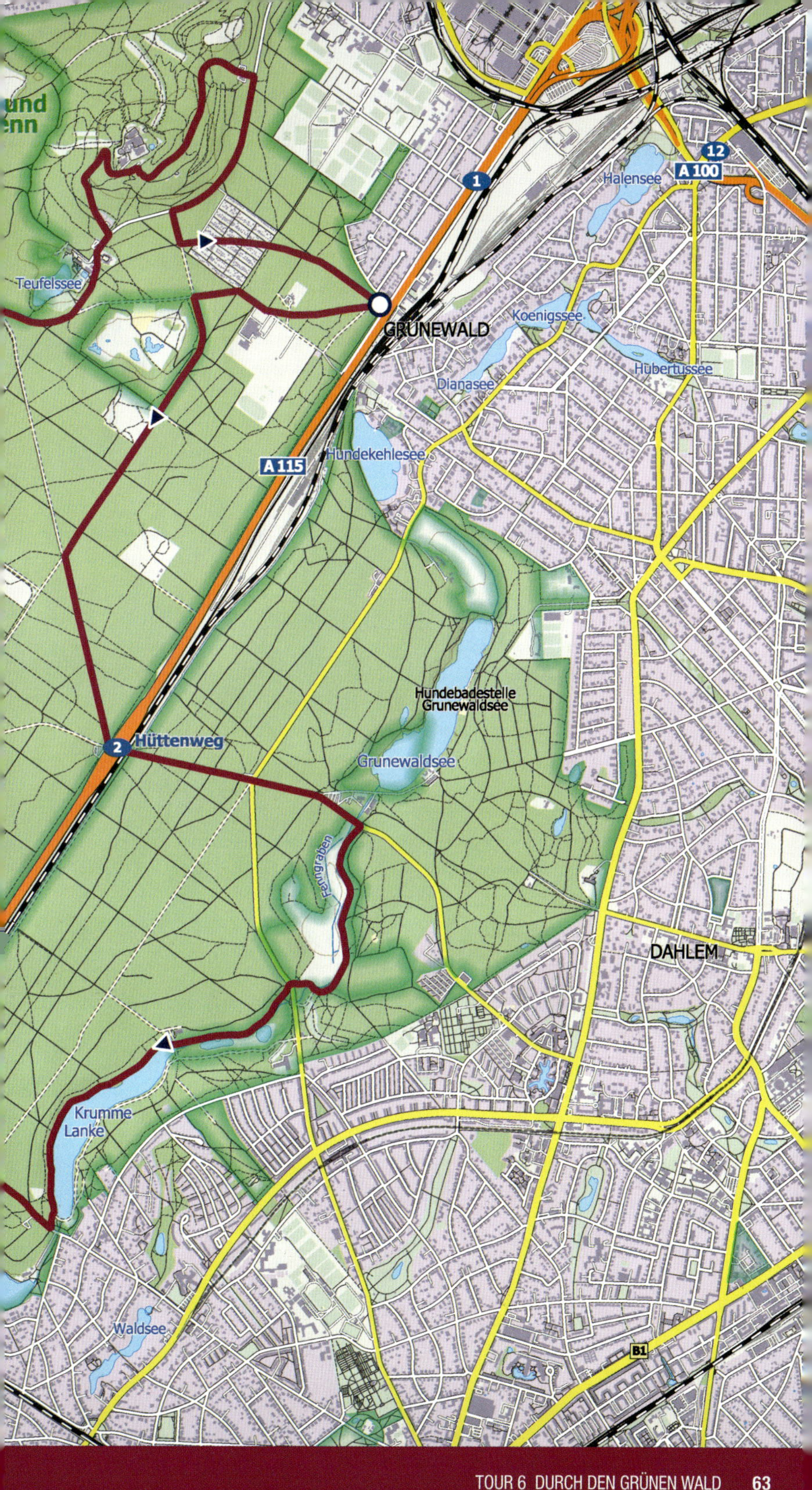
und
enn
Teufelssee
GRUNEWALD
1
12
Halensee
A 100
Koenigssee
Hubertussee
Dianasee
Hundekehlesee
A 115
Hundebadestelle
Grunewaldsee
2
Hüttenweg
Grunewaldsee
Fenngraben
DAHLEM
Krumme
Lanke
Waldsee
B1

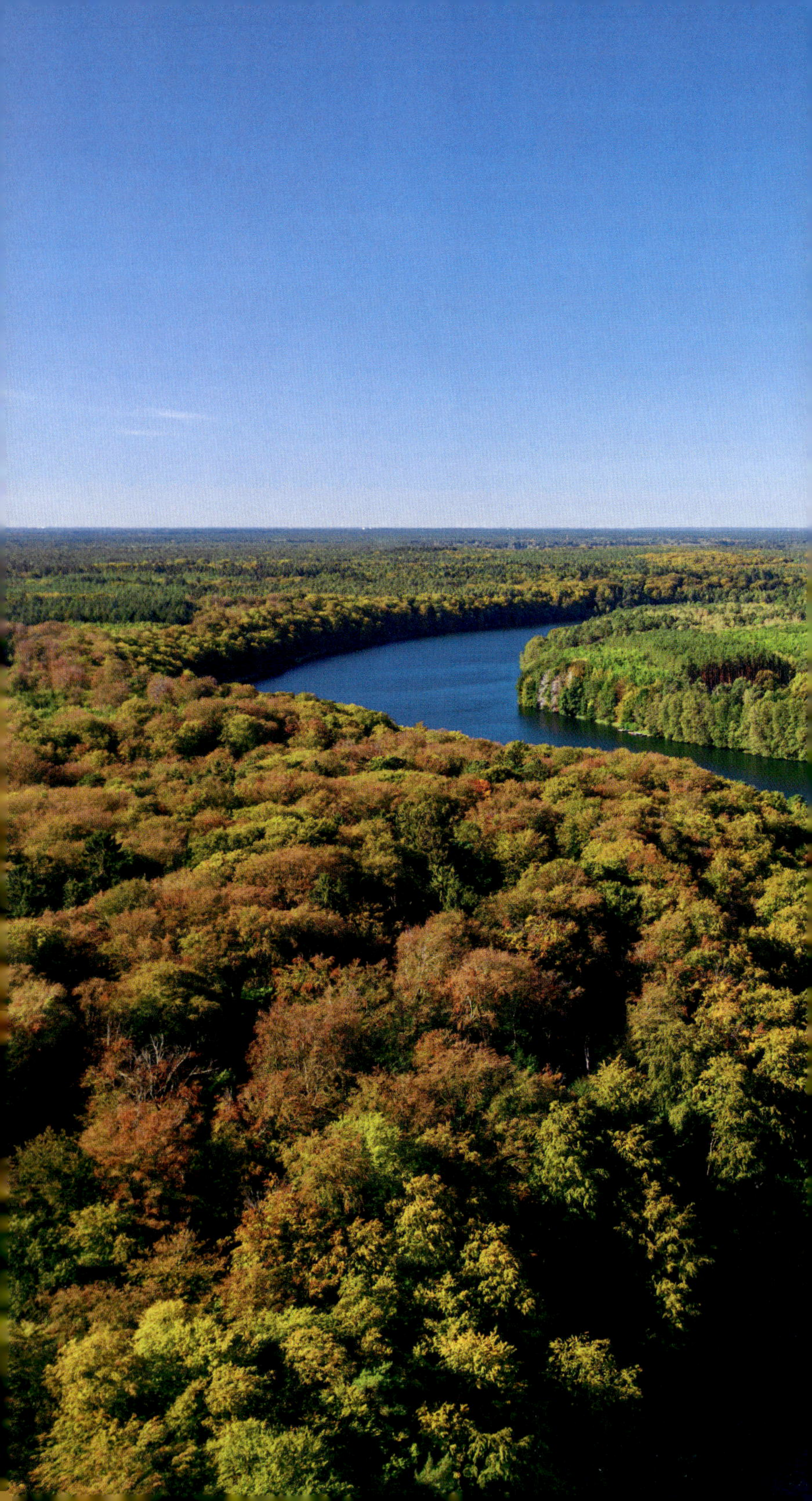

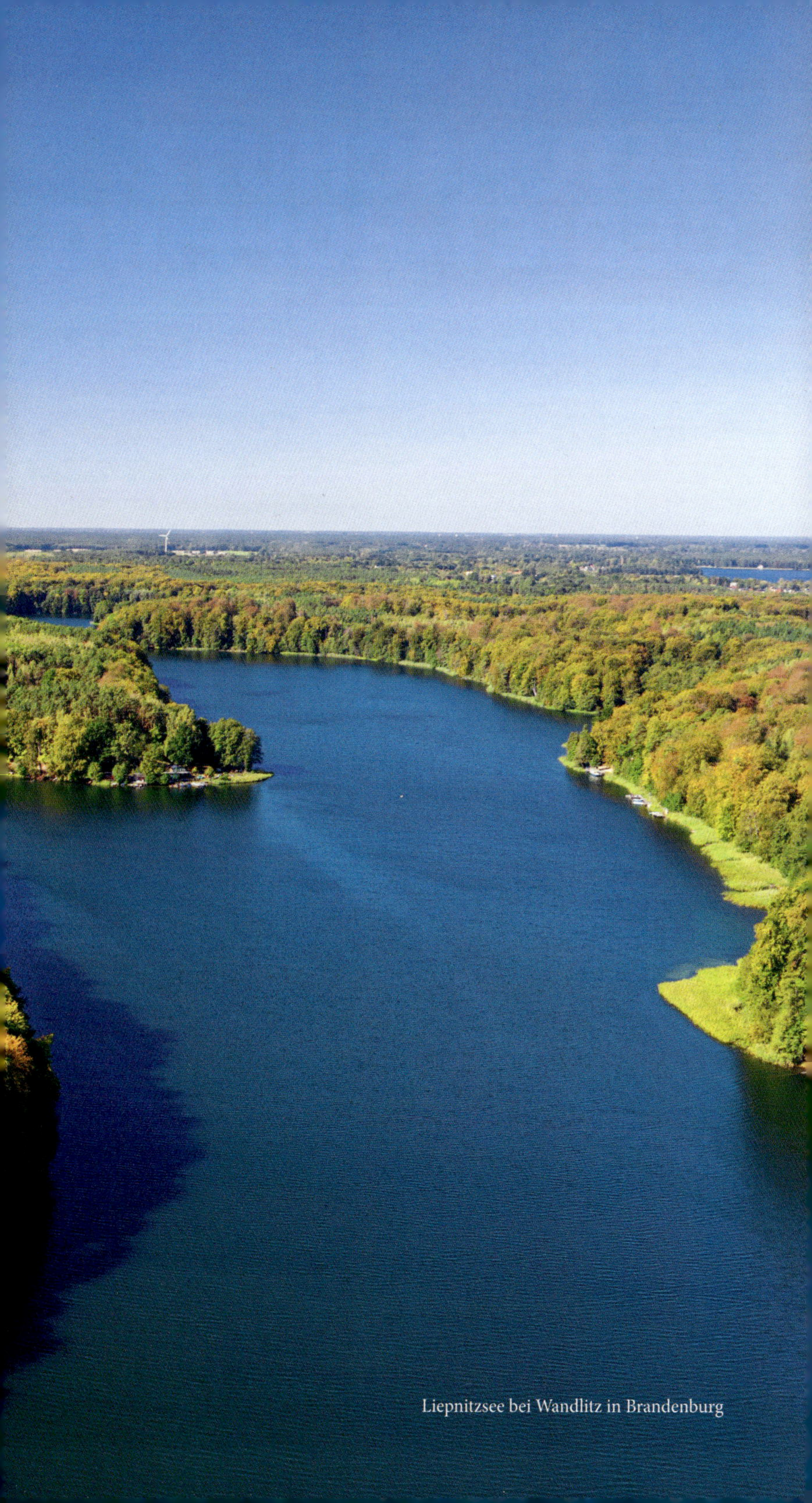

Liepnitzsee bei Wandlitz in Brandenburg

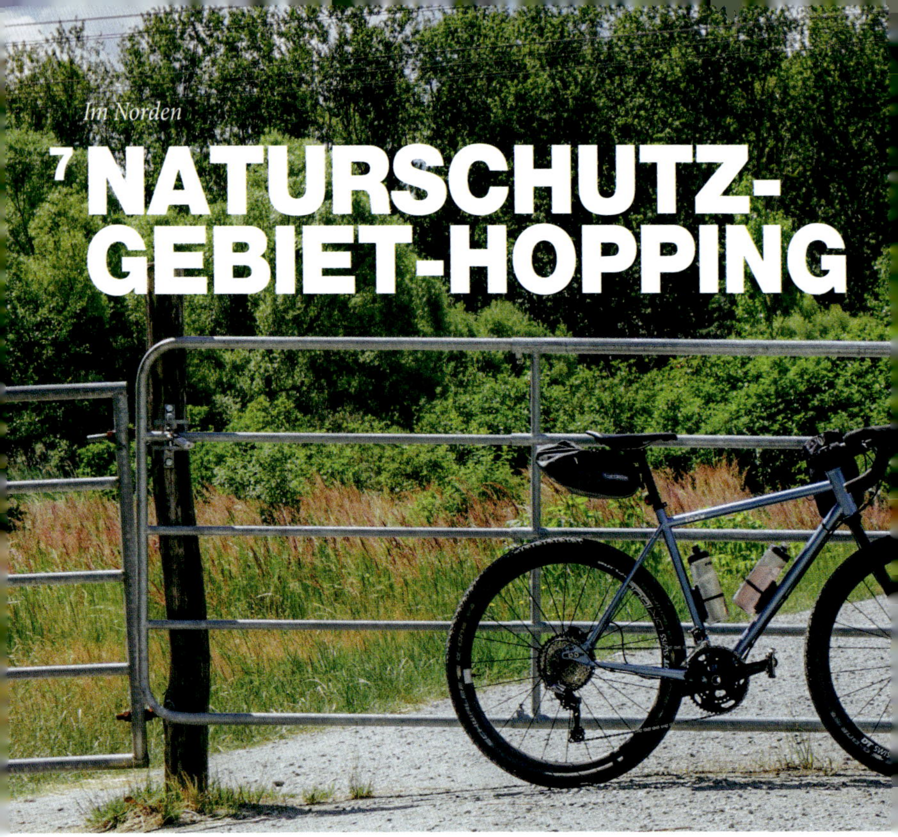

Im Norden

7 NATURSCHUTZ-GEBIET-HOPPING

Start/Ziel

S-BAHNHOF BLANKENBURG

Rundtour

49,3 Kilometer

65 Höhenmeter

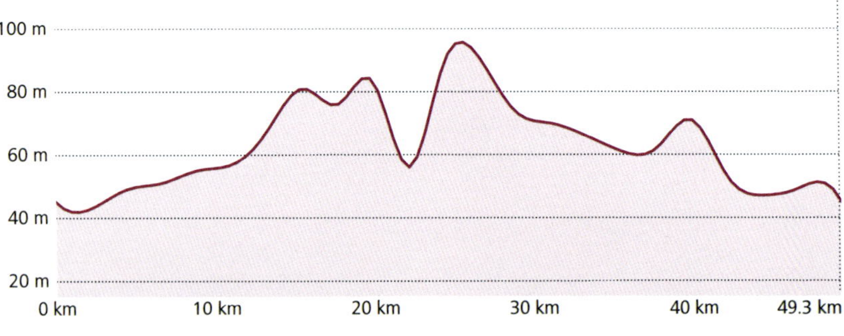

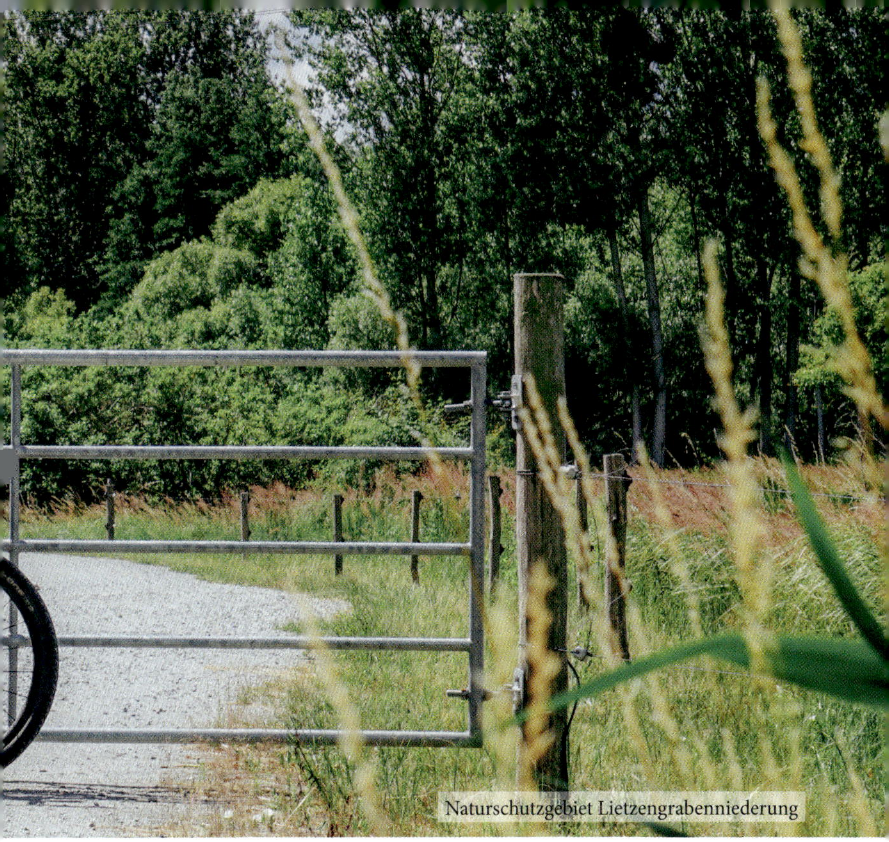

Naturschutzgebiet Lietzengrabenniederung

Von Naturschutzgebiet zu Naturschutzgebiet führt uns diese Tour durch den Naturpark bis hin zu den glasklaren Wassern des Liepnitzsees. Wir fahren durch Teichgebiete und beobachten Vögel, radeln über Weiden vorbei an Robustrindern und wechseln von schattigen Wäldern zu wüstenartigen Heideflächen – Brandenburger Landschaftsvielfalt in einer Tour kombiniert.

Abwechslungsreiche Wegmischung aus Wald- und Schotterwegen sowie asphaltierten Radwegen, leichtes Reifenprofil von Vorteil. Für Familien mit Anhänger größtenteils geeignet (Autobahnunterführung über die Bucher Str. umgehen). Badesachen im Sommer einpacken!

Die Tour beginnt und endet im Berliner Norden am S-Bahnhof Blankenburg. Wir folgen kurz der Hauptstraße und biegen dann nach rechts auf den Naturboden des Pankeradwegs ab, wo wir mitunter auf ein paar Wurzeln achten müssen. Rechts verläuft die Panke, links folgt kurz darauf eine Kleingartenanlage, in die wir nach etwa 2 Kilometern abbiegen. Über die neu gebaute Fuß- und Radbrücke überqueren wir die A 114 und fahren auf der anderen Seite nach links und ein kurzes Stück durch ein Einfamilienhausgebiet. Kurz darauf befinden wir uns wieder am schönen Pankeradweg.

Über einen festen Schotterweg gelangt man bis zum beliebten Ausflugsgebiet

Highlights
am Wegesrand

Km 5
Das NSG Karower Teiche ist ein wichtiges Rast- und Brutgebiet für zahlreiche Vogelarten. Wer ein Fernglas dabei hat und etwas Geduld mitbringt, kann diese auf einer der Aussichtsplattformen beobachten – am besten am Abend oder in den frühen Morgenstunden, wenn im Ausflugsgebiet weniger Besuchende sind.

120
So viele Skulpturen der Steine ohne Grenzen-Reihe befinden sich auf der Skulpturenstraße auf den Hobrechtsfelder Rieselfeldern. Sie sollen an menschliche Solidarität, länderübergreifende Zusammenarbeit und die Befreiung erinnern.

Km 34
Das Naturschutzgebiet Schönower Heide ist von zwei Rundwegen mit zahlreichen Infotafeln und großen Sandflächen umgeben und es lohnt sich, etwas mehr Zeit einzuplanen. Besonders im Spätsommer erleben wir ein großartiges Farbenspiel, wenn die Heide blüht.

Naturschutzgebiet (NSG) Karower Teiche, welches aus ehemaligen Torfstichen und Fischteichen entstanden ist. Wir biegen nach links ab und radeln mitten hindurch. Es geht weiter nach rechts auf einen Feldweg und parallel zur Bucher Straße, die wir am Parkplatz Karower Teiche überqueren. Am besten steigt man hier vom Rad und schiebt hinüber, denn die Abfahrt auf der anderen Seite neben einer Schranke ist etwas holprig. Jetzt wird es abenteuerlicher! Wir trauen uns und nehmen den verkehrsfreien Weg über festen Schotter und durch einen gepflasterten Tunnel unter der Autobahn hindurch. An den breiten Rinnen vor und nach der Unterführung ist etwas Vorsicht angebracht, aber ansonsten lässt sich der Abschnitt ohne großes technisches Geschick bewältigen.

Wir befinden uns nun im 131 Hektar großen NSG Bogenseekette und Lietzengrabenniederung mit seinen

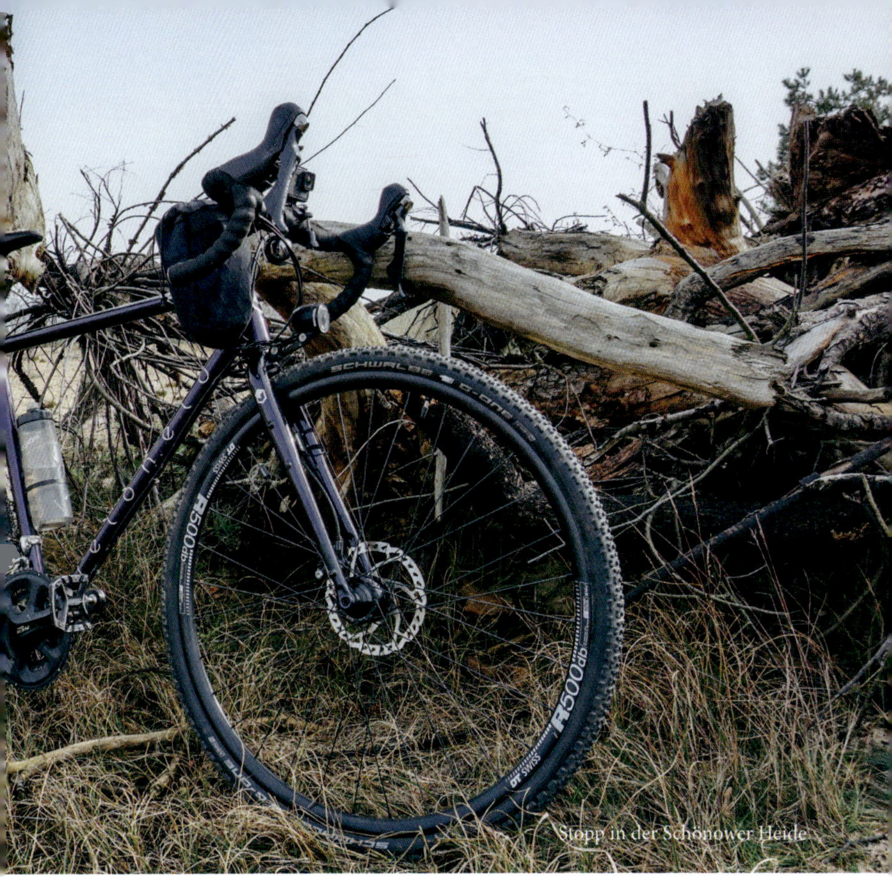
Stopp in der Schönower Heide

Nass- und Feuchtwiesen. Wasservögel und Amphibien finden hier wertvollen Lebensraum. Beobachten kann man nicht nur die Vogelwelt, sondern auch inmitten des Weidegebiets von Robustrindern an den Karpfenteichen entlangradeln. Mehr als einmal halten wir an einem schweren Metallgatter an und schieben die Räder durch ein Tor. Mit etwas Glück entdeckt man zwischen den Bäumen und dem hohem Weidegras die großen, felligen Genossen, die sich meist recht wenig für uns Menschen interessieren. Auf der anderen Seite der Schönerlinder Chaussee geht die Tour weiter entlang des Seegrabens und unter Bäumen hindurch durch den Bucher Forst. Wir befinden uns nahe der Stadtgrenze, der nördliche Teil des Forsts gehört bereits zu Brandenburg. Die Landschaft verändert sich langsam und der Wald weicht größeren, offenen Flächen: Die Hobrechtsfelder Rieselfelder erstrecken sich vor uns. Auch hier weiden ganzjährig verschiedene, robuste Rinderrassen und Konikpferde.

Vom Rad aus entdecken wir die Skulpturen der Freiluftausstellung Steine ohne Grenzen (bildhauersymposion.jimdofree.com), die während verschiedener Bildhauersymposien seit 2001 entstanden sind. Nun wird es Zeit für eine längere Radelpassage. Wir kreuzen den Alten Bernauer Heerweg und verlassen die Rieselfelder im Norden am Gorinsee. Der hier liegende Gorinsee mit Badestelle ist übrigens ein erfrischender Pausenort mit Biergarten am Strand.

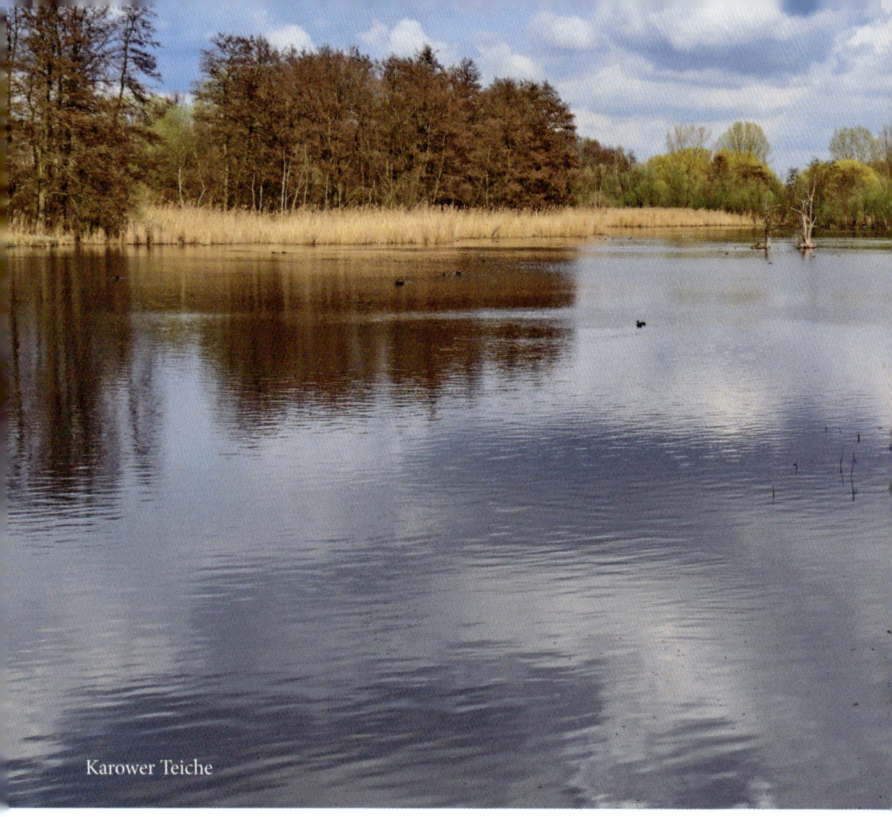
Karower Teiche

Und dann rollen wir entspannt unter den schattigen Bäumen des Basdorfer Walds auf festen Wald- und Schotterwegen durch den Naturpark Barnim. An einer der größeren Waldkreuzungen steht eine große Schutzhütte mit Bänken und Waldinfotafeln und lädt zum entspannten Pausieren mitten im Wald ein. Nach ca. 5,5 Kilometern Waldweg biegen wir auf einen asphaltierten Weg und fahren gen Nordosten weiter bis zur Wandlitzer Chaussee. Wer möchte kann hier einen ca. 2 Kilometer langen Abstecher nach Süden machen und sich die Wohnhäuser der ehemaligen DDR-Funktionäre in der gut erhaltenen Waldsiedlung Wandlitz (Brandenburgallee, 16321 Bernau) von 1958 anschauen.

Es geht weiter zu einem der schönsten Badeseen im Berliner Umland mit zahlreichen Naturbadestellen. Von hier aus radeln wir direkt bis zum Waldschwimmbad Liepnitzsee (Mai–Sept. 10–19 Uhr, 2–4 €, Wandlitzer Chaussee 150, 16321 Bernau, freibad-bernau.de/waldbad-liepnitzsee), wo wir uns erstmal eine Abkühlung im wunderbar klaren Wasser und ein Eis am Imbiss gönnen.

Nach den zahlreichen Schotter- und Waldwegen der Hintour ist der Rückweg deutlich asphaltlastiger. Wir radeln auf dem Radweg gen Süden bis zum Kreisverkehr der Wandlitzer Chaussee. Hier bietet sich ein Abstecher nach links an. Architekturinteressierte werden nun große Augen bekommen, denn wir befinden uns am UNESCO-Welterbe Bauhaus Denkmal Bernau (Bundesschule AD Gewerkschaftsbund, Hannes-Meyer-Campus 1, 16321 Bernau), ein denkmalgeschützter, nach den Prinzipien des

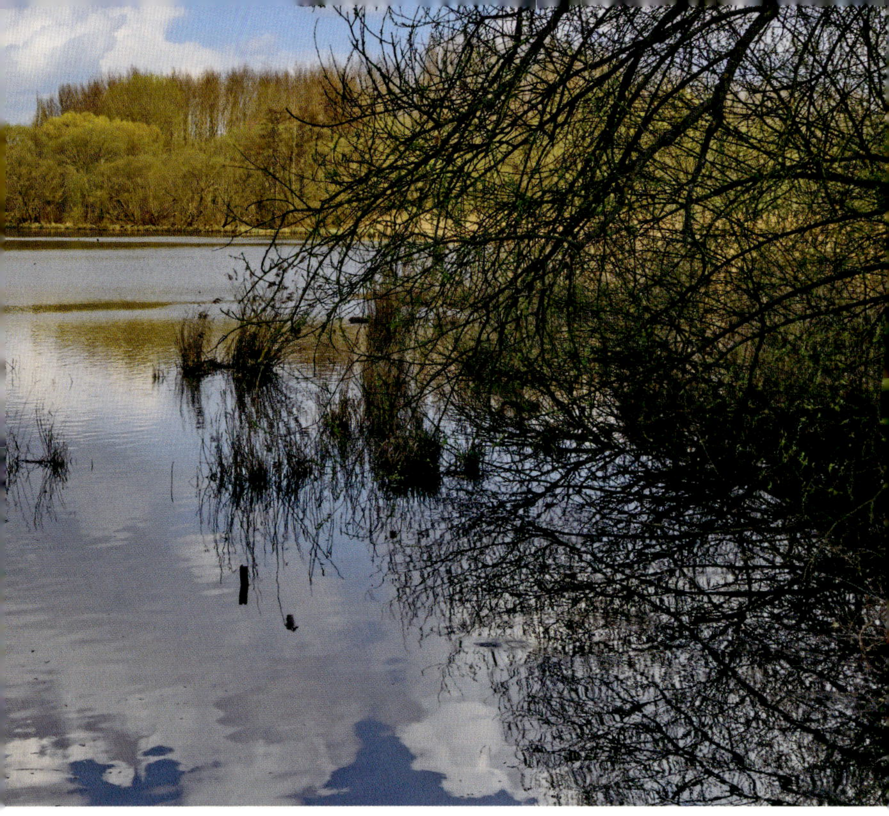

Bauhauses errichteter Komplex aus den späten Zwanziger Jahren.

Voller frischer Eindrücke geht es wieder in den Wald und wir radeln entlang des glatten, asphaltierten Radwegs. Durch ein hölzernes Eingangstor betreten wir dann das wilde NSG Schönower Heide (Prenzlauer Straße 15, 16348 Wandlitz) und machen einen kleinen Bogen zu einer Aussichtsplattform. Dort hat man einen weiten Blick auf das Wildgehege, das Teil des naturnahen Wildtierbeweidungsprojektes ist. Über einen Schotterweg verlassen wir die Heide wieder und biegen auf die Hobrechtsfelder Dofstraße ab.

Nach knapp 1 km gibt es eine schöne Pausengelegenheit in James Biergarten (Fr–Sa ab 13 Uhr, So ab 12 Uhr, Hobrechtsfelder Dorfstraße 30a, 16341 Panketal, james-biergarten.de). Nur ein paar Meter weiter ragt der ehemalige Hobrechtsfelder Kornspeicher (April–Okt. Sa–So 10–16 Uhr, Hobrechtsfelder Dorfstraße 45, 16341 Panketal, agrar-hobrechtsfelde.de) auf. Früher wichtiger Teil der stadtnahen landwirtschaftlichen Produktion, ist der Speicher heute ein sehenswertes Industriedenkmal mit Besucherzentrum. Auf einem schattigen Radweg radeln wir weiter durch den Wald und nach etwa 3 km links auf die Wittbergstraße. Wir fahren am S-Bahnhof Buch rechts auf den Berlin-Usedom Radweg, der uns am Feuchtbiotop der Moorlinse vorbei bis zu den Karower Teichen bringt, wo sich der Weg mit der Strecke der Hinfahrt überschneidet. An der Königsteinbrücke fahren wir dann jedoch geradeaus weiter und folgen der Radroute bis zum Bahnhof Blankenburg zurück.

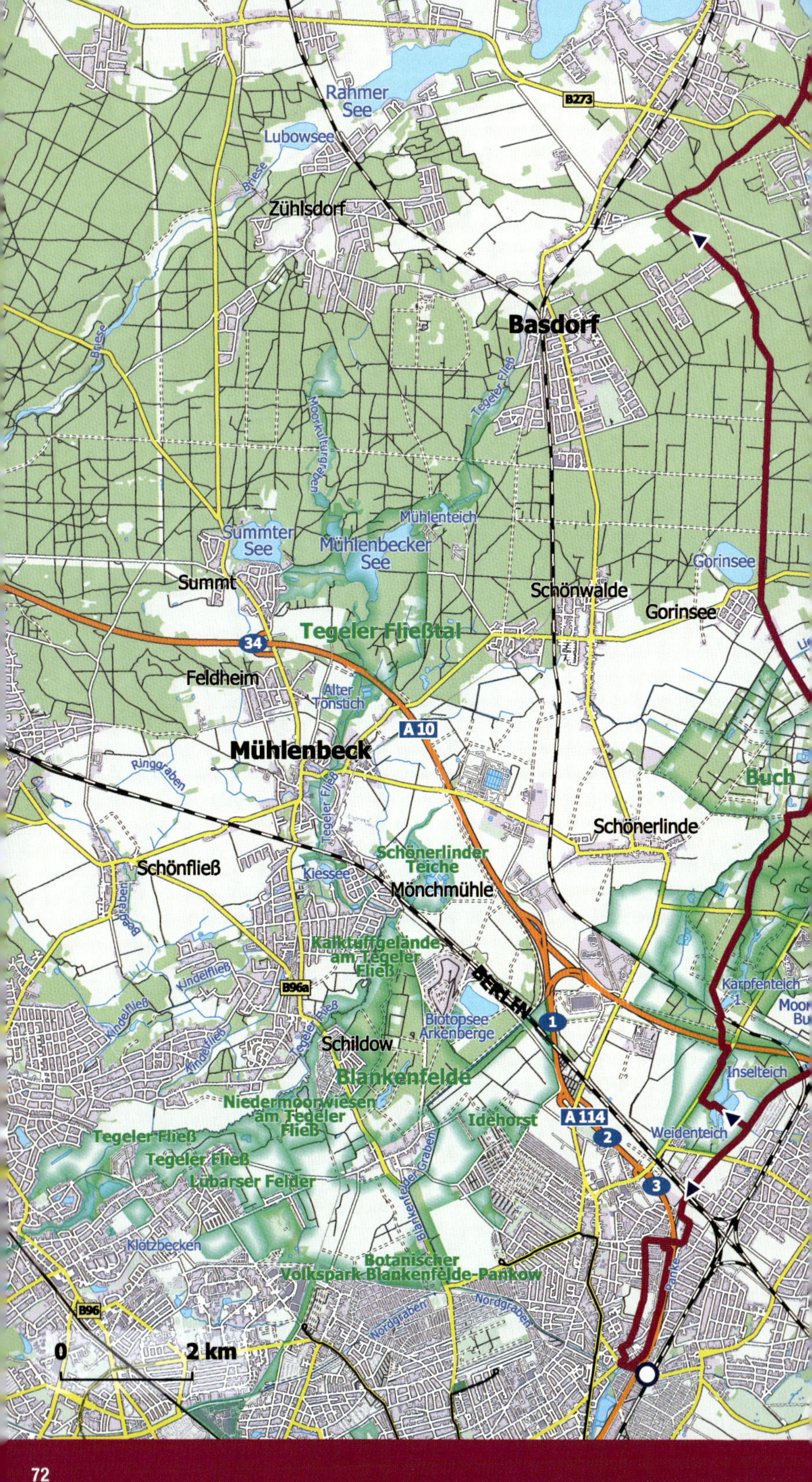
Rahmer See
Lubowsee
B273
Zühlsdorf
Briese
Basdorf
Tegeler Fließ
Moorkulturgraben
Mühlenteich
Summter See
Mühlenbecker See
Summt
Schönwalde
Gorinsee
Gorinsee
Tegeler Fließtal
34
Feldheim
Alter Tonstich
A 10
Mühlenbeck
Ringgraben
Buch
Schönerlinde
Schönerlinder Teiche
Schönfließ
Kiessee
Mönchmühle
Kalktuffgelände am Tegeler Fließ
BERLIN
Karpfenteich
B96a
Biotopsee Arkenberge
1
Schildow
Blankenfelde
Inselteich
Niedermoorwiesen am Tegeler Fließ
Idehorst
A 114
2
Weidenteich
Tegeler Fließ
Tegeler Fließ
Lübarser Felder
3
Klotzbecken
Botanischer Volkspark Blankenfelde-Pankow
Blankenfelder Graben
Panke
Nordgraben
B96
0
2 km

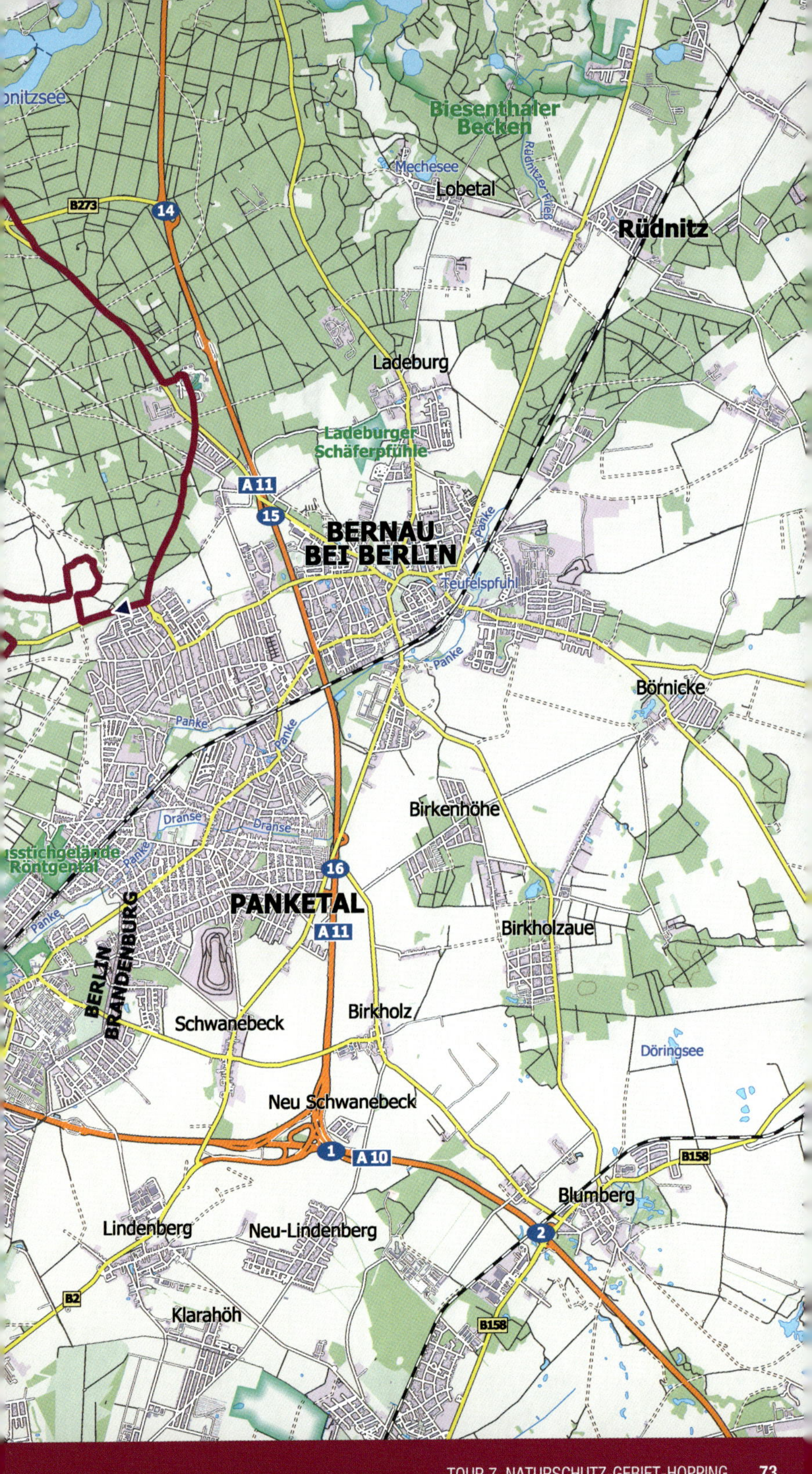
Biesenthaler Becken
Mechesee
Lobetal
Rüdnitz
B273
14
Ladeburg
Ladeburger Schäferpfühle
A 11
15
BERNAU BEI BERLIN
Panke
Teufelspfuhl
Börnicke
Birkenhöhe
Dranse
Röntgental
16
PANKETAL
A 11
Birkholzaue
BERLIN
BRANDENBURG
Schwanebeck
Birkholz
Döringsee
Neu Schwanebeck
1
A 10
B158
Blumberg
Lindenberg
Neu-Lindenberg
2
B2
Klarahöh
B158

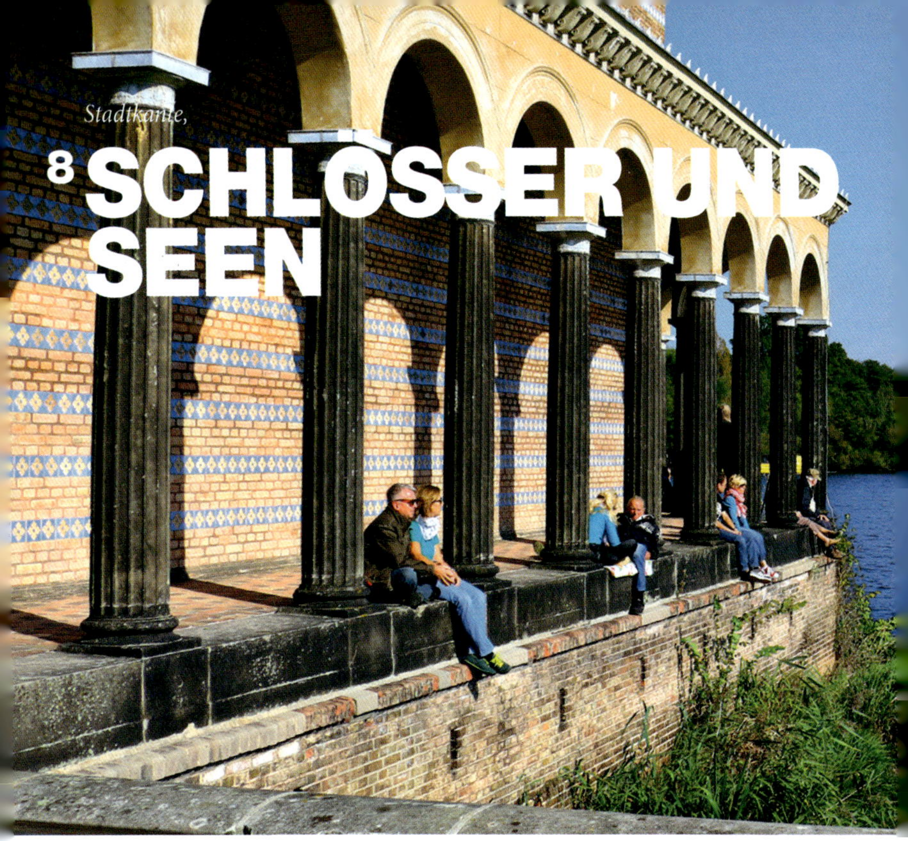

Stadtkante,

8 SCHLÖSSER UND SEEN

von

LICHTENRADE

40,2 Kilometer

90 Höhenmeter

nach

WANNSEE

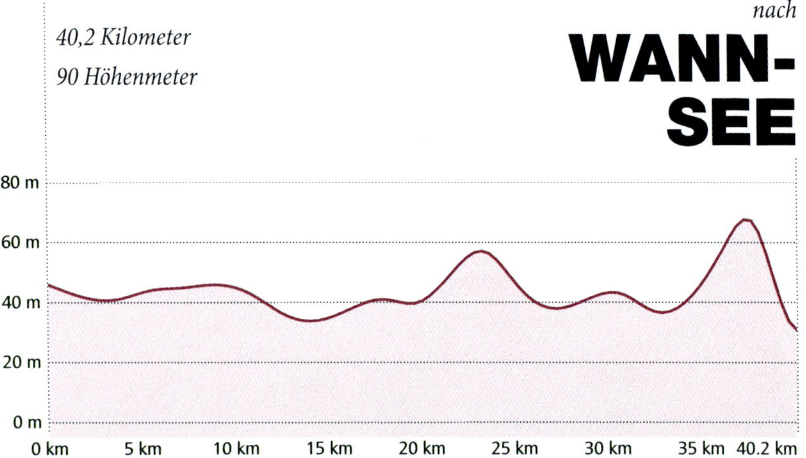

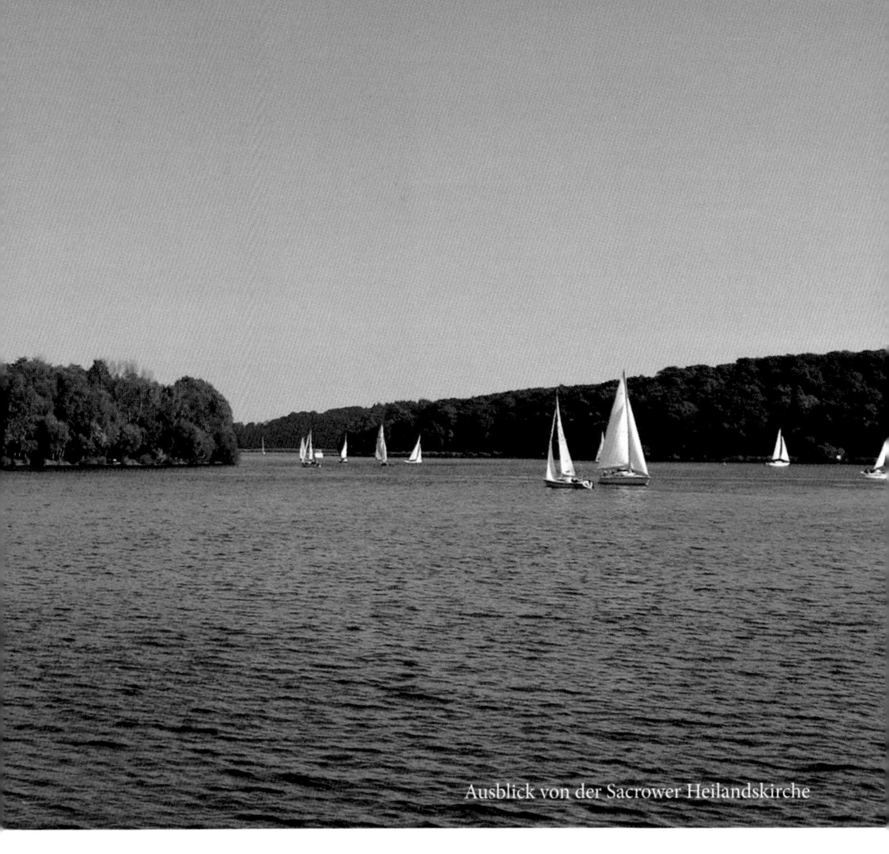
Ausblick von der Sacrower Heilandskirche

Der schöne Süden Berlins ruft. Vom S-Bahnhof Berlin-Lichtenrade fährt man nach Süden zur Stadtgrenze. Auf dem Postenweg der DDR-Grenztruppen fährt man an der Siedlung Waldblick vorbei und biegt wenig später scharf rechts ab nach Marienfelde.

Rechts die Stadt und der Freizeitpark Marienfelde, links die weiten Felder. Immer geht es der Stadtkante entlang zur Osdorfer Straße. Hier steht noch ein Rest der Berliner Mauer. Am Japaneck beginnt die prachtvolle Kirschblütenallee. Im Frühjahr erblüht hier ein Meer rosaroter Kirschblüten an mehr als 1.000 Kirschbäumen. Ein Kirschblütentraum am Mauerweg. In Lichterfelde fuhr die erste „Elektrische" Straßenbahn der Welt, wie die Berliner sagten.

Am Teltowkanal biegt man links ab und erreicht die Knesebeckbrücke. Der Teltowkanal war oftmals Schauplatz von Fluchtversuchen. Daran erinnern dort einige Stelen. Hier wechselt man die Uferseite und wendet sich am Buschgraben durch den Grünzug nach Norden. Am Buschgrabensee folgt man der Neuruppiner Straße zur Buschallee. Auch hier stehen wieder Stelen, die von Schicksalen erzählen.

Kurz nach Berlin hinein zum Königsweg. Nach links, und am Waldfriedhof Zehlendorf entlang, führt der Mauer-

Highlights

am Wegesrand

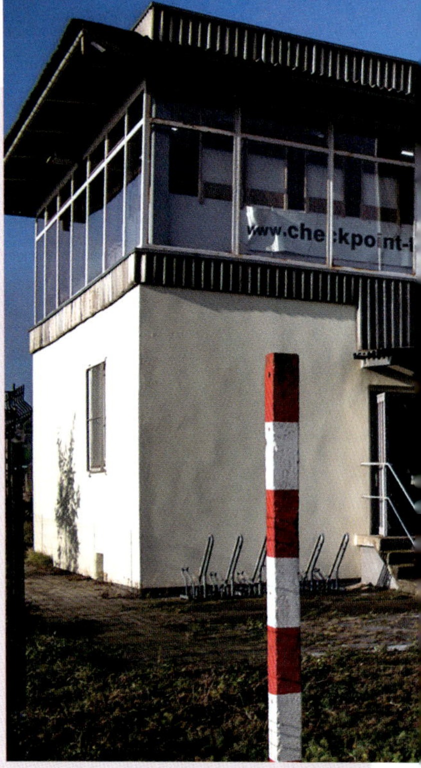

Die Erinnerungsstätte „Checkpoint Bravo“ – Wenn ein Tatort zum Lernort wird

Checkpoint Bravo, so nannten die Westalliierten die Grenzübergangsstelle Drewitz-Dreilinden. Das SED-Regime hatte dort 1969 eine technisch ausgefeilte und militärisch hoch gesicherte Anlage gebaut. Zuvor wurde die alte Autobahn, die bei Albrechts Teerofen, eine Westberliner Enklave, nochmals Westberliner Gebiet durchschnitt, auf durchgehend DDR-Gebiet verlegt. Von der Grenzübergangsstelle blieb nach ihrem Abriss 1993 nur der Kommandantenturm erhalten, einst Führungspunkt des Grenzregiments „Walter Junker“. Seit 2007 dient der restaurierte Turm dem Checkpoint Bravo e.V. als Ausstellungs- und Veranstaltungsort im Europarc-Dreilinden in Kleinmachnow. Die Geschichte der Grenzübergangsstelle Drewitz macht das eigentliche Ziel der DDR-Machthaber deutlich. Durch eine perfekte Überwachung und mit rücksichtslosen Methoden sollte die Flucht von Menschen aus der DDR verhindert werden. Anschaulich wird dies in der Dauerausstellung „FREUNDwärts –FEINDwärts“ und entlang des Grenzlehrpfades erzählt.
Im Winter ist der Turm geschlossen. Das Freigelände ist offen zugänglich.

weg an die Autobahn. Hier war einmal der Grenzübergang Drewitz-Dreilinden für den Transitverkehr zwischen Westberlin und Westdeutschland. Auf dem Weg parallel zur Autobahn kommt man am Panzerdenkmal vorbei. Die Erinnerungsstätte „Checkpoint Bravo“ im Europarc-Dreilinden erzählt dann die Geschichte des Grenzkontrollpunktes. Aber erst einmal am Stahnsdorfer Damm über die Autobahn zum Europarc-Dreilinden zur Erinnerungsstätte „Checkpoint Bravo“ und dann hinein in den Forst Düppel.

Dort stößt man wieder auf den Königsweg. Er führt links zu einer Brücke mitten im Wald. Sie überspannt die ehemalige Bahnlinie der Friedrichsbahn. Dort biegt man links ab auf die ehemalige Trasse der Transitautobahn nach West-Berlin.

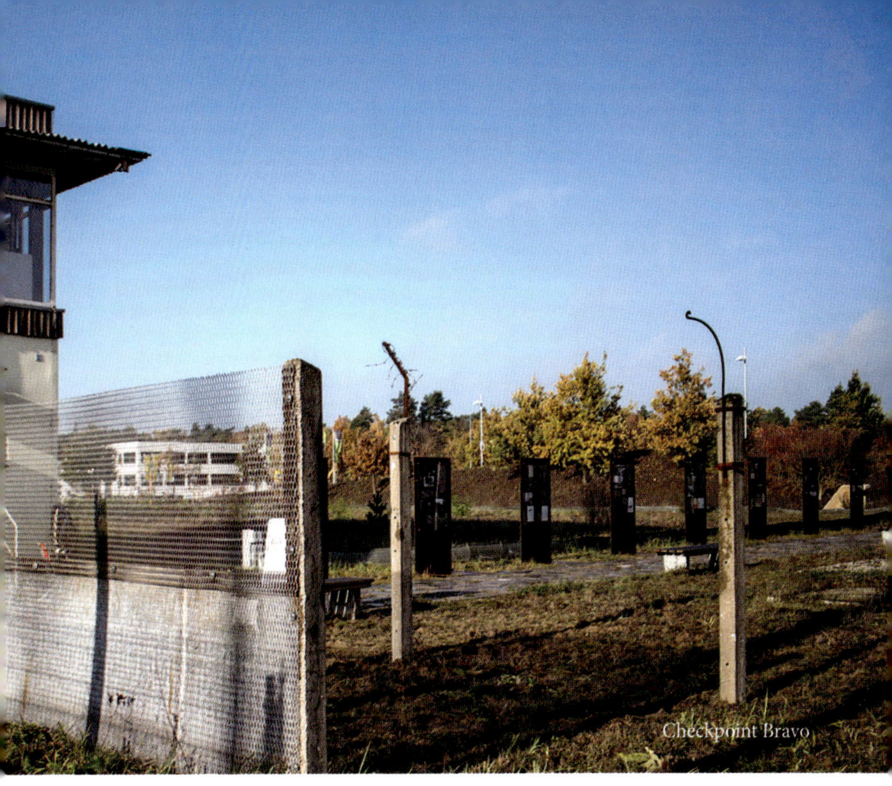
Checkpoint Bravo

Wieder quert man den Teltowkanal zu Albrechts Teerofen hin. Man folgt dem Kremnitzufer nach Kohlhasenbrück an den Griebnitzsee. Dort am Ufer steht auch noch ein Stück Berliner Mauer. Jetzt folgt man dem Griebnitzsee zur Parkbrücke am Park Babelsberg. Im Park erhebt sich majestätisch Schloss Babelsberg, jenseits der Brücke, in Klein Glienicke, das Jagdschloss Glienicke. Hinter der B1 liegen Schloss Glienicke und die Orangerie.

Die B1 führt an den Schauplatz des Kalten Krieges. An der Glienicker Brücke tauschten Sowjets und Amerikaner ihre Spione aus. Hier biegt man zum Schlossgarten ab und radelt am Ufer der Havel zum Fähranleger Krughorn mit der Fähre nach Sacrow, zum Schloss und zur Heilandskirche.

Dann gelangt man zum Wirtshaus Forsthaus Moorlake, dem beliebten Ausflugsziel der Berliner und Potsdamer im bayerischen Stil. Das nächste Ziel ist jedoch das Wirtshaus an der Fähre zur Pfaueninsel. Auf der Insel baute sich König Friedrich Wilhelm II. ein Lustschloss. Die Zimmer sollten Südsee-Exotik widerspiegeln.

Wer hier auf den Nikolskoer Weg abbiegt – der kleine Abstecher lohnt auf jeden Fall – kommt zum Blockhaus Nikolskoe und zur Kirche St. Peter und Paul. Heimisch fühlen sollte er sich, der russische Schwiegersohn des Preußenkönigs Wilhelm III., Nikolaij. Das rustikale Blockhaus diente als Ausflugsdomizil der königlichen Familie. Ein russisches Bauernhaus diente als Vorbild.

Nun zurück und auf der Pfaueninselchaussee durch den Düppeler Forst nach Wannsee. Entlang der Königstraße kommt man an die Wannseebrücke. Dahinter geht es links zum S-Bahnhof Berlin-Wannsee.

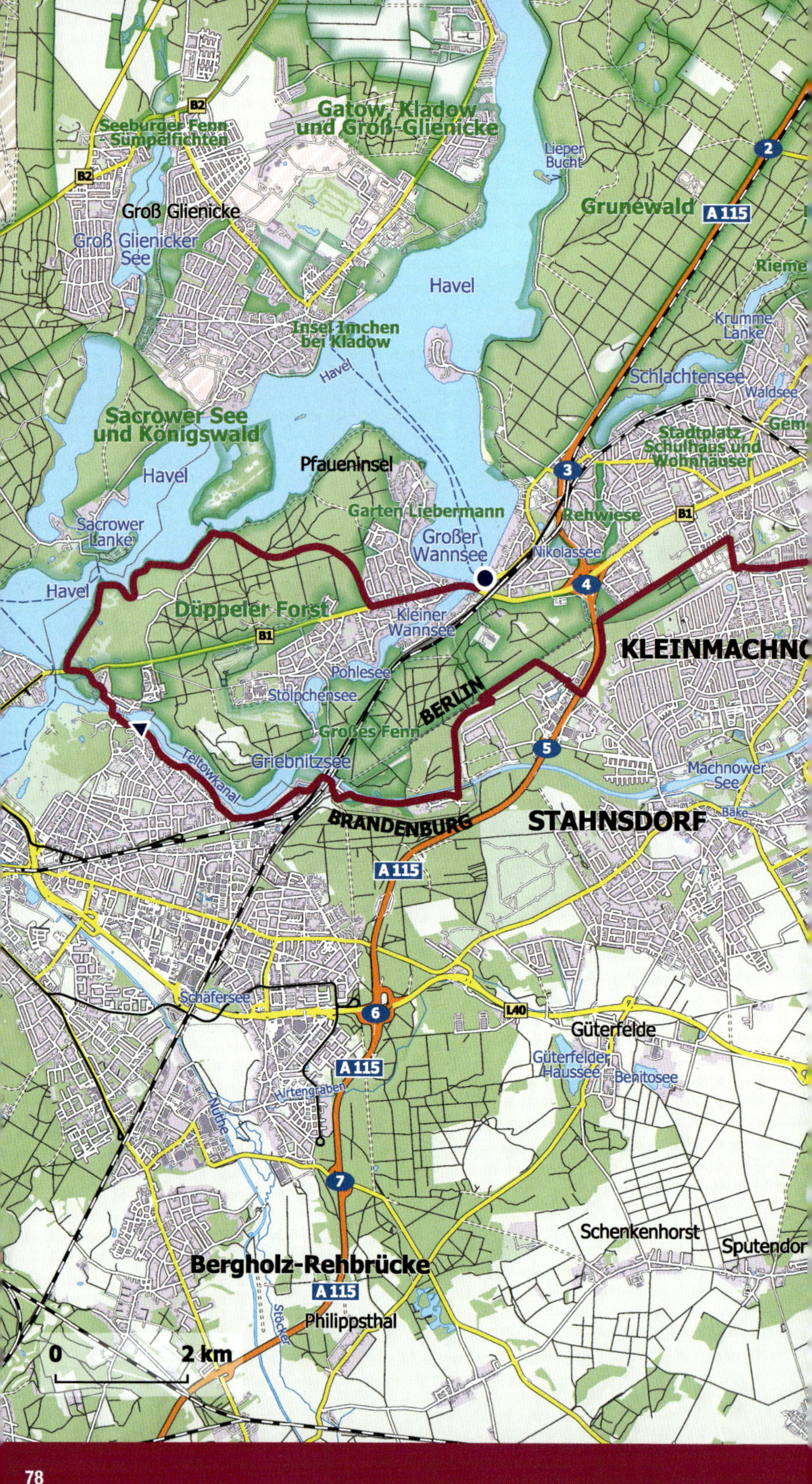

Seeburger Fenn
Sümpelfichten
Gatow, Kladow
und Groß-Glienicke
Lieper Bucht
Groß Glienicke
Groß Glienicker See
Grunewald
A 115
Havel
Rieme
Insel Imchen
bei Kladow
Krumme Lanke
Schlachtensee
Waldsee
Sacrower See
und Königswald
Stadtplatz,
Schulhaus und
Wohnhäuser
Havel
Pfaueninsel
Garten Liebermann
Rehwiese
Sacrower Lanke
Großer Wannsee
Nikolassee
Havel
Düppeler Forst
Kleiner Wannsee
KLEINMACHNO
Pohlesee
Stölpchensee
BERLIN
Großes Fenn
Teltowkanal
Griebnitzsee
Machnower See
BRANDENBURG
STAHNSDORF
Bäke
A 115
Schäfersee
L40
Güterfelde
Güterfelder Haussee
Benitosee
A 115
Nuthe
Schenkenhorst
Sputendor
Bergholz-Rehbrücke
A 115
Philippsthal
Stöcker
0
2 km

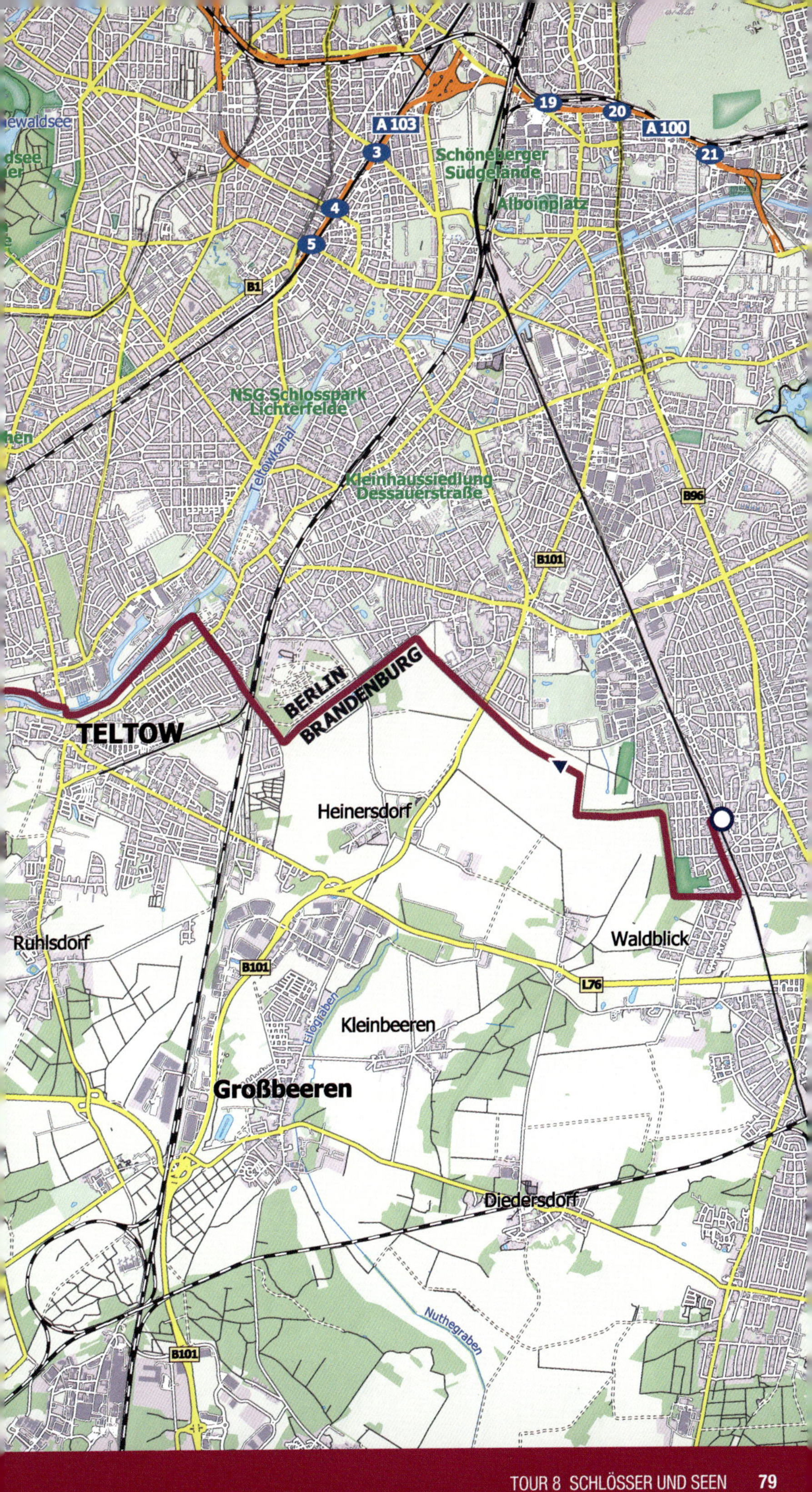

A 103
3
4
5
19
20
A 100
21
Schöneberger Südgelände
Alboinplatz
B1
NSG Schlosspark Lichterfelde
Teltowkanal
Kleinhaussiedlung Dessauerstraße
B96
B101
BERLIN
BRANDENBURG
TELTOW
Heinersdorf
Ruhlsdorf
Waldblick
B101
L76
Kleinbeeren
Großbeeren
Diedersdorf
Nuthegraben
B101

Rundtour

9 POTSDAMER HAVELWELT

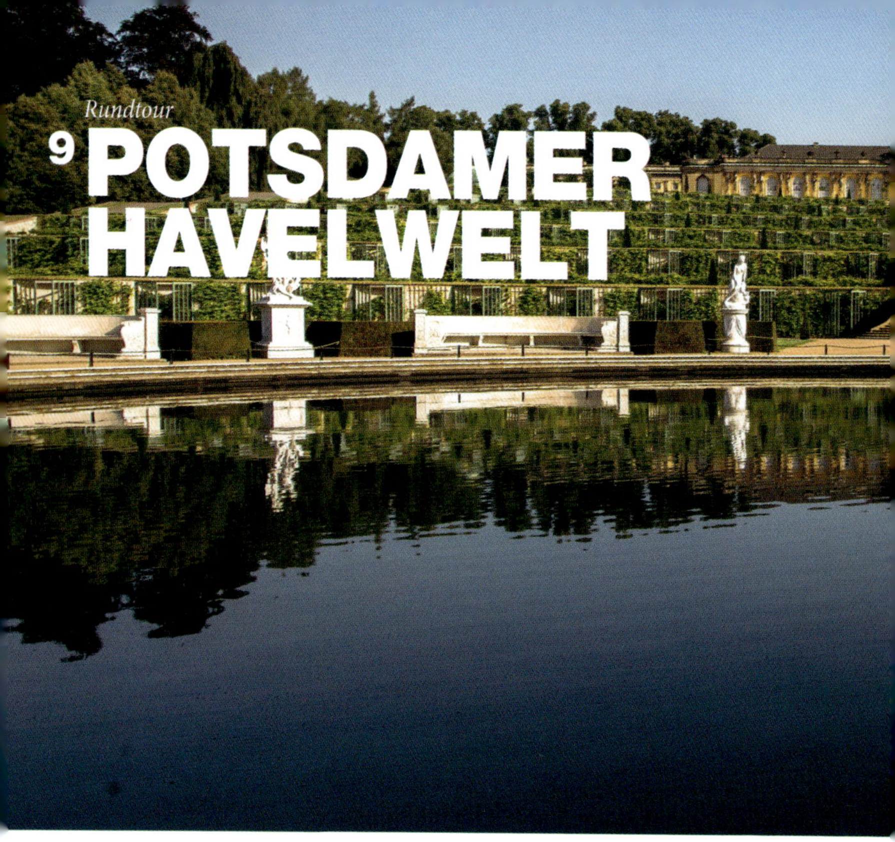

Start/Ziel

WANNSEE

Rundtour

37,5 Kilometer

120 Höhenmeter

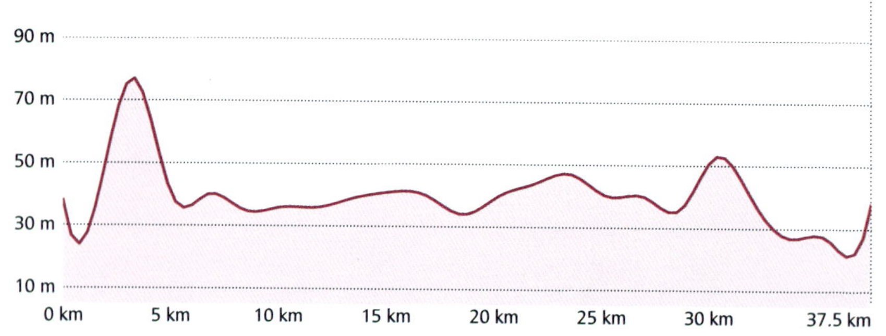

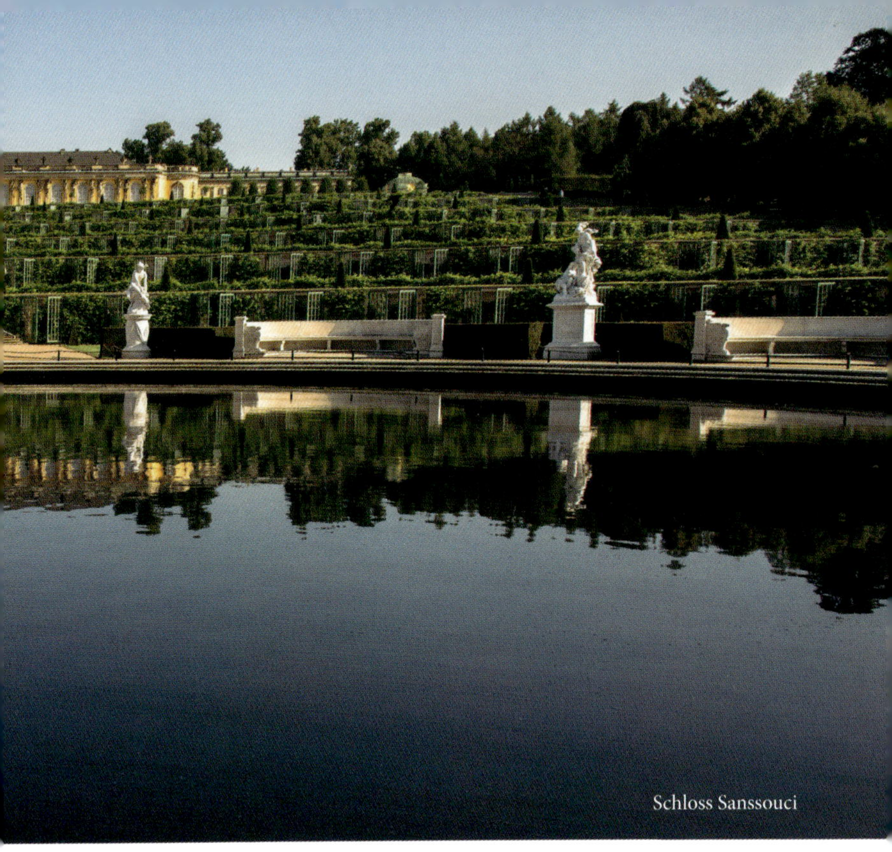

Schloss Sanssouci

Am S-Bahnhof Berlin-Wannsee gab es zu DDR-Zeiten einen Grenzübergang für Bahnreisende im Transitverkehr. Heute steigt man hier aus, um Wald und Wasser zu genießen. Gegenüber der Ronnebypromenade, am Wannseeufer, haben Segel- und Yachtclubs ihre weitläufigen Anlegestellen.

Vom S-Bahnhof Berlin-Wannsee über Potsdam und Alt-Kladow zurück zum S-Bahnhof Berlin-Wannsee.

Noch einen Blick über den Wannsee und schon geht es über die Wannseebrücke zur Königstraße. Dort, wo dann die Siedlung endet, zweigt rechts die Pfaueninselchaussee ab. Hier biegt man ein und radelt quer durch den Düppeler Forst zum Wirtshaus „Zur Pfaueninsel", bei dem die Fähre zur Pfaueninsel ablegt. Die Insel ist eines der beliebtesten Ausflugsziele der Berliner. Einst hieß die Insel Kaninchenwerder. Friedrich Wilhelm II. züchtete hier Kaninchen. Heute leben hier freilaufende Pfauen und einige Wasserbüffel als natürliche Rasenmäher.

Wer sich noch das Blockhaus Nikolskoe und die Kirche St. Peter und Paul anschauen möchte, biegt vor dem Wirtshaus in den Nikolskoer Weg ein. Wenig später ist man schon am russischen Ensemble.

Aber nun zurück und vom Fähranleger aus, am Ufer der Havel entlang, zum Forsthaus Moorlake. Ein gemütliches

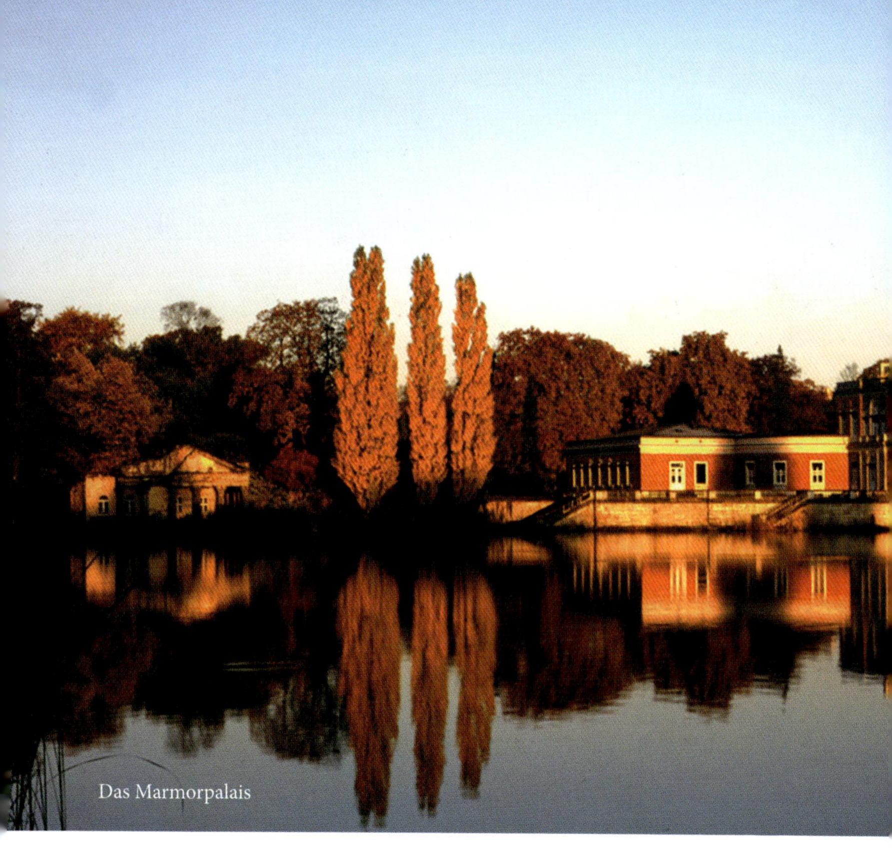
Das Marmorpalais

Wirtshaus mit gelegentlichen Literaturlesungen. Weiterhin folgt man der Havel und gelangt zur Fähre nach Sacrow, zur Heilandskirche und Schloss. Dahin kommt man später. Also weiter zum Denkmal Große Neugierde an der Glienicker Brücke.

Über die Glienicker Brücke, die DDR-Regierung nannte sie „Brücke der Einheit", geht es nach Potsdam. Das erste Haus am Weg ist die Villa Schöningen, heute ein Museum mit Kunstwerken zur Maueröffnung.

Ein kurzes Stück geht es am Jungfernsee entlang, bevor man zum Heiligensee abbiegt. Auf der Fahrt entlang der Kurfürstenstraße und Hegelallee kommt man zum Jägertor und gelangt geradewegs zu den Schlössern im Park Sanssouci. Das Besucherzentrum befindet sich an der Historischen Mühle.

Auf dem Voltaireweg und durch den „Neuen Garten" geht es zurück an den Jungfernsee zum Schloss Cecilienhof. Aber nicht ohne vorher am Marmorpalais am Heiliger See gewesen zu sein. Eine Sommerresidenz aus schlesischem Marmor. Auf Schloss Cecilienhof trafen sich am 17. Juli 1945 die Siegermächte zur Potsdamer Konferenz. An einem runden Tisch im Durchmesser von 3 Metern diskutierten Harry S. Truman für die USA, Winston Churchill für Großbritannien und Josef Stalin für die UDSSR über die Zukunft Deutschlands. Dort wurde nicht die Spaltung Deutschlands beschlossen, aber die Aufteilung in Besatzungszonen.

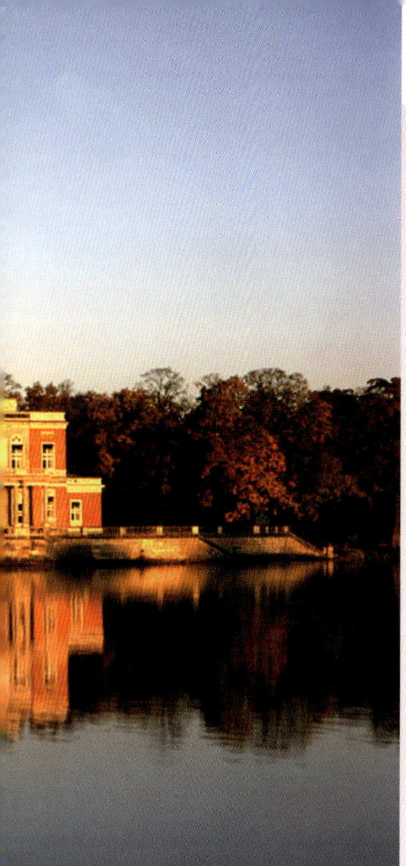

Highlights
am Wegesrand

Marmorpalais
Das Marmorpalais liegt romantisch auf einer Terrassenanlage im Neuen Garten direkt am Seeufer vom Heiligen See. Ein Palais, aus rotem Backstein, mit Schmuckelementen aus grauem und weißem schlesischem Marmor gefertigt, machte Friedrich Wilhelm II. zu seiner Sommerresidenz. Sein Architekt Carl von Gontard schuf 1793 seinen privaten Rückzugsort.

Eng verbunden mit dem Marmorpalais ist die Liaison Friedrich Wilhelms II. mit Wilhelmine Enke, im Volksmund „Die schöne Wilhelmine" genannt.

Die Mätresse des Königs, die 1796 zur Gräfin Lichtenau erhoben wurde, nahm erheblichen Einfluss auf die Innengestaltung des Schlosses.

Zahlreiche Marmorkamine und antike Skulpturen wurden in Italien erworben. Das ganz aus verschiedenfarbigem Marmor gestaltete Vestibül, der unmittelbar am Wasser gelegene Grottensaal sowie der imposante Konzertsaal zählen zu den prächtigsten Räumen.
Öffnungszeiten: Mai–Okt.: Di.–So. 10–17.30 Uhr;
im April Sa. und So.: 10–17.30 Uhr;
Nov.–März: Sa. und So.: 10–16 Uhr.

An der Anlegestelle am Jungfernsee gibt es den Braugasthof Brauerei Meierei Potsdam. Dann kommt man in die Bertinistraße mit ihren geschichtsträchtigen Villen und einem ehemaligen Wachturm der DDR. Ab hier folgt man dem Ufer bis zur Nedlitzer Südbrücke. Entlang der B2 radelt man über die Nedlitzer Nordbrücke nach Neu Fahrland am Krampnitzsee. Man folgt der B2, bis der Rotkehlchenweg rechts nach Krampnitz abzweigt. Im Ort hält man sich rechts und gelangt auf der „Straße nach Sacrow" an den Lehnitzsee. Die Straße führt zu einem Parkplatz am Ufer. An der Kurve radelt man rechts, weiter am Ufer entlang. Dann liegt rechts vom Weg eine Römerschanze mit hohen, noch gut erkennbaren Wällen. Dann fährt man weiter durch den Forst.

Vor der Anhöhe des Schwarzen Berges biegt man rechts zum Ufer ab und kommt an einen Aussichtspunkt mit Blick auf den Wachturm an der Bertinistraße. Der Jungfernsee hat uns wieder. Geradeaus führt der Weg zur Heilandskirche am Havelufer. Der freistehende Campanile und die Arkadengänge machen sie zu einer italienisch anmutenden Chiesa. Oberhalb liegt Schloss Sacrow. Mit diesem Schloss vervollständigte Friedrich Wilhelm IV., König von Preußen, den Kranz der Schlösser an der Potsdamer Havelwelt.

Über Sacrow geht es nun auf der Kladower Straße zum Luisenberg, wo man auf den Berliner Mauerweg stößt. Noch über die Stadtgrenze von Berlin-Kladow, dann ist der Blick rechts zur Pfaueninsel frei. Am Sakrower Kirchweg biegt man rechts ein. Auch an der Imchenallee geht es rechts weg und man erreicht die Kladower Seebrücke. Hier legt die Fähre nach Wannsee ab. Rund 20 Minuten braucht die Fähre bis zur Anlegestelle vor dem S-Bahnhof Berlin-Wannsee. Eine kleine Seefahrt zum Abschluss.

Fähre Wannsee – Alt-Kladow : Werktags verkehrt die Fähre stündlich zwischen 6 und 21 Uhr (im Winter bis 20 Uhr), samstags von 7 bis 21 Uhr (im Winter 18 Uhr) und sonntags von 10 bis 21 Uhr (im Winter 20 Uhr). Die Fahrzeit beträgt etwa 20 Minuten.

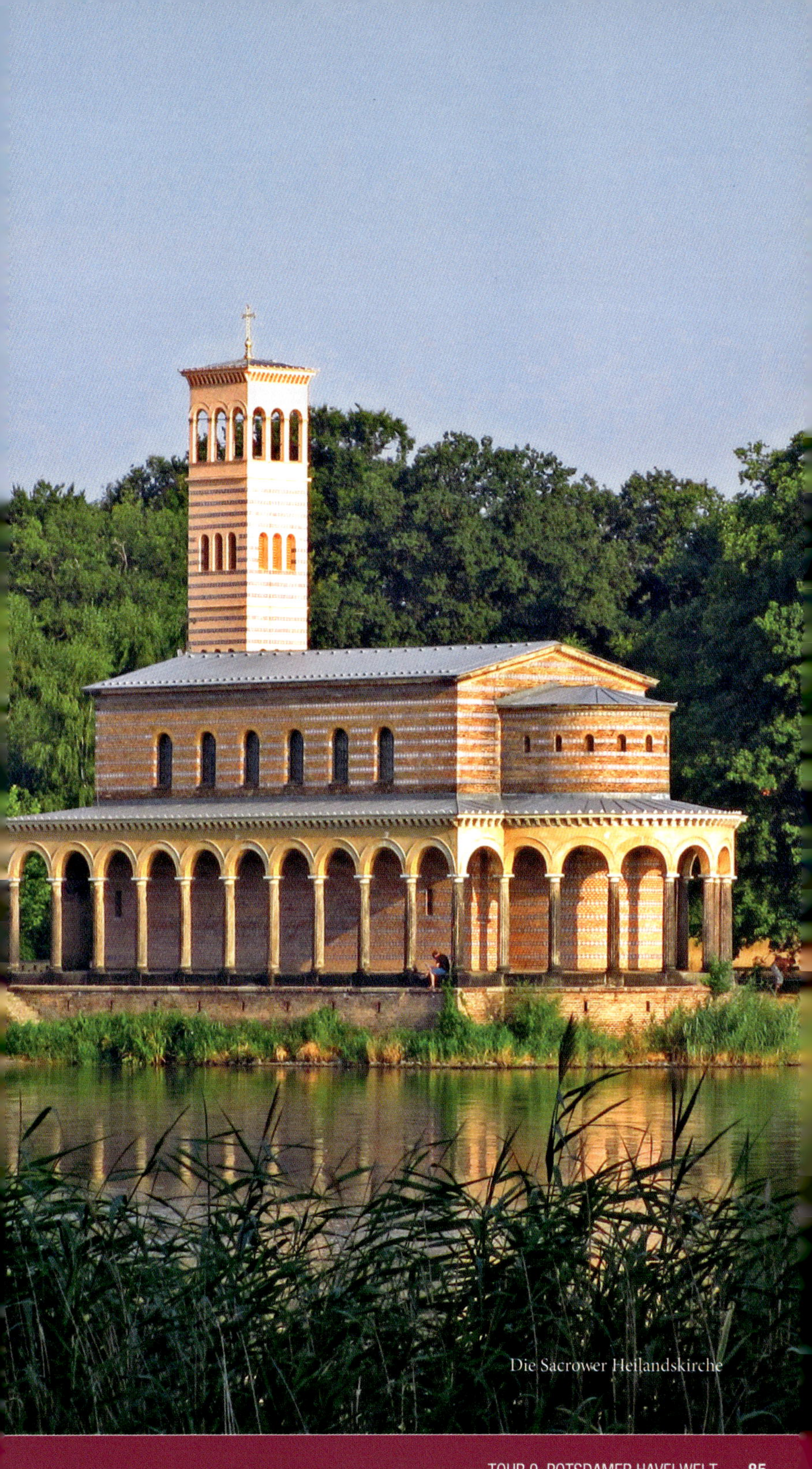
Die Sacrower Heilandskirche

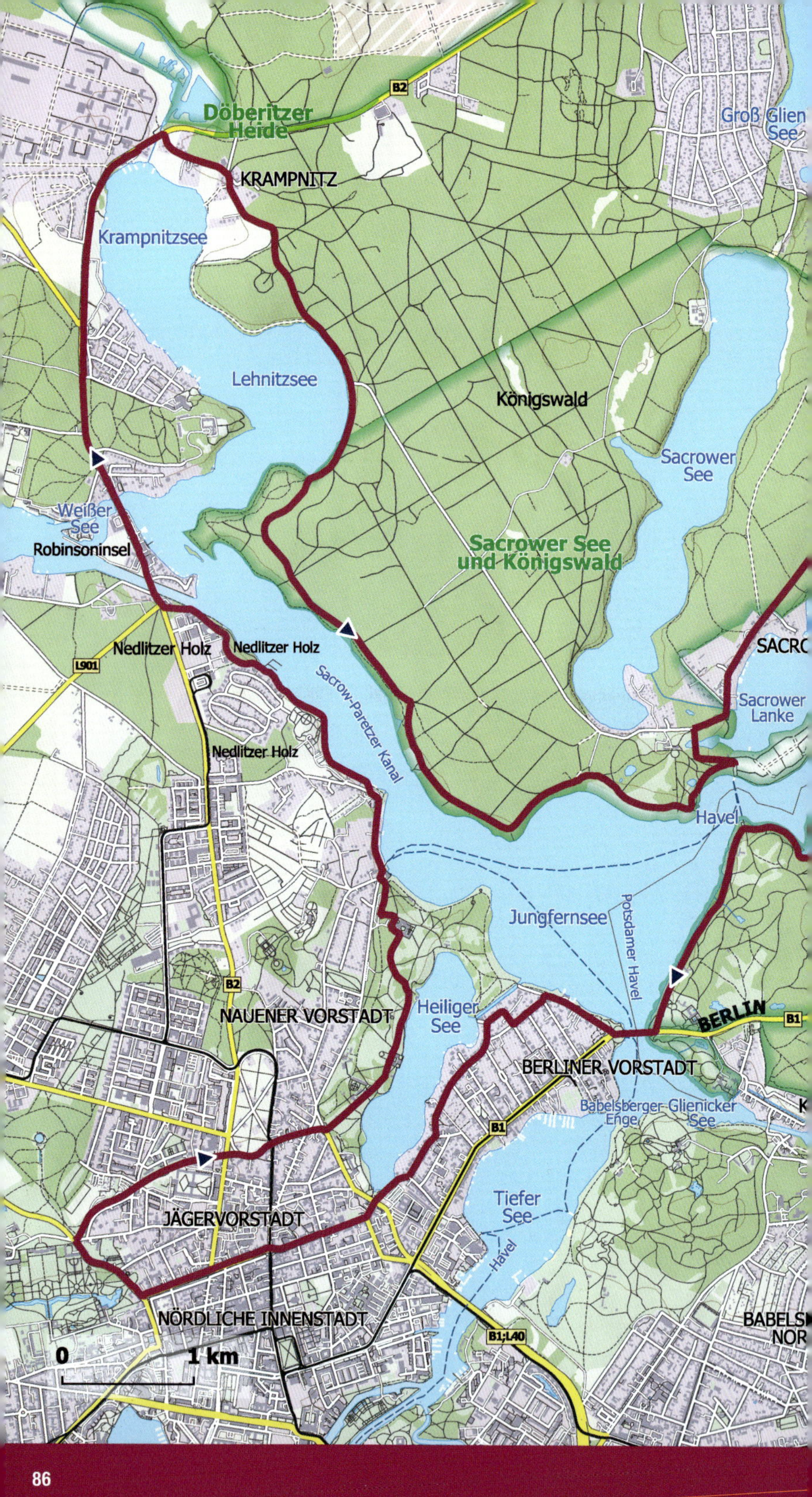

Döberitzer Heide
B2
Groß Glien See
KRAMPNITZ
Krampnitzsee
Lehnitzsee
Königswald
Sacrower See
Weißer See
Robinsoninsel
Sacrower See und Königswald
Nedlitzer Holz
Nedlitzer Holz
L901
SACR
Sacrow-Paretzer Kanal
Sacrower Lanke
Nedlitzer Holz
Havel
Jungfernsee
Potsdamer Havel
B2
Heiliger See
NAUENER VORSTADT
BERLIN
B1
BERLINER VORSTADT
Babelsberger Enge
Glienicker See
B1
Tiefer See
JÄGERVORSTADT
Havel
NÖRDLICHE INNENSTADT
B1;L40
BABELS NOR
0
1 km

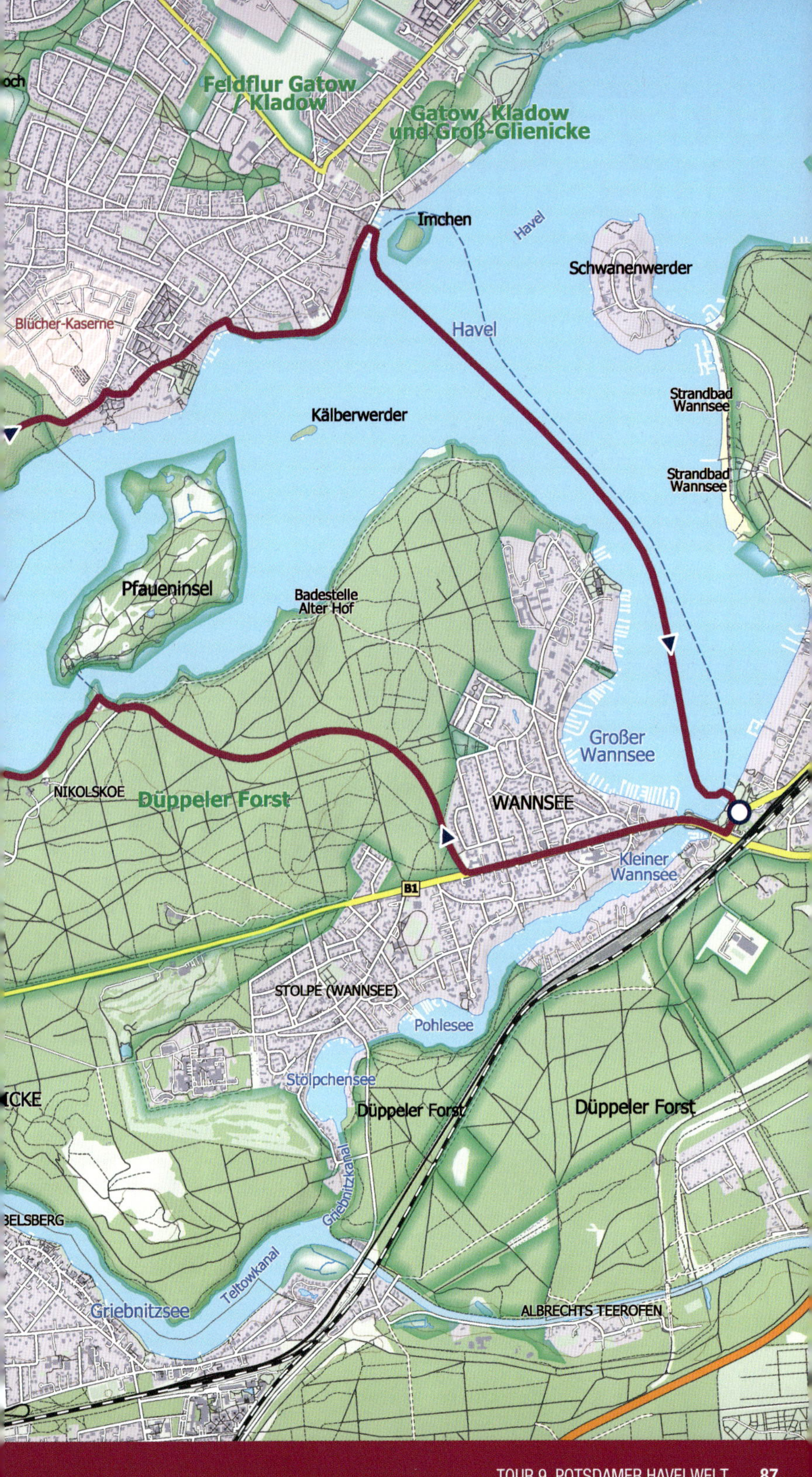
Feldflur Gatow / Kladow
Gatow, Kladow und Groß-Glienicke
Imchen
Havel
Schwanenwerder
Blücher-Kaserne
Havel
Strandbad Wannsee
Kälberwerder
Strandbad Wannsee
Pfaueninsel
Badestelle Alter Hof
Großer Wannsee
NIKOLSKOE
Düppeler Forst
WANNSEE
Kleiner Wannsee
B1
STOLPE (WANNSEE)
Pohlesee
Stölpchensee
Düppeler Forst
Düppeler Forst
Griebnitzkanal
Teltowkanal
Griebnitzsee
ALBRECHTS TEEROFEN

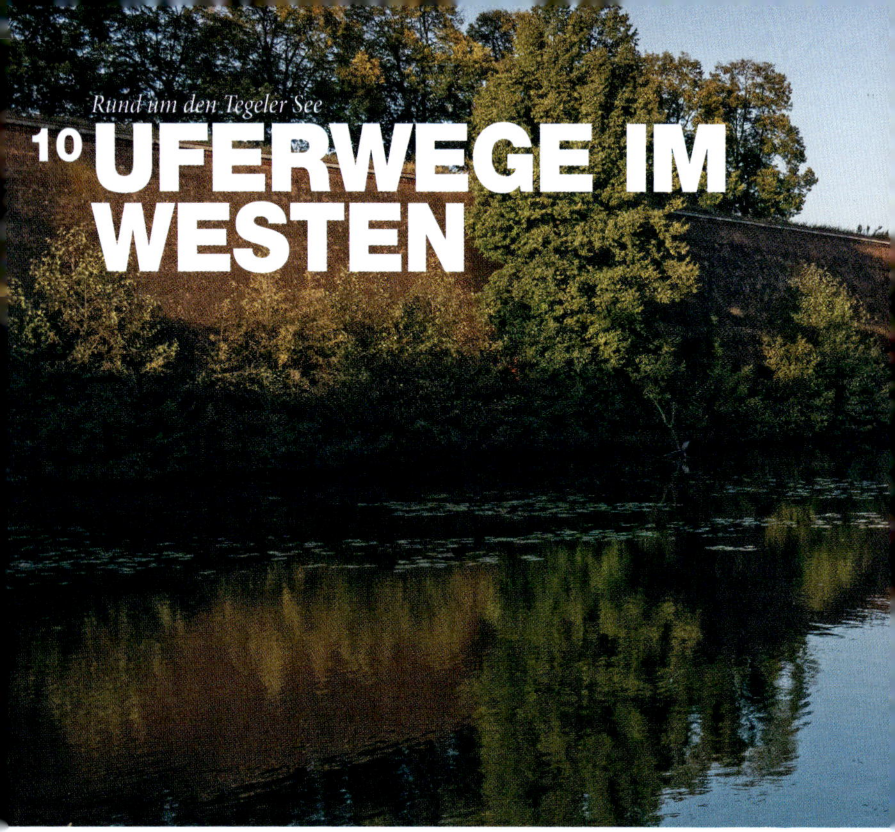

Rund um den Tegeler See

10 UFERWEGE IM WESTEN

Start/Ziel

U-BAHNHOF HASELHORST

Rundtour

23,1 Kilometer

50 Höhenmeter

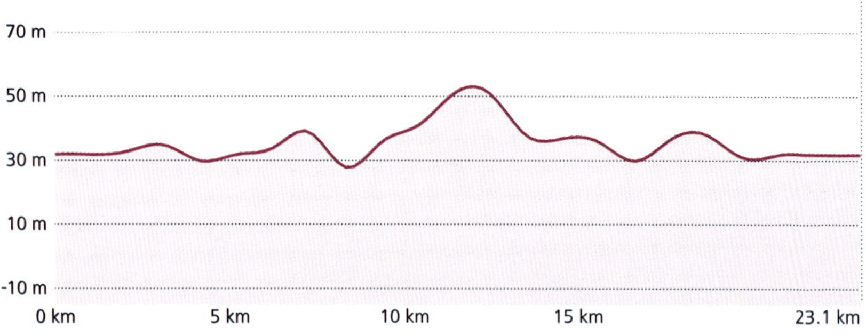

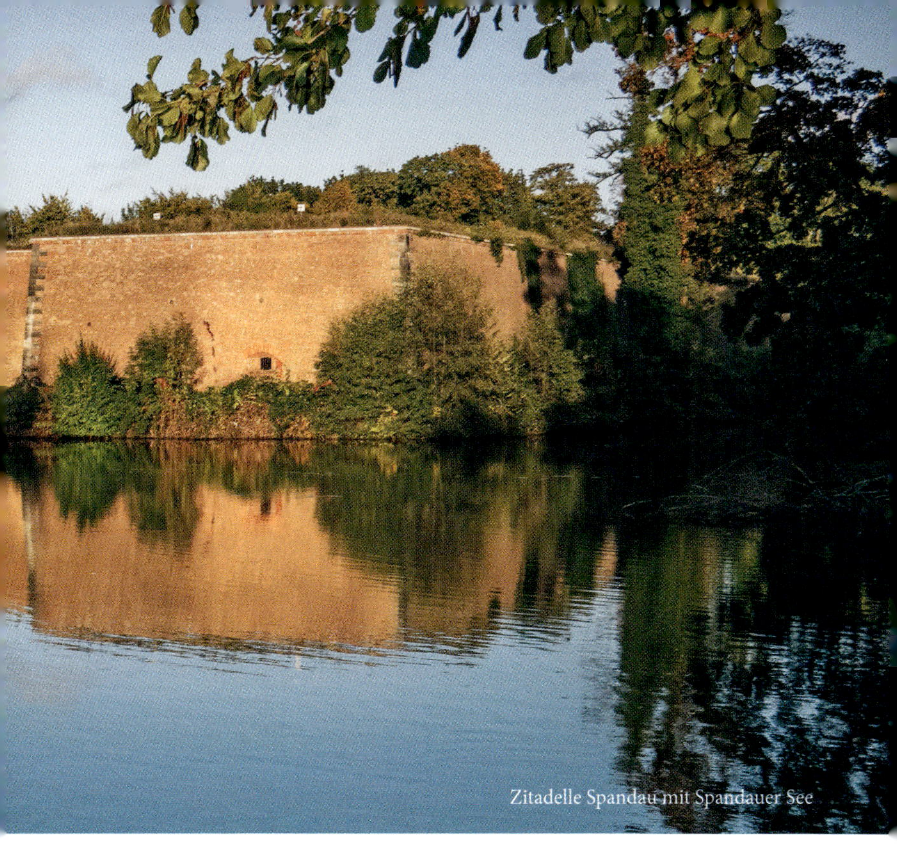
Zitadelle Spandau mit Spandauer See

Immer am Wasser entlang führt uns diese erfrischende Tour um Berlins zweitgrößten See im Westen der Stadt. Eine sommerliche Abkühlung ist hier nie weit weg. Nebenher radeln wir vorbei an historischen Anlagen, über zahlreiche Brücken, fahren Fähre und tanken Energie unter schattigen Bäumen.

Größtenteils asphaltierte Radwege mit ein paar festen Schotter- und Sandböden im Wald, ohne relevante Steigungen, gut fahrbar mit dem Stadt- und Trekkingrad. Badesachen einpacken!

Die erfrischende Runde startet und endet am U-Bahnhof Haselhorst in Berlin Spandau. Auch der S-Bahnhof Spandau ist nicht weit weg und bietet sich als alternativer Tourenstart an. Bereits kurz nach unserem Aufbruch passieren wir die historische Zitadelle Spandau (Fr–Mi 10–17, Do 13–20 Uhr, 4,50/2,50 €, Am Juliusturm 64, 13599 Berlin, zitadelle-berlin.de), eine imposante, im Spandauer See gelegene Festung aus dem 16. Jahrhundert mit großer Wehranlage. Die Zitadelle beherbergt nicht nur Berlins ältestes Gebäude, den Wehr- und Wachturm Juliusturm aus dem 13. Jahrhundert, sondern auch Museen und Ausstellungen – und mit 10.000 Fledermäusen, die hier den Winter verschlafen, auch eines der größten Fledermausquartiere in Europa.

Wir verlassen die Straße Am Juliusturm nach rechts und radeln nun für die

Highlights

am Wegesrand

Km 2

Die Zitadelle Spandau ist ein beliebter Veranstaltungsort. Im Sommer treten beim Open-Air Citadel Music Festival viele internationale Künstler in der einzigartigen Kulisse der Festung auf. Also vorab ruhig mal den Veranstaltungskalender prüfen, denn hier ist fast immer etwas los!

Marie

Das über 900 Jahre alte Naturdenkmal der Dicken Marie hat ihren ungewöhnlichen Namen durch die berühmten Humboldt-Brüder erhalten, die als Kinder unweit der Eiche im Schloss Tegel lebten. Ihre Inspiration: der Name der beleibten Köchin des Schlosses.

Borsig

Unweit des Tegeler Sees befand sich um 1900 die größte Lokomotivproduktion Europas, inklusive Hafen und Arbeitersiedlung – gebaut durch das Unternehmen der Familie Borsig. Der Borsigturm auf dem Borsigwerkgelände war 1922 mit 65 Metern Berlins erstes Hochhaus.

nächsten ca. 6 Kilometer auf dem Havel-Radweg vorbei am Brauhaus Spandau und durch ruhige Wohnsiedlungen gen Norden. Wir entdecken dabei u. a. beeindruckende Brückenbauten wie den langen, geschwungenen Fachwerk-Stahlbau der denkmalgeschützten Großen Eiswerderbrücke, die hinüber auf die namensgebende Insel führt. Irgendwann werden die Wohnhäuser kleiner und wir fahren auf dem asphaltierten Radweg direkt am Wasser entlang. Dabei geht es vorbei an kleinen Segelhäfen und wir überqueren die Rad- und Fußgängerbrücke über den malerisch gelegenen Aalemannkanal.

Hier verlassen wir den Havel-Radweg und begeben uns für kurze Zeit aufs Wasser. Die Havel Fähre (ganzjährig, Mo–Fr 6–20, Sa–So 8–20, Nov.–März bis 19 Uhr, alle 10 Min., 1/0,50 € inkl. Fahrrad, Aalemannufer 14, 13587 Berlin, faehre-berlin.de) trägt uns innerhalb we-

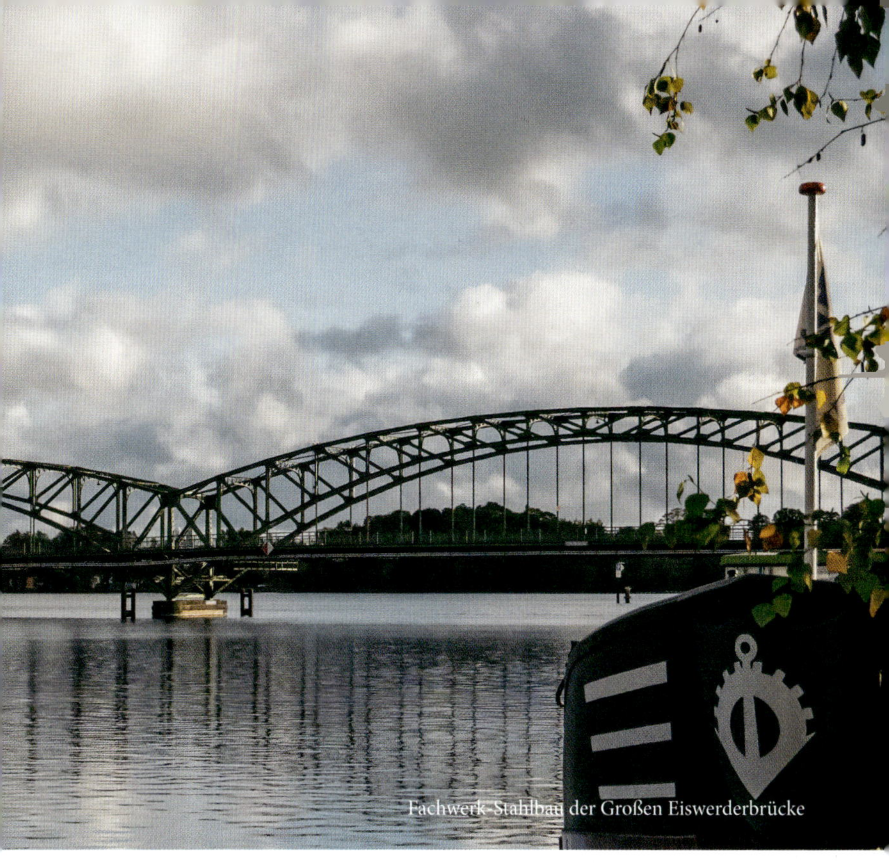
Fachwerk-Stahlbau der Großen Eiswerderbrücke

niger Minuten entspannt hinüber nach Tegelort und somit von Spandau in den Reinickendorfer Ortsteil Tegel. Dabei ist kurz Zeit, den schönen Ausblick auf die Havel zu genießen und sich den frischen Wind um die Nase wehen zu lassen.

Sobald wir die Fähre verlassen haben, fahren wir nach Süden auf dem schönen Uferweg der Tegeler See-Route, vorbei an zahlreichen Anlegestellen und immer mit wunderbarem Wasserblick. Langsam kommt echtes Urlaubsfeeling auf! Kurz darauf radeln wir in den schattenspendenden Wald hinein und genießen die erfrischende Nähe zu Berlins zweitgrößtem See, dem 450 Hektar großen Tegeler See. Ab jetzt bieten sich auch immer wieder Badegelegenheiten, denn es gibt nicht nur einige kleine Strände, sondern auch ein größeres Strandbad Tegeler See (Juni–Ende Aug. 9–20 Uhr, 3/2 €, unter 16 Jahren frei, seeee.de), welches unter dem Vereinsdach ein erweitertes Kultur- und Erholungskonzept bieten möchte. Ein guter Pausenort mit Imbiss vor allem im Sommer.

Wir befinden uns nun im herrlichen Tegeler Forst, der zu den größten Wäldern der Stadt gehört. Außer Natur pur hat der landeseigene Forst noch einiges mehr zu bieten. Auf dem Schwarzen Weg am westlichen Ufer des Tegeler Sees kommen wir u. a. auch an einem Wildgehege (Schwarzer Weg 17, 13505 Berlin) mit Muffelwild, Damwild und Wildschweinen vorbei. Ein kurzer Stopp, um die schönen Tiere zu beobachten, sollte auf jeden Fall drin sein. Und neben den

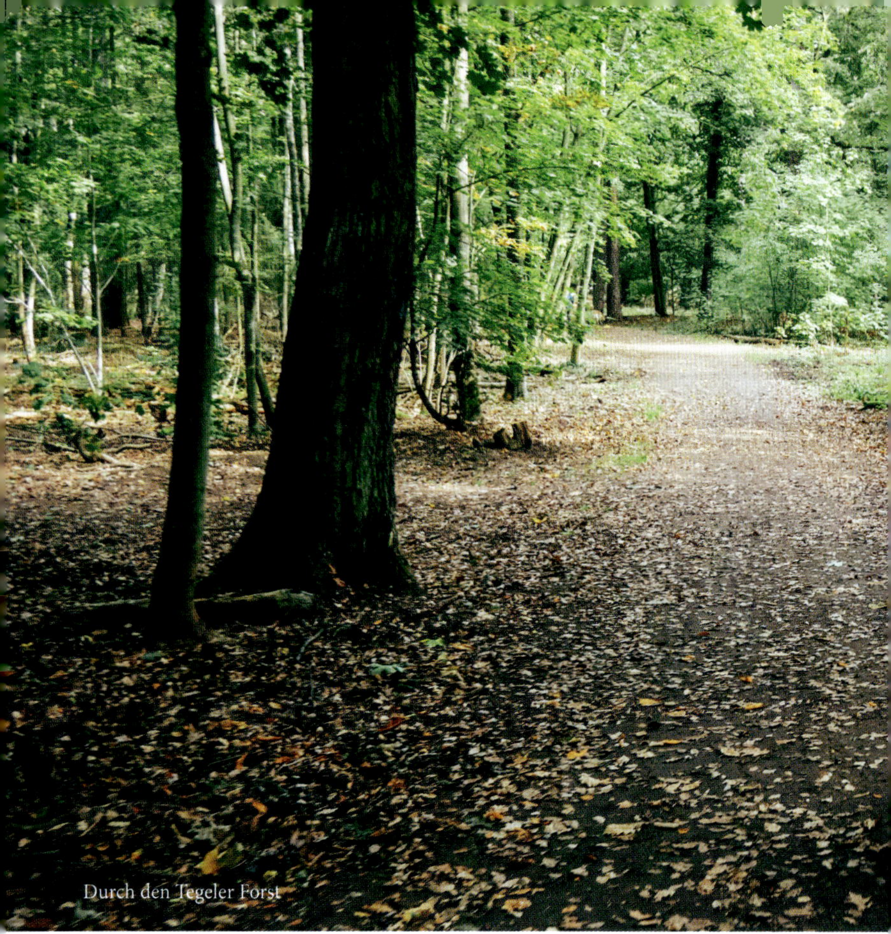

Durch den Tegeler Forst

tierischen Freunden finden wir ca. 1,5 Kilometer weiter auch ein besonderes, pflanzliches Highlight. Die Dicke Marie (An der Malche 1, 13507 Berlin) steht unweit des Schlossparks Tegel am nördlichsten Punkt des Sees. Die Stieleiche gilt als Berlins ältester Baum und hat einen Stammumfang von über 6 Metern.

Über die Hälfte unserer Tour haben wir bereits hinter uns. Während wir nun langsam gen Süden radeln, kommen wir auch wieder in ein etwas urbaneres Umfeld, bleiben jedoch immer in der Nähe des Wassers. Wir haben den Tegeler Hafen und die sehenswerte Tegeler Hafenbrücke, die volkstümlich Sechserbrücke genannt wird, erreicht. Um diese eindrucksvolle Stahlbogenbrücke aus dem Jahr 1909 zu überqueren, müssen wir kurz vom Rad steigen und dieses über die Führungsschienen an den Treppen nach oben schieben. Während nur etwas weiter westlich vom Tegeler See das trubelige Stadtleben tobt, genießen wir am Ufer des Sees entspannte Urlaubsstimmung und machen am Pavillon am See (Wilkestrasse 1, Tegeler Hafen, Brücke 6, 13507 Berlin) erst einmal eine kurze Eispause bevor es nach England weiter geht.

England? Korrekt! Denn dank einer Städtepartnerschaft des Berliner Bezirks Reinickendorf mit dem Londoner Stadtteil Greenwich wurde 1966 die aufgehübschte Uferpromenade in Greenwichpromenade

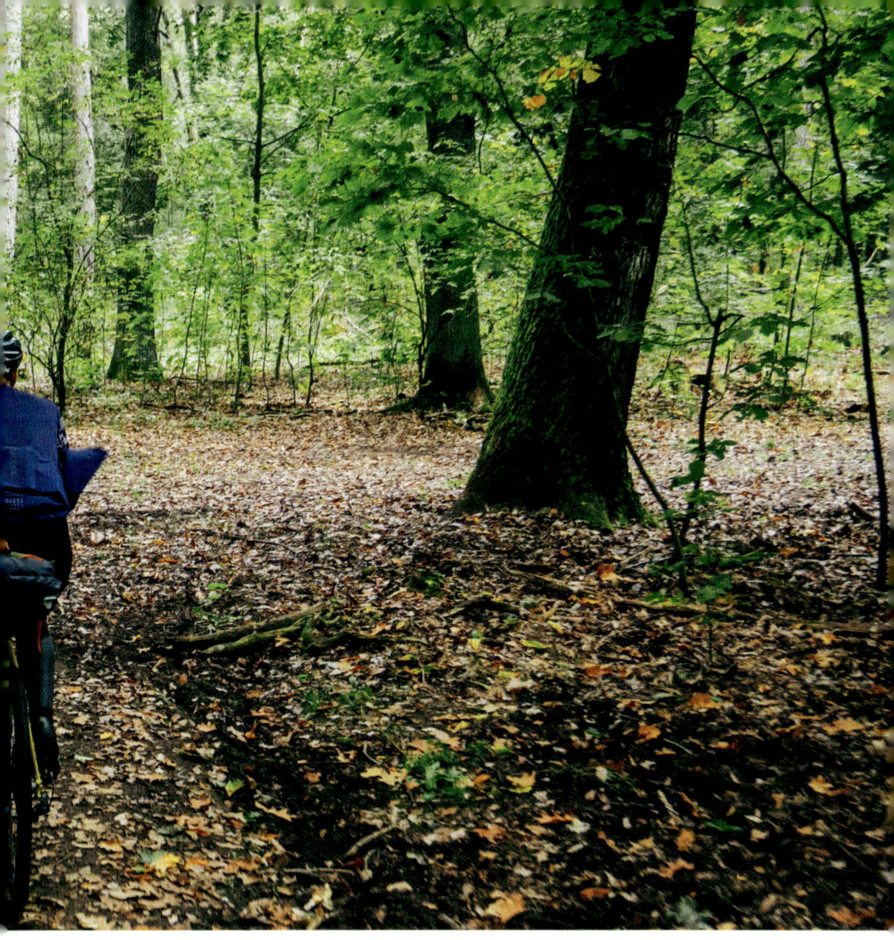

(Borsigdamm, 13507 Berlin) umbenannt. Als sichtbares Zeichen dieser Partnerschaft kann man auf der Promenade einige Geschenke des Londoner Partnerbezirks entdecken. So wie auf dem Kanonenplatz am Ende der Promenade, wo die beiden über 2 Tonnen schweren gusseisernen Kanonen aus dem 18. Jh. stehen.

Wenn wir dann parallel zum Borsighafen an dem mit Mosaiken gestalteten Stahlbetonbogen aus den 60er Jahren vorbeigeradelt sind, lassen wir schnell die urbane, ehemals stark industriell geprägte Zone hinter uns. Wir pedalieren bald wieder am herrlich ruhigen Uferweg des Sees entlang, wo nun fester Sand- und Schotterboden den Untergrund gestaltet, der sich aber zum Großteil gut fahren lässt. Der Weg führt vorbei an zahlreichen Yacht- und Segelclubs mit ihren Anlegestellen. Auch viele kleine Badestrände laden hier im Sommer zu einer Abkühlung ein.

Eine Rad- und Fußgängerbrücke, der Saatwinkler Steg, führt uns über den Berlin-Spandauer-Schifffahrtskanal in eine idyllisch gelegene Kleingartenanlage. Wir befinden uns nun bereits im Spandauer Ortsteil Haselhorst. Nach knapp 3 km über größtenteils Nebenstraßen an Kanal und Reichsforschungssiedlung Haselhorst vorbei erreichen wir den U-Bahnhof Haselhorst – entspannt und erfrischt nach einer abwechslungsreichen Tour am Wasser.

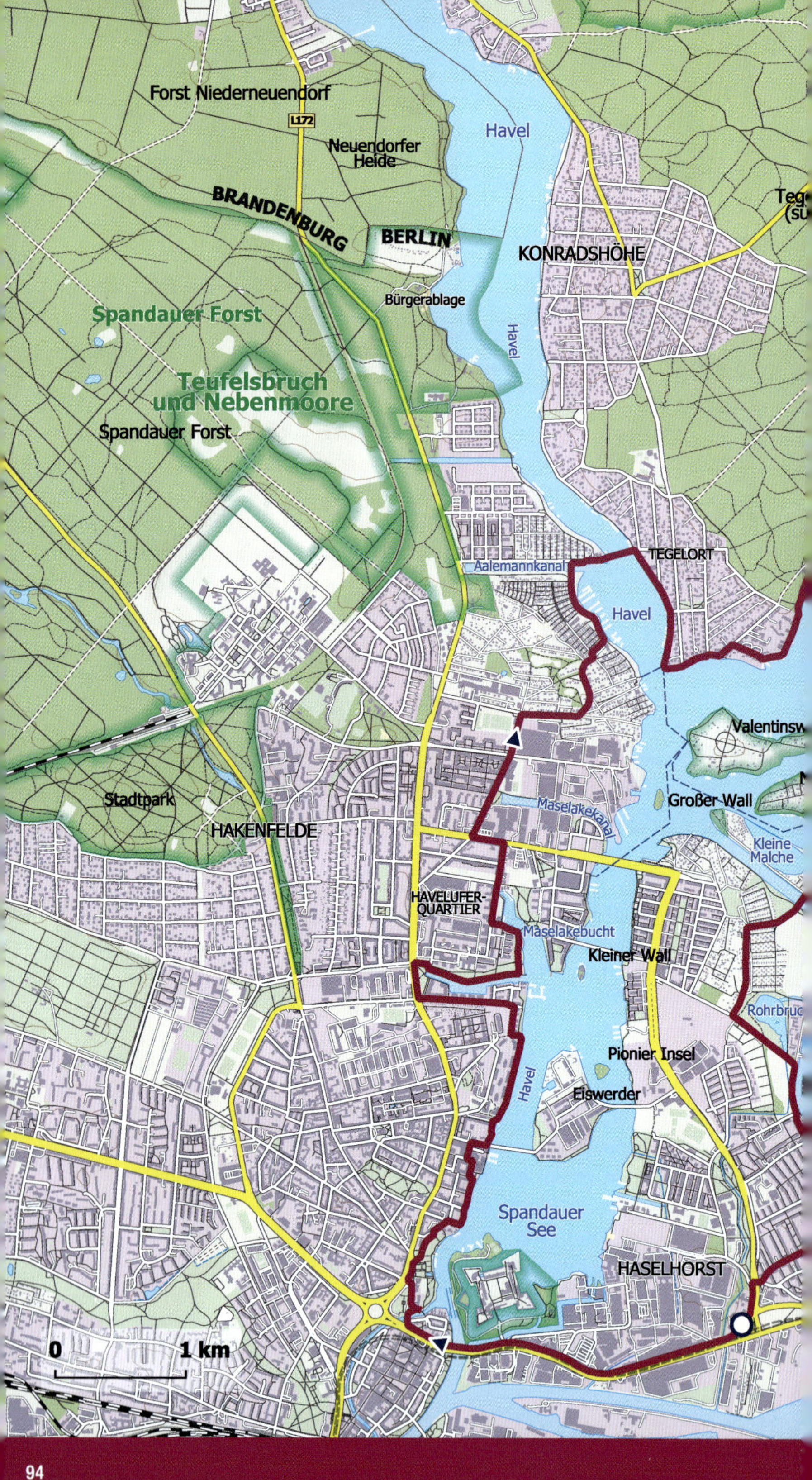

Forst Niederneuendorf
L172
Neuendorfer Heide
BRANDENBURG
BERLIN
Havel
KONRADSHÖHE
Bürgerablage
Spandauer Forst
Teufelsbruch und Nebenmoore
Spandauer Forst
Aalemannkanal
TEGELORT
Havel
Valentinsw
Stadtpark
HAKENFELDE
Maselakekanal
Großer Wall
Kleine Malche
HAVELUFER-QUARTIER
Maselakebucht
Kleiner Wall
Rohrbruc
Pionier Insel
Havel
Eiswerder
Spandauer See
HASELHORST
0
1 km

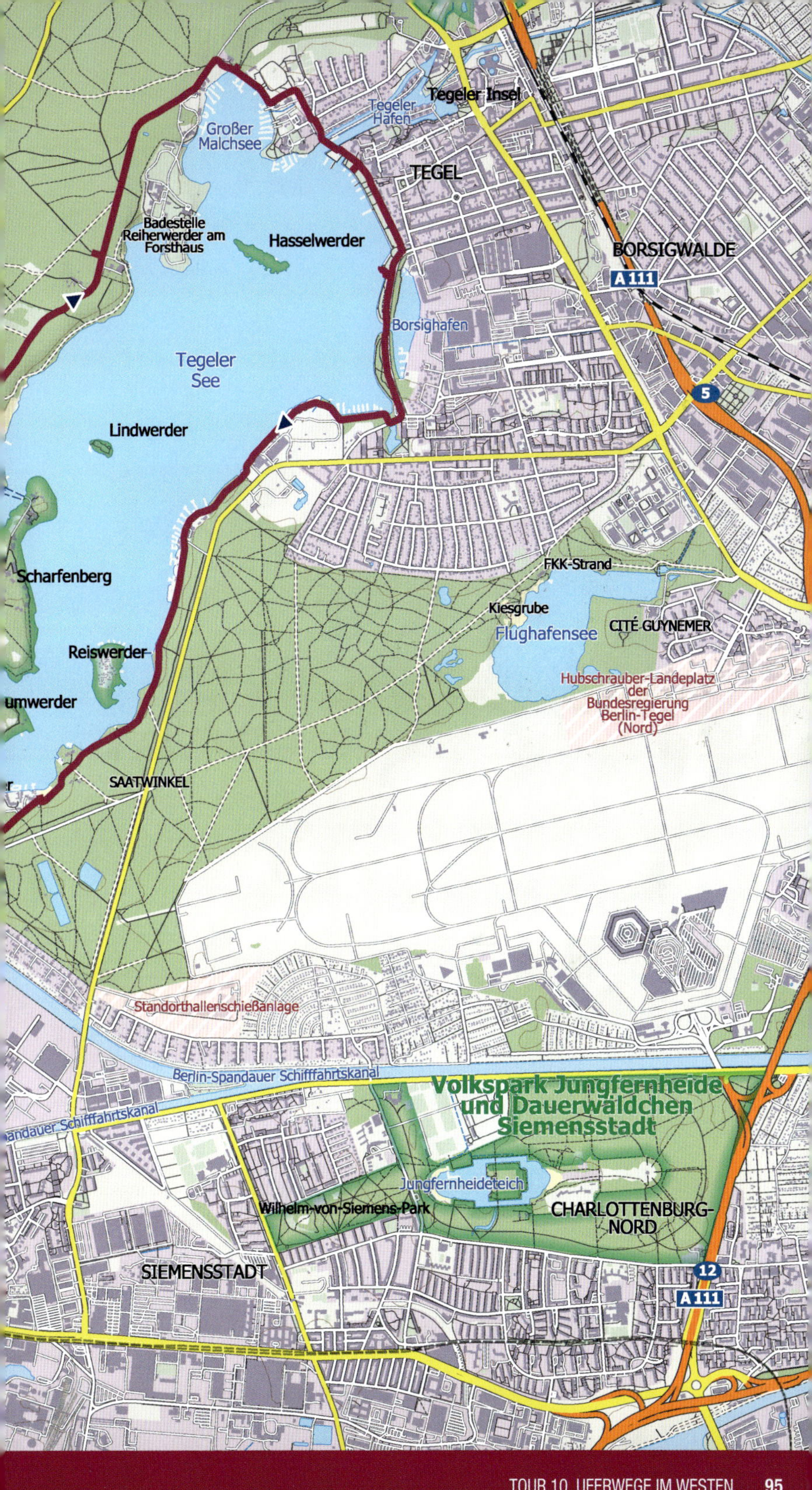
Tegeler Insel
Tegeler Hafen
Großer Malchsee
TEGEL
Badestelle Reiherwerder am Forsthaus
Hasselwerder
BORSIGWALDE
A 111
Borsighafen
Tegeler See
5
Lindwerder
Scharfenberg
FKK-Strand
Kiesgrube
Flughafensee
CITÉ GUYNEMER
Reiswerder
Hubschrauber-Landeplatz der Bundesregierung Berlin-Tegel (Nord)
umwerder
SAATWINKEL
Standorthallenschießanlage
Berlin-Spandauer Schifffahrtskanal
andauer Schifffahrtskanal
Volkspark Jungfernheide und Dauerwäldchen Siemensstadt
Jungfernheideteich
Wilhelm-von-Siemens-Park
CHARLOTTENBURG-NORD
SIEMENSSTADT
12
A 111

Dorfidyll trifft Trabantenstadt

11 HENNINGSDORF

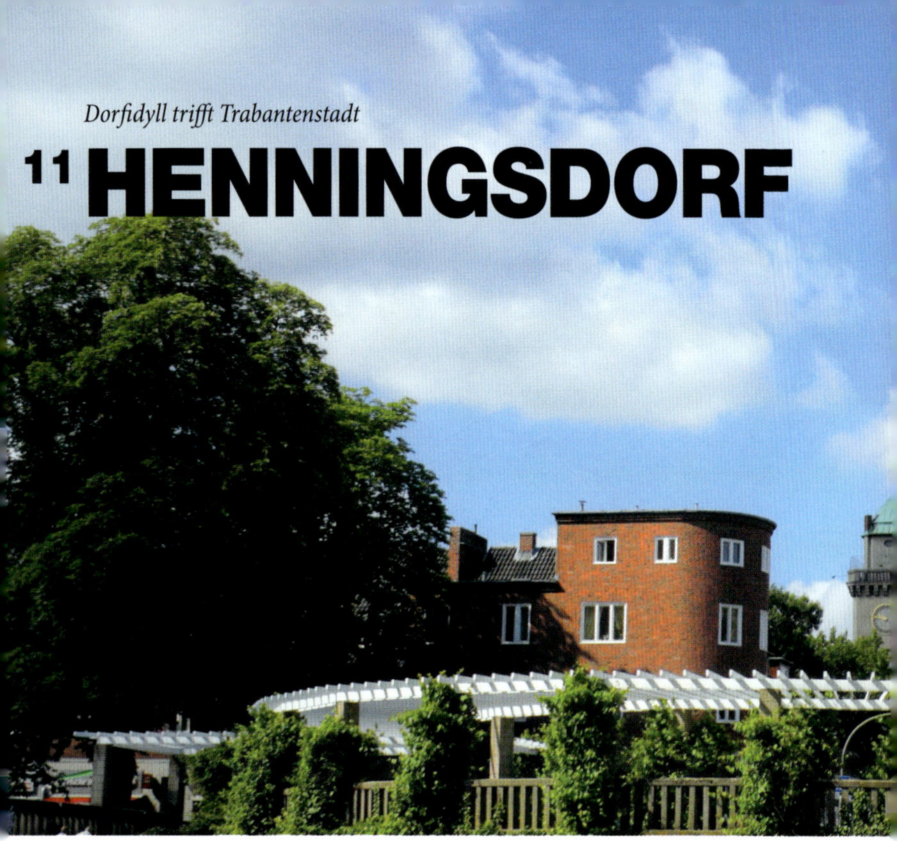

von

HENNINGS-DORF

40,8 Kilometer

85 Höhenmeter

nach

PANKOW

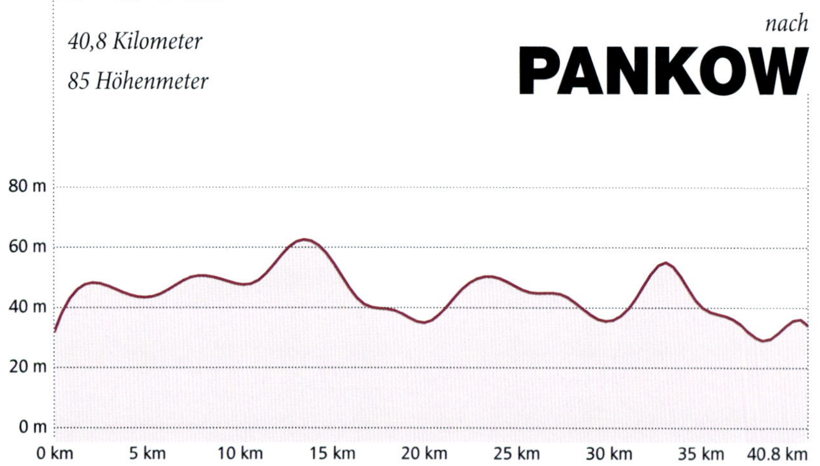

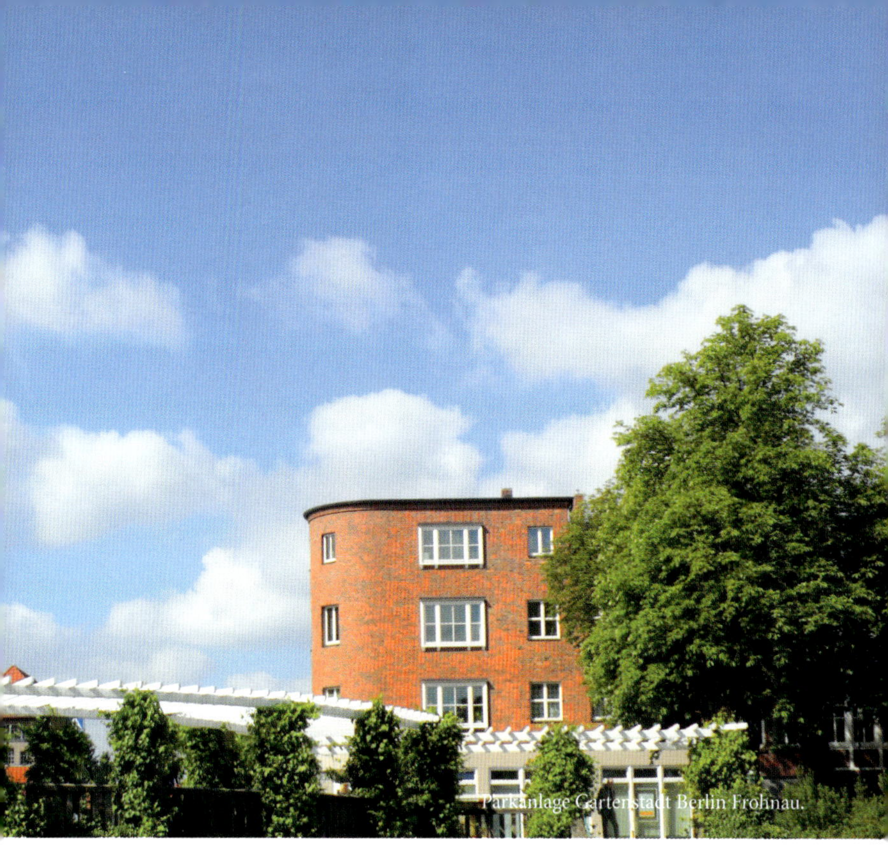
Parkanlage Gartenstadt Berlin Frohnau.

Mit der S-Bahn angereist? Dann führt der Weg zum Berliner Mauerweg vom Rathausplatz, nach rechts an der Stadtverwaltung vorbei zur Hauptstraße. Geradeaus kommt man an den Stadthafen und zur Ruppiner Straße. Ab hier folgt man dem Berliner Mauerweg zum Kreisverkehr. Auf dem Weg an der Ruppiner Chaussee gelangt man an den Rand der Siedlung Stolpe-Süd.

In der Kurve am Supermarkt biegt man links auf den ehemaligen Zollweg ab. Dann geht es über die Autobahn durch den Wald, vor die Berliner Stadtgrenze am Stadtteil Frohnau. Nach links folgt man dem Weg zum Friedhof Frohnau. Gegenüber beginnt der Golfplatz Stolper Heide. Hier heißt es scharf rechts abbiegen und dem asphaltierten Mauerweg linkshaltend zur Invalidensiedlung folgen. Für Versehrte aus dem Ersten Weltkrieg wurde die Invalidensiedlung errichtet; 51 Häuser mit roten Klinkerfassaden.

Am Weg zur Siedlung biegt man rechts ab in den Staehleweg zur Invalidensiedlung. An der Straße biegt man links ein und radelt bis zum Abzweig nach Hohen Neuendorf. Am Kreisverkehr folgt man rechts der B96 bis kurz hinter die Stadtgrenze. Dort zweigt links die Utestraße ab. Der folgt man in den Wald bis zur Kreuzung mit der Klarastraße. Kurz hinter der Kreuzung steht noch ein Grenzturm der Berliner Mauer. An der Kreuzung heißt es links abbiegen zum

Highlights

am Wegesrand

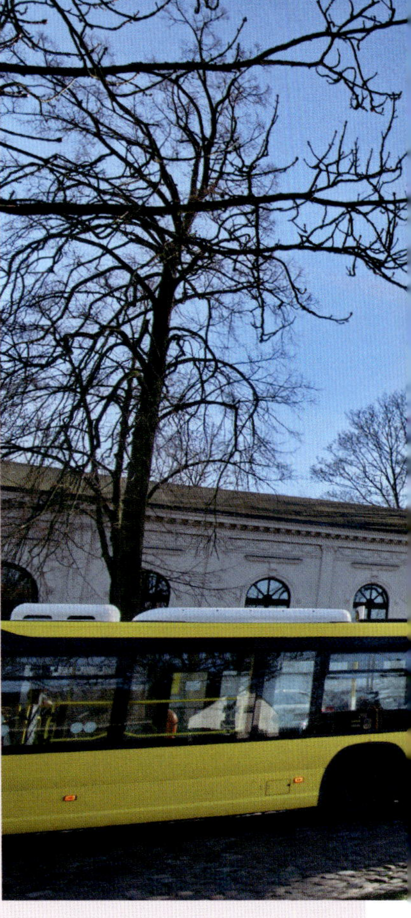

Die Gartenstadt Berlin Frohnau
„Die halbe Oper wohnte in Frohnau" – so hieß es damals und tatsächlich hatten hier Sänger von Weltruf eine zweite Heimat gefunden.
Die Geburtsstunde der Gartenstadt Frohnau schlug am 10. Dez.1907, als Graf Henckel Fürst von Donnersmarck den Kaufvertrag für das Waldgelände unterschrieb. Der Fürst ließ eine Landhaussiedlung anlegen, wie er sie in England kennengelernt hatte. Da es für alle Siedler bindende Baubestimmungen gab, fügten sich die Villen und Landhäuser harmonisch aneinander. Vom Bahnhof hatte man direkte Anbindung nach Berlin.
1910 wurde die Villenstadt eingeweiht. Ein Gymnasium für die höheren Töchter, Casino, Poloplatz und Steuerfreiheit waren Argumente, um betuchte Berliner in die Vorstadt zu locken. Die Straßen wurden mit erlesenem Baumbestand geschmückt.

Waldjugendweg. Dort kommt man an zwei Gedenkstelen vorbei. Am Wegende dann rechts zum Hubertussee. Der Mauerweg führt links um ihn herum. Am Südufer biegt man links in den Jägersteig ein. An der Kreuzung mit dem Hubertusweg links und wiederum links halten. Dann passiert man das P.A.N. Zentrum der Fürst-Donnersmarck-Stiftung in Berlin-Frohnau. Der Bieselheider Weg führt an die Oranienburger Chaussee. An der Stadtgrenze zweigt rechts der Edelhofdamm ab. Er führt zum sehenswerten Buddhistischen Haus. Es ist ein kurzer Abstecher bis dorthin. Auf der Oranienburger Chaussee gelangt man zum Entenschnabel. Das zur DDR gehörende Gelände hatte die Form eines Entenschnabels, daher der Name, und ragte in das West-Berliner Stadtgebiet hinein. Die Straße Am Sandkrug, es gibt nur diese einzige, führt hinein und hinaus. Eine Info-Tafel erinnert daran.

An der Kreuzung hinter der Stadtgrenze folgt man links der Veltheimstraße. Gleich am Anfang der Straße gibt es eine Hinweistafel zu einem Fluchttun-

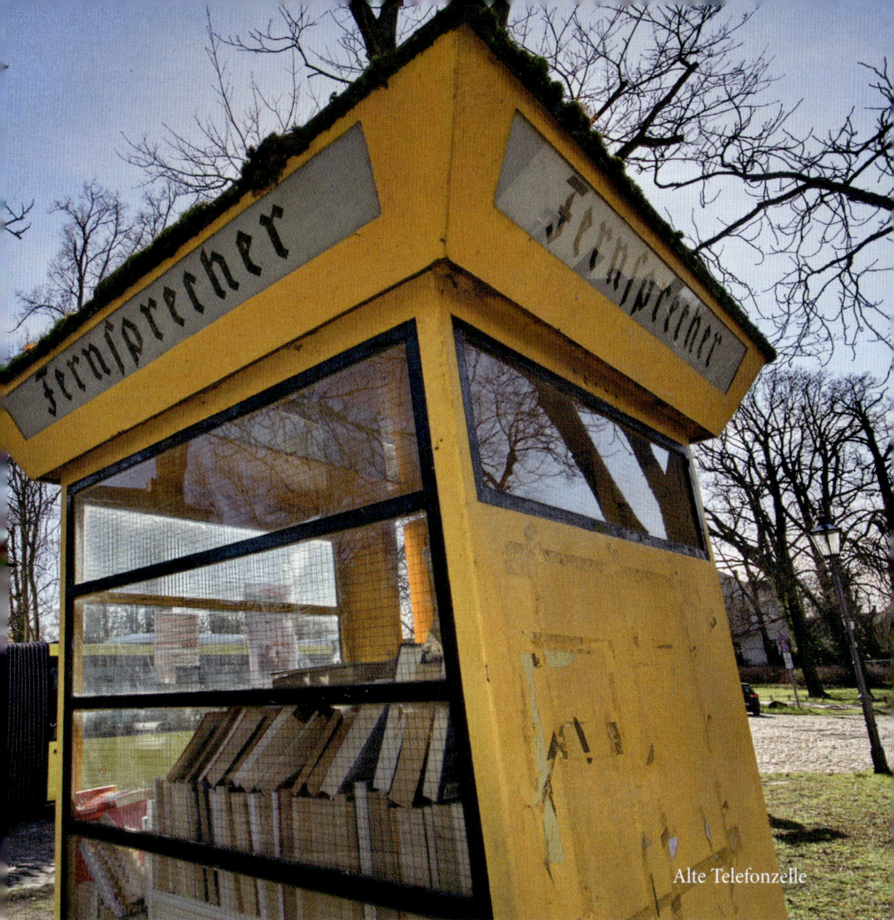

Alte Telefonzelle

nel, durch den 13 Menschen 1963 von der Ottostraße in Glienicke/Nordbahn nach West-Berlin flüchteten. An der Einmündung zur Schildowstraße biegt man links ab über die Stadtgrenze in die Alte Schildower Straße in Glienicke/Nordbahn. Am Karlsplatz führt ein Weg rechts wieder zur Alten Schildower Straße. Bald kommen die Moorwiesen ins Blickfeld. Hinter dem Kindelfließ heißt die Straße Hermsdorfer Straße. Gleich ist die Kurze Straße erreicht. Rechts biegt man ein und dann links in die Wiesenstraße. Die Straße wird zum ehemaligen Kolonnenweg der Grenzsoldaten. Er führt über die Brücke am Tegeler Fließ, dem Bach, nach dem auch die umgebende Sumpflandschaft heißt. Links liegt der romantische Köppchensee.

Wer die Dorfidylle von Lübars anschauen möchte, der radelt am Schildower Weg rechts. Der Dorfkern Alt-Lübars wurde zum Denkmal erklärt. Es ist das einzige erhaltene Dorf in Berlin. Hier gibt es zahlreiche Reiterhöfe und den Alten Dorfkrug Lübars.

Der Mauerweg erreicht die Bahnhofstraße. Hier durchbrach der Lübarser Bauer Helmut Qualitz mit seinem Traktor die Mauer, aber erst am 16. Juni 1990. Geradeaus kommt man an die Bahnlinie der „Heidekrautbahn", heute mit Museumsbetrieb. Sie verband die Barnimer

Heidelandschaft mit dem Bahnhof Wilhelmsruhe. Man radelt nach rechts und wechselt am Bahnübergang die Seite. Immer geradeaus gelangt man an die Quickborner Straße und wechselt dort wieder die Bahnseite. Dann ist der Wilhelmsruher Damm erreicht. Rechts erhebt sich das Märkische Viertel, Trabantenstadt für über 40.000 Menschen. Es wurde von Berlinern wegen seines schlechten Images verbal zum „Merkwürdigen Viertel". Das Märkische Viertel ist Begleiter bis zum Nordgraben. In der Kurve quert man den Nordgraben und radelt in der Heinz-Brandt-Straße bis an die Bahnbrücke. Dort biegt man links in den Weg ein. Bald erreicht man die Bahnunterführung und unterfährt sie. Der Weg links führt zum S-Bahnhof Berlin-Wilhelmsruh an der Lengeder Straße. An der Einmündung mit der Kopenhagener Straße unterfährt man die Bahnbrücke und nimmt den Weg rechts entlang der Bahn zur Klemkestraße. Dort ist der Gedenkort zum Tod von Horst Frank. Das Gebiet um den S-Bahnhof Wilhelmsruh im Ost-Berliner Bezirk Pankow war seit dem Mauerbau ein Schwerpunkt der Fluchtbewegung. Heute sind die Mauerstreifen Teil des „Grünen Bandes Berlin". An der Klemkestraße stehen die Stelen der Maueropfer Silvio Proksch, Wernhard Mispelhorn, Horst Einsiedel und Horst Frank. Horst Frank hatte sich mit seinem Freund Detlev W. zur Flucht aus der DDR entschlossen. Er hatte einige Tage vor dem 29. April 1962 eine geeignete Stelle an der Kleingartenkolonie Schönholz zur Flucht gefunden. Im Schutze der Dunkelheit überwinden beide die ersten Grenzanlagen. Dann peitschen Schüsse durch die Nacht und Horst Frank bricht getroffen zusammen, stirbt. Sein Freund, Detlev W., entkommt unverletzt nach West-Berlin.

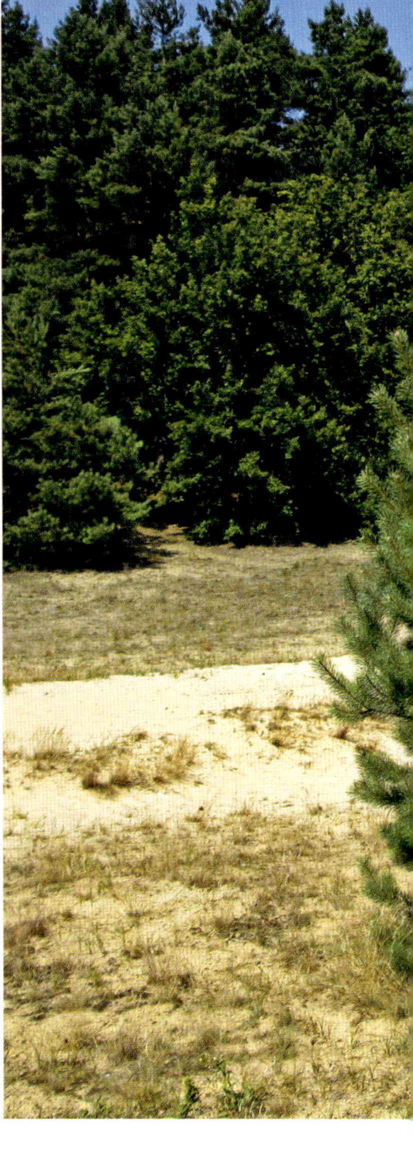

Links folgt man der Klemkestraße ein kurzes Stück bis vor die Informationstafel zur Berliner Mauer, biegt rechts in den Weg ein und gelangt zur Provinz-

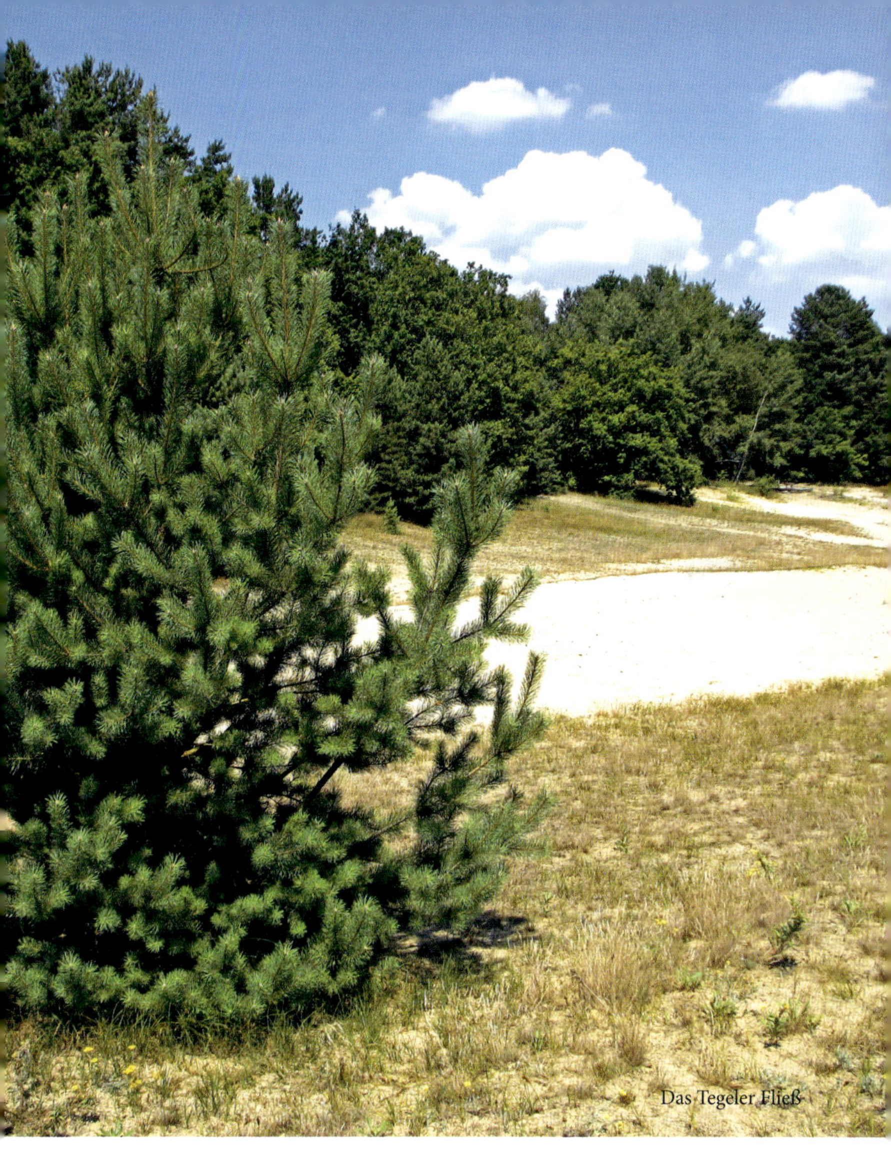
Das Tegeler Fließ

straße. Gegenüber schwenkt man in die Buddestraße ein und dann links in die Schützenstraße. Rechts geht es in die Straße Am Bürgerpark, am Friedhof Pankow vorbei und zur Wilhelm-Kuhr-Straße. Hier fließt die Panke, die dem Berliner Bezirk Pankow den Namen gab.

Wer sich Schloss Schönhausen ansehen möchte, der biegt an der Wilhelm-Kuhr-Straße links ab und radelt um den Bürgerpark Pankow herum zur Schönholzer Straße. Die Straße queren zur Parkstraße, dann links zum Museum „Die Pankower Machthaber“ und Schloss Schönhausen. Es lohnt die gut zwei Kilometer Weg.

Wer dem Berliner Mauerweg folgt der radelt rechts unter der Bahnbrücke durch und folgt dann links der Nordbahnstraße zum S-Bahnhof Berlin-Wollankstraße/Pankow. Ziel erreicht.

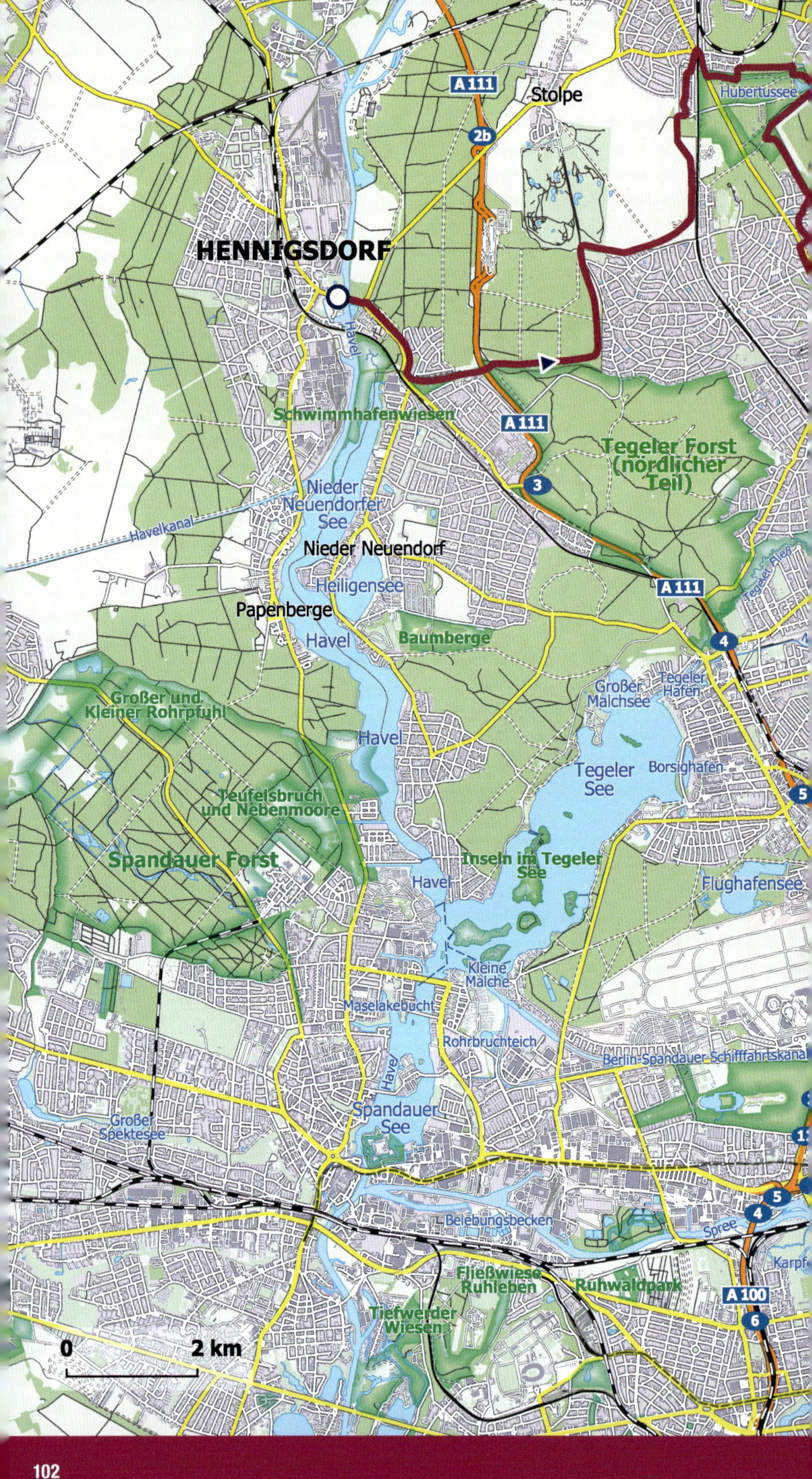
A 111
Stolpe
2b
Hubertussee
HENNIGSDORF
Havel
Schwimmhafenwiesen
A 111
Tegeler Forst (nördlicher Teil)
3
Nieder Neuendorfer See
Havelkanal
Nieder Neuendorf
Heiligensee
A 111
Tegeler Fließ
Papenberge
Havel
Baumberge
4
Großer und Kleiner Rohrpfuhl
Großer Malchsee
Tegeler Hafen
Havel
Tegeler See
Borsighafen
5
Teufelsbruch und Nebenmoore
Spandauer Forst
Inseln im Tegeler See
Havel
Flughafensee
Kleine Malche
Maselakebucht
Rohrbruchteich
Berlin-Spandauer-Schifffahrtskanal
Havel
Spandauer See
Großer Spektesee
5
4
Belebungsbecken
Spree
Fließwiese Ruhleben
Ruhwaldpark
A 100
6
Tiefwerder Wiesen
0
2 km

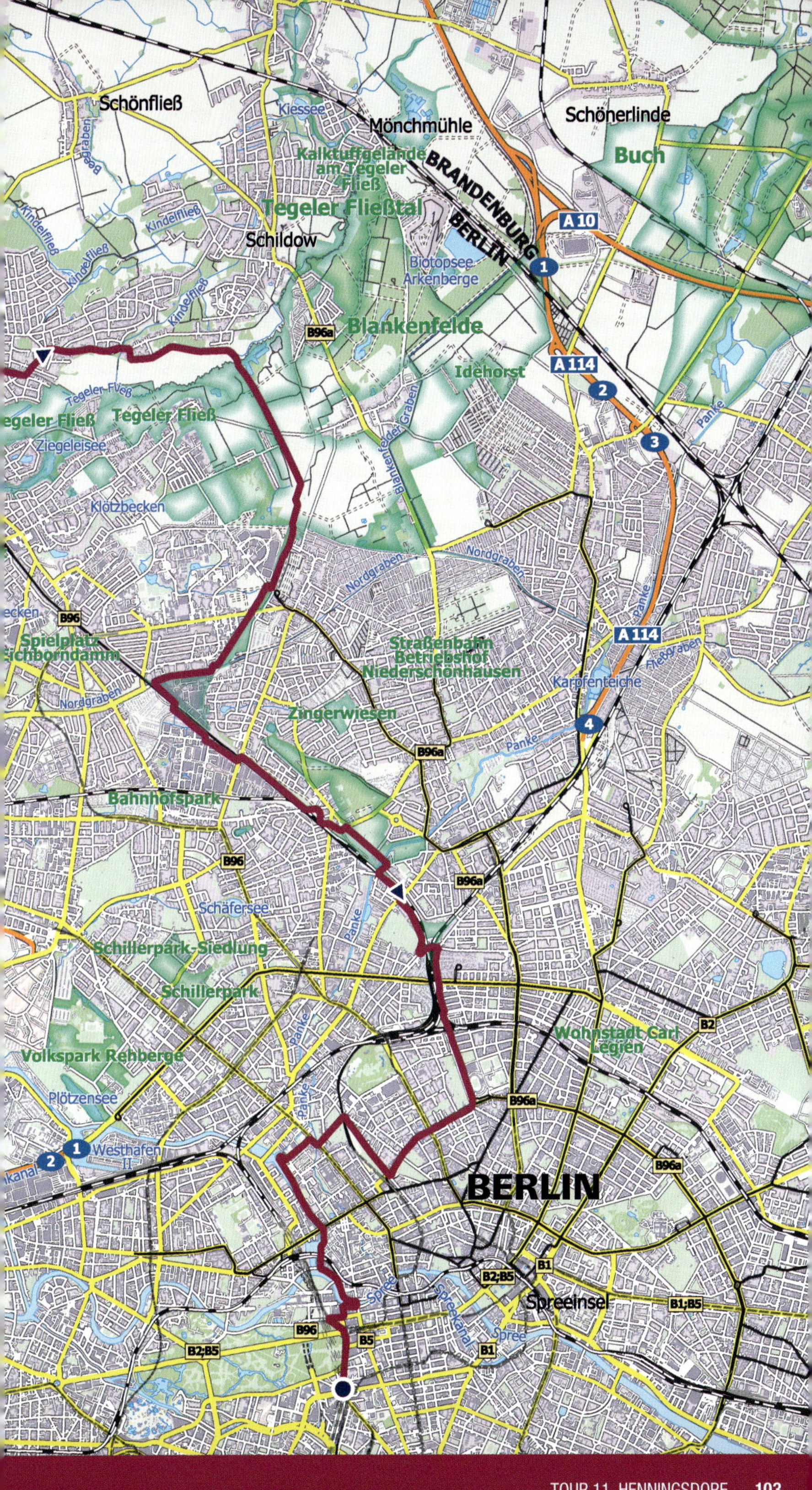
Schönfließ
Kiessee
Mönchmühle
Schönerlinde
Kalktuffgelände am Tegeler Fließ
BRANDENBURG
BERLIN
Buch
A 10
Tegeler Fließtal
Schildow
Biotopsee Arkenberge
Blankenfelde
B96a
A 114
Idehorst
Tegeler Fließ
Ziegeleisee
Klötzbecken
Nordgraben
Panke
B96
Spielplatz Eichborndamm
Straßenbahn Betriebshof Niederschönhausen
Karpfenteiche
Fließgraben
Zingerwiesen
Bahnhofspark
Schäfersee
Schillerpark-Siedlung
Schillerpark
Wohnstadt Carl Legien
B2
Volkspark Rehberge
Plötzensee
Westhafen II
BERLIN
B1
B2;B5
Spreeinsel
B1;B5
B5
Spree
Spreekanal

Einmalige Natur im Berliner Norden

12 STADTRAND-SAFARI

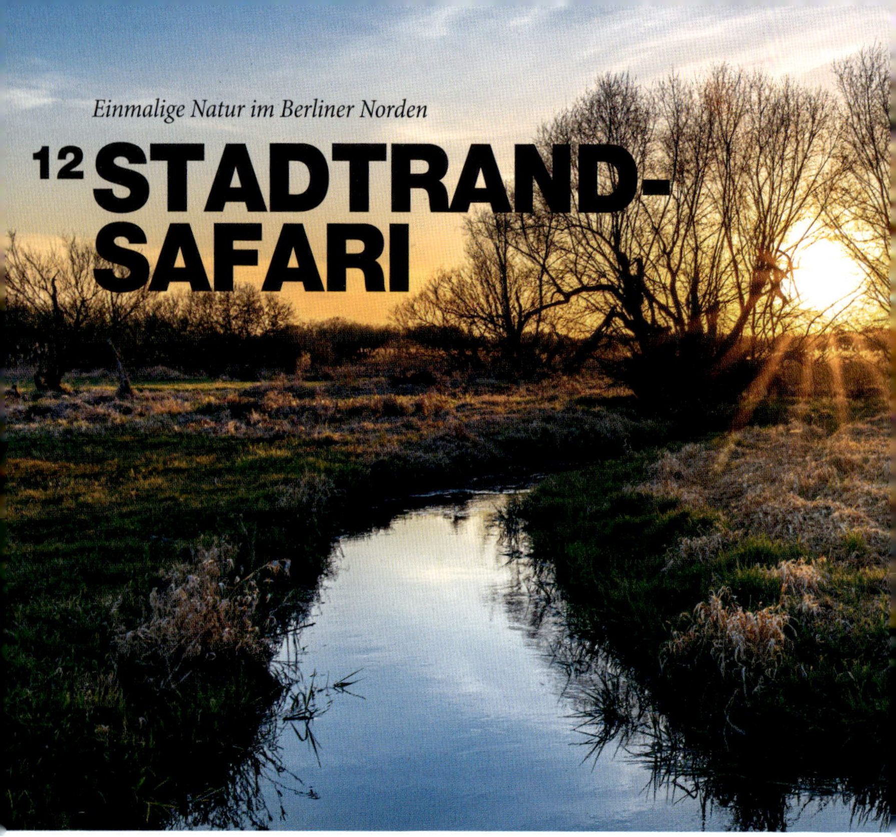

Start/Ziel

S-BAHNHOF PANKOW

Rundtour

43,2 Kilometer

65 Höhenmeter

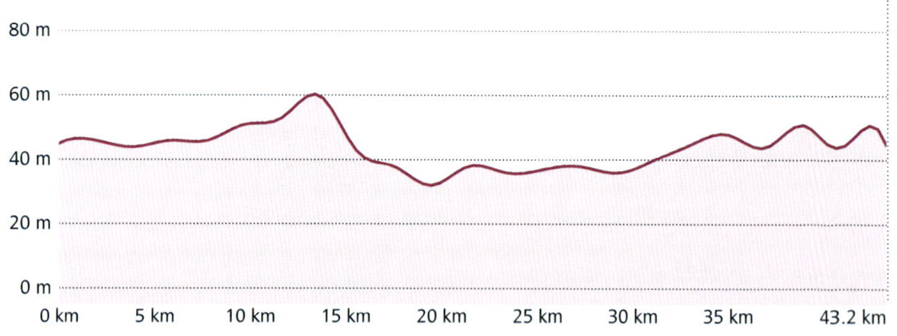

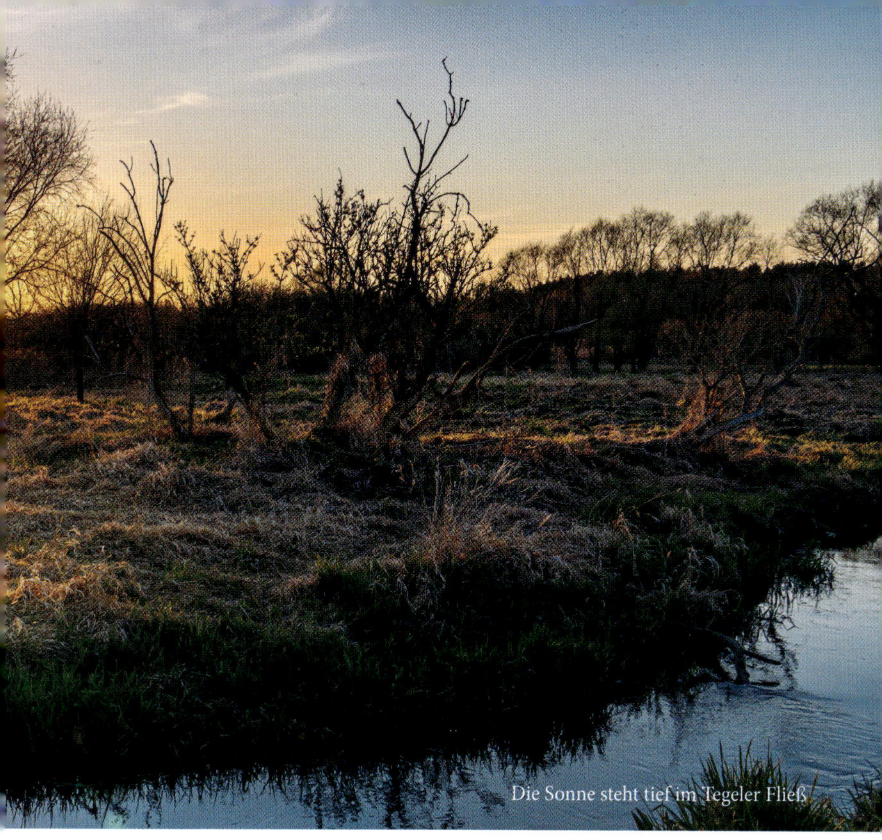
Die Sonne steht tief im Tegeler Fließ

Diese traumhafte Runde an die nördliche Stadtgrenze zeigt: Für einzigartige Natur muss es nicht immer weit hinausgehen. Wir beobachten Tiere inmitten von Naturschutzgebieten, erleben wilde Landschaften abseits asphaltierter Radwege und genießen weite Ausblicke über Stadt und Feld.

Abwechslungsreicher Untergrund mit vielen Naturwegen, gut fahrbarem Schotter und festem Sand, ein paar Kopfsteinpflasterabschnitte, im Stadtgebiet über Asphalt, breitere Reifen mit etwas Profil empfehlenswert, mit Trekkingrad gut fahrbar, größtenteils flach.

Auf zur Stadtrandsafari für Groß und Klein! Vom S-Bahnhof Pankow folgen wir dem Radweg der Berliner Straße nach Norden, bis wir auf den Schlosspark Schönhausen (Am Schloßpark, 13187 Berlin) stoßen. Dieser schöne Garten aus der Barockzeit lässt sich auf festen Sandwegen entspannt durchfahren. Dem Verlauf des Flusses Panke folgend fahren wir über die Schloßallee mit ihren hübschen Villen bis zur breiten Pasewalker Straße. Hier geht es links über die Ampel, denn der Radweg verläuft geradeaus auf der linken Straßenseite weiter.

Wir befinden uns auf dem idyllischen Pankeradweg und radeln entlang dieser Radroute nun über einen schmalen Weg leicht bergab. Rechts von uns erstrecken sich die Karpfenteiche, links fließt die

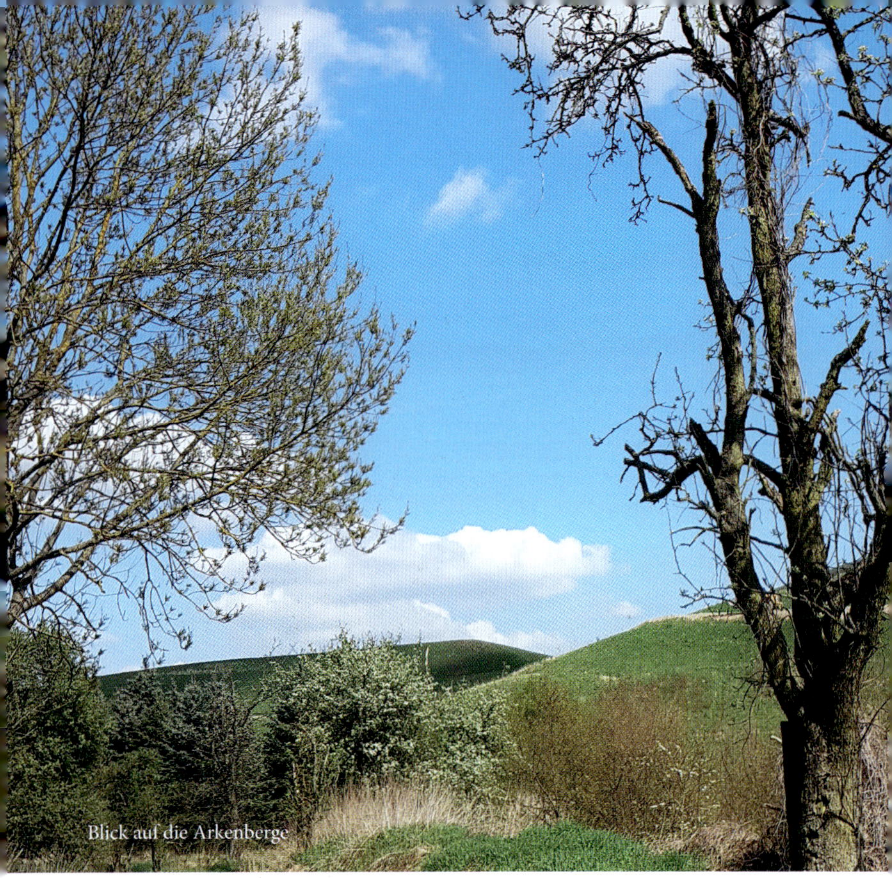
Blick auf die Arkenberge

Panke behäbig. Am Pankebecken biegen wir nach links auf die Bahnhofstraße ab und folgen nun dem Berlin-Usedom-Radweg ein Stück. Um die großen Hauptstraßen zu umgehen, führt unser Weg über Nebenstraßen durch eine große Einfamilienhaussiedlung immer weiter gen Norden, bis wir schließlich nach links auf die Straße 180 biegen und die Schönerlinder Straße erreichen.

Auch wenn diese Tour auf vielen Naturwegen verläuft, gönnen wir uns ab und an etwas Asphalt. Auf der ruhigen Straße nach Arkenberge haben wir dazu ausreichend Gelegenheit und nähern uns dabei der auffälligen, grasbewachsenen Erhebung in der sonst eher flachen Landschaft. Der Höhenzug Arkenberge ist in den 80er-Jahren durch Bauaufschüttung entstanden. Wir radeln auf einem festen Naturweg weiter und haben dabei freien Blick auf den am Fuße liegenden Baggersee, der im Sommer gern zum Baden genutzt wird.

Von nun an geht es über festen Schotter und Sandwege durch die vielfältige Natur nahe der Berliner Stadtgrenze. Mit dem Kopfsteinpflaster an einer Bahnüberquerung erreichen wir die Niedermoorwiesen im Tegeler Fließtal und radeln zwischen Streuobstwiesen und artenreichen Feuchtgebieten auf den Berliner Mauerweg zu, dem wir nun über breite Betonplatten weiter folgen.

Langsam wird es Zeit für eine kleine Pause, oder? Dafür eignet sich das winzige Café Rosarot (saisonal Sa–So ge-

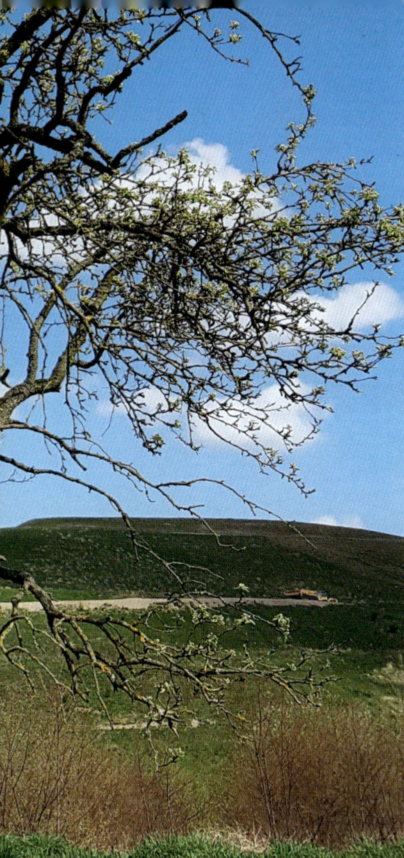

Highlights
am Wegesrand

Km 11
Der künstliche Arkenberg gilt heute mit 121,9 m ü. NN als höchste Erhebung Berlins. Die zweithöchste ist der Teufelsberg, den wir bereits auf einer Feierabendrunde ausgiebig erkundet haben. Öffentlich zugänglich sind die Arkenberge aktuell nicht, manchmal aber bei Veranstaltungen erkundbar.

Märchenland
Das urwüchsige Naturschutzgebiet Tegeler Fließ ist geprägt von flachen Wasserläufen und Seen, mit großen Wiesenflächen und märchenhaft anmutendem, sumpfigem Bruchwald. Kaum zu glauben, dass man so eine Kulisse direkt an der Stadtgrenze genießen kann!

Km 33
Wer Lust auf Eis hat, kann in Alt-Lübars kurz vor dem Angerdorf einen Abstecher nach Süden machen. In der Eisdiele Angelina gibt es leckere hausgemachte Eiskreationen in Hülle und Fülle.

öffnet, Birkenstr./Ecke Akazienstraße, 16552 Mühlenbecker Land), das wir erreichen, nachdem wir am Köppchensee und an einer großen Pferdekoppel vorbei weiter nach Norden gefahren sind. Frisch gestärkt fahren wir zurück auf den Mauerweg und entlang der Stadtgrenze zwischen sandigen Dünen und unter Bäumen auf die einzigartige Bachauenlandschaft des Naturschutzgebiets Tegeler Fließ zu. Auf der Alten Schildower Straße und an anderen Stellen führen hölzerne Bohlenstege mitten durchs Fließ und lassen einen die Natur- und Tierwelt noch näher erfahren. Da auch viele Zufußgehende unterwegs sind, ist in der Regel das Radfahren auf den Stegen nicht gestattet. Doch beim Schieben lässt es sich sowieso besser beobachten und entdecken.

Es geht dann mit dem Rad weiter bis Hermsdorf, wo wir die stark befahrene Berliner Straße mit etwas Vorsicht kreuzen und dieser etwa 500 Meter auf dem Radweg folgen, bevor wir nach rechts wieder ins Fließ abbiegen können. Direkt vor uns erhebt sich eine schöne

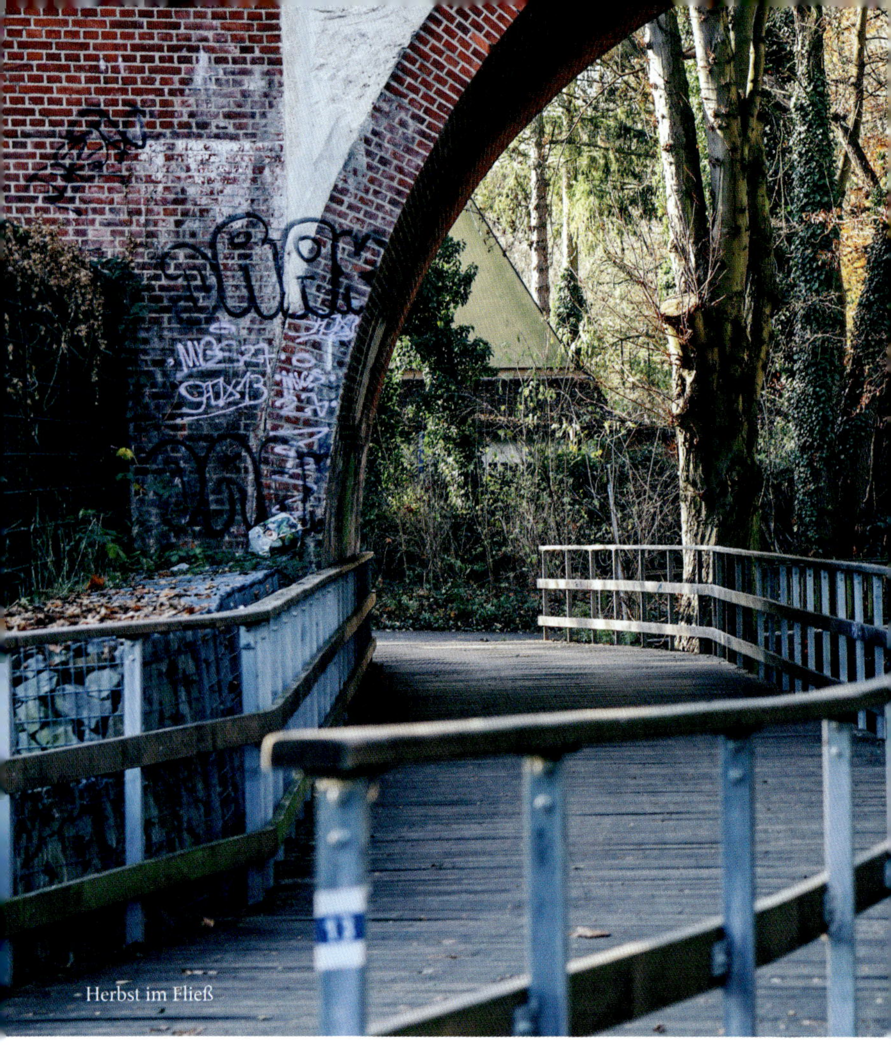
Herbst im Fließ

Bogenbrücke, über die die Bahnlinie läuft. Wir fahren darunter hindurch am Wasser entlang. Ab jetzt lohnt es sich wieder, etwas aufmerksamer durch die Bäume und Büsche am Wegesrand zu schauen, und mit etwas Glück entdeckt man einen der dunklen Wasserbüffel (Mühlenfeldstraße, 13467 Berlin), die in den Sommermonaten auf verschiedenen Arealen des Tegeler Fließ zu finden sind und zur Landschaftspflege beitragen.

Am Hermsdorfer Damm angekommen biegen wir kurz darauf nach links wieder ins romantische Fließtal ab, fahren über eine Brücke und über feste Naturwege weiter. Ein paar Kilometer bleiben uns noch am schönen Tegeler Fließ, bis wir zwischen Einfamilienhäusern und Feldern Alt-Lübars erreichen. Hier können wir einen Stopp in der Eisdiele Angelina (Alt-Lübars 36, 13469 Berlin, de-de.facebook.com/EisdieleAngelinaAltLubars) einlegen. Im sich direkt anschließenden Angerdorf Lübars erinnert nicht nur das zugegebenermaßen fiese Kopfsteinpflaster an vergangene Zeiten, auch die alten Höfe und Gebäude tragen zu diesem

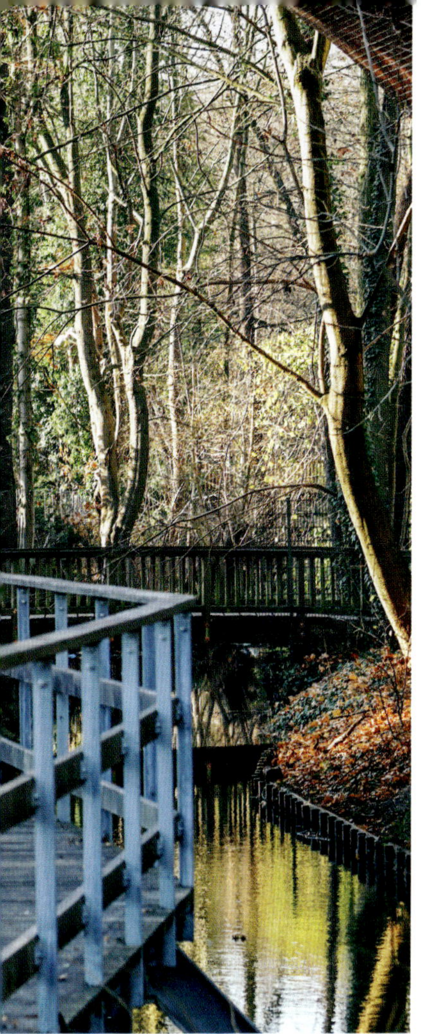

Bild bei. Da macht es gar nichts, dass man das Fahrrad lieber durch den historischen Dorfkern mit der barocken Kirche schieben möchte, statt sich den Hintern auf dem ruckeligen Pflaster wund zu fahren. Spätestens am Ortsausgang und nur wenige Meter nach dem Kräuterhof Lübars (Alt-Lübars 15, 13469 Berlin), wo regional angebautes Gemüse, Obst und frische Eier im Hofladen verkauft werden, können wir uns wieder in den Sattel wagen.

Nun biegen wir nach links auf den Schildower Weg ab und fahren auf einem festen Sandweg durch eine leicht hügelige Landschaft. Nach wenigen Metern erreichen wir den Mauerweg wieder, dem wir entspannt bergab nach Südosten folgen. Der Ausblick über die saftigen Wiesen und Felder reicht weit und wer genau hinschaut, entdeckt des Berliners liebstes Wahrzeichen, den Fernsehturm, am Horizont. Wir verabschieden uns vom Mauerweg, um nach links über festen Schotter entlang von Robustrinderweiden zu radeln, bis wir schließlich auf die B 96a der Blankenfelder Chaussee stoßen. Hier lohnt ein Besuch des sich auf der rechten Seite der Straße befindlichen Botanischen Volksparks Blankenfelde-Pankow (saisonale Öffnung, Blankenfelder Chaussee 5, 13159 Berlin). Die Fahrräder dürfen mit rein in den Park, der als Schulgarten Anfang des 20. Jh. angelegt wurde. Dann geht es auf dem Radweg der Dietzgenstraße bis zum Schlosspark Schönhausen.

Dort können wir uns noch einmal eine kleine Pause gönnen. Gut eignet sich dafür das kleine Outdoorcafé Sommerlust, von dem man einen traumhaften Blick auf das barocke Schloss Schönhausen hat (saisonal, Tschaikowskistraße 1, 13156 Berlin, 6/5 €, spsg.de). Die historische Nutzung reicht von der Zeit der preußischen Monarchen als Wohnsitz über die NS-Zeit als Lager für „Entartete Kunst“ bis zum Sitz der DDR-Regierung. Von hier ist es nicht mehr weit zum S-Bahnhof Pankow.

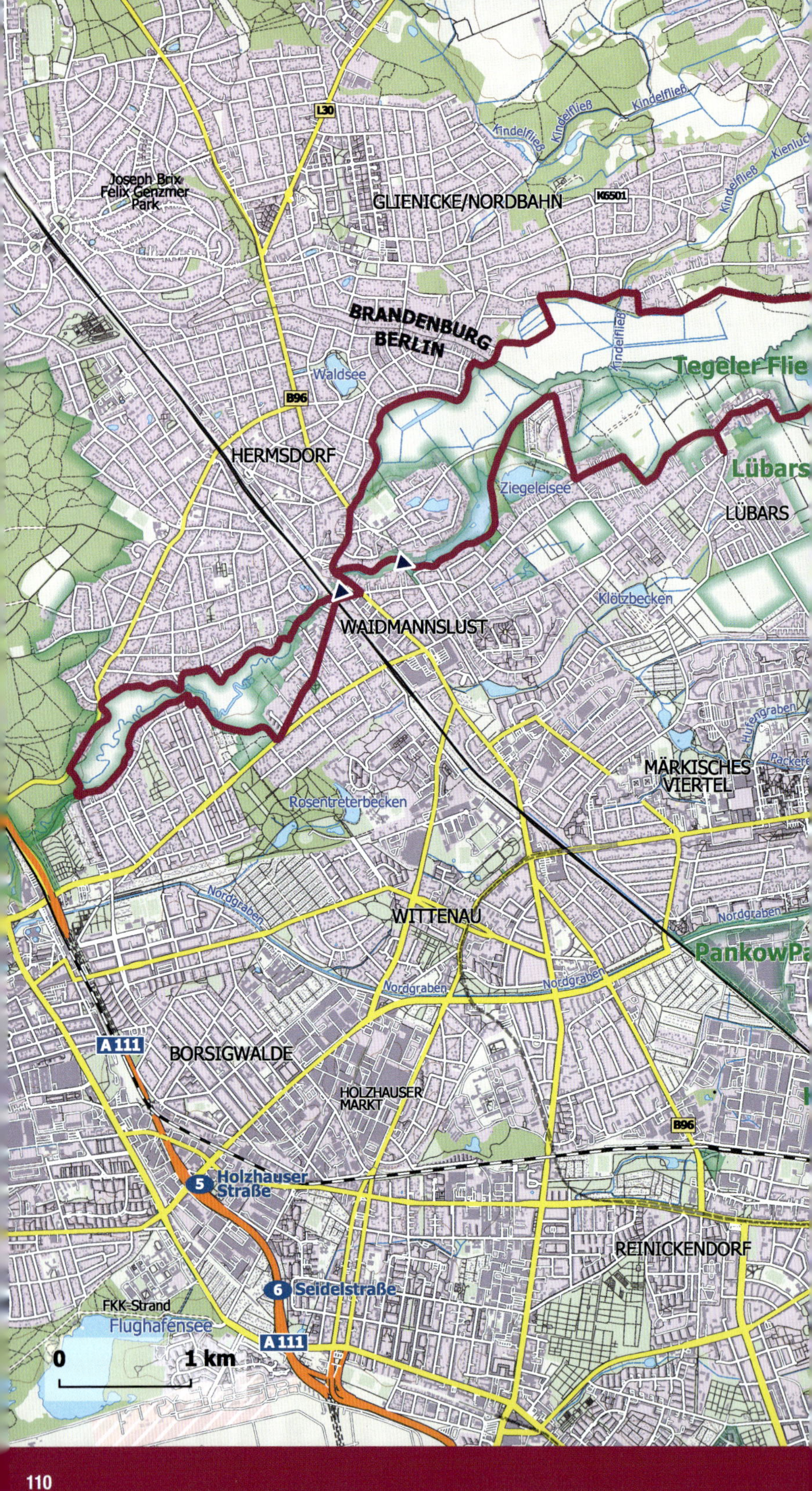

L30
Joseph Brix
Felix Genzmer
Park
GLIENICKE/NORDBAHN
K6501
Kindelfließ
BRANDENBURG
BERLIN
Waldsee
Tegeler Flie
B96
HERMSDORF
Ziegeleisee
Lübars
LÜBARS
WAIDMANNSLUST
Klötzbecken
MÄRKISCHES
VIERTEL
Rosentreterbecken
Nordgraben
WITTENAU
PankowPa
A 111
BORSIGWALDE
HOLZHAUSER
MARKT
B96
5 Holzhauser
Straße
REINICKENDORF
6 Seidelstraße
FKK-Strand
Flughafensee
A 111
0
1 km

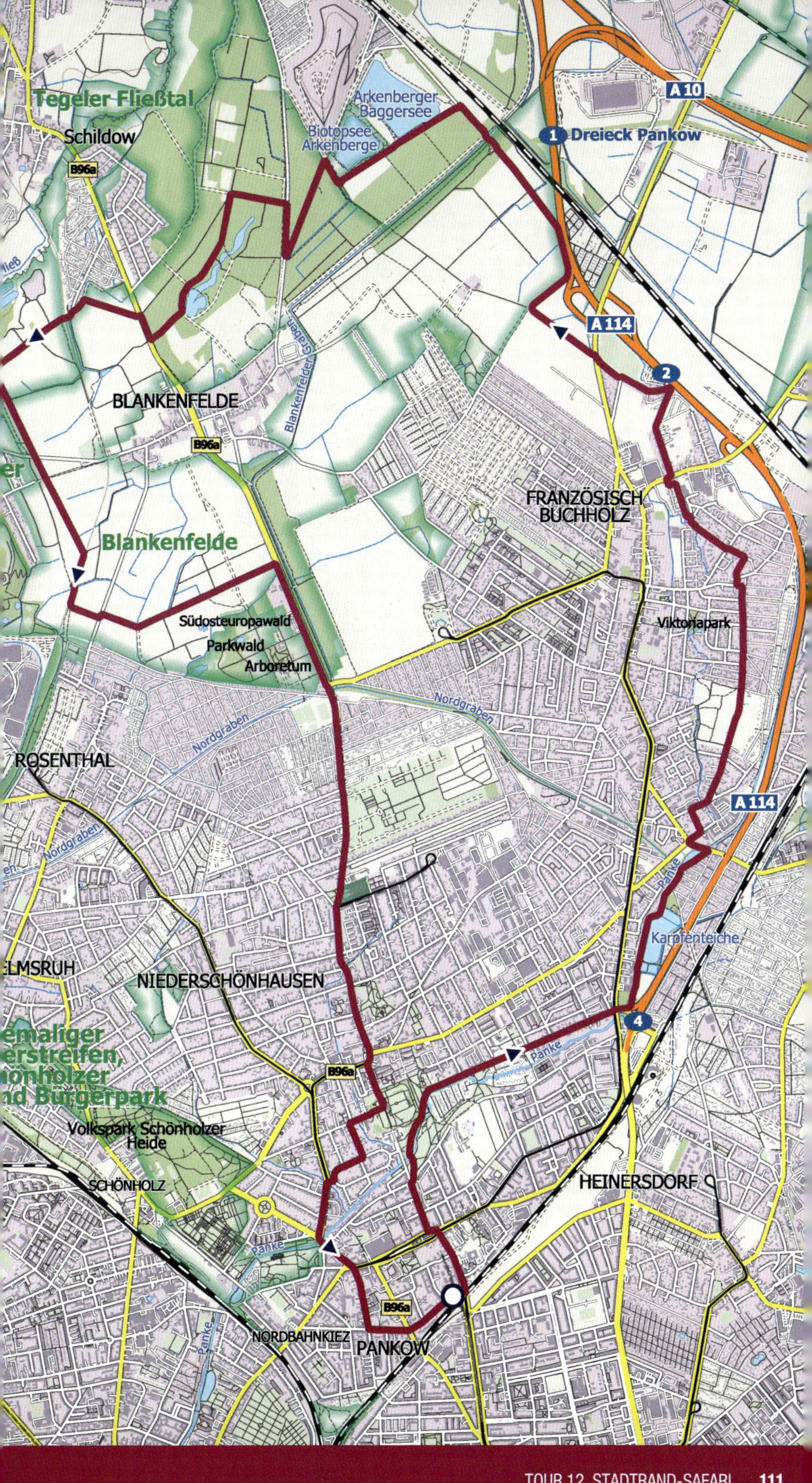
Tegeler Fließtal
Schildow
B96a
Arkenberger Baggersee
Biotopsee Arkenberge
A 10
1 Dreieck Pankow
A 114
2
BLANKENFELDE
B96a
Blankenfelder Graben
FRANZÖSISCH BUCHHOLZ
Blankenfelde
Südosteuropawald
Parkwald
Arboretum
Viktoriapark
Nordgraben
ROSENTHAL
Nordgraben
A 114
Panke
Karpfenteiche
NIEDERSCHÖNHAUSEN
4
B96a
Panke
Volkspark Schönholzer Heide
SCHÖNHOLZ
HEINERSDORF
Panke
B96a
NORDBAHNKIEZ
PANKOW
Panke

Rundtour zu einem klaren Badesee im Wald

13 AM LIEPNITZSEE

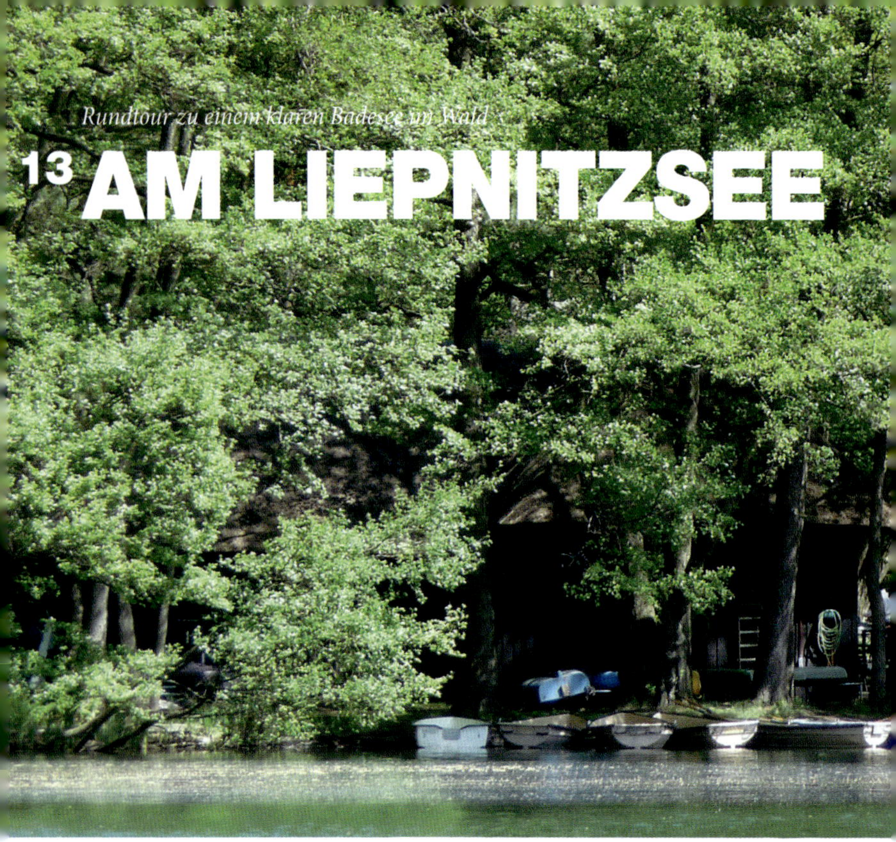

Start/Ziel

S-BAHNHOF BERNAU

Rundtour

39,8 Kilometer

95 Höhenmeter

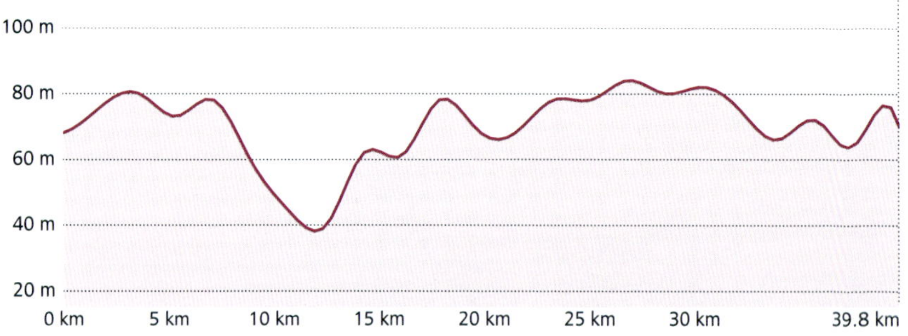

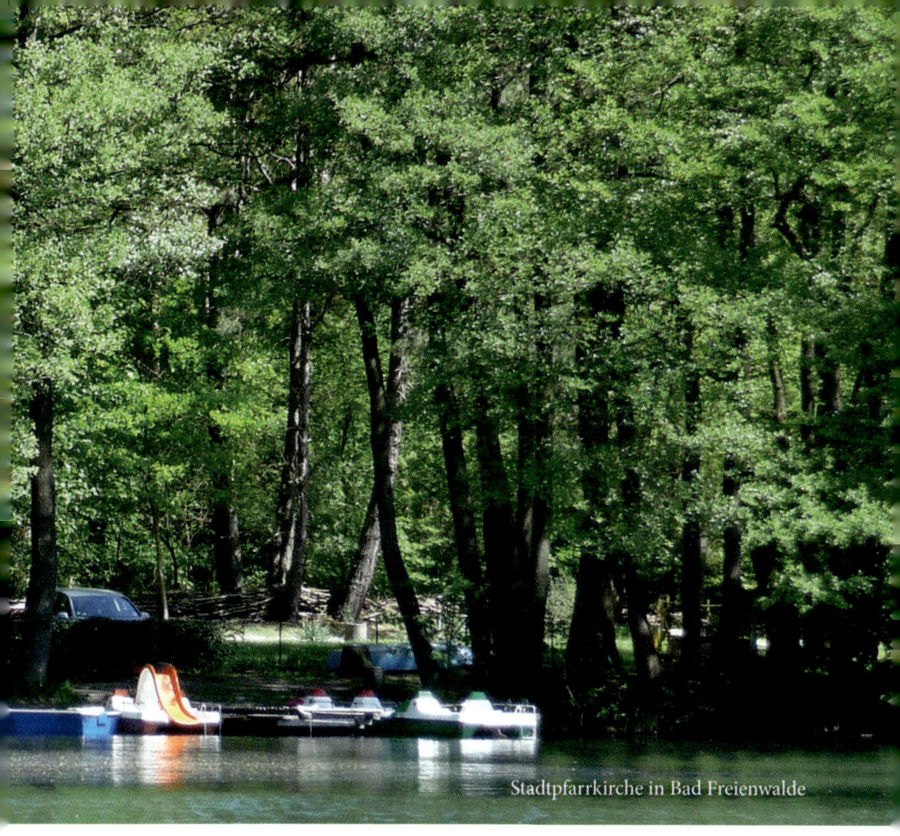

Stadtpfarrkirche in Bad Freienwalde

Auf dem Vorplatz des S-Bahnhofs Bernau biegt man rechts in die Breitscheidstraße ein. Nach wenigen Hundert Metern kommt man zur Börnicker Straße, in die man nach links einbiegt. Diese geht in die August-Bebel-Straße und Jahnstraße über bis man zur Ladeburger Chaussee kommt, in die man nach rechts einbiegt.

Die Fahrradtour beginnt in Bernau und endet am S-Bahnhof in Bernau. Die Route führt durch Landstraßen, Felder und Wälder. Streckenweise gibt es unbefestigte, aber gut befahrbare Waldwege. Die Route führt über mäßig befahrene Landstraßen, die überwiegend mit Radwegen ausgestattet sind. Es gibt auch autofreie Radstraßen und kürzere Ortsdurchfahrten.

Man beginnt in nördlicher Richtung nach Ladeburg, wo man kurz vor dem Ortsende auf den halb rechts abzweigenden Biesenthaler Weg trifft. Ab hier folgt man den Schildern des Radweges Berlin–Usedom über Lobetal bis nach Biesenthal. Über die Berliner Straße erreicht man den Marktplatz von Biesenthal, hier biegt man links ab in die Lanker Straße, die nach Lanke führt. In Lanke hält man sich an der ersten großen Kreuzung links und gelangt so zur Ortsmitte.

Von der Ortsmitte von Lanke fährt man auf der Dorfstraße zum Obersee und dann am Südufer entlang bis zur Autobahnbrücke. Hier ist das Ende des Sees erreicht und es geht auf der

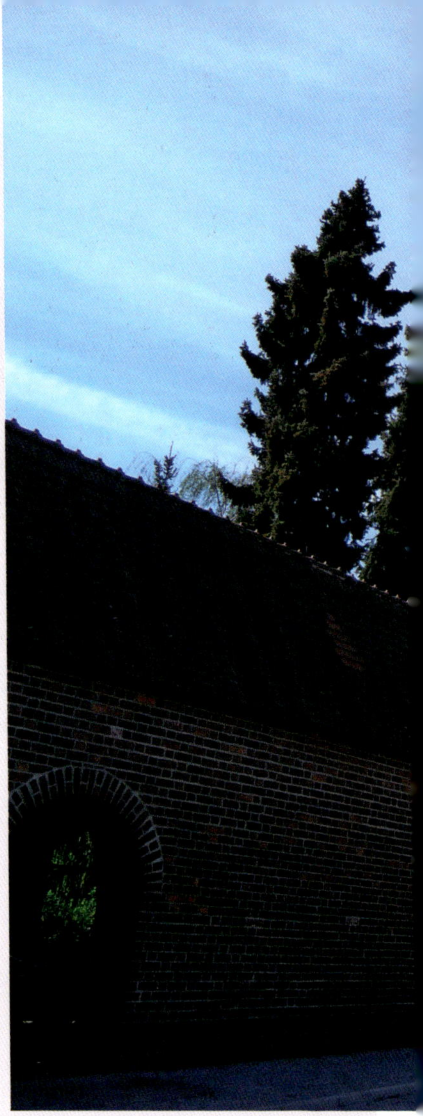

Highlights
am Wegesrand

Barnim Panorama
Das Barnim Panorama ist ein Naturpark, der sich auf einer Fläche von 1.000 Hektar erstreckt. Hier können Sie die Natur genießen und sich auf einem der vielen Wander- und Radwege sportlich betätigen. Das Panorama bietet auch eine Aussichtsplattform, von der aus Sie einen atemberaubenden Blick auf die umliegende Landschaft haben.

Schloss Liebenberg
Das Schloss Liebenberg ist ein historisches Schloss, das im 19. Jahrhundert erbaut wurde. Es ist von einem wunderschönen Park umgeben und bietet eine Vielzahl von Aktivitäten wie Wandern, Radfahren und Reiten. Das Schloss verfügt auch über ein Restaurant, in dem Sie eine Pause einlegen und die lokale Küche genießen können.

Kloster Chorin
Das Kloster Chorin ist ein ehemaliges Zisterzienserkloster, das im 13. Jahrhundert erbaut wurde. Es ist von einer wunderschönen Landschaft umgeben und bietet eine Vielzahl von Aktivitäten wie Wandern, Radfahren und Bootfahren. Das Kloster verfügt auch über ein Museum, in dem Sie mehr über die Geschichte des Klosters und der Region erfahren können.

Wandlitzer Straße durch Buchenwald nach Ützdorf. Beim Restaurant Jägerheim nicht der Hauptstraße nach rechts folgen, sondern halb links in Richtung Bahnhof Wandlitz abbiegen. Kurz hinter dem Campingplatz am Liepnitzsee zweigt von der Betonstraße nach links ein Waldweg mit einem Hinweisschild zum Liepnitzsee und zur Fährstelle Nord ab. Bald gelangt man zum Uferweg und sieht die Fähranlegestelle. Hier gibt es die Möglichkeit, in wenigen Minuten auf die Insel im See

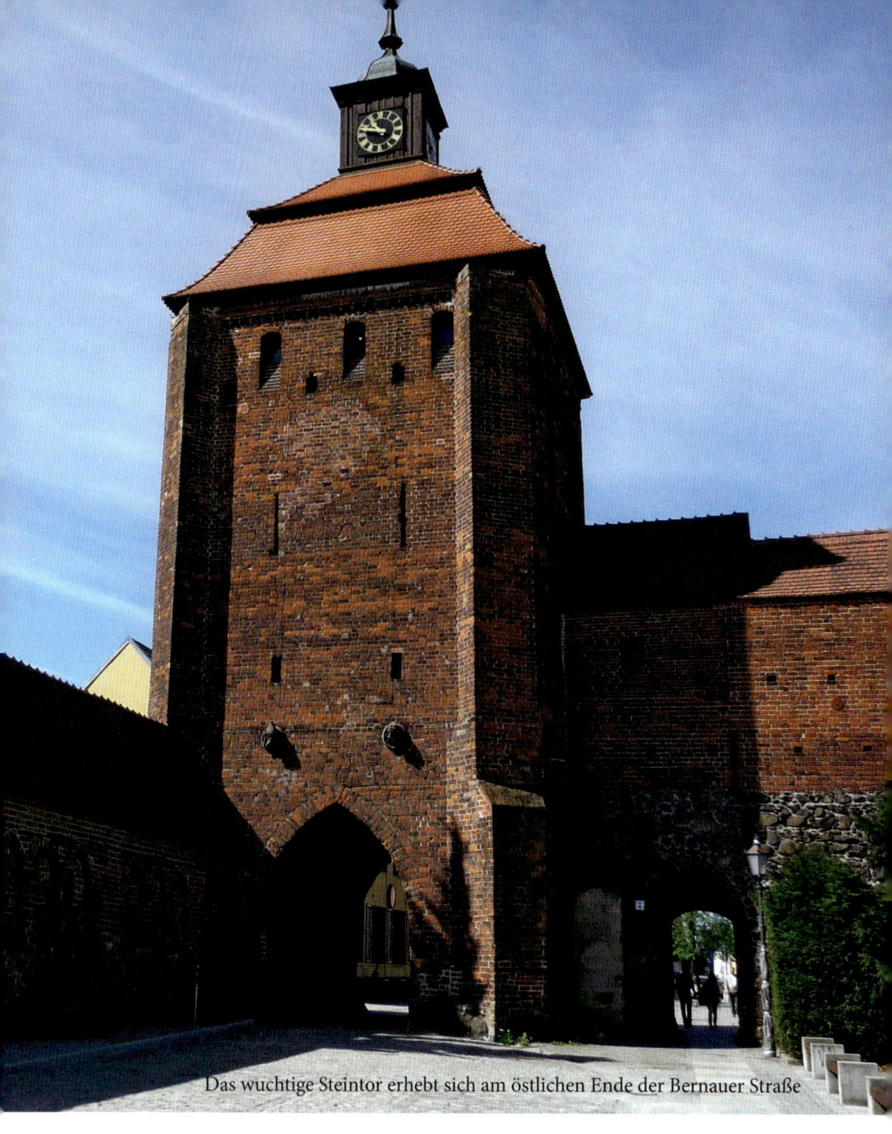
Das wuchtige Steintor erhebt sich am östlichen Ende der Bernauer Straße

überzusetzen. Nun geht es auf dem unbefestigten Uferweg mit kleinen Steigungen und Abfahrten weiter, vorbei an sandigen Badestellen. Etwas später fährt man am Waldbad Liepnitzsee mit schönen Liegewiesen vorbei, ab hier ist der Weg wieder asphaltiert. Nach wenigen Hundert Metern verlässt man nun das Seeufer und folgt dabei nicht den Schildern zum Bahnhof Wandlitz, sondern hält sich links und fährt in Richtung Bernau.

Der asphaltierte Waldweg trifft auf die Wandlitzer Chaussee (B 273), hier biegt man links ab und fährt auf einem guten Radweg weiter. Am nächsten Kreisverkehr die B 273 verlassen und nach rechts auf eine Radstraße durch den Wald abbiegen. Weiter den Schildern nach Bernau folgen und die Autobahn kreuzen. Immer weiter geradeaus über Wandlitzer Chaussee, Oranienburger Straße und Mühlenstraße ins Zentrum von Bernau und weiter bis zum Bahnhof fahren.

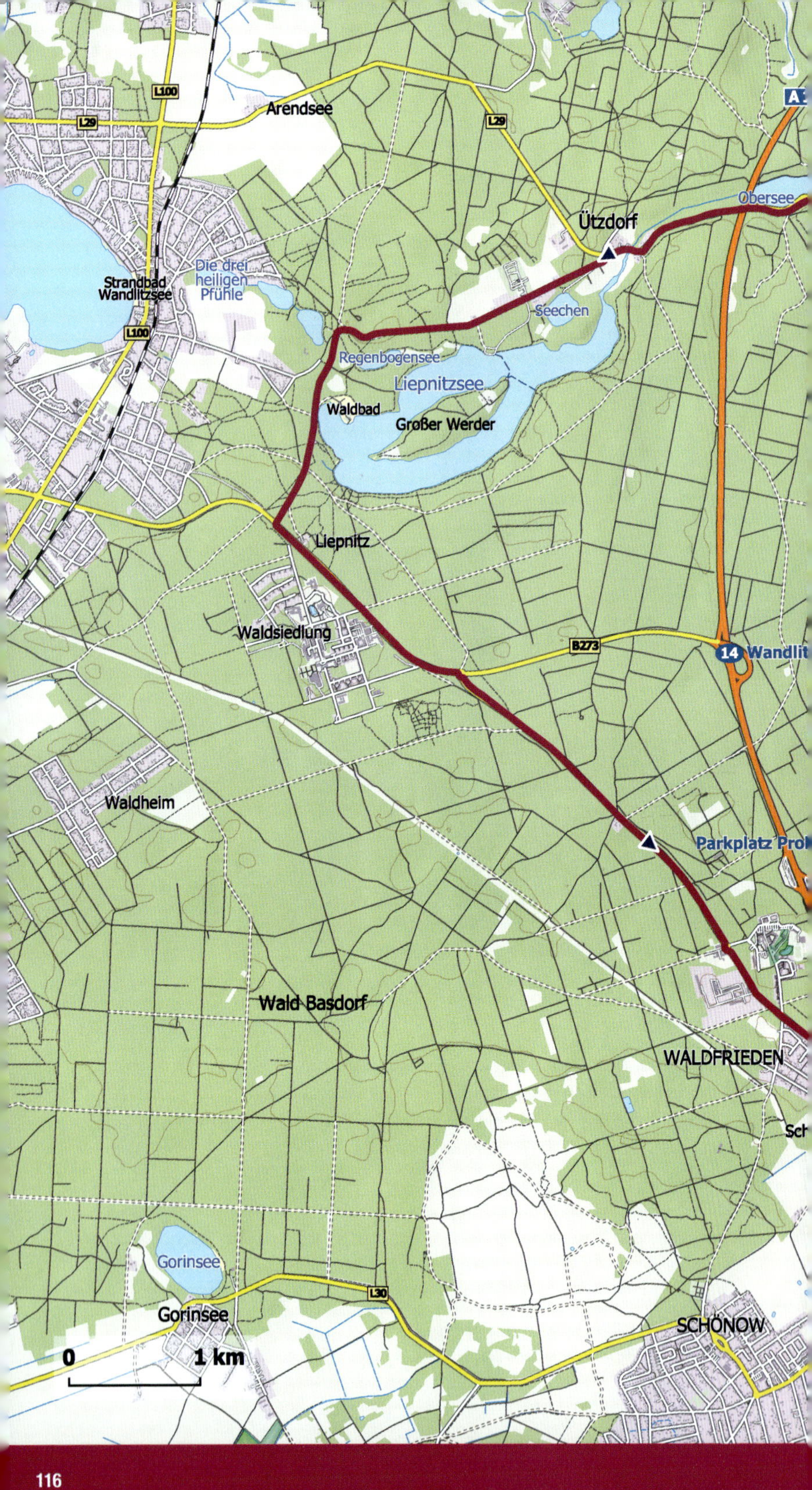
Arendsee
L100
L29
L29
Ützdorf
Obersee
Strandbad Wandlitzsee
Die drei heiligen Pfühle
Seechen
Regenbogensee
Liepnitzsee
Waldbad
Großer Werder
Liepnitz
Waldsiedlung
B273
14 Wandlit
Waldheim
Parkplatz Prok
Wald Basdorf
WALDFRIEDEN
Gorinsee
Gorinsee
L30
SCHÖNOW
0
1 km

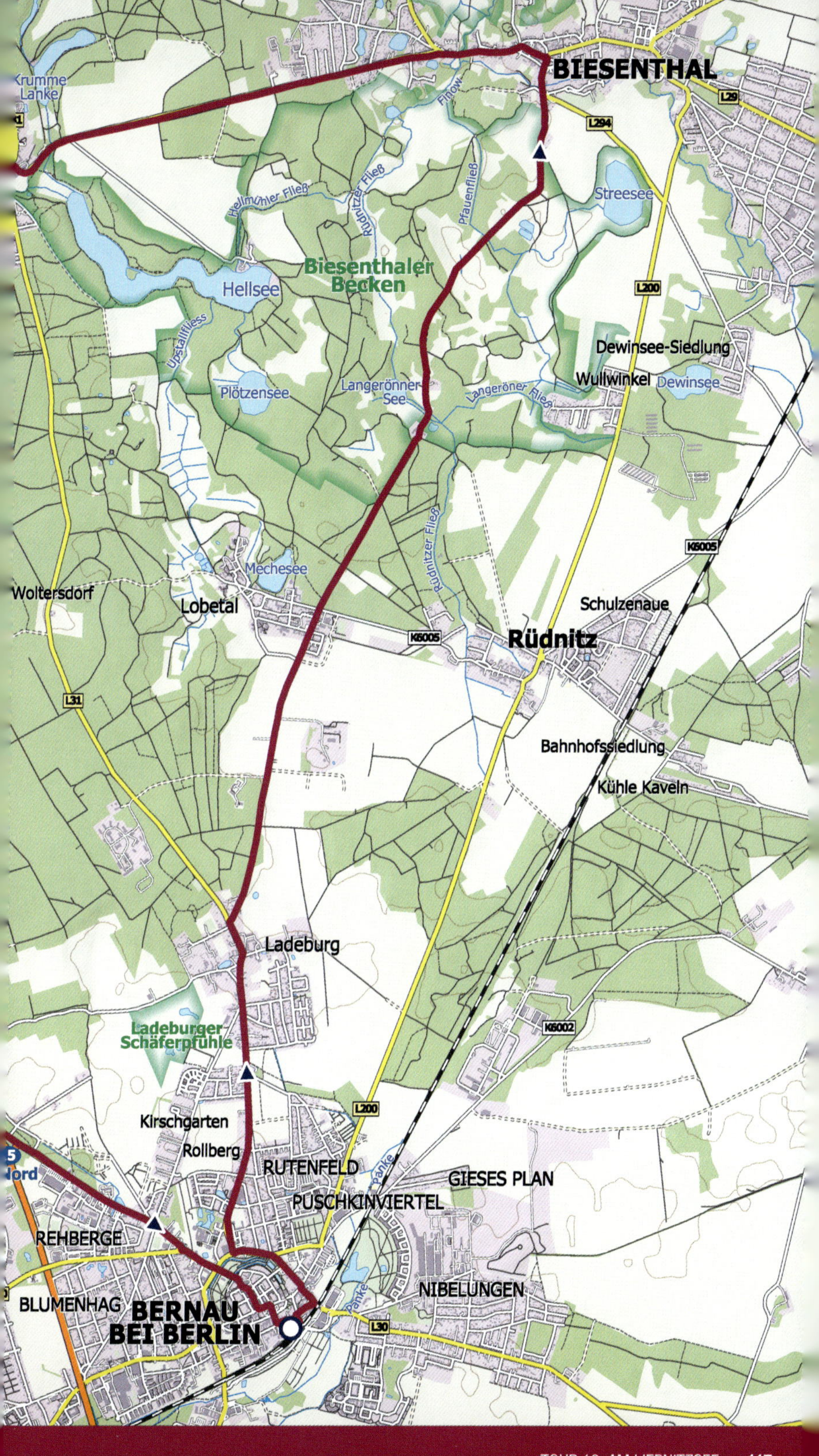
BIESENTHAL
Krumme Lanke
L29
L294
Finow
Hellmühler Fließ
Rüdnitzer Fließ
Pfauenfließ
Streesee
Biesenthaler Becken
Hellsee
L200
Upstallfließ
Dewinsee-Siedlung
Wullwinkel
Dewinsee
Plötzensee
Langerönner See
Langerönner Fließ
K6005
Mechesee
Rüdnitzer Fließ
Woltersdorf
Lobetal
Schulzenaue
K6005
Rüdnitz
L31
Bahnhofssiedlung
Kühle Kaveln
Ladeburg
Ladeburger Schäferpfühle
K6002
L200
Kirschgarten
Rollberg
RUTENFELD
Panke
GIESES PLAN
PUSCHKINVIERTEL
REHBERGE
NIBELUNGEN
Panke
BLUMENHAG
BERNAU BEI BERLIN
L30

Unterwegs zwischen Feldern und alten Mauern

14 SUNDOWNER IM OSTEN

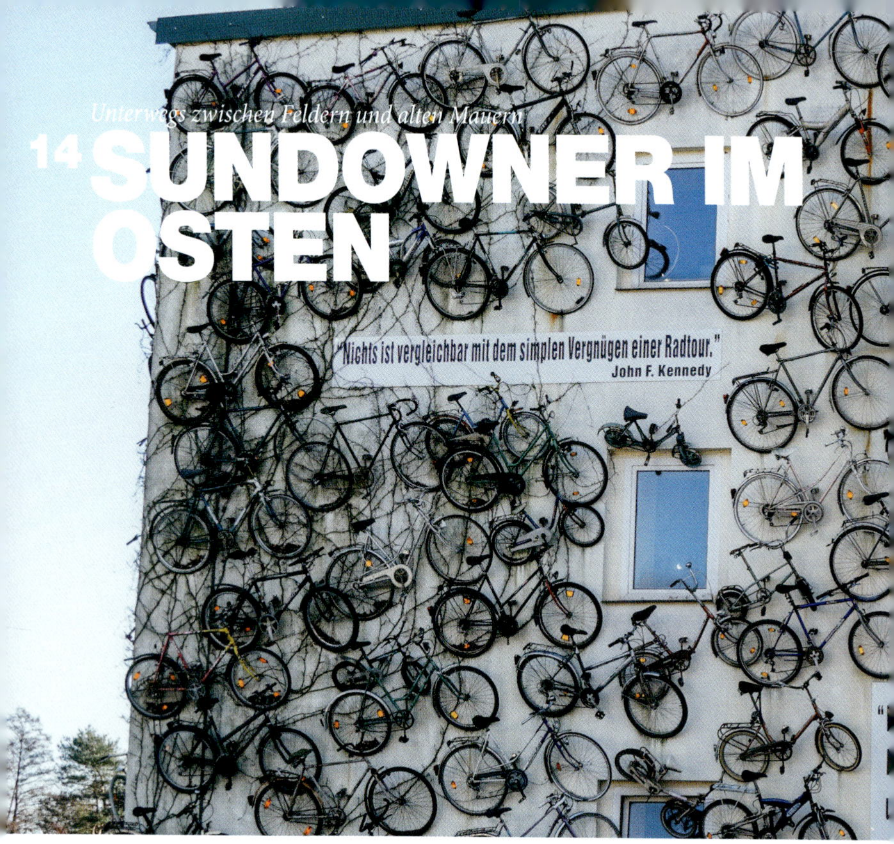

Start/Ziel

U-BAHNHOF HÖNOW

Rundtour

20,8 Kilometer

95 Höhenmeter

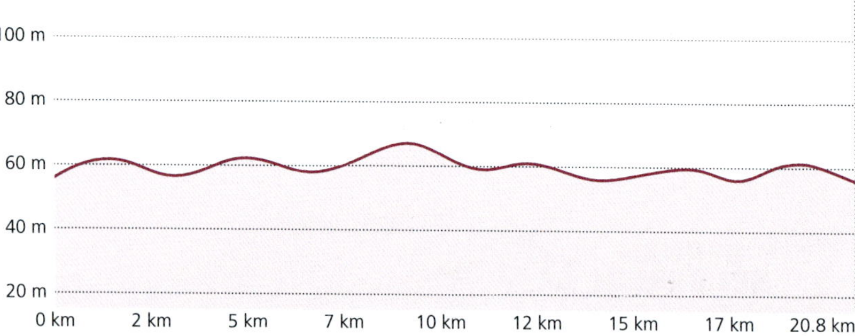

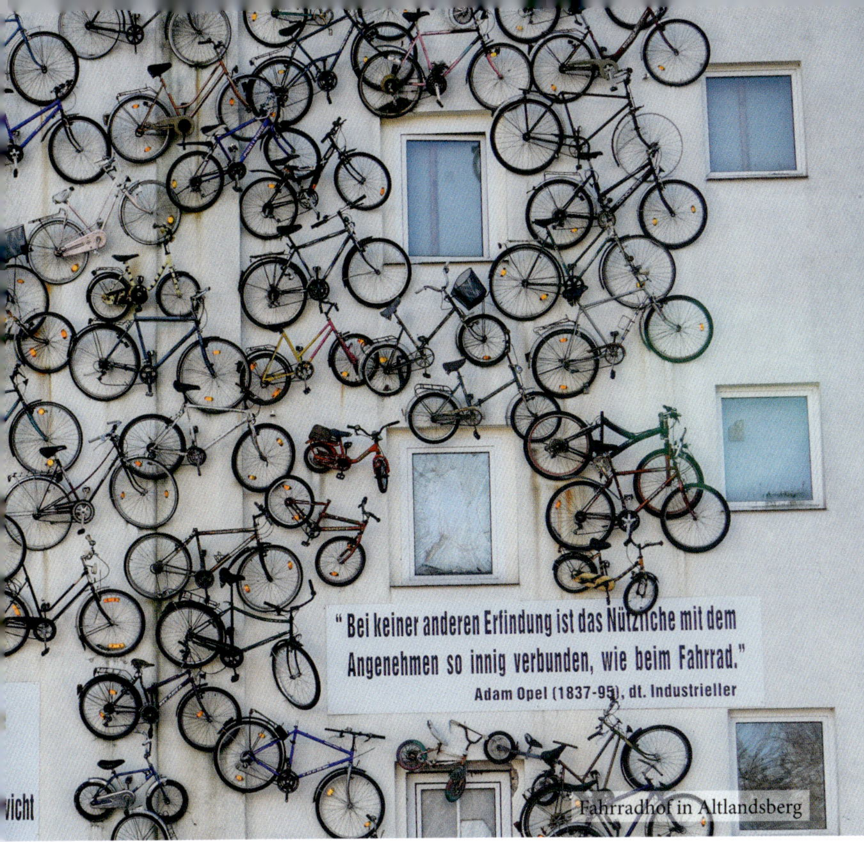

Fahrradhof in Altlandsberg

Die entspannte Tour entlang der östlichen Stadtgrenze von Berlin führt abseits vom Verkehr auf asphaltierten Radwegen zwischen den Feldern des Barnims und Märkisch-Oderlands. Wir erfahren etwas über lokale Ackerbürgergeschichte und schlemmen uns schließlich den Weg in die Stadt zurück.

Verkehrsarm zwischen den Feldern. Größtenteils asphaltiert mit kurzen Kopfsteinpflaster-Passagen. Keine Steigungen.

Direkt am Start- und Zielort der entspannten Runde, am U-Bahnhof Hönow, liegt das Gewässersystem des Landschaftsschutzgebiets Hönower Weiherkette. Die abwechslungsreiche Landschaft wird gestaltet von zahlreichen Pfuhlen, Gebüschen und Wiesenflächen. Einige Wege und schmale Pfade führen hindurch und lassen einen schnell vergessen, dass man sich noch in Berlin, wenn auch direkt an der Stadtgrenze, befindet. Wir radeln durch die südöstlichen Ausläufer der Weiherkette, überqueren die Berliner Straße und fahren über einen Nebenweg in das an die Stadt angrenzende Dorf Hönow hinein. Weiter geht es nun im benachbarten Brandenburg.

Kurz darauf biegen wir nach rechts auf die Historische Stadtkerne-Route ab, die durch zahlreiche Dörfer führt und sich auf deren besondere Altstädte fokussiert. Hier wartet glatter Asphalt auf einem herrlichen Radweg zwischen den Feldern auf uns – perfekte Bedingungen für eine

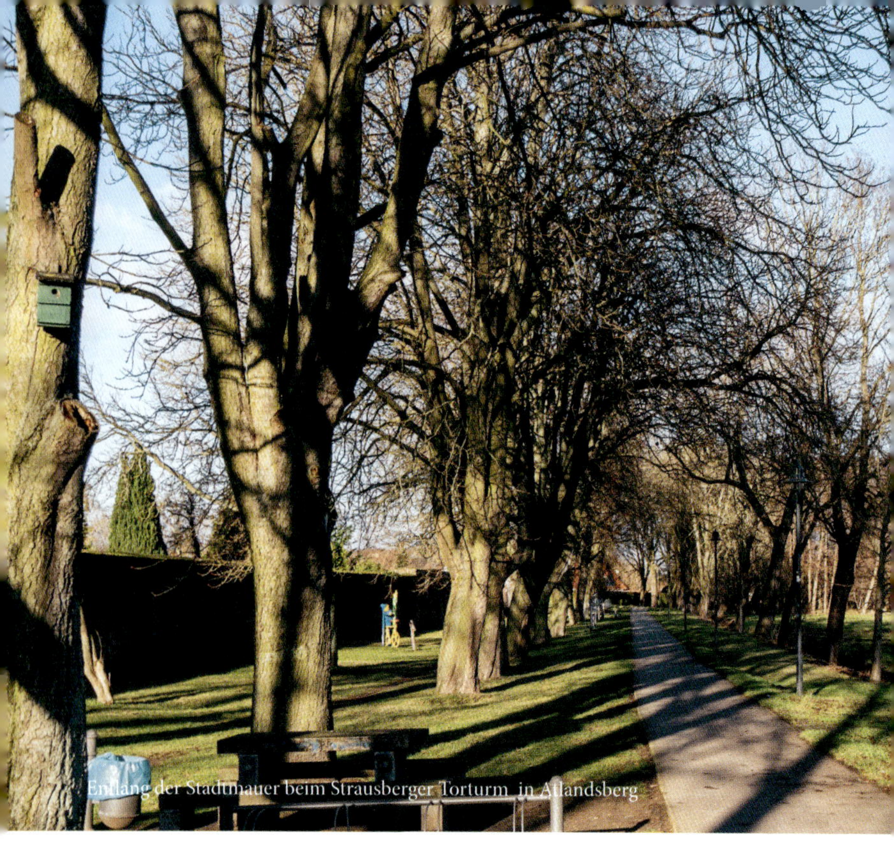
Entlang der Stadtmauer beim Strausberger Torturm in Altlandsberg

relaxte Feierabendrunde mit dem Fahrrad. Das rollt! Herrlich! Da es hier wenig Schatten gibt, sollte man auf guten Sonnenschutz achten, falls man im Sommer hier tagsüber entlangfährt. Am Abend wiederum kann man hier wundervoll die letzten Sonnenstrahlen und den Sonnenuntergang genießen und weit über die Felder schauen. Mit etwas Glück lassen sich auch ein paar Rehe in der Dämmerung beobachten. Vorbei an ein paar kleinen Seen, die von Bäumen und Gebüsch umrahmt und Teil der Südostbarnimer Weiherketten sind, radeln wir am schmalen Lauf des Teichgrabens entlang bis nach Trappenfelde. Hier steht eine große Reithalle, die wir rechts liegen lassen.

Die Route geht nun rechts auf dem Radweg der Barnimer Feldmark-Tour weiter. Der Name leitet sich aus der Region ab, durch die sie führt. Wir befinden uns hier allerdings bereits an der Grenze zum Landkreis Märkisch-Oderland, in den wir nun auch weiterfahren. Wenn der vorherige Weg schon wunderbar war, dann ist diese Allee, die uns zum Ort Altlandsberg bringt, noch eine Spur herrlicher. Unter hohen Bäumen und über gleichmäßig geteerten Boden gleitet es sich förmlich von selbst auf den knapp 3 km bis hin zur Hauptstraße. Der krumm geformte See, der nördlich der Feldmark-Tour Route zwischen den Feldern liegt, gab der Krummenseestraße, auf die wir nun abbiegen, den Namen. Diese führt direkt in die ehemalige Ackerbürgerstadt Altlandsberg (altlandsberg.city/altlandsberg) hinein – ein Ort mit einer über 800-jährigen Geschichte. Und das lässt sich an vielen Stellen hier erkennen.

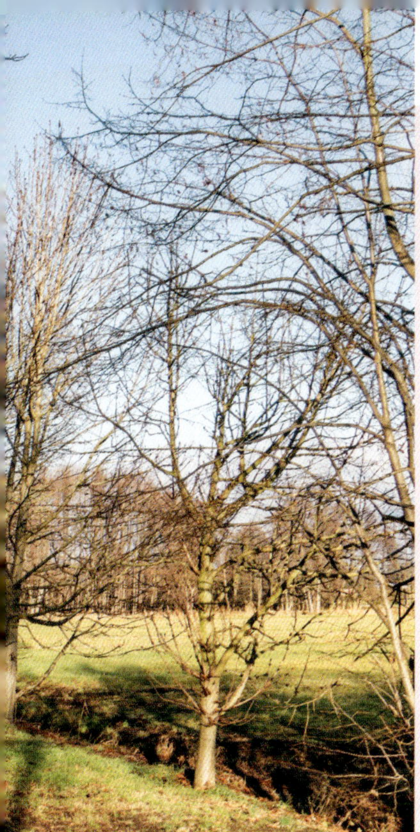

Highlights
am Wegesrand

Km 1
Auf einer Länge von ca. 351 Kilometer führt die Historische Stadtkerne-Route in insgesamt acht historische Stadtkerne und durch abwechslungsreiche Landschaften in Brandenburg. Auf unserer Tour erleben wir den kleinen Ort Hönow und die Ackerbürgerstadt Altlandsberg.

1659
Seit diesem Jahr besteht die Brautradition in Altlandsberg, die noch heute weiter gepflegt wird. Die Altlandsberger Biere können im eigenen Brau- und Brennhaus auf dem Schlossgut verköstigt werden und sind außerdem ein schmackhaftes Mitbringsel.

200
Die alte Holländermühle Mühle Altlandsberg ist in Brandenburg eine Seltenheit neben den häufiger vertetenen Bockwindmühlen. Sie ist eine der mehr als 200 Mühlen in Brandenburg, die unter Denkmalschutz stehen.

Es lohnt sich genauer hinzuschauen und zum Beispiel nach links einen Abstecher auf das Schlossgut (Krummenseestraße 1, 15345 Altlandsberg, schlossgut-altlandsberg.de) zu machen. Auch wenn von dem ehemaligen Barockschloss, das Mitte des 18. Jahrhunderts vollständig niederbrannte, nichts mehr zu sehen ist, so ist die Grundstruktur der Anlage noch erkennbar. Nach aufwendigen Sanierungen werden die Gartenanlagen und viele Gebäude wie die barocke Schlosskirche, das Brauhaus und die ehemaligen Stallungen heute wieder genutzt. Es sind u.a. Orte für Veranstaltungen, Gastronomie und eine Bibliothek. Ein Blick auf den Veranstaltungskalender kann vor einem Besuch definitiv nicht schaden, denn neben saisonalen Events gibt es hier auch einen Wochenmarkt, Kino oder Musiktage. Wer möchte, kann auf dem Schlossgut auch einfach eine kleine Erfrischungspause zum Beispiel auf der Terrasse des Brauhauses einlegen, bevor es weitergeht in Richtung Wahrzeichen der Kleinstadt.

Dazu fahren wir ein kurzes Stück nach Norden auf der Buchholzer Allee und biegen nach rechts auf eine Nebenstraße ab. Diese führt nach Süden in einen

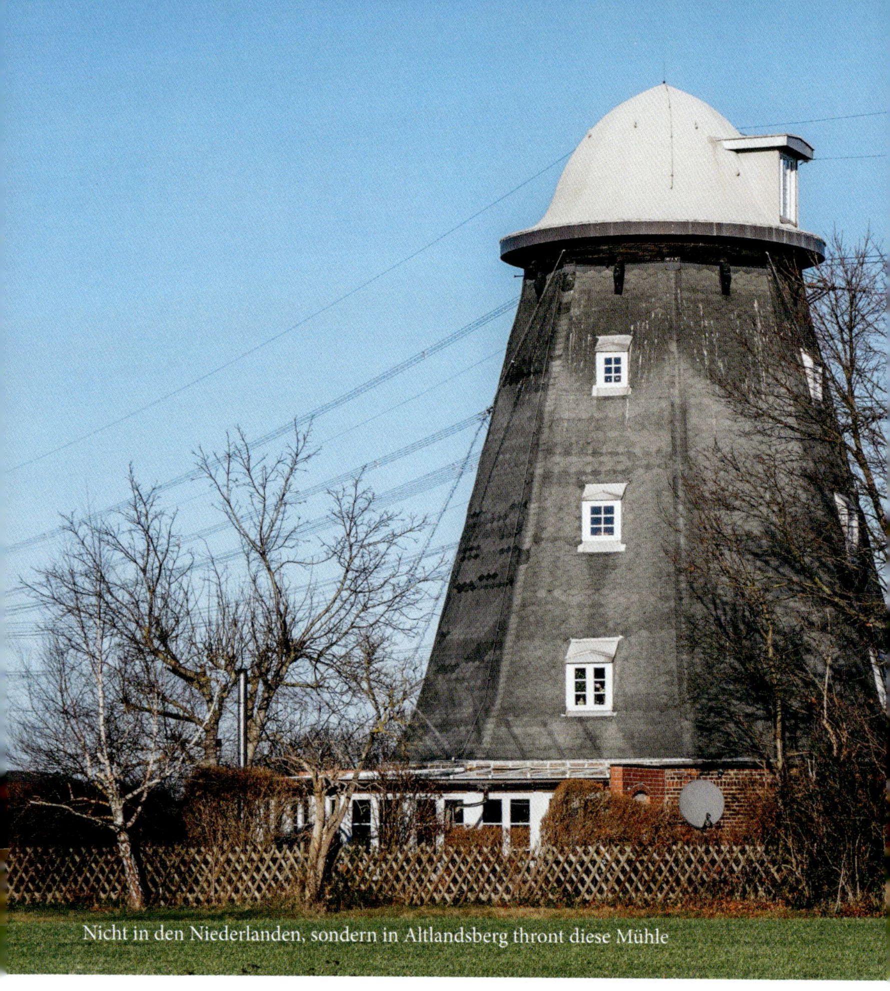
Nicht in den Niederlanden, sondern in Altlandsberg thront diese Mühle

hübschen kleinen Stadtpark, der auch über Rastgelegenheiten mit Tisch und Bänken verfügt. Das Highlight auf diesem Weg: Wir passieren die sehr gut erhaltene, ca. 1,3 km lange Stadtmauer aus Feldstein, bevor wir zum Strausberger Torturm gelangen. Dieser ziert das Stadtwappen und wird auch Storchenturm genannt, denn seit über 100 Jahren nisten hier Störche. Mit etwas Glück entdecken wir im Sommer sogar welche auf der Spitze des Turms. Falls im Brauhaus noch keine Pause eingelegt wurde, dann bietet sich für Leckermäulchen nun ein Stopp an. Wir radeln nämlich direkt an der kleinen Eisdiele Berliner Tor vorbei, die nicht nur hausgemachtes Eis, sondern auch sehr leckeren Kuchen führt (Mai–Sept. tgl. 12–18 Uhr, Winteröffnung s. Website, Berliner Allee 14, 15345 Altlandsberg, eisdiele-altlandsberg.de). Nach dieser Schlemmerei treten wir auf den letzten 7 km der Tour nochmal ordentlich in die Pedale. Dabei schauen wir uns der Hauptstraße folgend immer wieder um: Kurz vor dem Ortsausgang passieren wir den Fahrradhof Altlandsberg (Mo–Fr 10–18, Sa 9–16 Uhr, Berliner Allee 4, 15345 Altlandsberg, fahrradhof-altlandsberg.de), wo man im Notfall unkompliziert Ersatzteile erhält.

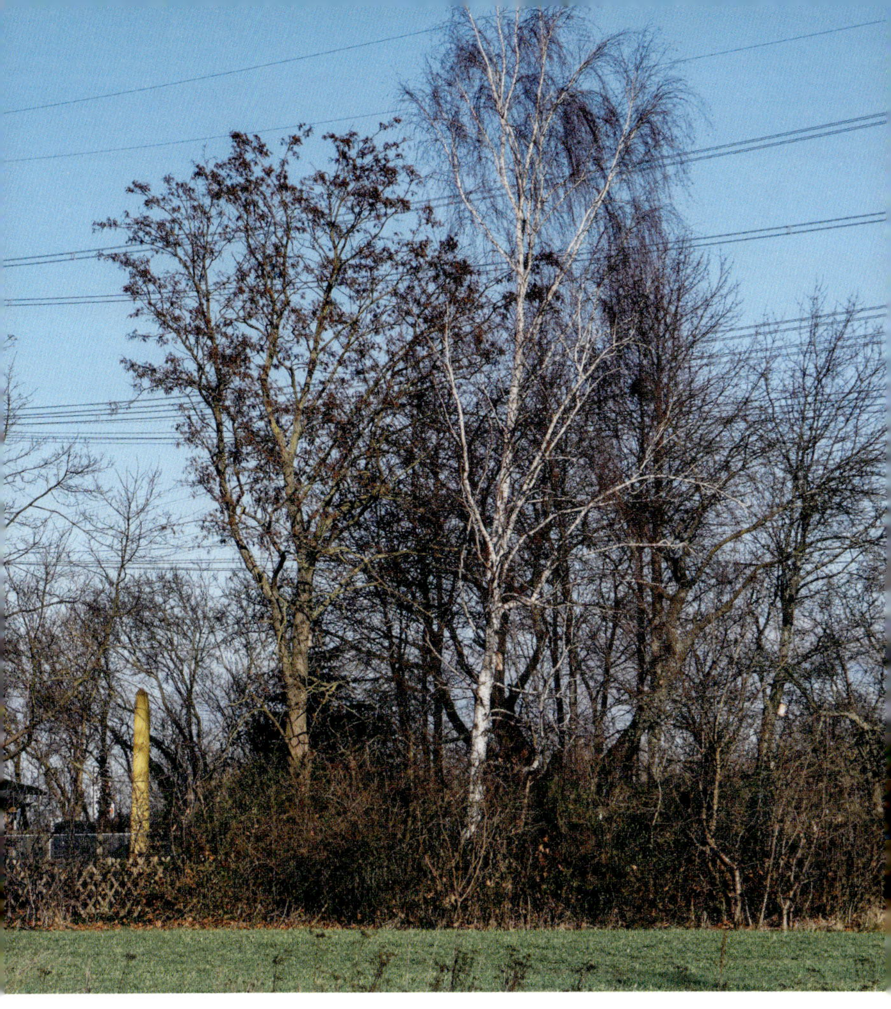

Eine Unterbrechung gönnen wir uns noch auf dem Weg zurück nach Berlin. Schon von Weitem erkennbar ragt ein prägnantes Gebäude zwischen den Feldern empor. Die Mühle Altlandsberg mit Restaurant (Mo–So 11–22 Uhr, Di. Ruhetag, An der Mühle 40, 15345 Altlandsberg, muehle-altlandsberg.de) ist viel zu schön, um einfach daran vorbeizufahren – selbst wenn man hier keine Pause mehr einlegen mag, weil der Bauch schon voll mit Eis und Kuchen ist. Obwohl die liebevoll sanierte Mühle ohne die charakteristischen Flügel dasteht, ist sie doch sehr sehenswert und der große Garten mit Terrasse lädt zum Verweilen ein. Wir folgen im Anschluss dem straßenbegleitenden Radweg der Hönower Chaussee weiter bis zum Dorf Seeberg. Dort biegen wir am Ortsausgang nach links auf eine Nebenstraße ab und rollen auf die Brücke, die über die A 10 führt, zu. Die Straße bringt uns über Asphalt und ohne viel Verkehr parallel zur Altlandsberger Chaussee vorbei an Feldern zurück an die Berliner Stadtgrenze. Die letzten Meter führen uns durch einen Grünzug zur Mahlsdorfer Chaussee. Schließlich endet unsere Tour wieder am U-Bahnhof Hönow und eine ruhige Felderrunde mit historischen Anklängen kommt zu einem entspannten Ende.

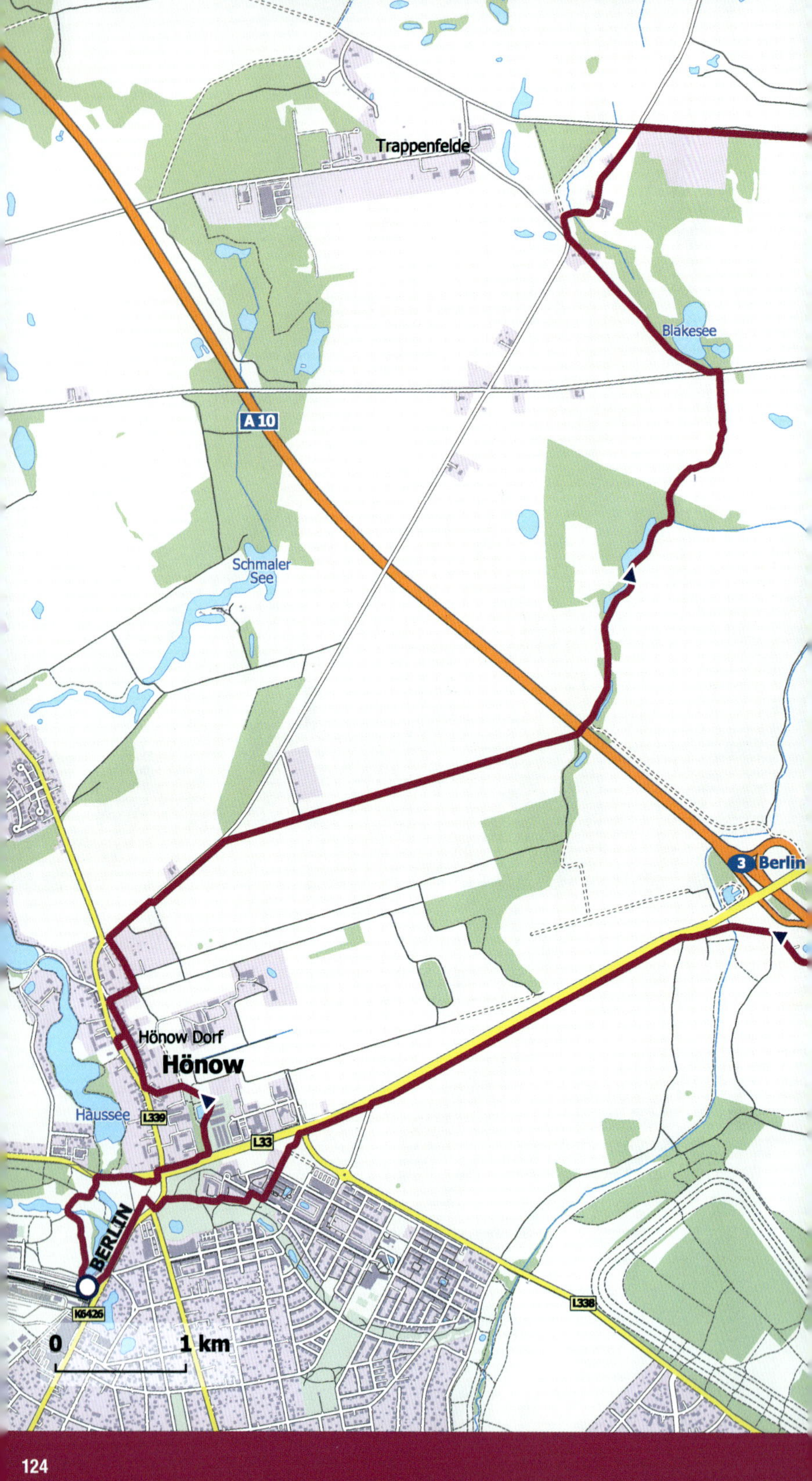

Trappenfelde
Blakesee
A 10
Schmaler See
3 Berlin
Hönow Dorf
Hönow
Haussee
L339
L33
BERLIN
K6426
L338
0
1 km

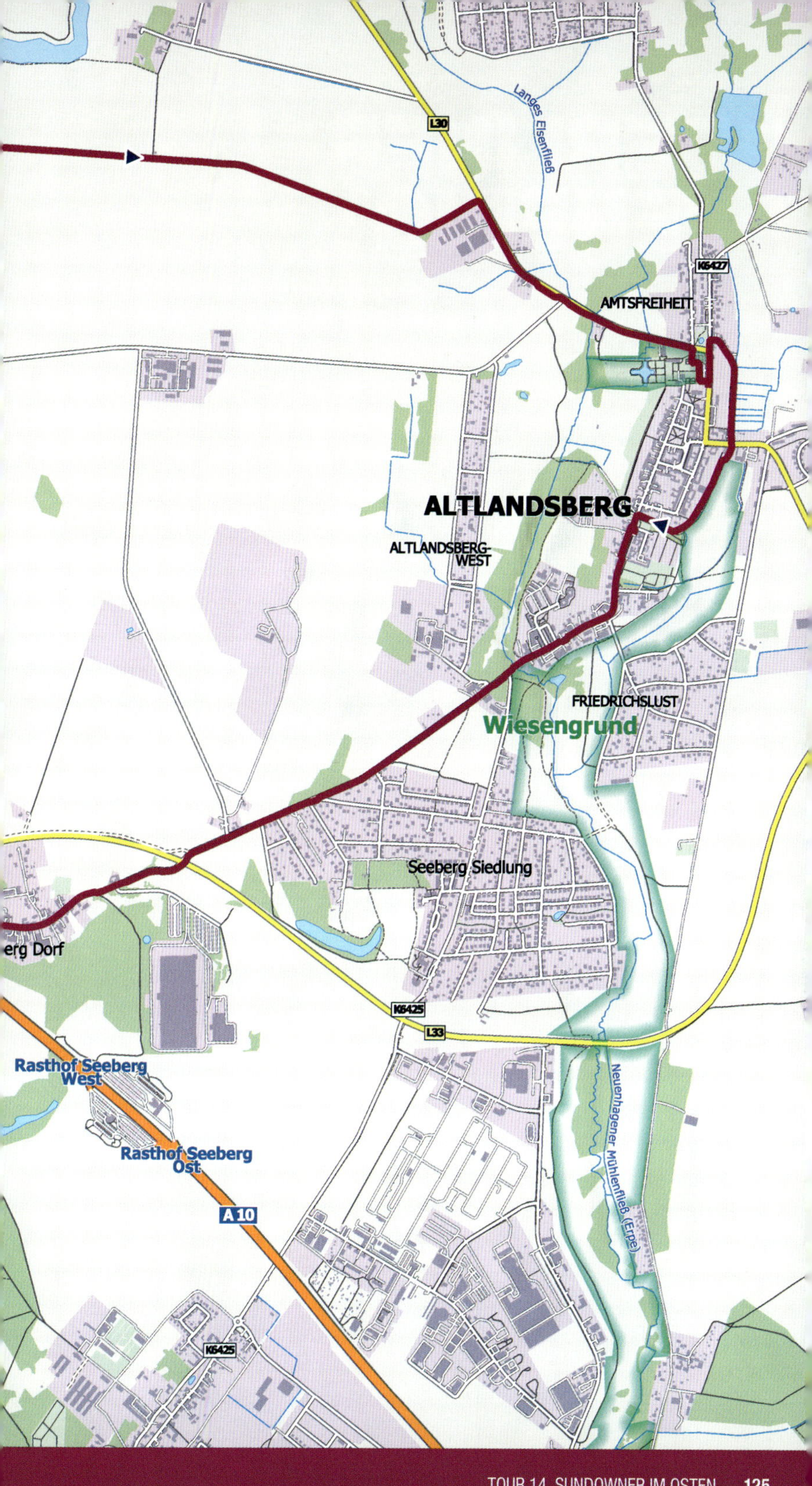
L30
Langes Elsenfließ
K6427
AMTSFREIHEIT
ALTLANDSBERG
ALTLANDSBERG-WEST
FRIEDRICHSLUST
Wiesengrund
Seeberg Siedlung
erg Dorf
K6425
L33
Rasthof Seeberg West
Rasthof Seeberg Ost
A 10
Neuenhagener Mühlenfließ (Erpe)
K6425

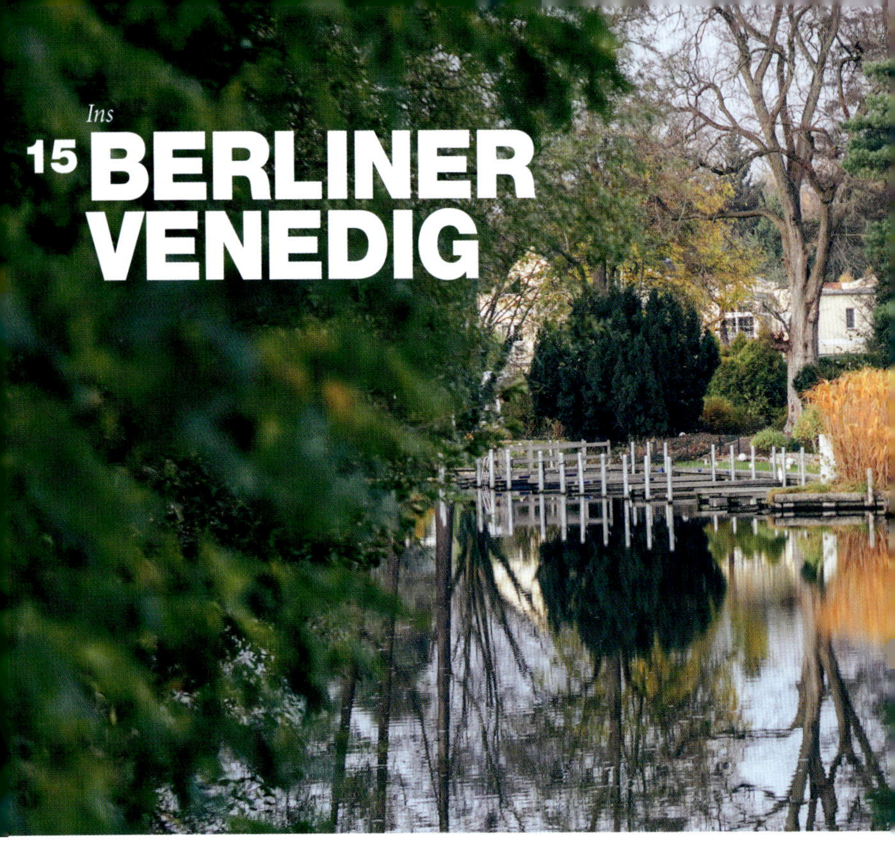

Ins

15 BERLINER VENEDIG

Start/Ziel

S-BAHNHOF SPINDLERSFELD

Rundtour

39,4 Kilometer

45 Höhenmeter

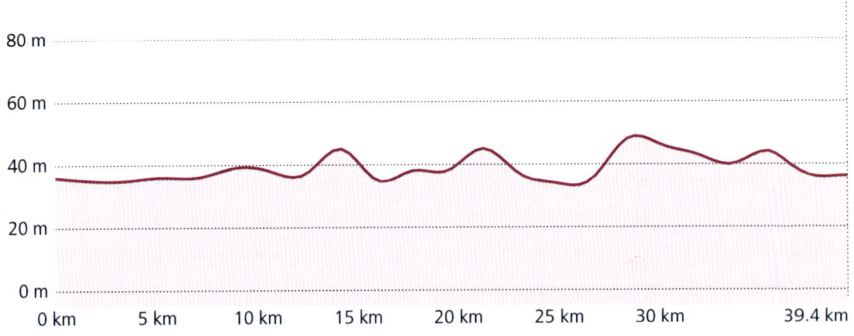

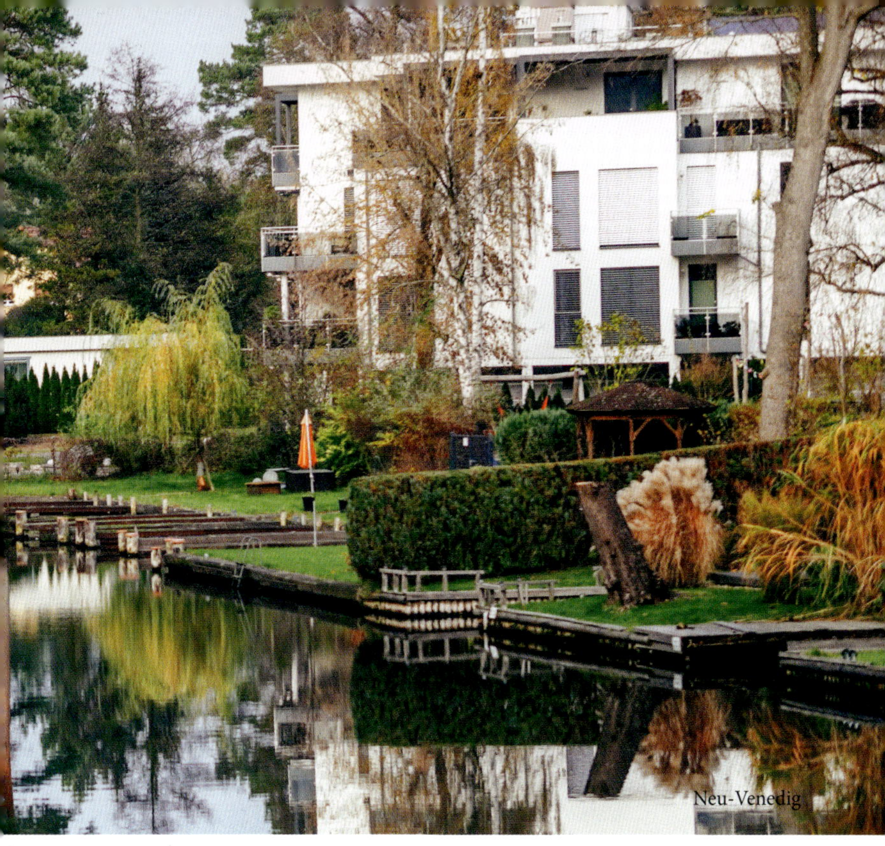
Neu-Venedig

Diese erfrischende Sommerrunde bietet an heißen Tagen ausreichend Gelegenheiten zur Abkühlung – ob in einem der zahlreichen Strandbäder oder auf schattigen Radwegen durch den Wald. Rund wirds mit einem Ausflug nach Berlins Venedig und einer Fahrt mit der kleinsten Fähre der Stadt – eine Radtour für die ganze Familie.

Größtenteils asphaltierte Wege mit ein paar gut fahrbaren Schotter- und Waldwegen, moderate Steigungen, gut geeignet für Familien. Viele Badestellen, also an die Badesachen denken!

Unsere sommerliche Ausfahrt beginnt und endet am S-Bahnhof Spindlersfeld. Von dort gelangen wir über den straßenbegleitenden Radweg der Oberspreestraße schnell zur Langen Brücke über die Dahme. Schon befinden wir uns direkt an der hübschen Altstadt von Köpenick, die sich links von uns erstreckt. Rechts liegt die romantische Schlossinsel inklusive Park, auf der das barocke Hohenzollernschloss Köpenick (Di–So 11–17 Uhr, Schlossinsel 1, 12557 Berlin) thront. Ein Abstecher über die Schlossbrücke und den Vorplatz des nahezu original erhaltenen Prachtbaus aus dem 17. Jh. lohnt sich – selbst wenn man die Ausstellung des Kunstgewerbemuseums und die prachtvollen Innenräume nicht anschauen möchte.

Vorbei am Ausflugslokal Mutter Lustig fahren wir nun nach rechts in den Kietz,

Highlights

am Wegesrand

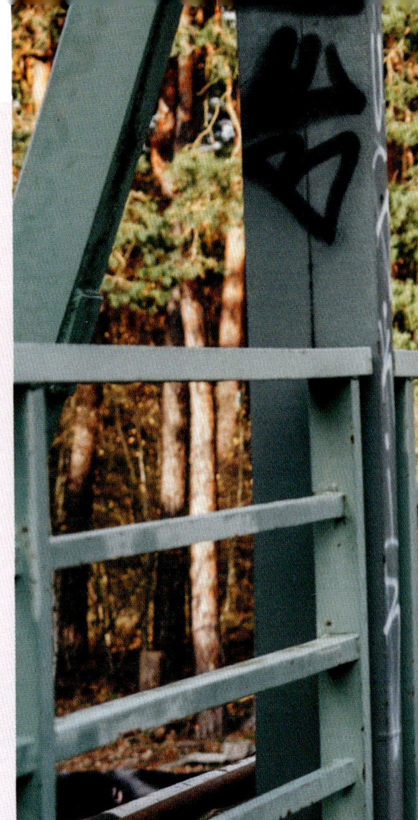

Km 1
Auf dem Gelände des Schloss Köpenick finden zahlreiche Veranstaltungen statt, wie im Sommer das kostenfreie Open-Air Musik im Park oder der stimmungsvolle Köpenicker Winzersommer. Vor dem Besuch unbedingt den Veranstaltungskalender prüfen!

652
Das ist die Anzahl der Farn- und Blütenpflanzenarten, die im NSG Müggelspreeniederung Teilgebiet Gosener Wiesen und Seddinsee gefunden wurden. Den besten Einblick in die artenreichen Erlenbrüche und Fließe erhält man über eine Paddeltour entlang des Gosener Grabens.

Km 28
Berlins einzige Ruderfähre F24 ist gleichzeitig die kleinste Fähre der Stadt. Das von einem Ruderer betriebene Gefährt nimmt auf Nachfrage auch Fahrräder mit – perfekt, um den Weg aus Rahnsdorf etwas abzukürzen und ein für die Großstadt sicherlich einmaliges Fährerlebnis zu genießen.

eine Straße im denkmalgeschützten alten Ortskern des Fischerkietz mit den ältesten Häusern Köpenicks und direkt an der Dahme gelegen. Hier ruckeln wir gemächlich über ein paar Meter Kopfsteinpflaster und können dabei die aufwändig restaurierten Häuser aus der Gründerzeit bewundern. Über die Gartenstraße folgen wir ab jetzt dem schönen Dahme-Radweg entlang des gleichnamigen Gewässers bis nach Wernsdorf. Auf dieser Route lässt es sich entspannt und größtenteils über verkehrsarme, asphaltierte Wege radeln, immer in der Nähe des Wassers und auch mal darüber hinweg.

So wie an der BVG-Fähre F12 (Müggelbergallee 1A, 12557 Berlin) von Wendenschloss nach Grünau, die ganzjährig als Teil des Berliner ÖPNV verkehrt. Mit frischem Wind im Haar setzen wir über und folgen der Radroute nach Südosten über die Regattastraße. Der Name der

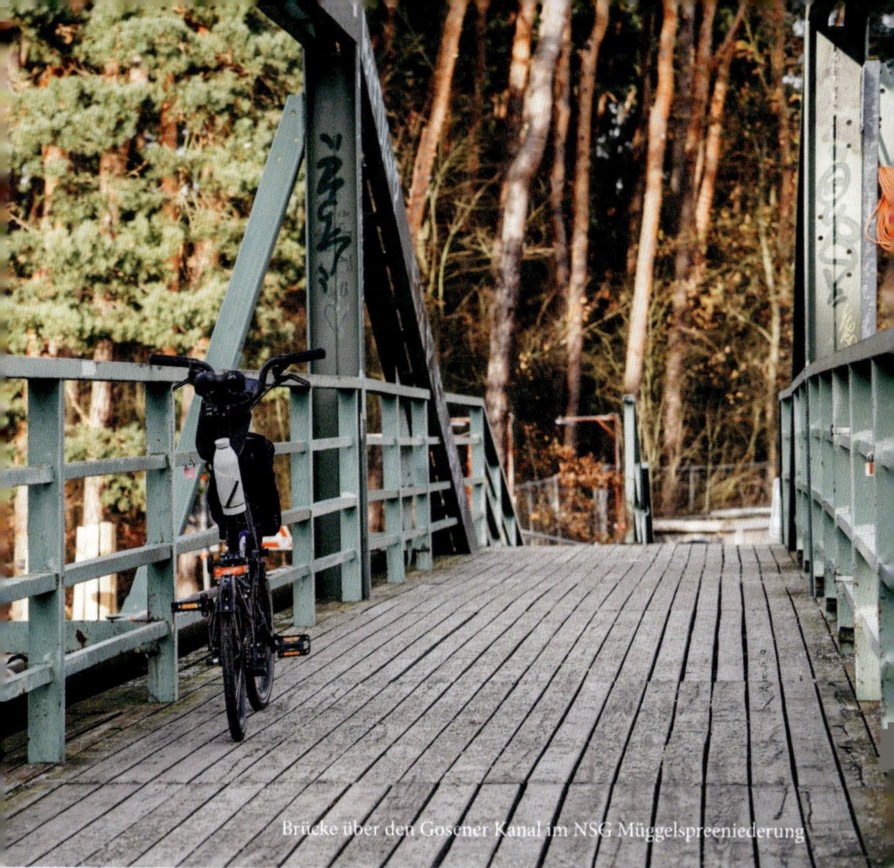
Brücke über den Gosener Kanal im NSG Müggelspreeniederung

Straße kommt nicht von ungefähr. Denn seit Ende des 19. Jahrhunderts wurden hier an der Dahme Segel- und Ruderregatten ausgetragen, u. a. zu großen Wettkämpfen wie den Olympischen Sommerspielen 1936; aus dieser Zeit stammt auch die große Regatta-Tribüne.

Parallel zur Straße verläuft die Straßenbahnroute der Linie 68, die unseren Weg bis zu ihrer Endhaltestelle in Schmöckwitz begleitet. Die Tram hält auch am traditionsreichen Strandbad Grünau (saisonal geöffnet, 6,50/3,50 €, Sportpromenade 9, 12527 Berlin, strandbad-gruenau.de), das als ältestes Berliner Familienbad bereits seit 1908 zum Planschen im Langen See, wie der breitere, lange Teil der Dahme hier genannt wird, einlädt. Neben großen Wiesen und feinstem Sandstrand gibt es dort auch Sportflächen und Spielplatz und somit Unterhaltung für die ganze Familie. Dort kann man gemütlich den ganzen Tag verbringen. Doch bevor wir uns einen Sonnenbrand holen, radeln wir lieber weiter und haben von nun an die Straße als Radweg durch den Wald ganz für uns.

Wir erreichen Schmöckwitz, fahren vorbei am Radladen Radstation und queren die Dahme erneut über die Schmöckwitzer Brücke, die einen schönen Wasserblick auf den Zeuthener See im Süden und den Seddinsee im Norden bietet. Ein paar Kilometer schattiger Waldradweg entlang der Wernsdorfer Straße liegen vor uns. Rechts gibt es immer wieder tolle Ausblicke in den schönen Wald

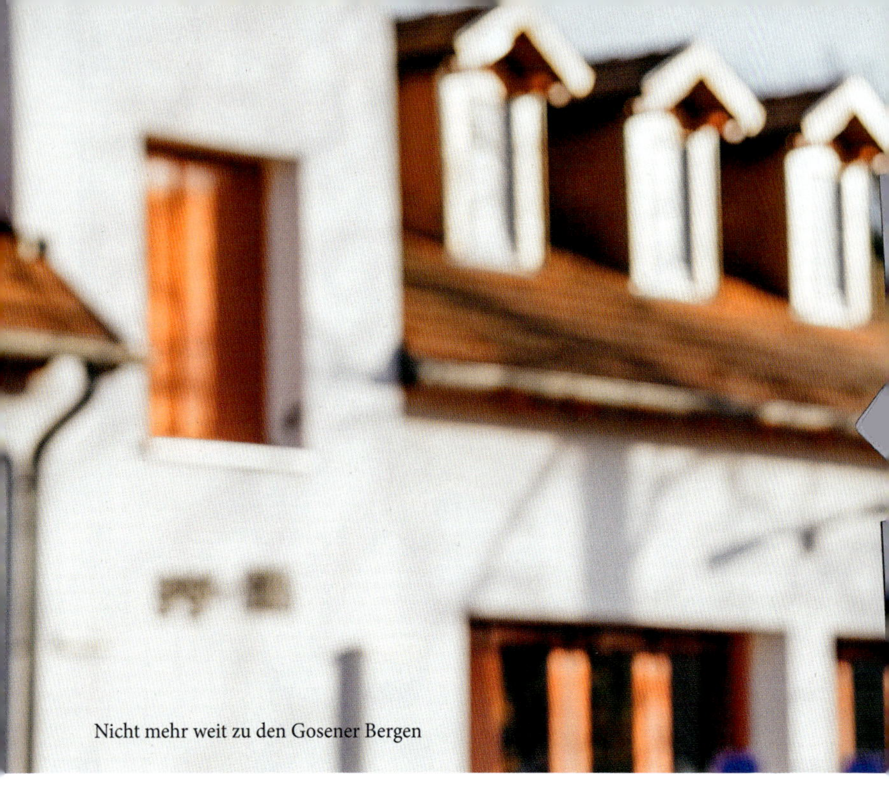
Nicht mehr weit zu den Gosener Bergen

und so rollt es sich geschwind bis nach Wernsdorf, wo wir die Straße schließlich nach links überqueren und über eine ruhige Nebenstraße bis zum Oder-Spree-Kanal radeln. Dort heißt es absteigen und das Rad über die Rampen auf die Rad- und Fußbrücke schieben und von oben den Blick auf den Kanal genießen! Danach geht es auf der Radroute weiter auf die Gosener Berge zu. Berge mag etwas übertrieben klingen, doch ein wenig Auf und Ab erwartet uns dort schon – und dabei immer wieder schöne Blicke zwischen den Bäumen auf den Wernsdorfer See und die Wiesen und Felder.

Wir machen einen kurzen Abstecher nach Brandenburg, wenn wir durch den Ort Gosen fahren. Diesen verlassen wir nach links über die Gosener Landstraße, die durch das artenreiche NSG Müggelspreeniederung verläuft, welches hier als Teilgebiet Gosener Wiesen und Seddinsee vor allem durch eine schwer zugängliche Feuchtwiesen- und Bruchwaldlandschaft geprägt ist. Der Radweg verläuft auf der linken Straßenseite. Wir überqueren die Straße kurz nach der Brücke am Gosener Kanal und fahren nach rechts in den Wald hinein. Der besser zu erreichende Teil des Naturschutzgebiets folgt nun auf unserer Route: Die Krumme Laake und Pelzlaake liegen südlich der Müggelspree, die wir über einen naturbelassenen Schotterweg durch den herrlich kühlen Wald erreichen.

Ich finde, es ist Zeit für eine kleine Pause und die kann man zum Beispiel direkt nach der Überquerung des Alten Spreearms über die „Russenbrücke" machen. Dort liegt neben einem Bootsverleih das Outdoorcafé Klein Schwalbenberg (April–Sept., Fr–So,

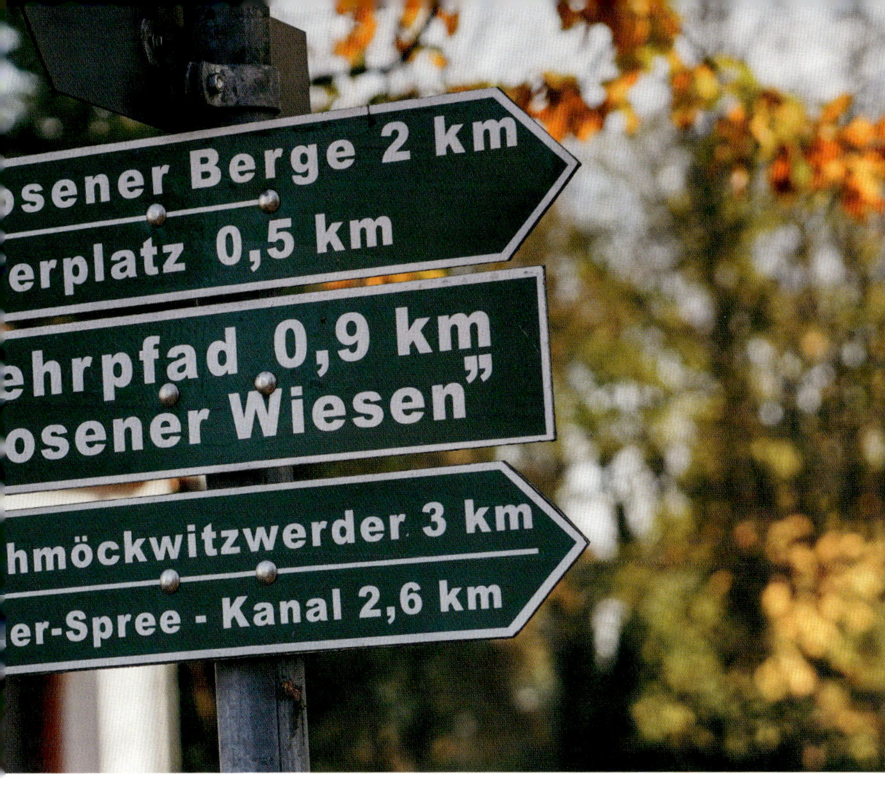

Triglawstraße 20, 12589 Berlin), wo man auf der kleinen Terrasse gemütlich eine Erfrischung und einen Imbiss einnehmen kann. Danach geht es weiter über die Triglawbrücke und nach links in ein einzigartiges Viertel an der Müggelspree: Wir besuchen Neu-Venedig. Vielleicht kannst du dir denken, weshalb es so heißt … Zahlreiche Kanäle unterteilen das romantische Einfamilienhausgebiet und erwecken so den Eindruck, man befinde sich in der italienischen Lagunenstadt – nur mit mehr Grün und weniger Touristen. Sehr sehenswert!

Abgerundet wird der Abstecher mit einem Besuch des Alten Fischerdorfs Rahnsdorf, wo neben der Müggelseefischerei die Paule III, Berlins einzige BVG-Ruderfähre F24 (Mai–Okt., Sa–So, 11–19 Uhr, stdl., Kruggasse, 12589 Berlin), am Wochenende und an Feiertagen auf die andere Seite der Müggelspree übersetzt.

Wir setzen unseren Weg nun auf dem asphaltierten Europaradweg R1 fort, der durch den schönen Wald südlich des Müggelsees und nördlich der Müggelberge verläuft. Wer möchte, kann an der Badestelle Kleiner Müggelsee (Hinter d. Düne 8, 12559 Berlin) an einem frei zugänglichen Sandstrand noch einmal ins kühle Nasse eintauchen und dann den Weg Richtung größtem Berliner See, dem Großen Müggelsee, auf der Müggelseepromenade fortsetzen. Auf Höhe des alten Spreetunnels biegen wir schließlich nach links ab und nähern uns langsam wieder stärker bewohnten Gegenden. Über den R1 fahren wir auf Müggelheimer Damm und Straße zu und erreichen nach knapp 1,5 Kilometern unseren Startpunkt am S-Bahnhof Spindlersfeld wieder.

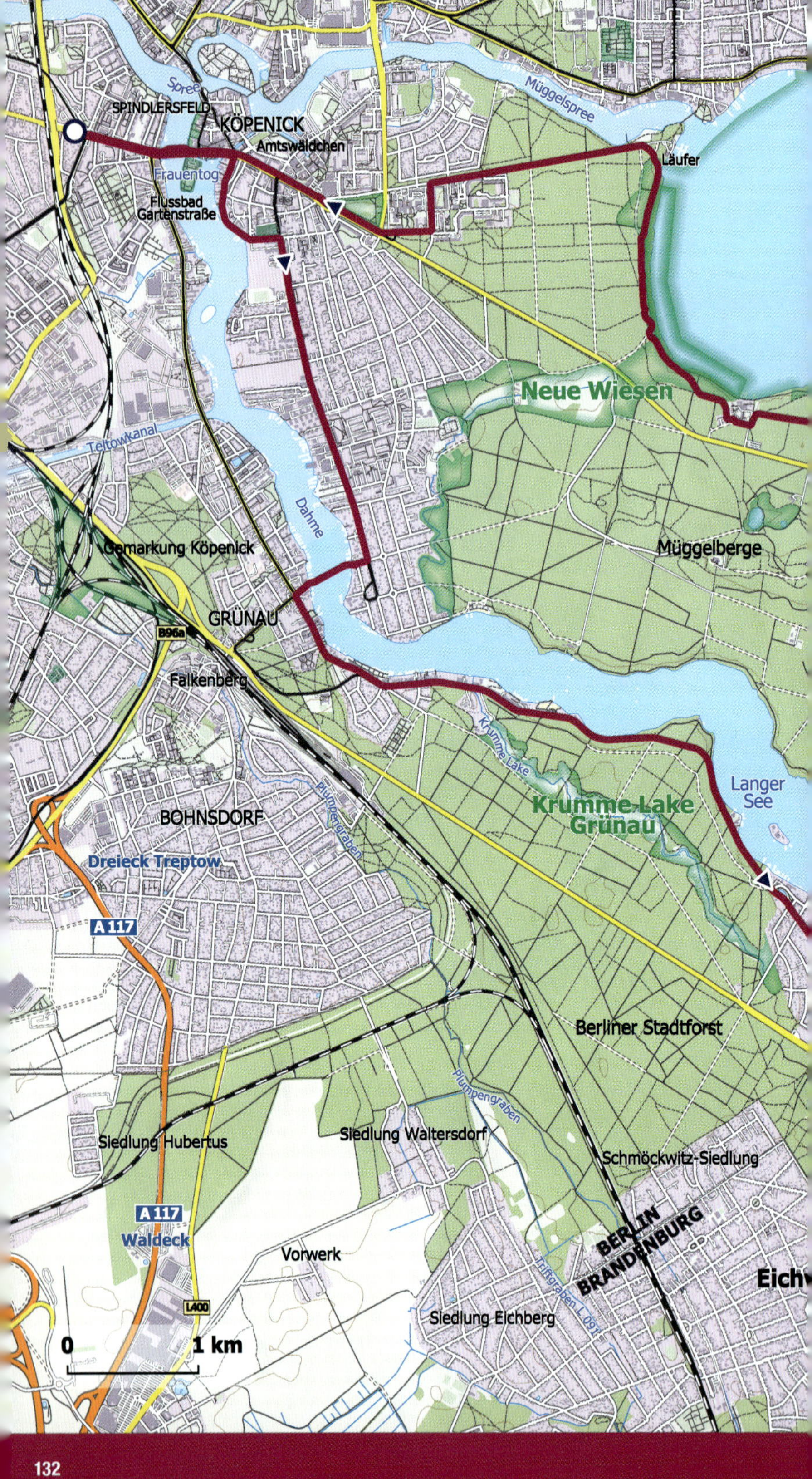

SPINDLERSFELD
KÖPENICK
Spree
Müggelspree
Amtswäldchen
Läufer
Frauentog
Flussbad Gartenstraße
Neue Wiesen
Teltowkanal
Dahme
Gemarkung Köpenick
Müggelberge
GRÜNAU
B96a
Falkenberg
Krumme Lake
Langer See
Plumpengraben
BOHNSDORF
Krumme Lake Grünau
Dreieck Treptow
A 117
Berliner Stadtforst
Siedlung Hubertus
Siedlung Waltersdorf
Schmöckwitz-Siedlung
BERLIN
BRANDENBURG
A 117
Waldeck
Vorwerk
L400
Siedlung Eichberg
0
1 km

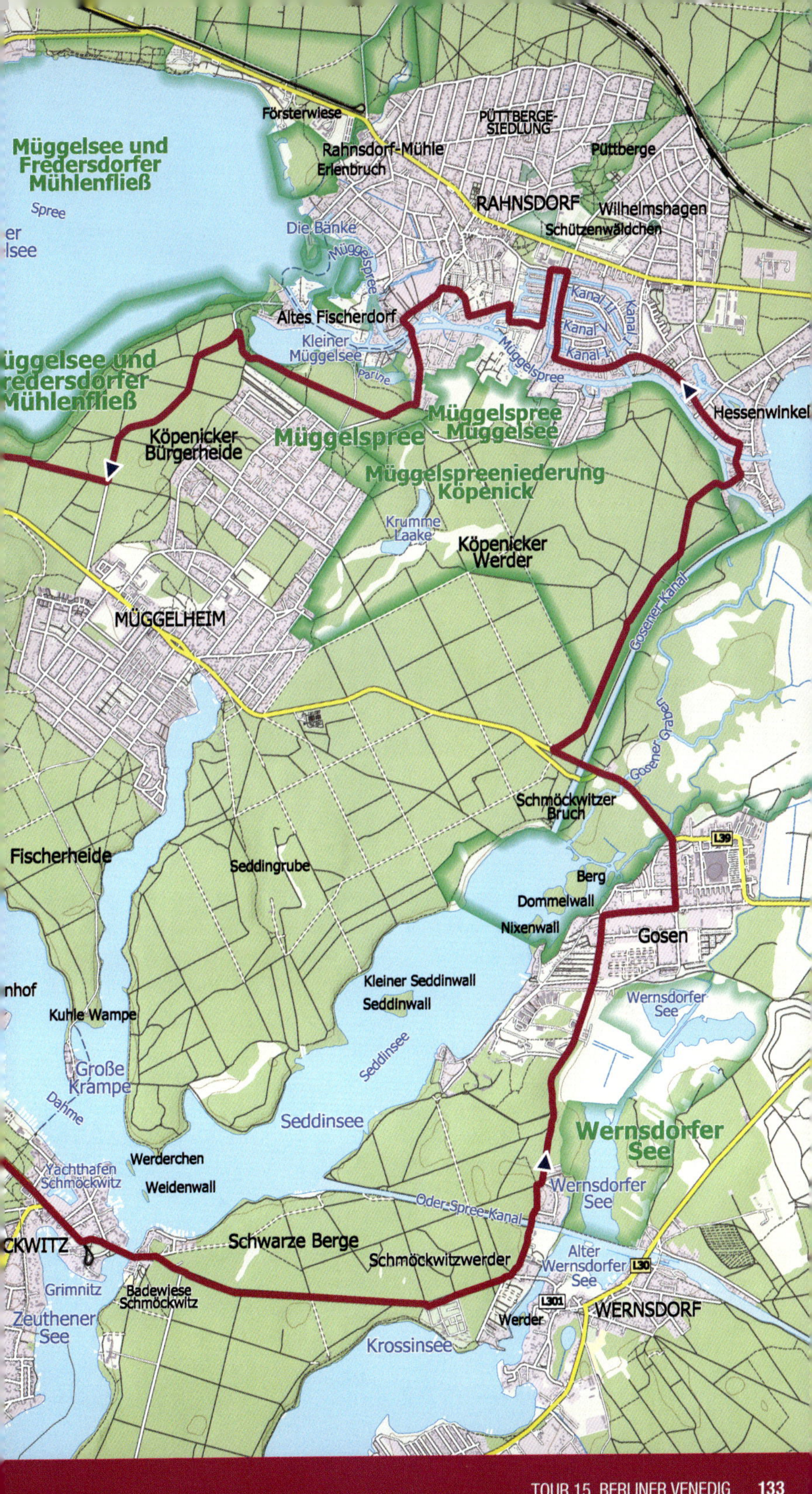

Försterwiese
PÜTTBERGE-SIEDLUNG
Müggelsee und Fredersdorfer Mühlenfließ
Rahnsdorf-Mühle
Erlenbruch
Püttberge
Spree
RAHNSDORF
Wilhelmshagen
Schützenwäldchen
Die Bänke
Müggelspree
Altes Fischerdorf
Kanal II
Kanal
Kanal I
Kleiner Müggelsee
Parine
Müggelspree
Hessenwinkel
Müggelspree - Müggelsee
Köpenicker Bürgerheide
Müggelspree
Müggelspreeniederung Köpenick
Krumme Laake
Köpenicker Werder
MÜGGELHEIM
Gosener Kanal
Gosener Graben
Schmöckwitzer Bruch
L39
Fischerheide
Seddingrube
Berg
Dommelwall
Nixenwall
Gosen
Kleiner Seddinwall
Seddinwall
Wernsdorfer See
Kuhle Wampe
Große Krampe
Seddinsee
Dahme
Seddinsee
Wernsdorfer See
Yachthafen Schmöckwitz
Werderchen
Weidenwall
Wernsdorfer See
Oder-Spree-Kanal
Schwarze Berge
Alter Wernsdorfer See
L30
Schmöckwitzwerder
Grimnitz
Badewiese Schmöckwitz
L301
WERNSDORF
Zeuthener See
Werder
Krossinsee

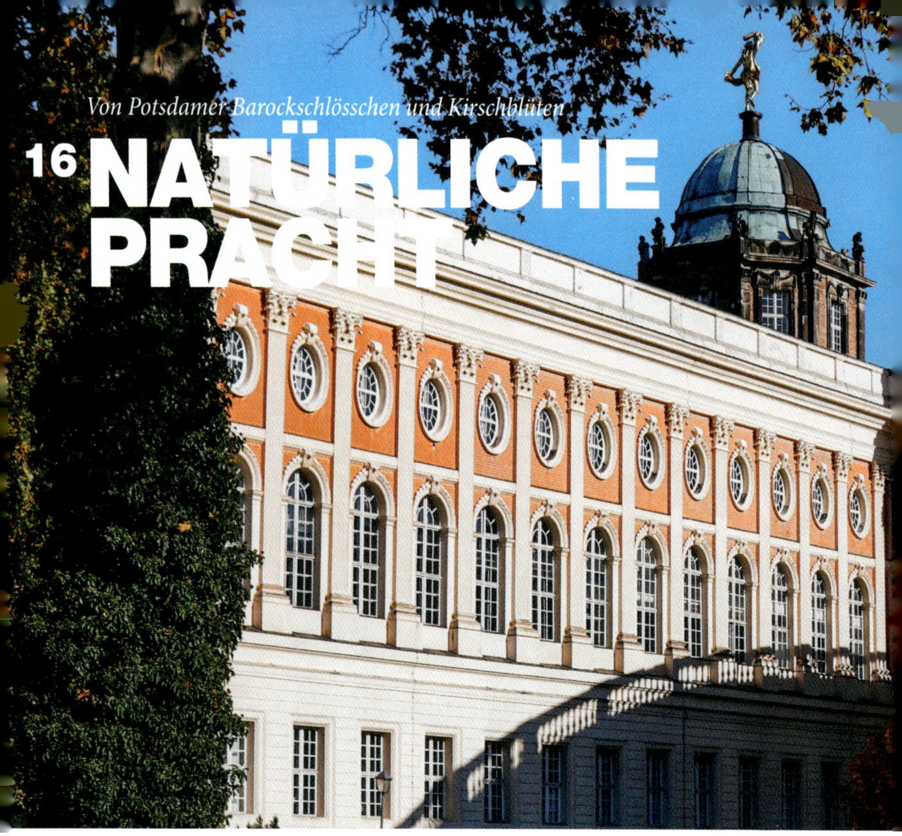

Von Potsdamer Barockschlösschen und Kirschblüten

16 NATÜRLICHE PRACHT

Start/Ziel

HAUPTBAHNHOF POTSDAM

Rundtour

31,8 Kilometer

55 Höhenmeter

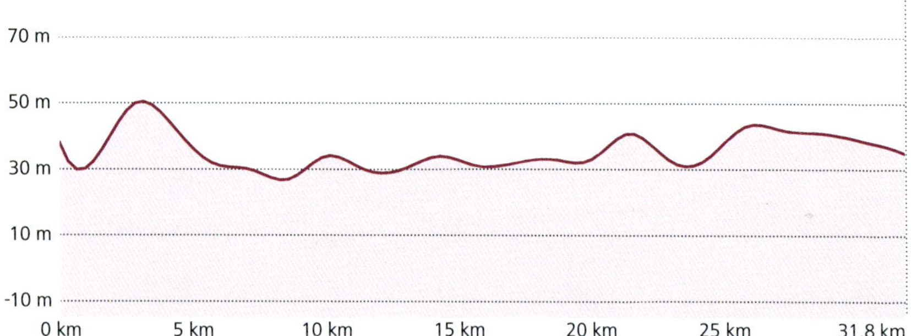

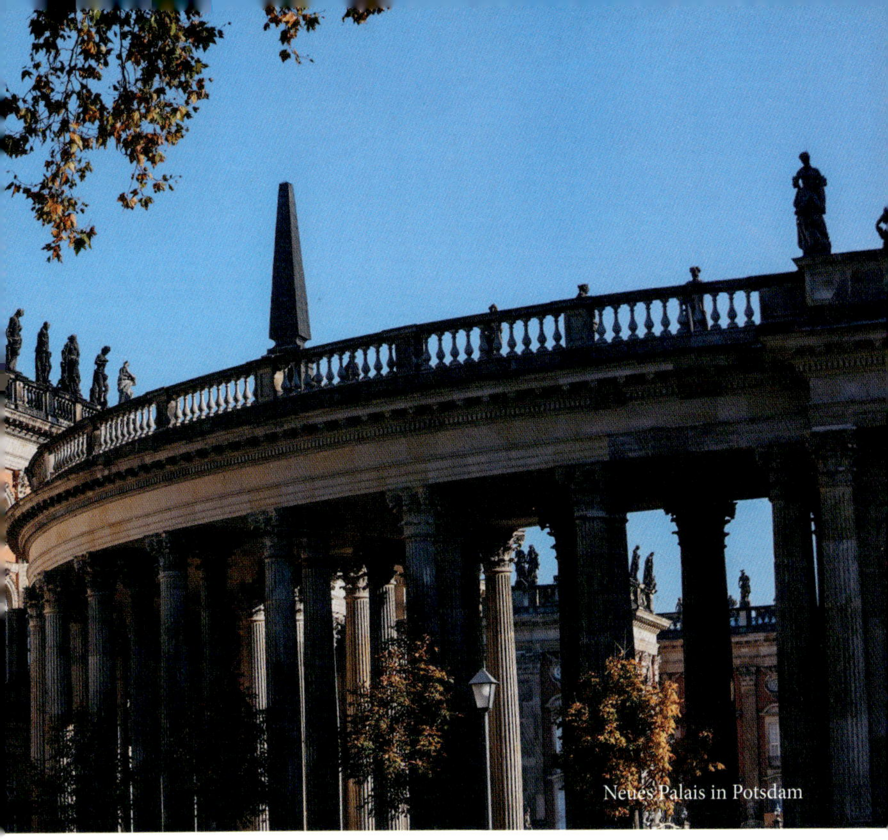

Neues Palais in Potsdam

Diese vielfältige Tagestour verzaubert uns zu nahezu jeder Jahreszeit. Wir bewundern prunkvolle Barockarchitektur und aufwändige Gärten, erfreuen uns an Baumblüte und schattigen Wäldern und genießen dabei immer wieder die Nähe zum kühlen Nass.

Größtenteils flache Tour auf primär asphaltierten Wegen, etwas Kopfsteinpflaster, Fahrradschloss und Badesachen mitnehmen! Vor der Tour den Veranstaltungskalender der Region checken für saisonale Feste in Werder! Eine Tasche, um regionale Produkte mitzunehmen, ist empfehlenswert.

Los geht's am Hauptbahnhof Potsdam in der Brandenburger Landeshauptstadt, in der wir allein schon den ganzen Tag verbringen könnten. Auf einem breiten Radweg rollen wir über die Lange Brücke mitten hinein in die mit UNESCO-Welterbe-Kulturstätten gespickte Innenstadt. Es lohnt sich einen Abstecher nach rechts über die Humboldstraße zum Alten Markt (Am Alten Markt 29, 14467 Potsdam). Hier befinden sich Museen, der Potsdamer Landtag im neu errichteten Stadtschloss sowie die klassizistische St. Nikolaikirche mit ihrer Kuppel. Über die Breite Straße geht es vorbei am ältesten Gebäude der Stadt, dem Marstall aus dem Jahr 1685, wo heute das Filmmuseum sitzt. Spannend ist auch die Baustelle der historischen Garnisonkirche, deren Kirchturm aufwändig wieder aufgebaut wird.

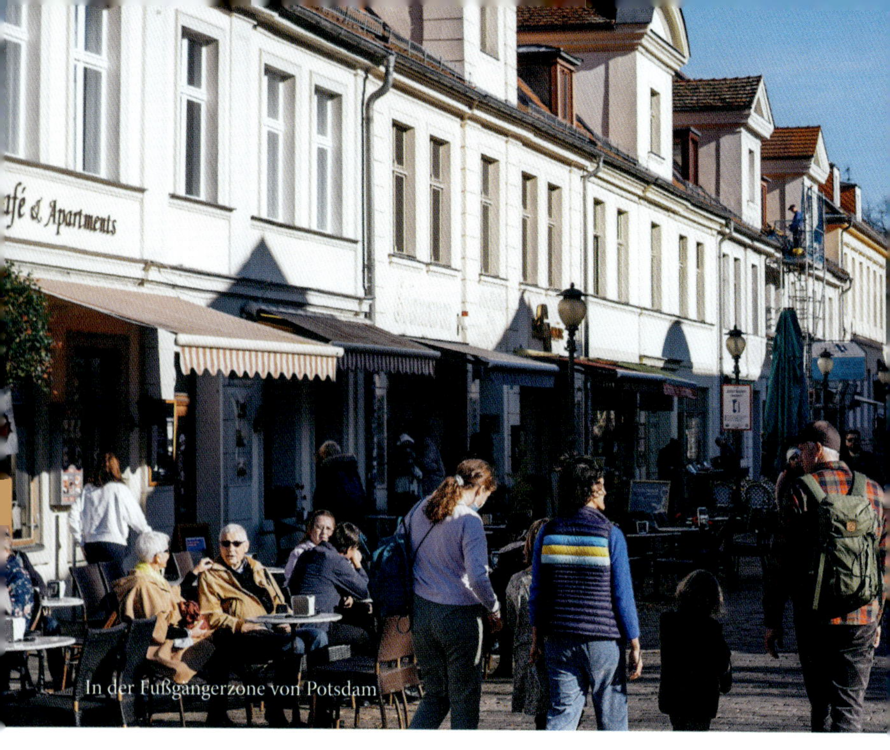

In der Fußgängerzone von Potsdam

Wir biegen nach rechts auf die Schopenhauerstraße ab und radeln direkt auf ein Wahrzeichen Potsdams zu, das Brandenburger Tor Potsdam (Luisenpl., 14471 Potsdam), ein Triumphbogen aus dem Jahr 1770. Von nun an befinden wir uns auf der Radroute Alter Fritz, die auf den Spuren Friedrich des Großen in einer Rundtour durch Potsdam führt. Dem Radweg folgend nähern wir uns nun den Gartenanlagen und dem wohl berühmtesten Sommerschloss aus dem 18. Jahrhundert: Schloss Sanssouci (Saisonöffnungszeiten, ganzjährig Di–So, 14/10 €, Maulbeerallee, 14469 Potsdam, www.spsg.de), das mit seinen herrlichen Weinbergterrassen bei keinem touristischen Stadtbesuch fehlen darf. Radfahren darf man im Großteil des Parks nicht, doch es gibt Fahrradabstellmöglichkeiten an den Haupteingängen. So halten wir es bei einem Besuch ganz wie Friedrich der Große, ziehen uns für einige Zeit zurück ins erholsame Grün und genießen die Anlagen entschleunigt zu Fuß.

Wenn wir unseren Weg dann ein paar Meter berghoch nach Westen fortsetzen, kommen wir nicht umher uns immer wieder nach rechts und links umzuschauen. Weiter der Straße folgend taucht plötzlich die hölzerne Historische Mühle vor uns auf, die im wunderbaren Kontrast zum barocken Zierprunk steht. Ein architektonisches und gärtnerisches Highlight nach dem anderen liegt auf der Route, wie das Orangerieschloss und der Botanische Garten.

Puh, so viele visuelle Sinnesreize müssen erstmal verarbeitet werden! Aber eine gewaltige Kirsche auf dem Sahneberg gibt es noch: Wir biegen nach links ab und fahren mit den Rädern direkt auf eine riesige Schlossanlage zu. Das Neue Palais ist ein repräsentativer Prunkbau

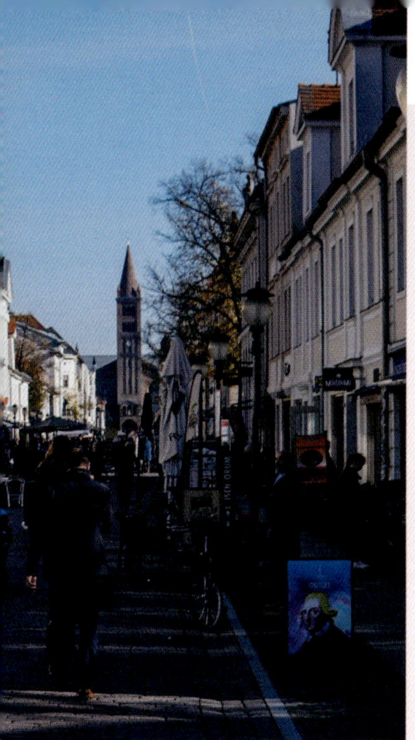

Highlights
am Wegesrand

Km 2
Die Potsdamer Version des Brandenburger Tors liegt am Eingang zur Fußgängerzone der Brandenburger Straße, die nach Nordwesten hin ins berühmte Holländische Viertel mit den charakteristischen Backsteingebäuden übergeht. Ein kleiner Bummel bietet sich an, inklusive einer Kaffeepause in einem der vielen Lokale.

200
So viele Räume befinden sich im prunkvollsten Schloss Friedrich des Großen, dem Neuen Palais. Der Detailreichtum der Verzierungen innen wie außen mit großen Freitreppen, Säulengängen und Kuppeln lassen einen aus dem Staunen gar nicht mehr herauskommen.

Km 27
Direkt gegenüber vom Forsthaus Templin liegt das Strandbad Templin, das sich als Waldbad malerisch zwischen Bäumen am Ufer des Templiner Sees erstreckt. Es bietet neben einer Wasserrutsche zahlreiche Wassersportangebote – toll für die ganze Familie und perfekt für einen erfrischenden Tourabschluss im Sommer!

im Barock- und Rokokostil, welcher als letzter in dieser Parkanlage errichtet wurde und wahrlich imposant wirkt. Jetzt erstmal durchatmen und alle Eindrücke sacken lassen!

Dazu verlassen wir das Gelände des Palais, fahren an der Uni Potsdam vorbei, die direkt gegenüber liegt, und biegen schließlich nach rechts auf die Lindenallee ab. Der Radweg führt schnurgerade durch eine wunderschöne Allee mit großen Bäumen, ohne Verkehr und von Feldern und Wald gesäumt – herrlich nach dem ganzen städtischen Trubel. Zwischen Feldern geht es weiter bis zum Unistandort Golm, wo wir schließlich auf die Radroute F3 und den Galliner Damm treffen. Auch hier bleiben wir fast gänzlich ungestört vom Autoverkehr. Am Wochenende kann es sogar sein, dass man allein zwischen Bäumen und Feldern rollt. Traumhaft.

Rechts geht es auf die Eisenbahnbrücke über die Havel zu, die einen Bereich für Zufußgehende und Radfahrende hat. Eine neue Fahrradbrücke ist im Bau,

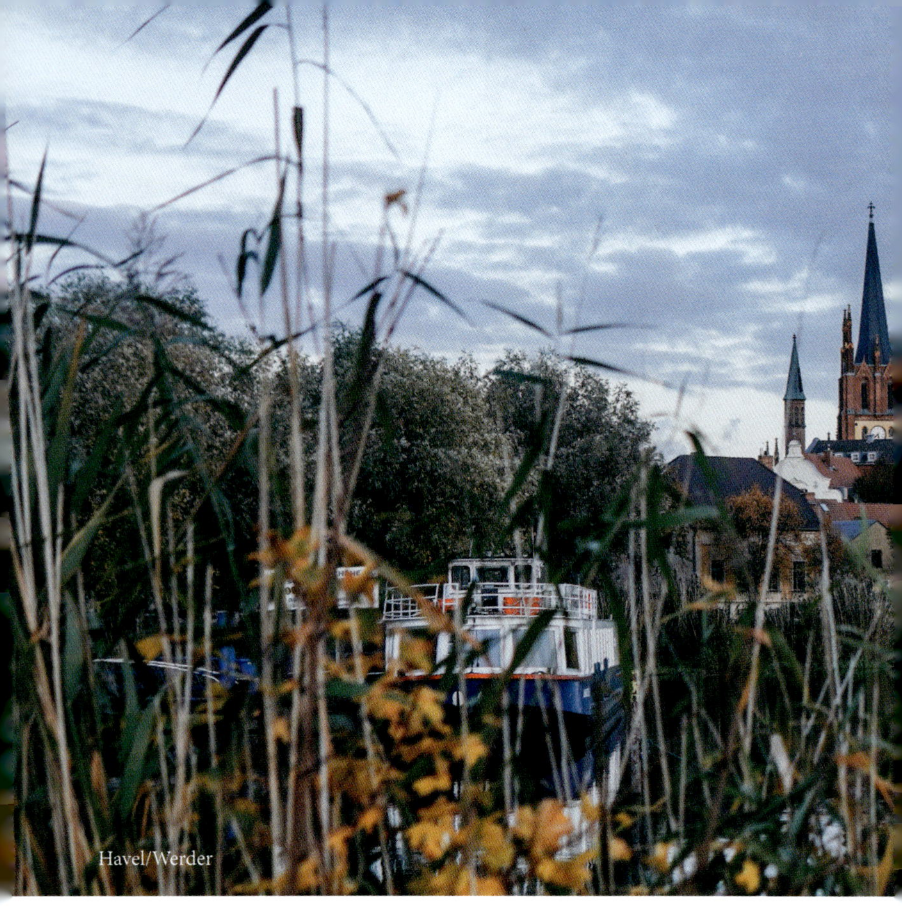

Havel/Werder

um den Übergang zu erleichtern. Aktuell müssen wir die Räder auf einer Schiene parallel zur Treppe hoch- und runterschieben. Heraus kommen wir auf der anderen Havelseite direkt am Regionalbahnhof von Werder/Havel. Die Stadt ist vor allem für ihr großes Baumblütenfest (Anf. Mai, werder-havel.de) bekannt, das bereits seit Ende des 19. Jahrhunderts in der Region gefeiert wird, aber auch für den regionalen Obst- und sogar Weinanbau.

Die historische Altstadtinsel Werder, die nun auf der rechten Seite in der Havel zu sehen ist, erreichen wir über eine Brücke. Dieses Kleinod dürfen wir uns auf keinen Fall entgehen lassen! Hier wartet nicht nur die zweite Windmühle der Tour auf uns, sondern auch kleine Gassen mit bunten Häusern und Cafés, wo wir uns mit einer Stärkung zurücklehnen können. Da nimmt man auch das ebenso historische Kopfsteinpflaster in Kauf, das die Straßen auf der gesamten Insel überzieht.

Wir verlassen die Insel und radeln weiter gen Süden auf einem Teil des Havelradwegs raus aus Werder. Am Kreisverkehr trifft die Route auf den Eurovelo 7 und diesem folgen wir über die Baumgartenbrücke, von wo aus wir einen schönen Blick über das Wasser der Havel und auf den Schwielowsee haben. Von Geltow aus geht es am Uferweg entlang bis auf die Insel Wentorf, wo wir kurz nach dem Bahnhof Geltow-Caputh an der Fähre

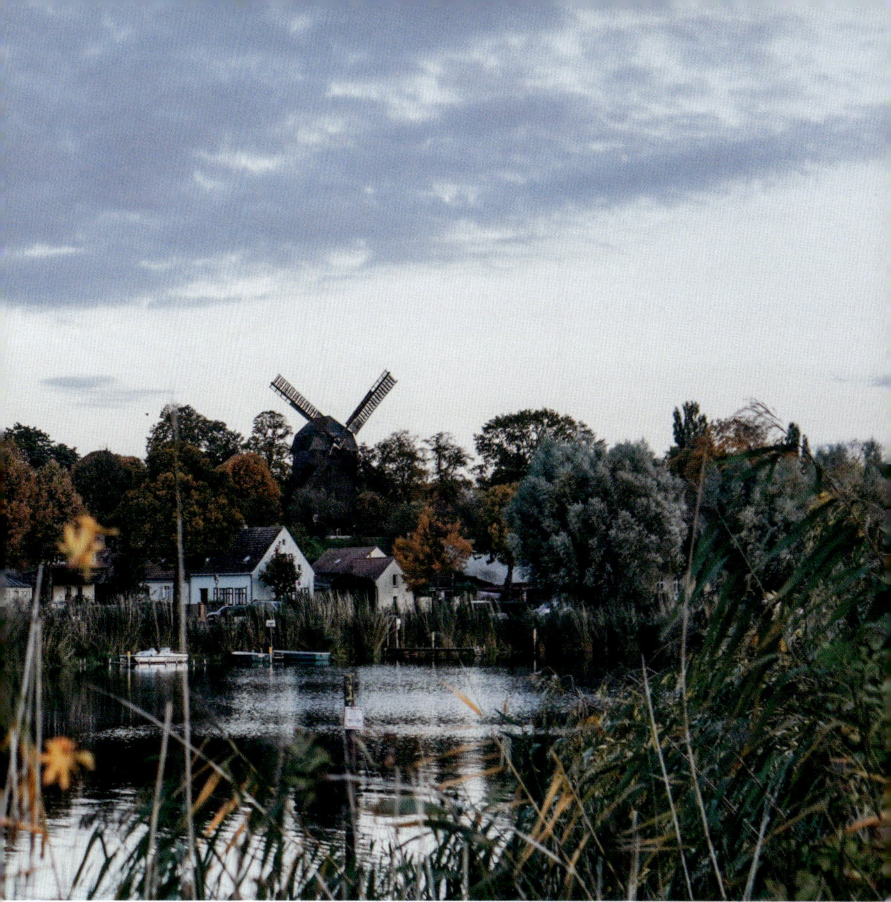

Caputh (ganzjähriger Betrieb, Einzelfahrt mit Fahrrad 1€, Weinbergstraße 2, 14548 Schwielowsee, faehre-caputh.de) halten. Juhu, endlich auch mal aufs Wasser, statt nur daran vorbeizuradeln – und wenn es nur knapp 100 m sind.

Das Schloss Caputh (Straße der Einheit 2, 14548 Schwielowsee OT Caputh) ist der letzte barocke Prunkbau unserer Tour und das älteste erhaltene Lustschloss aus der Zeit des Großen Kurfürsten Friedrich Wilhelms. Zusammen mit dem hübschen Landschaftsgarten nach einem Plan von Peter Joseph Lenné ist es ein sehenswertes Ensemble direkt am Havelufer. Zum Ausklang unserer architektonischen Reise folgen wir nun dem straßenbegleitenden Radweg der Templiner Straße. Dieser führt malerisch durch den Wald zurück nach Potsdam und lässt uns immer wieder einen Blick aufs Wasser erhaschen und ab und zu über die Bohlen von Holzbrücken fahren.

Einen Stopp können wir nun noch beim Forsthaus Templin (Do–So 11–21 Uhr, Templiner Str. 102, 14473 Potsdam, www.braumanufaktur.de) einlegen, einer Braumanufaktur, die leckeres Bio-Bier herstellt und dazu deftige Küche serviert. Wer jetzt nichts trinken mag, nimmt sich einfach ein Fläschchen für zu Hause mit. Von hier aus sind es nur noch knapp 5 km und ein Anstieg bis wir wieder am Potsdamer Hauptbahnhof eintreffen.

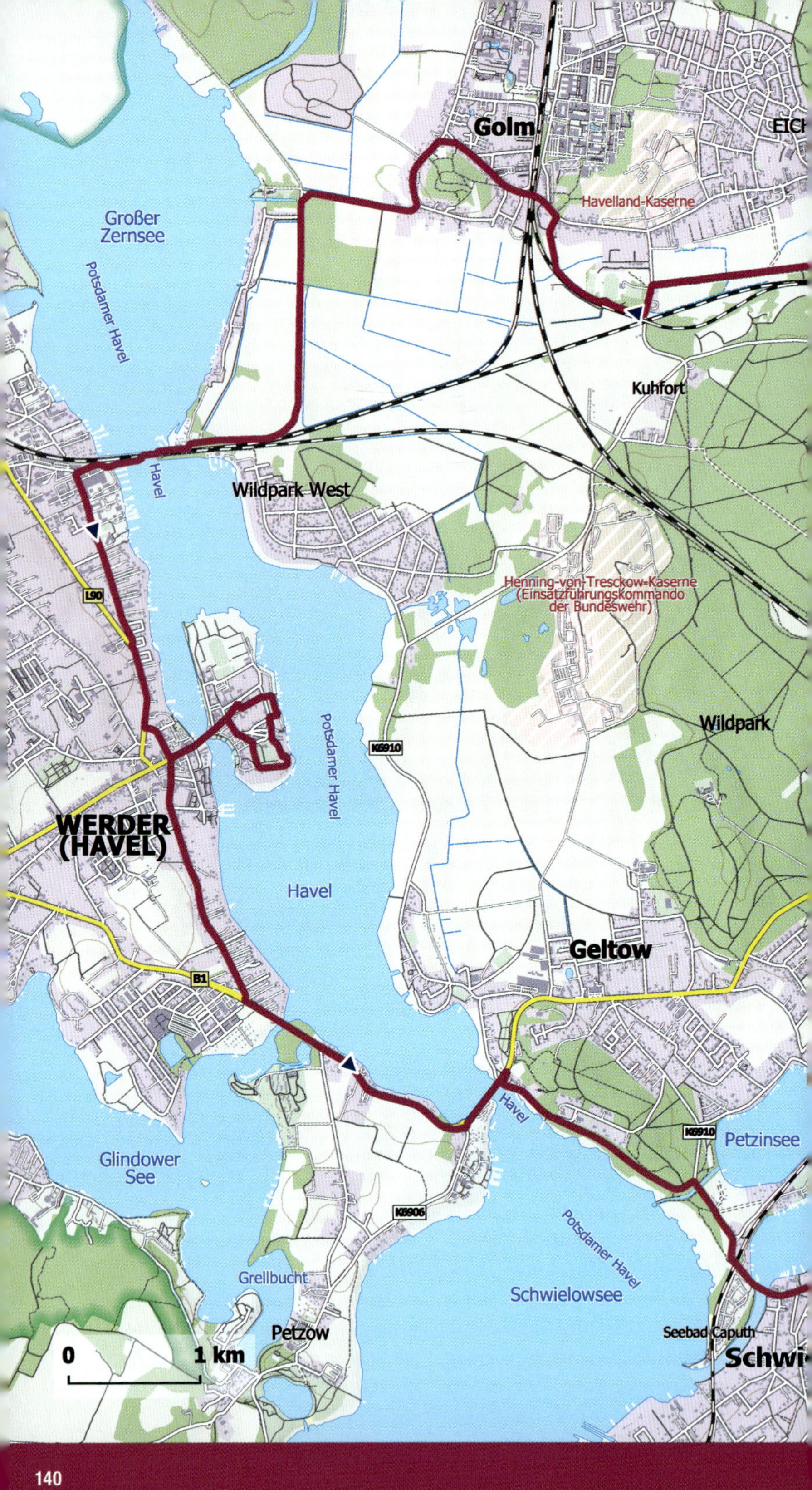

Golm
Havelland-Kaserne
Großer Zernsee
Potsdamer Havel
Kuhfort
Havel
Wildpark West
L90
Henning-von-Tresckow-Kaserne (Einsatzführungskommando der Bundeswehr)
K6910
Potsdamer Havel
Wildpark
WERDER (HAVEL)
Havel
Geltow
B1
Havel
K6910
Petzinsee
Glindower See
K6906
Potsdamer Havel
Grellbucht
Schwielowsee
Petzow
Seebad Caputh
0
1 km

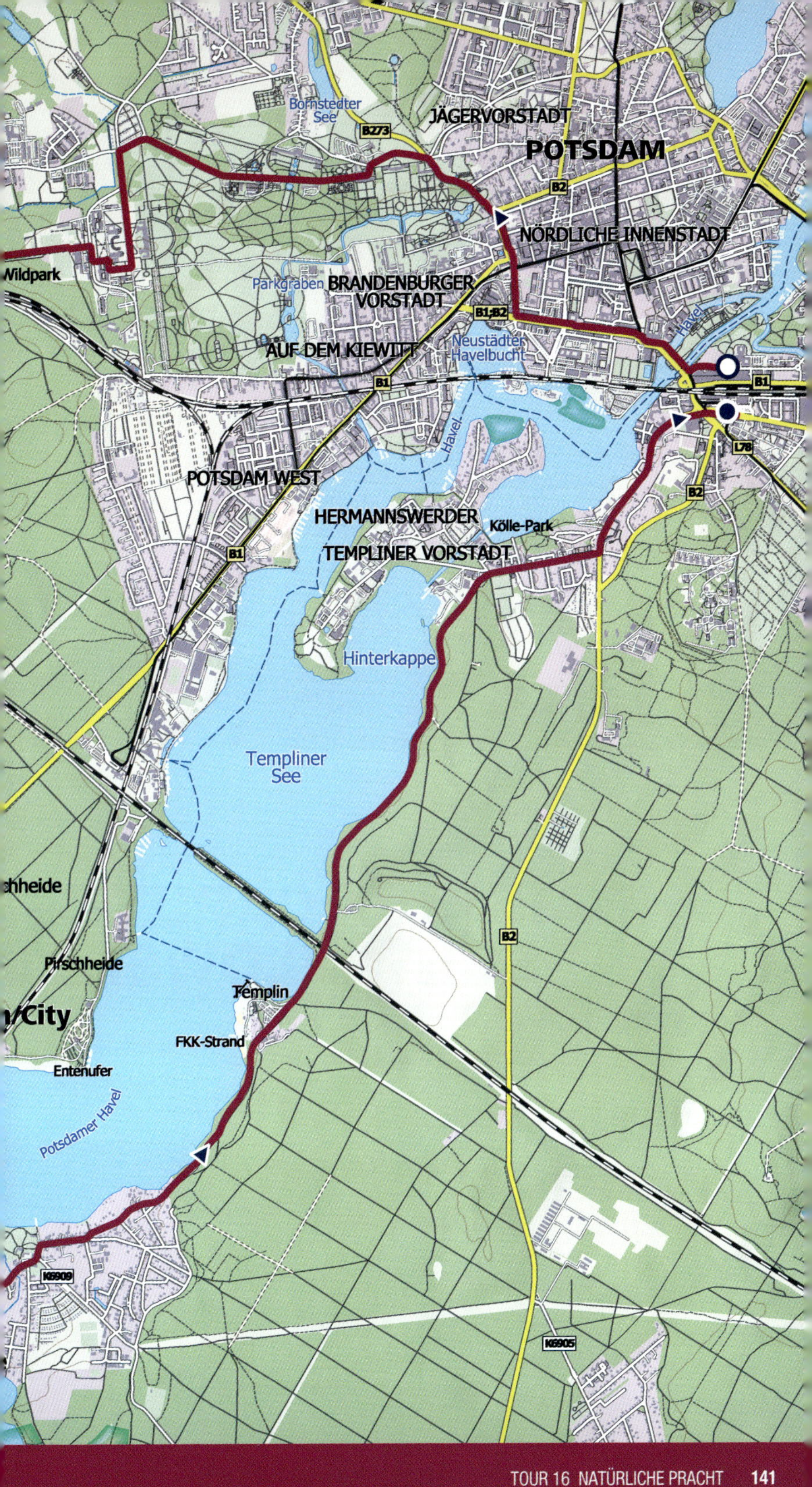
Bornstedter See
B273
JÄGERVORSTADT
POTSDAM
B2
NÖRDLICHE INNENSTADT
Wildpark
Parkgraben
BRANDENBURGER VORSTADT
B1;B2
AUF DEM KIEWITT
Neustädter Havelbucht
Havel
B1
L78
POTSDAM WEST
B2
HERMANNSWERDER
Kölle-Park
TEMPLINER VORSTADT
B1
Hinterkappe
Templiner See
chheide
B2
Pirschheide
Templin
/City
FKK-Strand
Entenufer
Potsdamer Havel
K6909
K6905

Über den Baumwipfeln und rein in die Brandenburger Alpen

17 HÖHENLUFT IM GRÜNEN

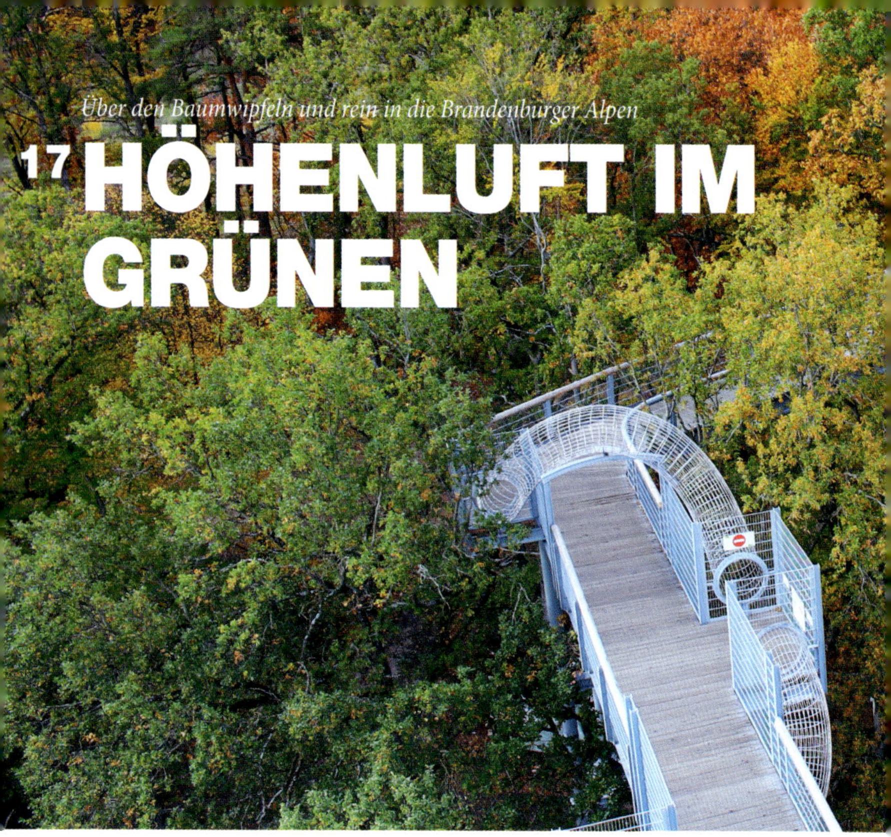

Start/Ziel

BAHNHOF CAPUTH-SCHWIELOWSEE

Rundtour

41,9 Kilometer

100 Höhenmeter

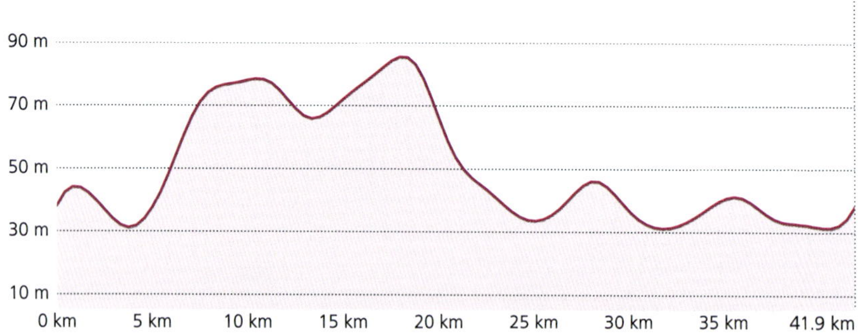

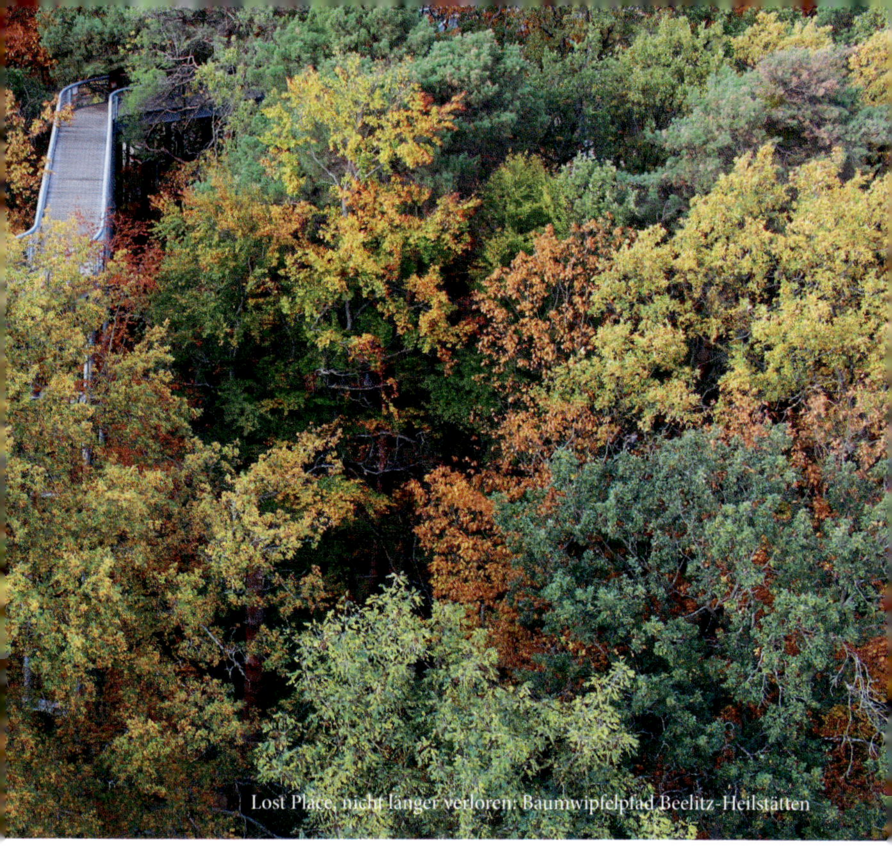
Lost Place, nicht länger verloren: Baumwipfelpfad Beelitz-Heilstätten

Viel Natur mit Wäldern, Heidelandschaft und kleinen Anstiegen gestalten diese Tagestour im Südwesten von Potsdam. Wir bestaunen hoch über den Baumwipfeln historische Mauern, die die Natur zurückerobert hat, genießen Sanddorn aus regionalem Anbau und machen einen Abstecher in die Brandenburger Alpen.

Größtenteils asphaltiert und gut fahrbar, verschiedene Untergründe mit kurzen Waldweg- und Sandpassagen möglich, etwas profilierte Reifen von Vorteil, moderate, kurze Steigungen. Rastplätze unterwegs vorhanden und Baden im Strandbad möglich.

Los geht die Fahrt am kleinen Bahnhof Caputh-Schwielowsee. Der hübsche Ort, in dem schon Einstein einige Zeit wohnte, erzeugt mit seinen bemerkenswerten Villen und der direkten Wasserlage am Schwielowsee sofort Urlaubsstimmung. Wir rollen auf dem Radweg der Historischen Stadtkernroute 4 gen Südwesten bis zum ehemaligen Fischerdorf Ferch-Schwielowsee. Dies hat nicht nur ein Strandbad, sondern ist vor allem bekannt aufgrund seiner Havelländischen Malerkolonie mit eigenem Museum (Aug.–Okt. Do–So 12–16, Nov.–April Sa–So 12–16 Uhr, 3/2,50 €, Beelitzer Str. 1, 14548 Schwielowsee, havellaendische-malerkolonie.de) im regional typischen reetgedeckten Fachwerkhaus.

Highlights

am Wegesrand

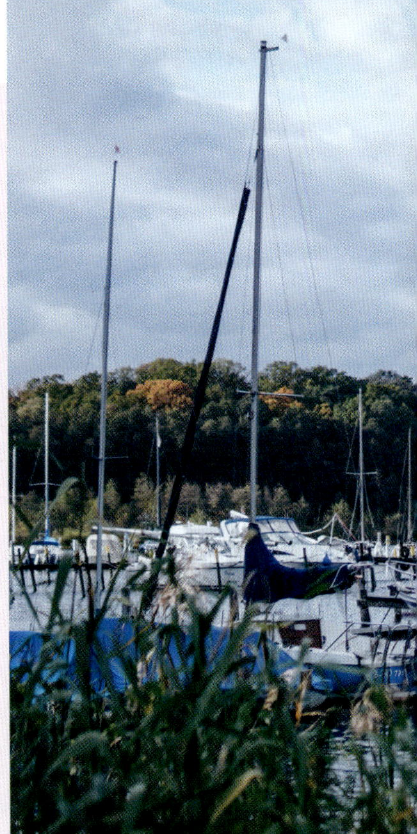

Km 6
Das Museum der Havelländischen Malerkolonie Ferch zeigt regionale Kunst. Schon Ende des 19. Jahrhunderts siedelten sich, inspiriert von der vielfältigen, wunderschönen märkischen Landschaft, viele bildende Künstler in der Gegend um Ferch und den Schwielowsee an.

700 m
Das ist die ungefähre Länge des Baumwipfelpfads Beelitz-Heilstätten, der es ermöglicht, das Gelände oberhalb der Baumwipfel zu bestaunen. Dort gibt es noch weitere Attraktionen für die ganze Familie. Die Fahrräder lassen sich direkt bei den Kassen abstellen.

Km 29
Das wild-romantische Naturschutzgebiet Glindower Alpen ist entstanden durch jahrhundertelangen Tonabbau (Glindow, von Glina, slawisch für Ton/Lehm). In den Schluchten und Wällen hat sich ein vielfältiges Naturareal mit Teichen und Plateaus entwickelt, was vielen Tieren und Pflanzen eine Heimat bietet.

Wir biegen ab in den Mühlengrund und weiter nach links auf die naturbelassene Nebenstraße Sonnenfang, die uns mit ein paar holprigen Schlaglöchern etwas mehr Aufmerksamkeit abverlangt. Der Weg vorbei an wilden Wiesen und kleinen Häusern bringt uns bis zur Waldgrenze. Hier wird es etwas kniffeliger. Gröberes Reifenprofil zahlt sich aus, denn es geht nun über einen kurzen Abschnitt über einen sandigen Waldweg ein paar Meter berghoch. Keine Sorge, absteigen und kurz schieben ist machbar – die Mühe lohnt sich! Denn der Wald ist traumhaft schön. Jetzt erstmal tief durchatmen! Nach knapp 400 Metern werden wir auch schon mit dem glatten Asphalt des Europaradwegs R1 belohnt.

Es geht mitten durch den Wald, über die Autobahnbrücke der A 10 und vorbei an Beelitzer Heidelandschaft mit den charakteristischen Heidekrautpflanzen, die sich hier im sandigen Waldboden links

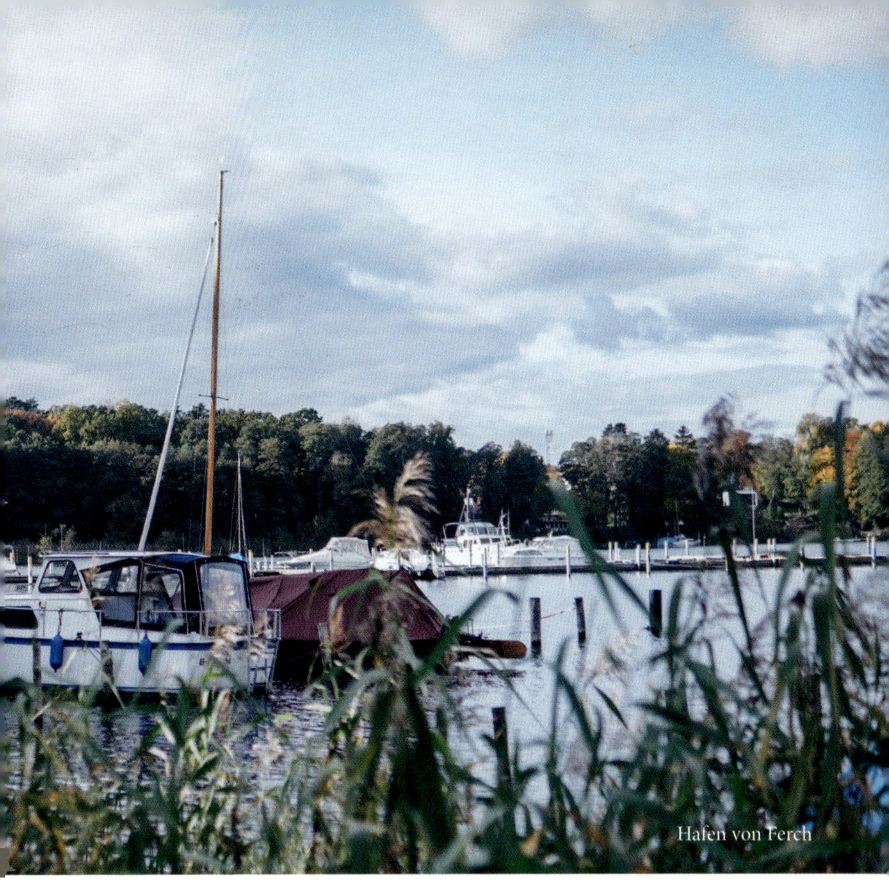
Hafen von Ferch

und rechts des Weges richtig wohlfühlen. Besonders im Spätsommer ab Mitte August erstrahlt die Heide in voller Blütenpracht. Nach der Autobahnbrücke über die A 9 wird der Radweg hügeliger und in einem beständigen Auf und Ab radeln wir nun auf der Schneise zwischen den Wäldern bis zu einer Bahnunterführung. Achtung, mitunter ist der Weg durch die Wurzeln der Bäume etwas uneben!

Nach weiteren Metern durch den Wald erreichen wir schließlich den Beelitzer Ortsteil Beelitz-Heilstätten und biegen nach rechts auf den Radstreifen der Bundesstraße ab. Alte und neue Bauwerke säumen kontrastreich die Straße. Roter Backstein trifft auf Fachwerk, kleine Türmchen und runde Fensterbögen gestalten die Fassaden. Besonders eindrucksvoll heben sich das alte Heizkraftwerk und die umgebenden Gebäude ab und erinnern an den architektonischen Charme der Jahrhundertwende um 1900. Wir fahren am Bahnhof Beelitz-Heilstätten vorbei und nähern uns einem Areal, das als einer der eindrucksvollsten Lost Places Brandenburgs berühmt wurde – die überwachsenen und halb verfallenen Gebäude der ehemaligen Lungenheilanstalt. Spätestens seit 2015 kann man die Heilstätten aber eher als Saved Place betrachten und die eindrucksvollste Art, diese zu besuchen ist über den Baum & Zeit – Baumwipfelpfad Beelitz-Heilstätten (tgl. ab 10 Uhr, außer im Winter, 13,50/10 €, An der L88, 14547 Beelitz, baumundzeit.de).

Wir schwingen uns wieder aufs Rad und folgen der L 88 ein kurzes Stück, bis es in

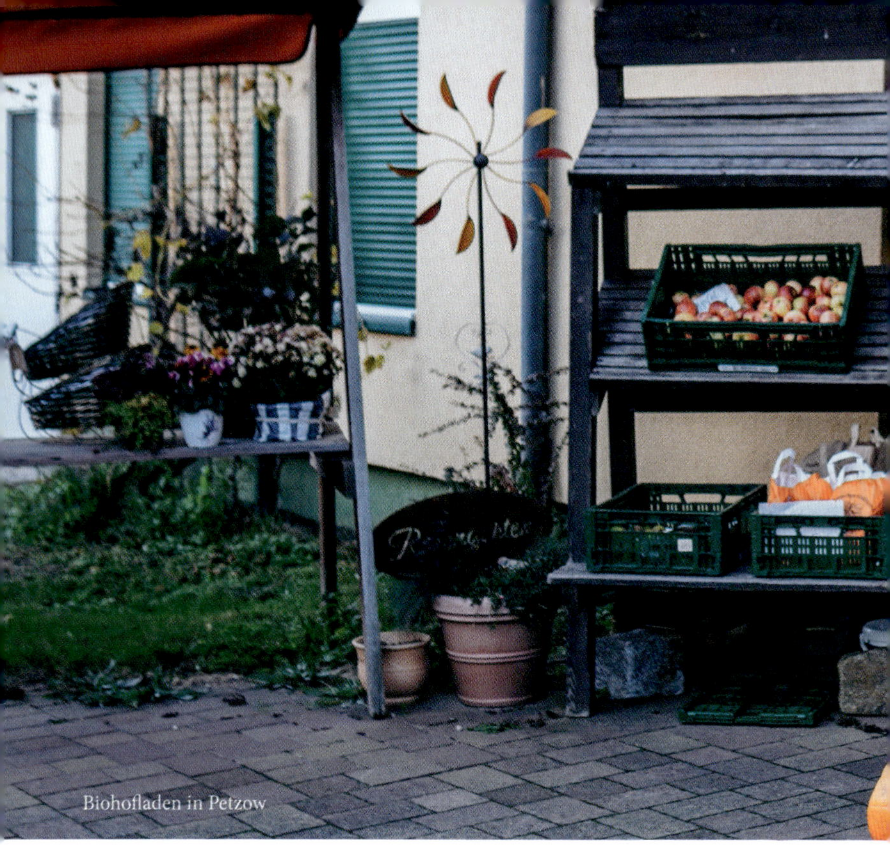

Biohofladen in Petzow

der Kurve nach rechts auf einen breiten Forstweg geht. Achtung, Abfahrt nicht verpassen, denn es gibt keine richtige Überfahrt vom links der Fahrbahn gelegenen Radweg in die Seitenstraße! Nach etwa 800 m auf dem größtenteils festen, sandigen Weg biegen wir rechts ab, um kurze Zeit später wieder auf den asphaltierten Fernradweg R1 zu stoßen, den wir schon von der Hinfahrt kennen. Nach ca. 3 km auf der bekannten Strecke setzen wir den Weg auf dem R1 weiter geradeaus und herrlich bergabrollend fort.

Der Fernradweg bringt uns nun weiter nach Norden, wo wir an der Kreuzung zur Fercher Straße noch einmal einen kurzen Abstecher nach Süden zum Japanischen Bonsaigarten (April–Ende Okt., Mi–So 11–18 Uhr, 6/5/3 €, bonsaihaus.de) machen können. Dieser kleine, wunderschön angelegte Garten bildet einen gepflegten Kontrast zu den wilden Anlagen der Heilstätten zuvor.

Anschließend radeln wir auf dem Radweg der Fercher Straße weiter nach Norden bis nach Petzow, wo es einen schönen Gutspark gibt, der nach Plänen des in der Region viel beschäftigten Landschaftsplaners Lenné angelegt wurde, inklusive Schloss und Schinkelkirche. Außerdem bietet Petzow eine tolle Pausengelegenheit. Im Sanddorngarten Petzow (tgl. 10–18 Uhr, Fercher Str. 60, 14542 Werder/Havel, sanddorn-garten-petzow.de) kann man sich im Hofladen direkt mit Bio-Sanddornprodukten und weiteren regionalen Spezialitäten versorgen und im Café-Imbiss direkt probieren.

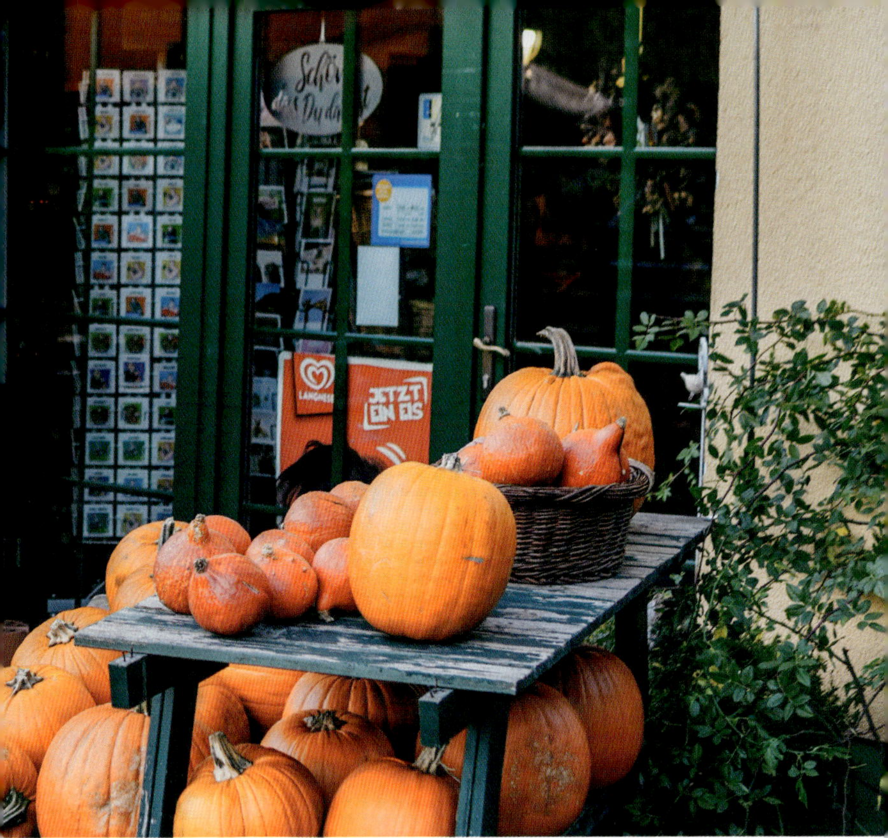

Vom Sanddorngarten aus fahren wir bergab zurück bis zum Haussee und biegen dort rechts ab. Wir befinden uns auf dem Panoramaweg Werderobst und direkt am Glindower See. Links der Route erstreckt sich nun ein hügeliges Waldgebiet, das den ungewöhnlichen Namen Glindower Alpen trägt. Alpen? Ein bisschen übertrieben mag das klingen, doch einmalig in der Region ist diese Landschaft auf jeden Fall. Wer Lust hat, sich noch einmal ein wenig die Füße zu vertreten, sollte spätestens am Ziegeleimuseum Glindow (Sa-So 10-16 Uhr, Alpenstraße 44, 14542 Werder/ Havel, ziegeleimuseum-glindow.de) das Fahrrad an einen der Bügel anschließen und einen Abstecher auf die Naturlehrpfade machen.

Im Anschluss geht es für uns über die Alpen- und die Klaistower Straße weiter nach Norden bis Werder/Havel. Damit schließen wir die Umrundung des Glindower Sees ab und radeln über die Baumgartenbrücke nach Geltow. Die Historische Stadtkernroute 4 bringt uns über die Insel Wentorf bis zur Caputher Gemünde. Dort können wir uns in der außergewöhnlichen Strand- und Eventlocation Seebad Caputh (Öffnung jahreszeitlich, Weg zum Strandbad 1, 14548 Schwielowsee OT Caputh, seebad-caputh.de) noch eine Erfrischung gönnen, bevor wir über die stählerne Eisenbahnbrücke über das Wasser zurück nach Caputh gelangen. Die Brücke ist nur über eine Treppe zu erreichen, ergo wir müssen das Fahrrad kurz schultern. Ein schöner Wasserblick belohnt. Nach wenigen Metern haben wir den Bahnhof erreicht.

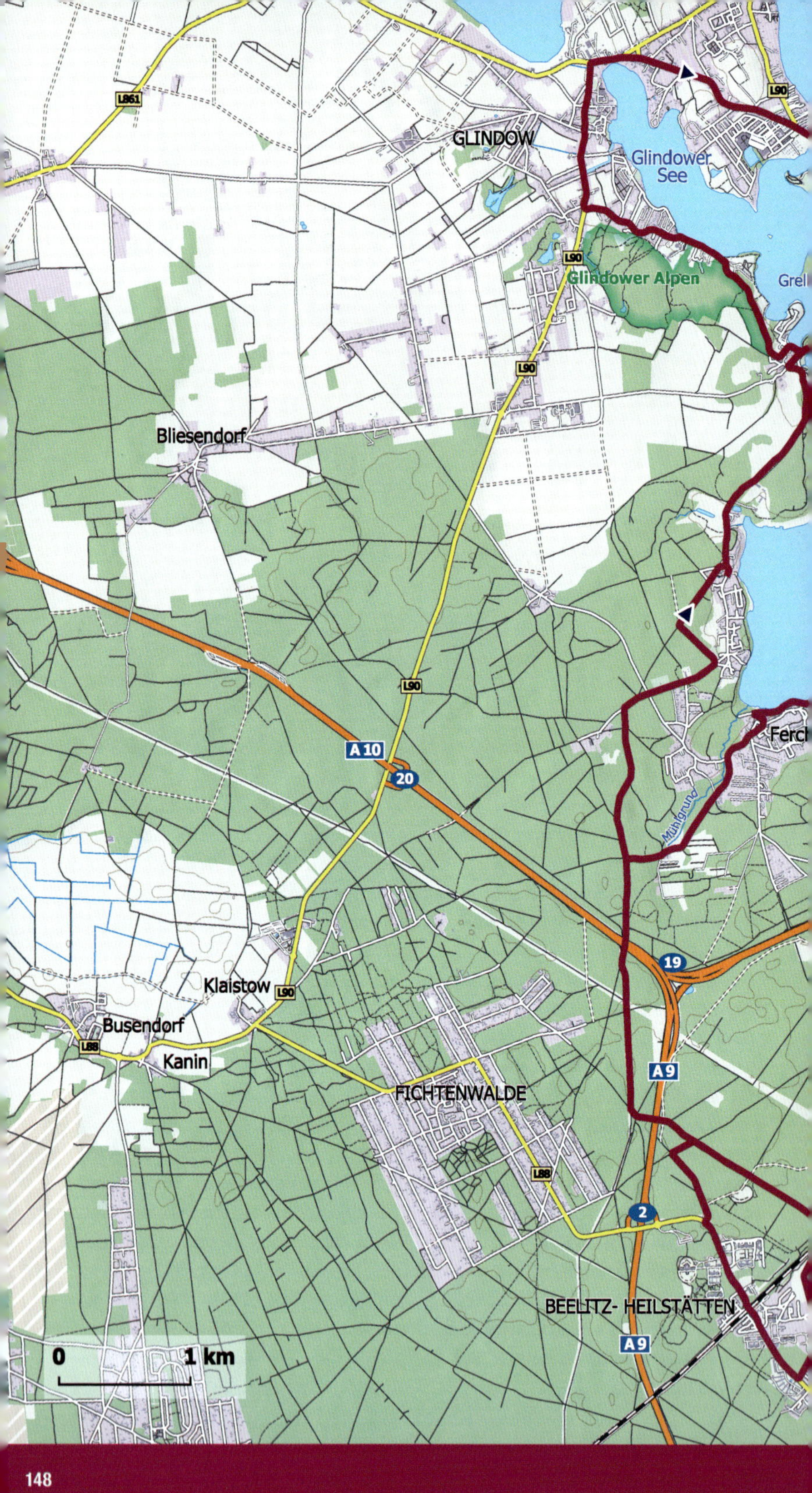
L861
GLINDOW
Glindower
See
L90
Grel
Glindower Alpen
Bliesendorf
A 10
20
Ferch
Mühlgrund
19
Klaistow
Busendorf
Kanin
L88
FICHTENWALDE
A9
2
BEELITZ- HEILSTÄTTEN
0
1 km

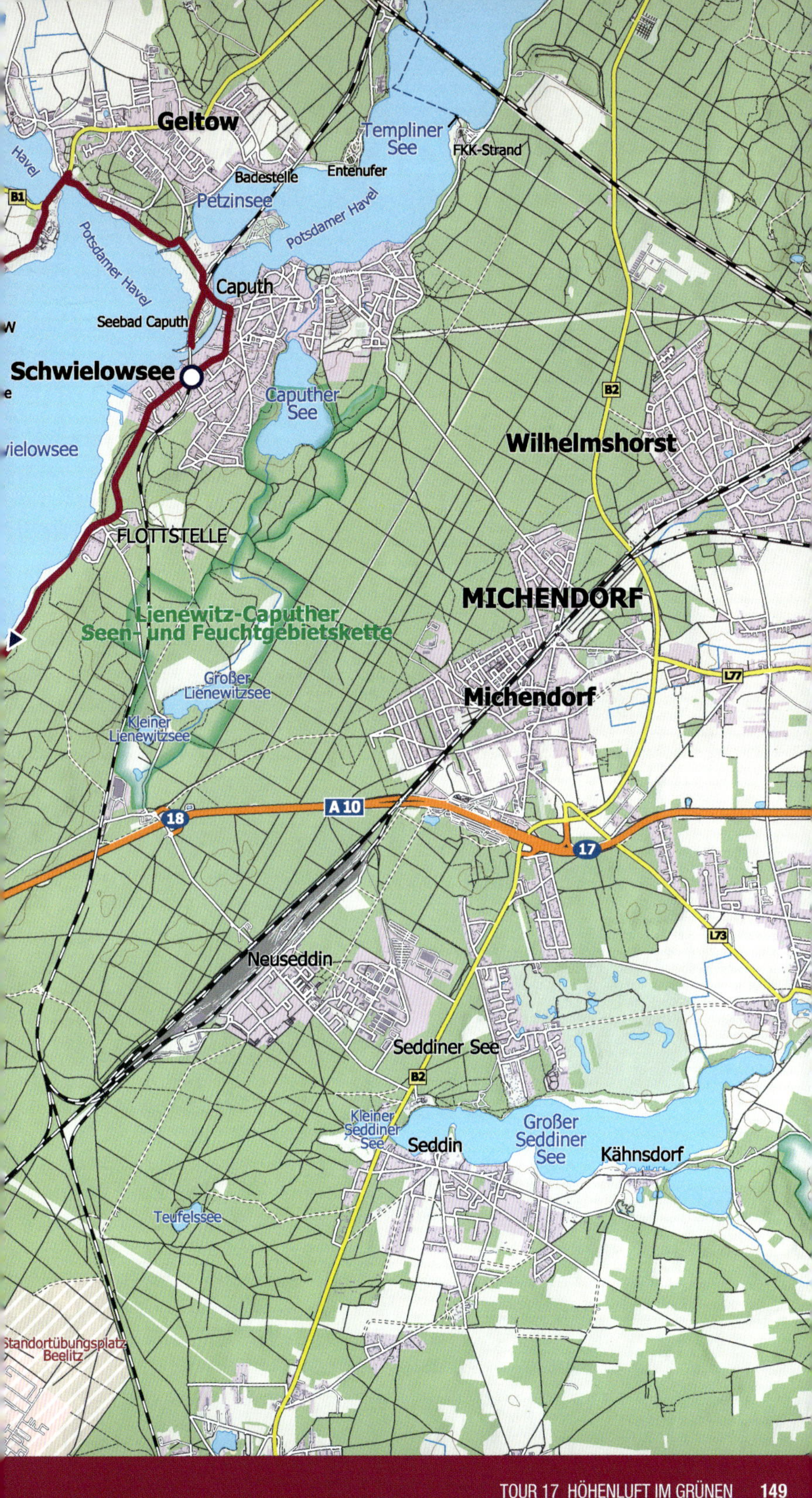
Geltow
Templiner See
FKK-Strand
Havel
Badestelle
Entenufer
B1
Petzinsee
Potsdamer Havel
Potsdamer Havel
Caputh
Seebad Caputh
Schwielowsee
Caputher See
B2
Wilhelmshorst
FLOTTSTELLE
MICHENDORF
Lienewitz-Caputher Seen- und Feuchtgebietskette
Großer Lienewitzsee
Michendorf
L77
Kleiner Lienewitzsee
A 10
18
17
L73
Neuseddin
Seddiner See
B2
Kleiner Seddiner See
Seddin
Großer Seddiner See
Kähnsdorf
Teufelssee
Standortübungsplatz Beelitz

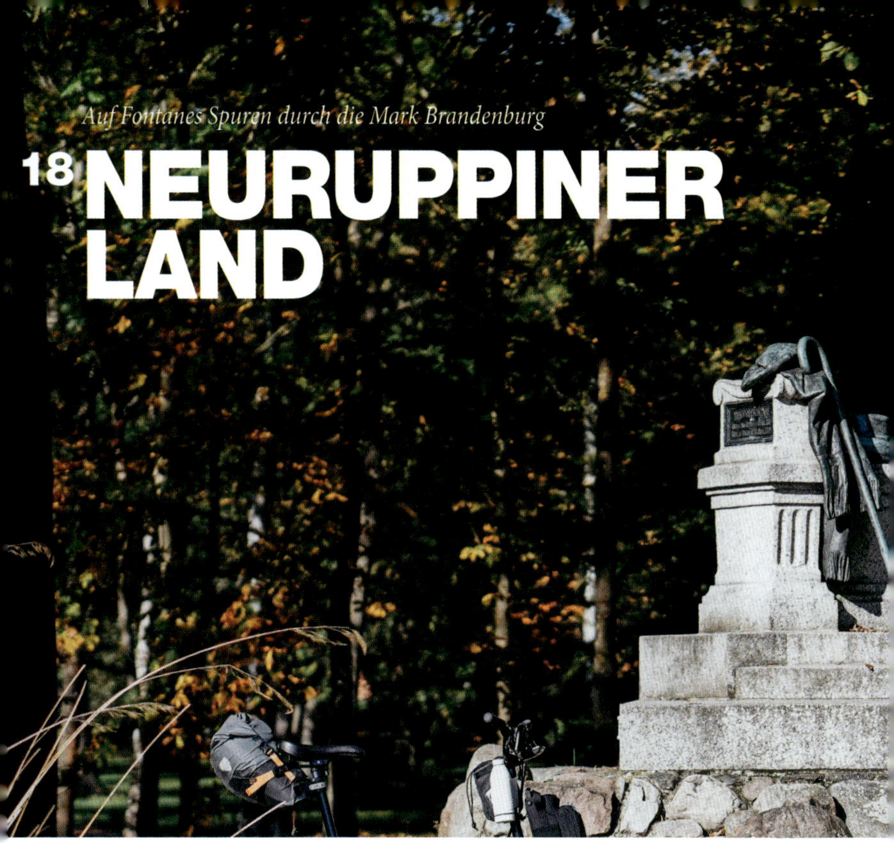

Auf Fontanes Spuren durch die Mark Brandenburg

18 NEURUPPINER LAND

von

NEU-RUPPIN

55,7 Kilometer

220 Höhenmeter

zavum

BAHNHOF ORANIENBURG

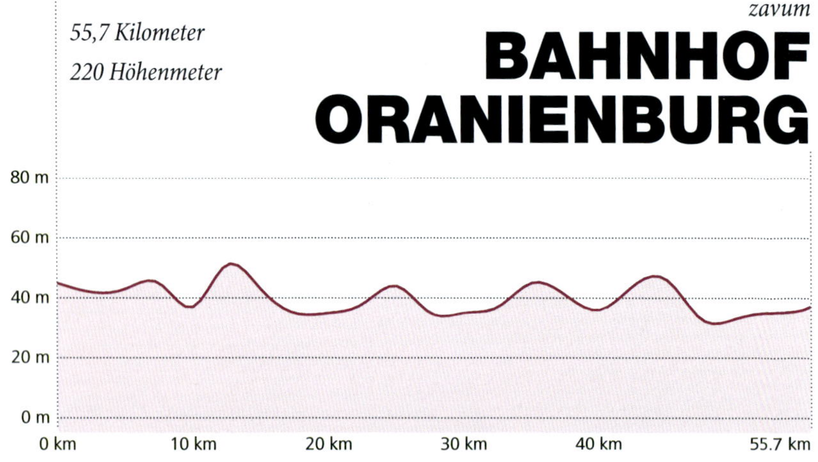

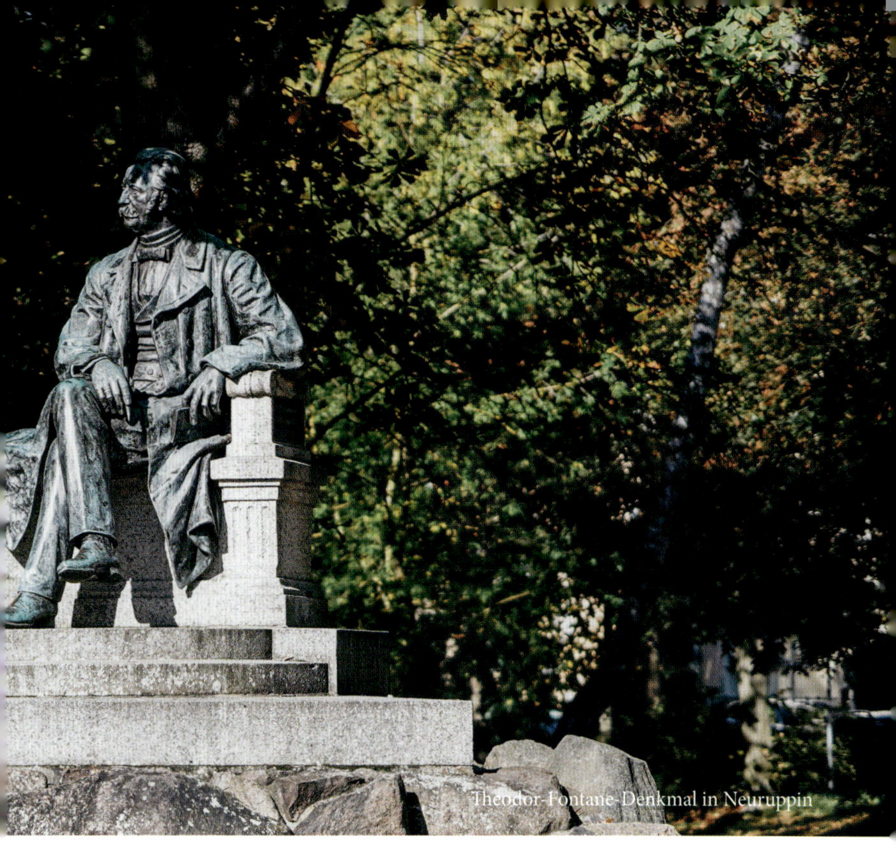
Theodor-Fontane-Denkmal in Neuruppin

Der Realismus-Schriftsteller Theodor Fontane und seine Texte über die Mark Brandenburg und dessen Wanderungen sind Inspiration für unsere LiteraTour durchs schöne Ruppiner Land und die Ostprignitz.

Viele asphaltierte Radwege mit ein paar wenigen, kurzen Kofpsteinpflasterabschnitten. Flache Tour ohne Steigungen mit einer naturbelassenen Wald-Passage, die umfahren werden kann. Badesachen sind im Sommer lohnenswert. Unbedingt die Eventkalender der POI checken!

Wir starten am Westbahnhof der Fontanestadt Neuruppin. Für Literaturliebhabende lohnt es sich, vor dem Besuch Neuruppins einen Blick auf das Programm der Fontane-Festspiele (fontane-festspiele.com) zu werfen, denn von Mai bis November finden hier über die Monate verteilt verschiedene literarische Events statt.

Auf unserem Weg durch die Stadt halten wir bereits nach wenigen hundert Metern an einer roten Mauer an. Neugierig steigen wir ab. Neuruppin war ein wichtiger Ort für den Kronprinzen, der später als Friedrich der Große berühmt wurde. Er war im 18. Jahrhundert für die Erschaffung des wunderschönen Tempelgartens (April–Okt. tgl. 9–20, Nov.–März 9–17 Uhr, tempelgarten.de) mit orientalischen Elementen verantwortlich, der

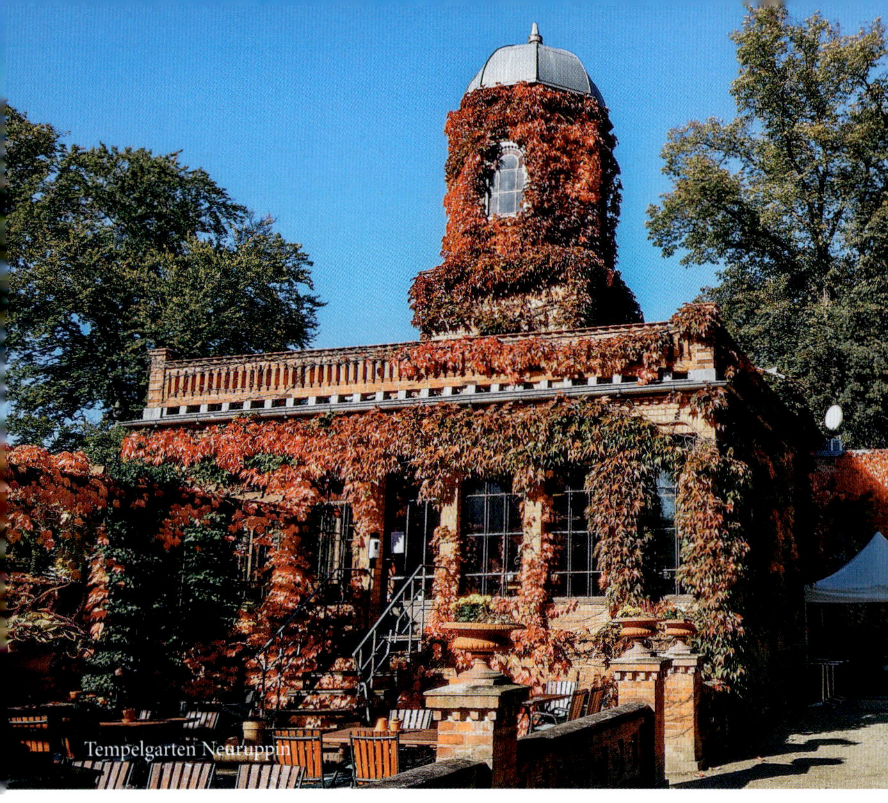
Tempelgarten Neuruppin

sich nun vor uns erstreckt. Ein toller Ort zum Verweilen.

Über etwas Kopfsteinpflaster gelangen wir anschließend zum bronzenen Theodor-Fontane-Denkmal. Es steht in einem kleinen Park und zeigt den berühmten Sohn Neuruppins, auf einem Podest unter Bäumen sitzend. Auf den Spuren Fontanes begeben wir uns nun auf Routenabschnitt 3 des Fontane-Radweges, der auf verschiedenen Tagestouren zum Entdecken Brandenburgs einlädt. Unser Weg führt uns von Neuruppin südlich entlang des Ruppiner Sees und Rhins. Ein herrlicher Radweg auf einer Allee mit großen schattenspendenden Bäumen lässt Radfahrende abseits des Verkehrs zwischen den Feldern entlangradeln. Immer wieder blitzt das kühle Nass links zwischen den ufersäumenden Bäumen hervor. Nach ca. 8km lockt im Sommer eine kleine Badestelle mit Erfrischung.

Der Allee weiter folgend gelangen wir nach Wustrau-Altfriesack, wo am Rittergut Schloss Wustrau des berühmten Generals von Zieten jährlich im Sommer zum Seefestival (Juli–August, seefestival.com) eingeladen wird. Die Route führt direkt durch die Ortsmitte von Wustrau und ein Beobachten der Umgebung wird hier mit dem Sichten so mancher Highlights wie des alten Eiskellers, des hübschen Cafés Constance oder der barocken Dorfkirche belohnt. Bevor wir weiterrollen, können wir uns nun entscheiden, welche Route wir nehmen.

Ab Wustrau können wir statt unserer Strecke nach Osten auch dem Fontane-Radweg 4 weiter nach Süden bis Ha-

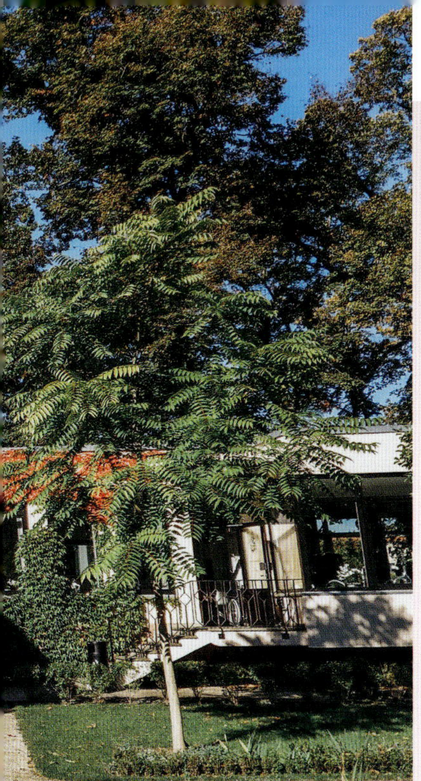

Highlights
am Wegesrand

Km 1
Im Tempelgarten Neuruppin lässt sich herrlich die Zeit vergessen, im Schatten der Bäume wandeln und die vielen Details an Statuen, Bauwerken und Pflanzenwelt bewundern. Es gibt hier ein atmosphärisches Restaurant und Veranstaltungen laden regelmäßig zum Besuch ein.

1787
In diesem Jahr ist die Klappbrücke Altfriesack als Holzbrücke über den Rhinkanal entstanden. Etwa 140 Jahre später wurde sie durch eine Stahlkonstruktion ersetzt, die noch heute – nach kompletter Sanierung in den 1990ern – vorhanden ist.

Km 14
Die alternative Straßenroute ab Altfriesack, die den Naturboden des Waldweges vermeidet und der L164 bis Radensleben folgt, ist 5 km länger. Man biegt dazu nach rechts auf den Ruppiner-Seen-Kultur-Radweg ab. Diese Variante ist komplett asphaltiert.

kenberg folgen. Östlich liegt der Obere Rhinluch, eines der Niedermoorgebiete, die die Region prägen und vielen Vögeln, Insekten und Pflanzenarten ein Zuhause bieten. Ein Highlight ist das Dorf Linum, das als Storchendorf bekannt ist und an den südlichen Ausläufern des Luchs liegt. Von Linum gelangt man über die Landstraße weiter nach Kremmen und zurück auf unsere Ursprungsroute. Die alternative Strecke verlängert die Tour um etwa 6 km.

Auf unserer aktuellen Route folgen wir dem asphaltierten Radweg an der Landstraße und gelangen von Wustrau in den Ortsteil Altfriesack, wo eine sehenswerte Klappbrücke über den Rhin zusammen mit der nebenstehenden Schleuse ein denkmalgeschütztes Ensemble bildet. Die Route verlässt den Ort und führt durch den angenehm schattigen Wald, bis sie auf die Bahngleise der Zugverbindung zwischen Neuruppin und Oranienburg trifft. Wir lassen den Bahnhof Wustrau-Radensleben links liegen und fahren nach rechts parallel zu den Gleisen. Der folgende gut zu fahrende, aber unbefestigte Waldweg kann besonders an trockenen Tagen etwas sandig

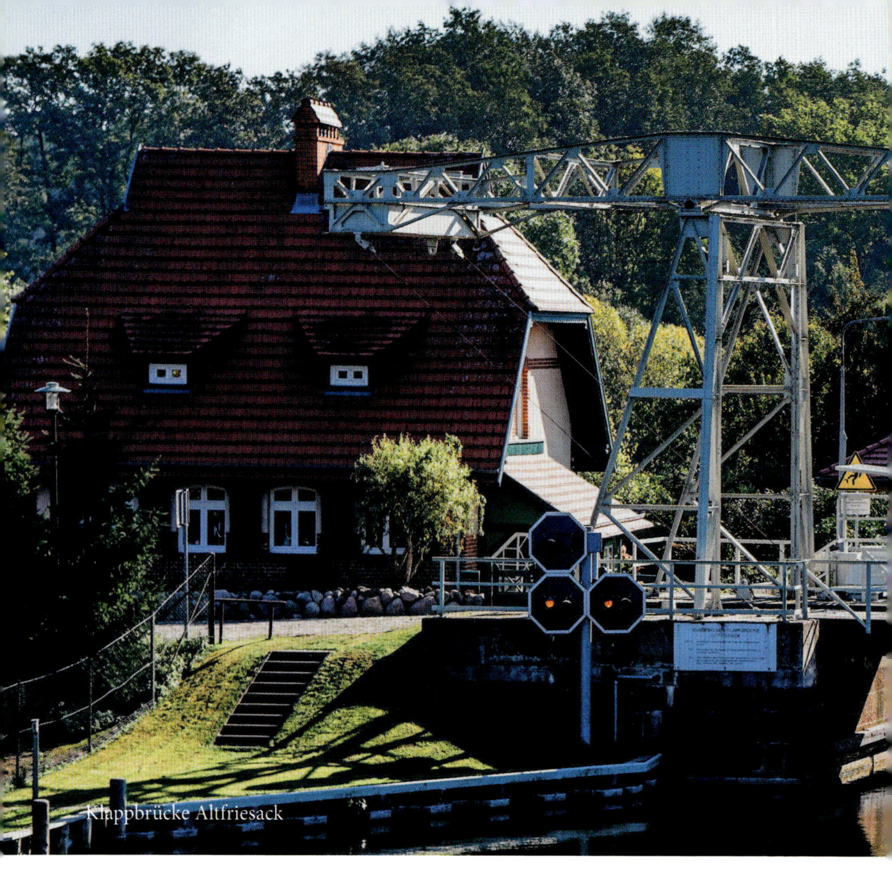
Klappbrücke Altfriesack

sein. Nach knapp 2 km verlassen wir den Wald und rollen nun gemütlich auf einer wenig befahrenen Allee zwischen den Feldern entlang. Wir erreichen das kleine Dorf Wall. Am Golfplatz vorbei geht es nun auf Asphalt weiter bis nach Beetz-Sommerfeld. Mehrere Radrouten überschneiden sich auf diesem Routenabschnitt: der Rhinluch-Radweg, die Historische Stadtkern-Route und der Ruppiner-Seen-Kultur-Radweg.

Sommerfeld ist ein guter Ort für eine Pause zur Hälfte der Tour. Dafür bietet sich das hübsche Blumen und Café Hof-Kultur an, das Donnerstag bis Sonntag geöffnet hat. Wer noch warten kann, sollte die knapp 6 km bis Kremmen auf sich nehmen. Die über 700 Jahre alte Ackerbürgerstadt lockt mit einem ganz außergewöhnlichen Ort für ein Pause. Im Café Alte Lebkuchenfabrik (Do–Fr 11–18, Sa–So 9:30–20 Uhr, Berliner Str. 4, 16766 Kremmen, lebkuchenfabrik.com) sitzen wir im Sommer auf verschnörkelten Möbeln auf dem Hinterhof der Lebkuchenfabrik. Hier lässt es sich nicht nur lecker Kuchen – wie hausgemachten Lebkuchen – und frische Speisen schlemmen, eine Pension ist außerdem angegliedert und lädt zum längeren Verweilen in der Region ein.

Frisch gestärkt holpern wir über ein paar Meter Kopfsteinpflaster, biegen nach rechts auf den Kurzen Damm ab und befinden uns schon im historischen Scheunenviertel. Das denkmalgeschützte Ensemble aus ca. 50 Gebäuden zählt zu den größten noch erhaltenen Deutsch-

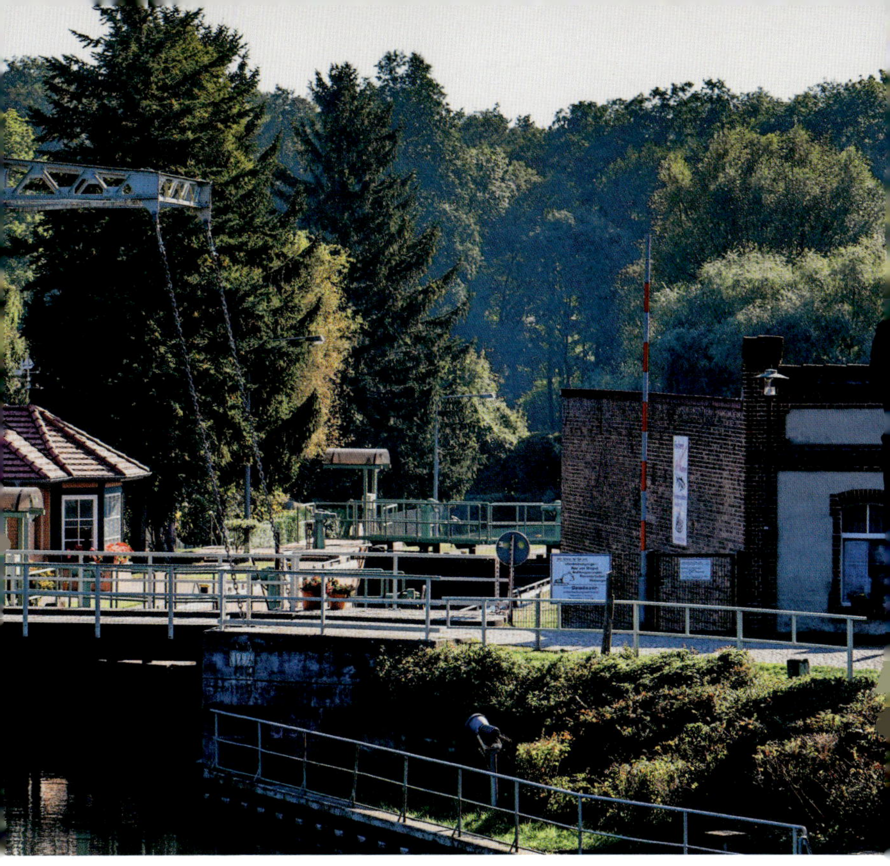

lands. Neben kleinen Läden, Cafés und Theater haben sich hier verschiedene Gewerke eingemietet. Kremmen verlassen wir der Historischen Stadtkern-Route folgend über den Radweg entlang der Kremmener Chaussee bis nach Schwante, wo wir rechts einen Abstecher zum Schloss Schwante mit Skulpturenpark und Hofladen machen können. Danach geht es wieder weiter auf der Dorfstraße bis zur denkmalgeschützten Bockwindmühle Vehlefanz. Hier radeln wir nach rechts auf den herrlichen Weg um den Mühlensee Vehlefanz. Dieser führt abschnittsweise über eine Brücke parallel zum schilfbewachsenen Ufer und es gibt einige Sitzgelegenheiten. Ein Absteigen und Schieben der Räder ist nicht nur aus Platz-, sondern auch Genussgründen empfehlenswert. Die Route führt dann nach Osten auf eine wenig befahrene Nebenstraße bis wir wieder auf den Radweg an der Vehlefanzer Straße treffen.

Nun ist es nicht mehr weit bis nach Oranienburg, wo wir noch ein Stück am wunderschönen Oranienburger Kanal entlang radeln. Zum Abschluss der Tour erinnern wir uns erneut an Fontane, dem die Geschichte um das nun vor uns auftauchende Schloss Oranienburg (April–Okt. Di–So 10–17:30 Uhr, 6€/5€, Schloßplatz 1, 16515 Oranienburg, spsg.de) sehr gefiel. Im großen Schlosspark finden regelmäßig Veranstaltungen statt. Die letzten Meter der Route bringen uns über Nebenstraßen bis zum Bahnhof Oranienburg, wo regelmäßig Regionalzüge ins Umland und auch die S-Bahn nach Berlin abfahren.

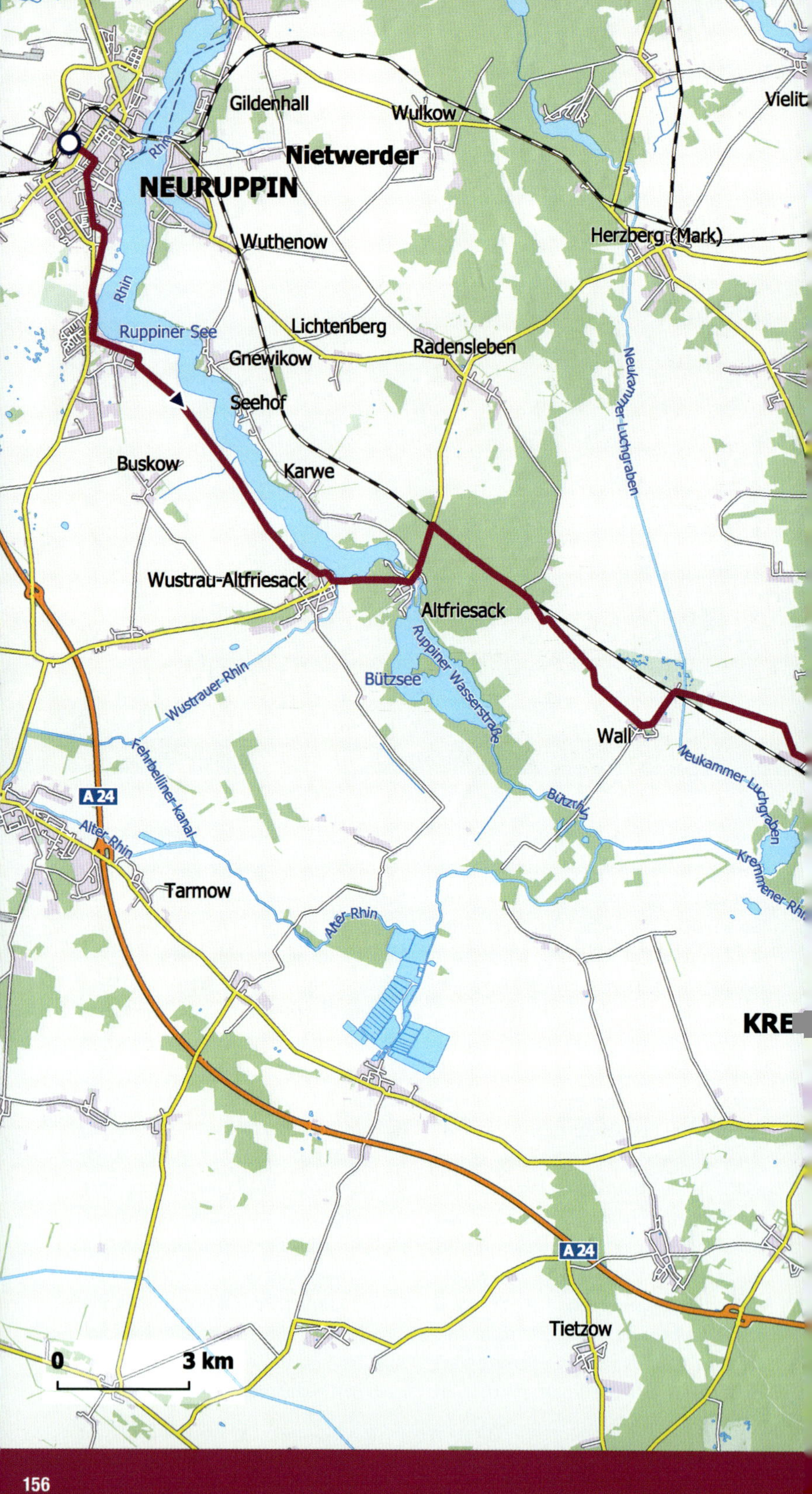
Gildenhall
Wulkow
Vielit
Nietwerder
NEURUPPIN
Rhin
Wuthenow
Herzberg (Mark)
Rhin
Ruppiner See
Lichtenberg
Gnewikow
Radensleben
Neukammer Luchgraben
Seehof
Buskow
Karwe
Wustrau-Altfriesack
Altfriesack
Ruppiner Wasserstraße
Bützsee
Wustrauer Rhin
Wall
Fehrbelliner Kanal
A 24
Neukammer Luchgraben
Bützrhin
Alter Rhin
Tarmow
Kremmener Rhin
Alter Rhin
KRE
A 24
Tietzow
0
3 km

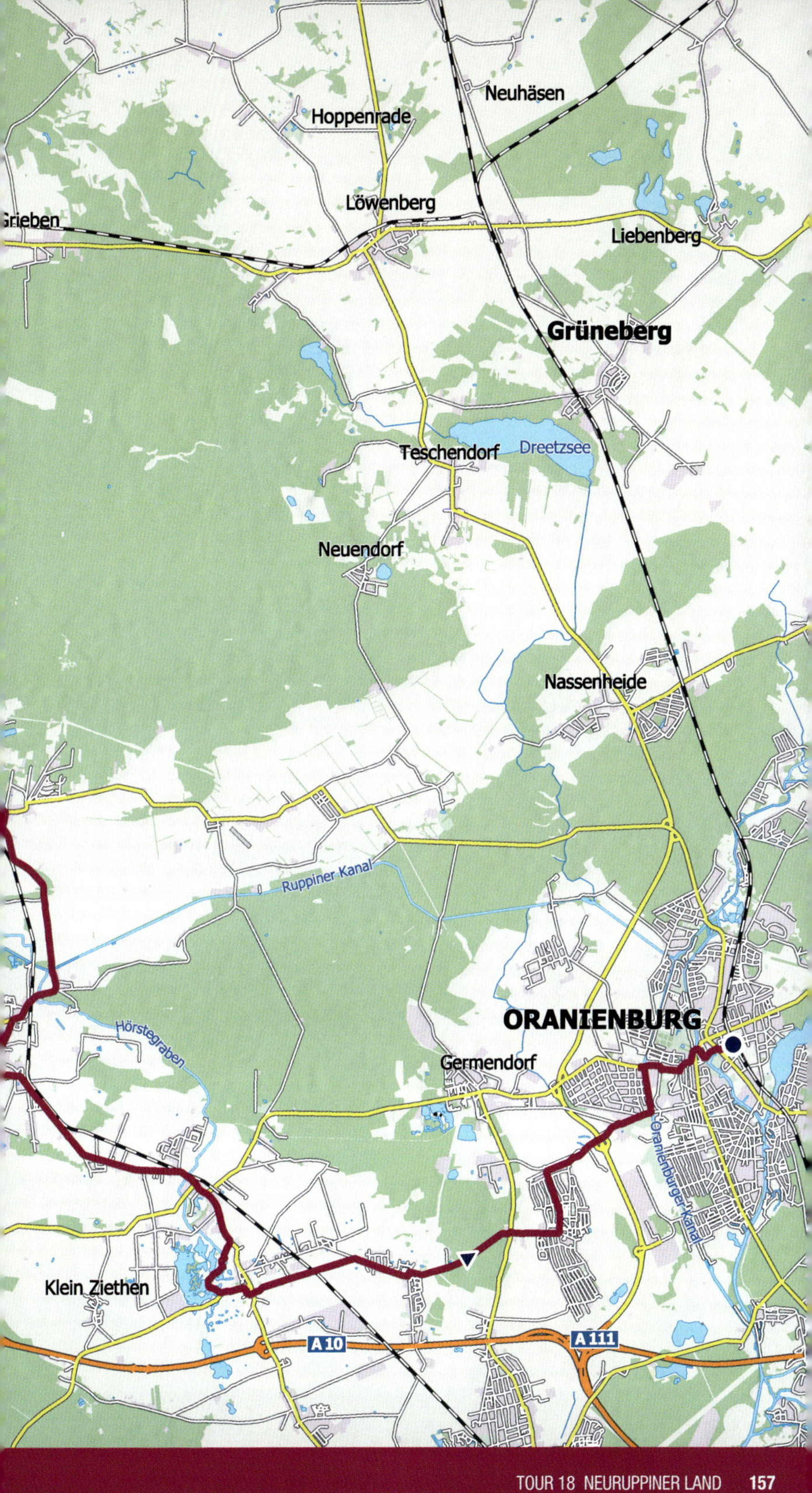
Neuhäsen
Hoppenrade
Löwenberg
Grieben
Liebenberg
Grüneberg
Teschendorf
Dreetzsee
Neuendorf
Nassenheide
Ruppiner Kanal
Hörstegraben
ORANIENBURG
Germendorf
Oranienburger Kanal
Klein Ziethen
A 10
A 111

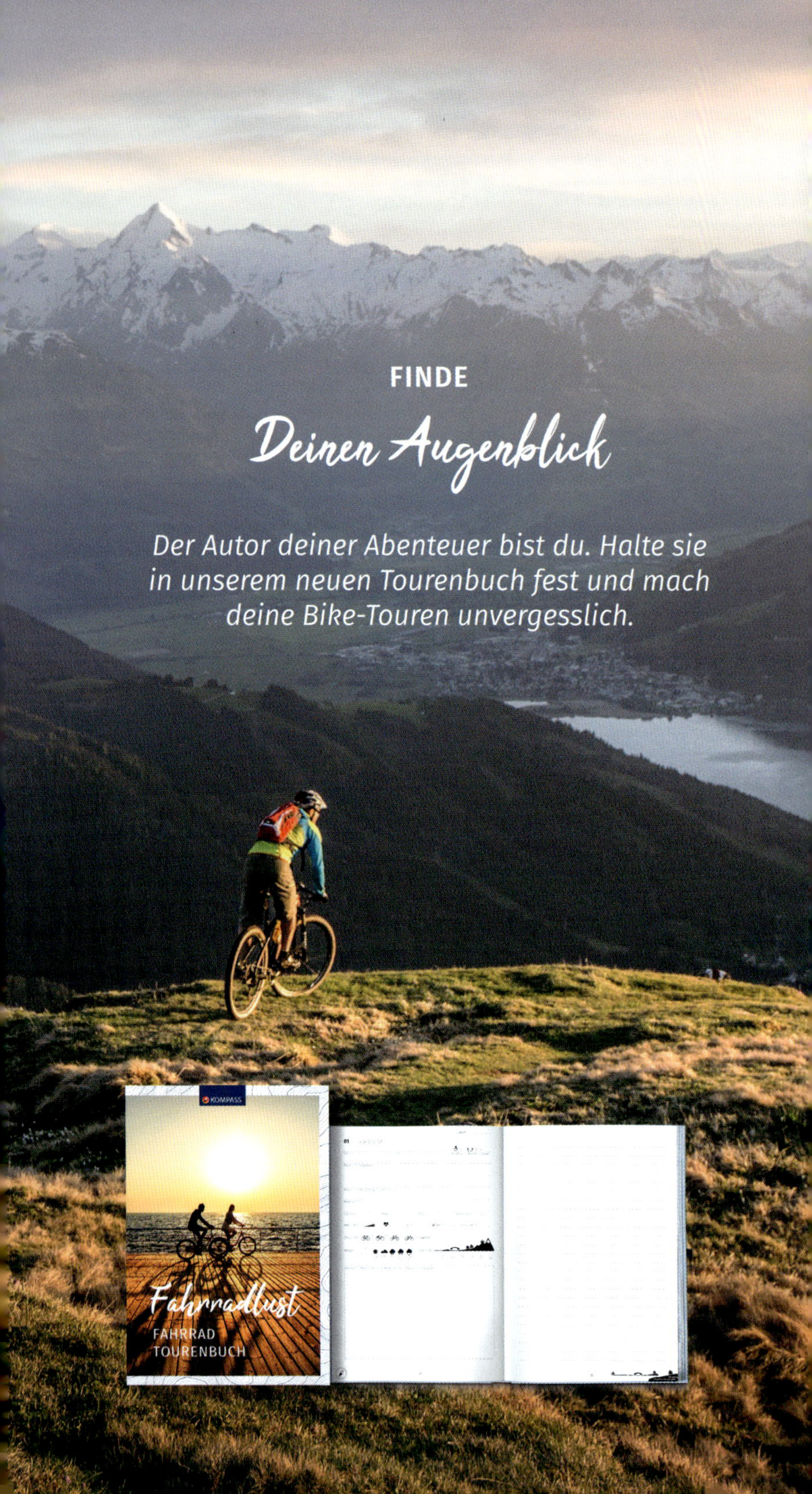
FINDE
Deinen Augenblick
Der Autor deiner Abenteuer bist du. Halte sie in unserem neuen Tourenbuch fest und mach deine Bike-Touren unvergesslich.
KOMPASS
Fahrradlust
FAHRRAD
TOURENBUCH

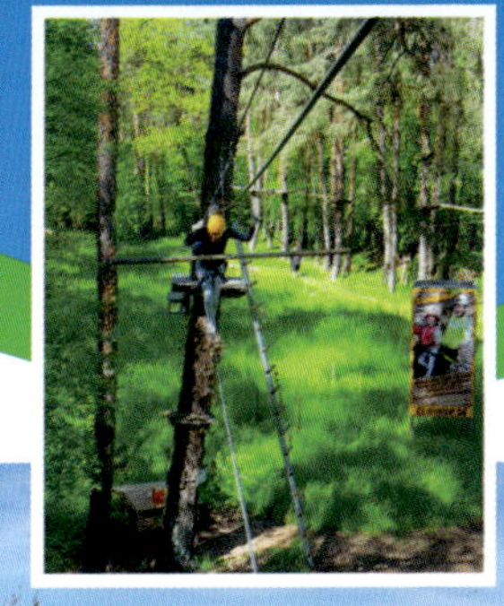

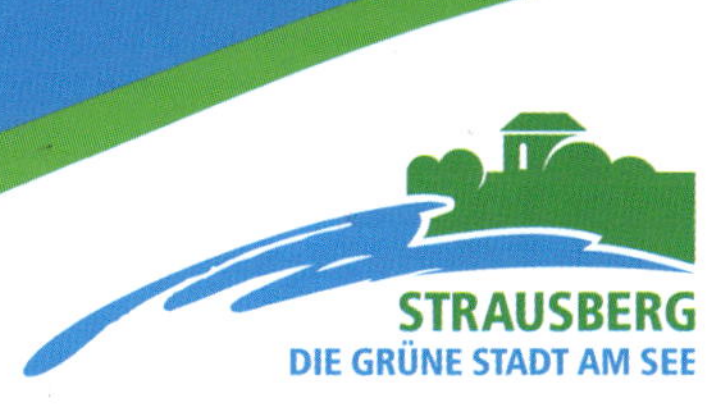

Strausberg – Abenteuer im Berliner Umland

Am Ende der Berliner S-Bahnlinie S5 entdecken Ausflügler meist unverhofft die grüne Stadt am See „Strausberg". Idylle und Abenteuer liegen hier ganz nah beieinander, denn nur wenige Minuten entfernt vom S-Bahnhof Strausberg erstreckt sich ein weites Areal für Aktivurlauber.

Auf dem Gelände des **Sport- und Erholungsparkes** können ·er 30 Sportarten in- und outdoor ausgeübt werden. Ein besonderes Highlight sind dabei die **Climb Up! etterwelten**, die mit jeder Menge Spaß und Nervenkitzel den Besucher in die Baumwipfel und auf die Berg-itzen lockt.

n kulturellen Counterpart bildet die **historische Altstadt** im Herzen der Stadt. Zeugnisse vergangener iten sind dort allgegenwärtig. Entdecken Sie Geschichten rund um Vertei-gungsbauten entlang der 1600 m langen Stadtmauer, ein geheimnisvolles oster, dessen Glocke der Sage nach im Straussee verschwand oder das älteste d höchste Gebäude der Stadt.

cht weit entfernt schippert auch das bekannteste **Industriedenkmal** Straus-rgs über den See – die Strausseefähre. Sie ist die einzige Fähre Europas, die ute noch entlang einer elektrischen Oberleitung den Straussee überquert d eine Abkürzung für den Seesichten-Rundwanderweg bedeutet. Dieser ist il des über 100 km langen Wander- und Radwegenetzes, welches die Stadt mit ihren umliegenden Seen, chen Mischwäldern und weiten Wiesen und Feldern verbindet.

er beispielsweise auf dem **Jakobsweg** unterwegs ist, entdeckt am Wegesrand ein echtes **„Lost Place"**. i der Wesendahler Mühle scheint die Zeit stehen geblieben zu sein – aber Vorsicht: es handelt sich um ein vatgrundstück und sollte nur vom Wanderweg aus bestaunt werden.

t dem Rad empfiehlt sich vor allem eine Ausfahrt auf dem Rundweg **„Alter Ägypter"**. Ein Abstecher nach Ruhlsdorf zum **Findlingshof Strausberg** und vorbei an der größten **Feldsteinpyramide** Deutschlands in Garzau, macht die Ausfahrt gleich zu einem ganz besonderen Erlebnis.

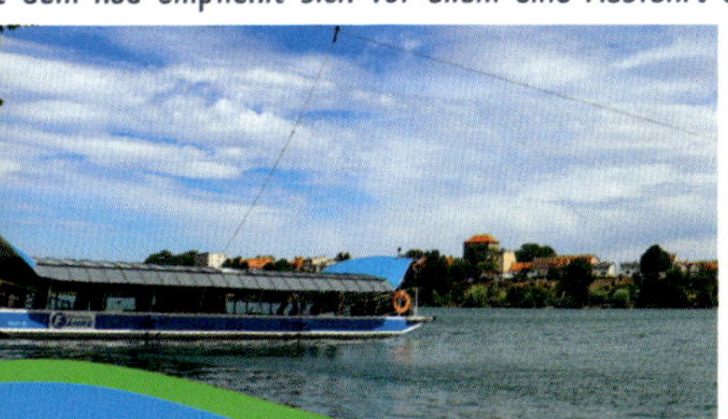

Lassen Sie sich überraschen von der grünen Stadt am Rande von Berlin!

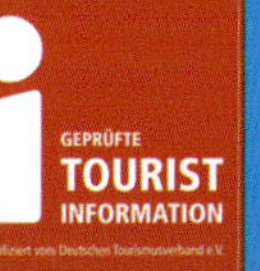

Touristinformation Strausberg
August-Bebel-Straße 1 · 15344 Strausberg
Tel. 03341 311066 · E-Mail: touristinfo@stadt-strausberg.de

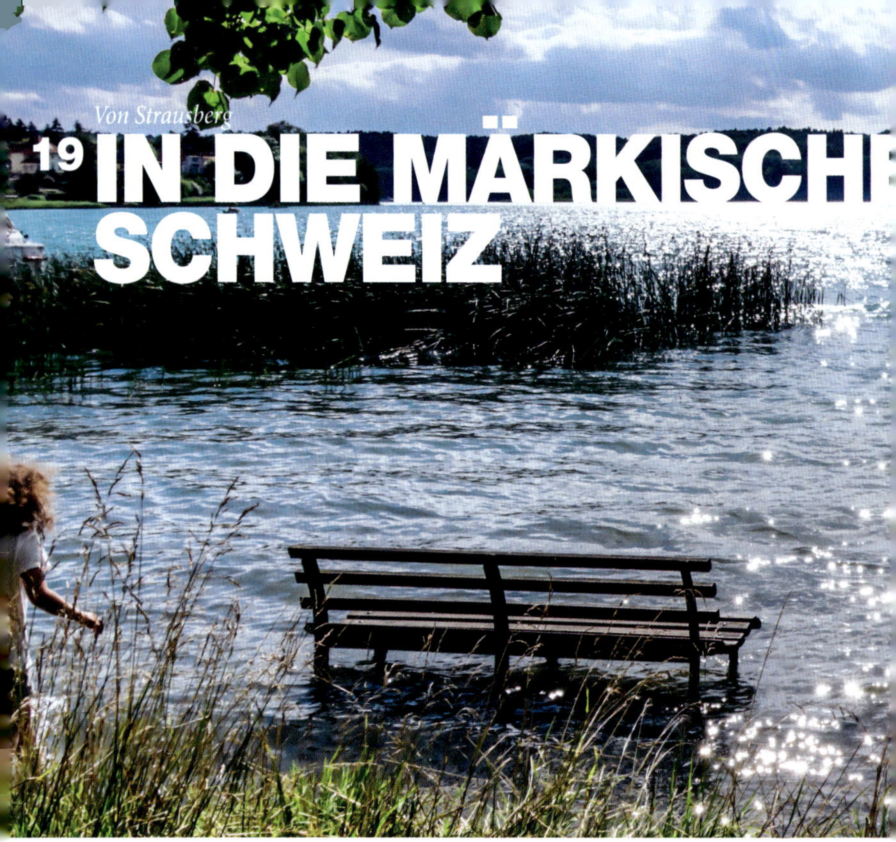

Von Strausberg

19 IN DIE MÄRKISCHE SCHWEIZ

Start/Ziel

S-BAHNHOF STRAUSBERG-STADT

Rundtour

35,8 Kilometer

100 Höhenmeter

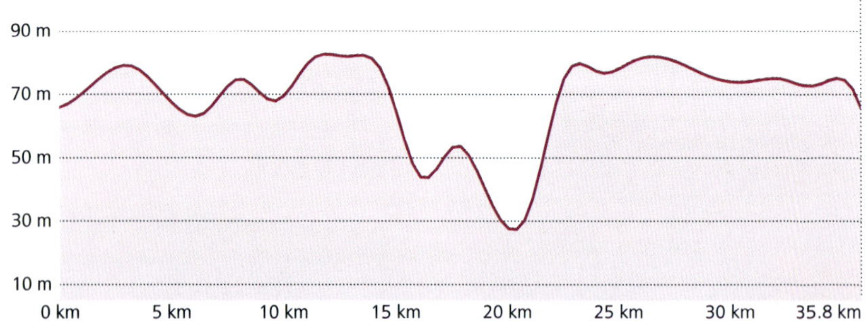

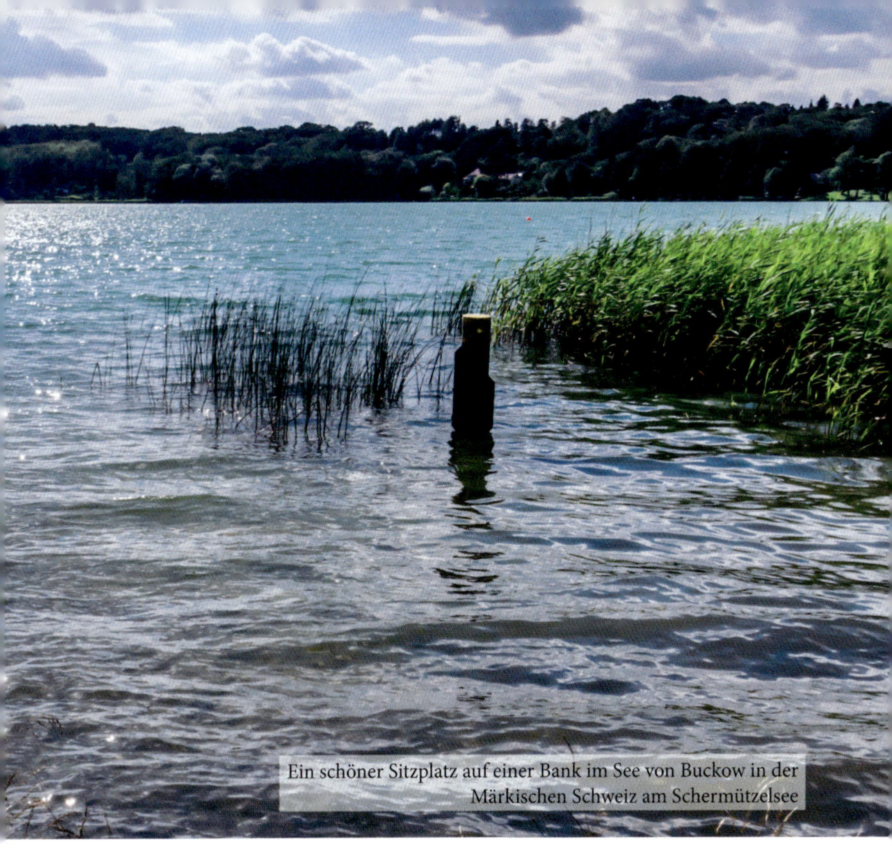
Ein schöner Sitzplatz auf einer Bank im See von Buckow in der Märkischen Schweiz am Schermützelsee

Vom S-Bhf. Strausberg-Stadt rechts abbiegen in die Hohensteiner Chaussee. Die Straße ist recht stark befahren, es gibt aber einen Radweg. An der nächsten Ampel wieder rechts halten, auf der Garzauer Chaussee weiterfahren und dem Schild Rehfelde folgen. Auch hier gibt es wieder einen Radweg. Vom Ortsende an fährt man auf einer mäßig befahrenen Allee, die von Feldern gesäumt ist.

Am Ortsschild Garzau macht die Straße eine leichte Rechtskurve, hier nach links in Richtung Garzin abbiegen. Leicht ansteigend und wellig geht es auf einem neuen Radweg nach Garzin. Kurz vor dem Ort wird der Lange See passiert, schon von der Straße aus ist die kleine Badestelle mit Wiese und Sandstrand zu sehen. In dem kleinen Ort Garzin an der Kirche rechts halten und dem Schild nach Waldsieversdorf folgen. Weiter ansteigend geht es nach Liebenhof, die Kopfsteinpflasterstraße hat hier auf beiden Seiten einen gepflasterten Randstreifen, auf dem es sich gut radeln lässt. An der Bushaltestelle nicht der Straße nach halb links folgen, sondern geradeaus weiter auf dem R 1 in Richtung Buckow fahren. Nun geht es auf einer Fahrradstraße mitten durch den Wald, durch das Gefälle kann man es gut rollen lassen. Kurz vor dem Ortsschild Waldsieversdorf wird die Hauptstraße gekreuzt, man fährt aber weiter auf der

Highlights

am Wegesrand

Garzau-Garzin-Imkerei
Mitbringsel aus den Ferien gesucht? Nach einem Urlaub in Brandenburg bietet sich eigentlich nur eines an: Naturprodukte. Wo gibt es heute noch einen Kornblumenhonig? Bei der Bioland Ökologischen Imkerei Lahres. www.imkerei-lahres.de

Kloster Zinna
Das Kloster Zinna ist ein ehemaliges Zisterzienserkloster, das im 13. Jahrhundert erbaut wurde. Es ist von einer wunderschönen Landschaft umgeben und bietet eine Vielzahl von Aktivitäten wie Wandern, Radfahren und Bootfahren. Das Kloster verfügt auch über ein Museum, in dem Sie mehr über die Geschichte des Klosters und der Region erfahren können.

Schiffshebewerk Niederfinow
Das Schiffshebewerk Niederfinow ist ein technisches Meisterwerk und ein beliebtes Ausflugsziel. Hier können Sie das Schiffshebewerk besichtigen und mehr über seine Funktionsweise erfahren. Das Hebewerk ist auch von einer wunders[c]nen Landschaft umgeben und bietet [...] Vielzahl von Aktivitäten wie Wand[...] Radfahren und Bootfahren.

Fahrradstraße. In Waldsieversdorf am Kreisverkehr halb links halten und dem Wegweiser in Richtung Ortsmitte folgen.

Im Ort rechts halten und am Schwimmbad vorbei bis zum Bahnhof fahren. Dort links abbiegen und den Bahngleisen und dem Schild in Richtung Buckow folgen. Bald trifft man wieder auf den R 1 und fährt bergab bis zum Ortsbeginn von Buckow. Nach dem Ortsschild gibt es einen kurzen Anstieg zum Bahnhof. Weiter geradeaus, dann rechts auf der Hauptstraße in Richtung Stadtmitte und

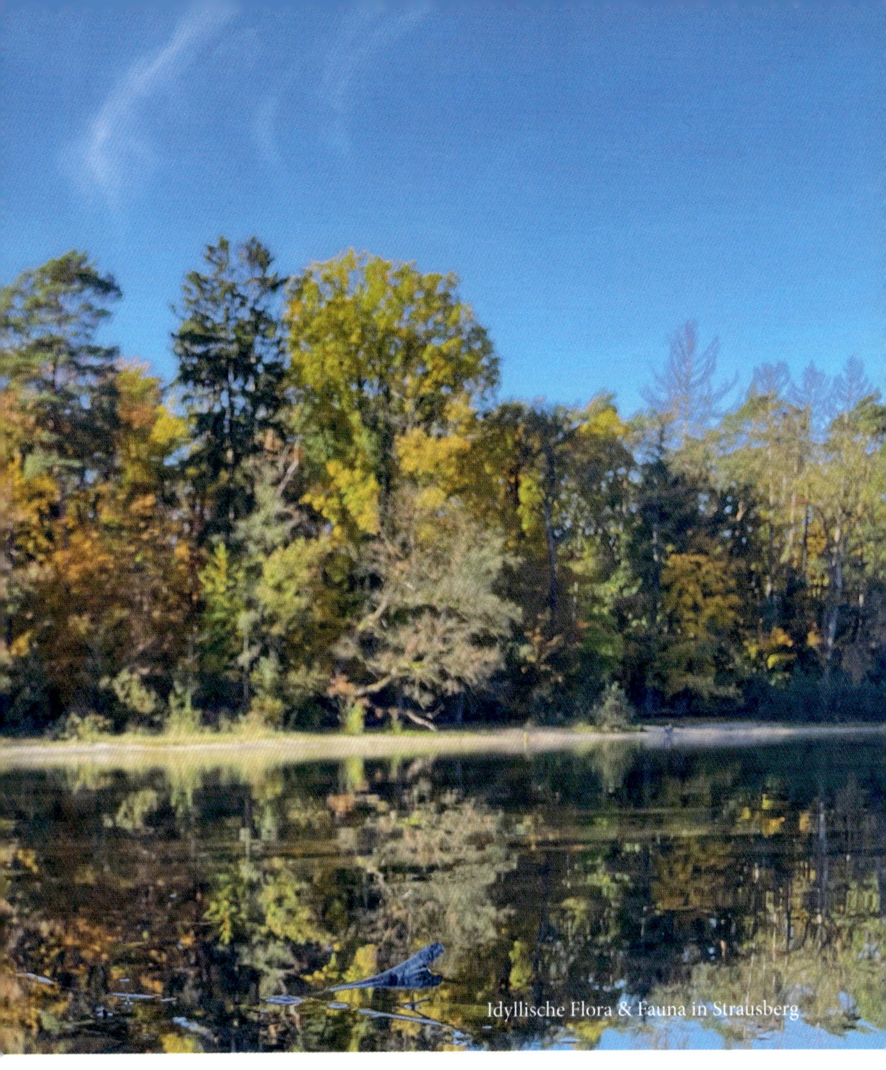
Idyllische Flora & Fauna in Strausberg

Badesee. Durch den touristisch gut erschlossenen Ort, linker Hand den Buckowsee, radelt man weiter.

Dort, wo sich die Straße gabelt, rechts halten und der Wriezener Straße in Richtung Strausberg folgen, die zum Schermützelsee führt. Hier gibt es ein Strandbad mit schönem Sandstrand. Kurz hinter dem Strandbad geradeaus weiterfahren und kräftig ansteigend durch den Hagener Forst in Richtung Bollersdorf. An der nächsten Kreuzung links halten und nun bergab nach Bollersdorf fahren. Auf der Hauptstraße durch den Ort, vorbei an der Feldsteinkirche. Auf einer asphaltierten, mäßig befahrenen und welligen Landstraße geht es nach Ruhlsdorf und Hohenstein. In Hohenstein an der Gabelung halb rechts halten und weiter auf der Hohensteiner Chaussee fahren. Diese führt bis zu den ersten Häusern von Strausberg. Hier dem Schild zum Zentrum folgen, am Kreisverkehr geradeaus. Kurz dahinter beginnt der Radweg, der bis zum Bahnhof Strausberg-Stadt führt

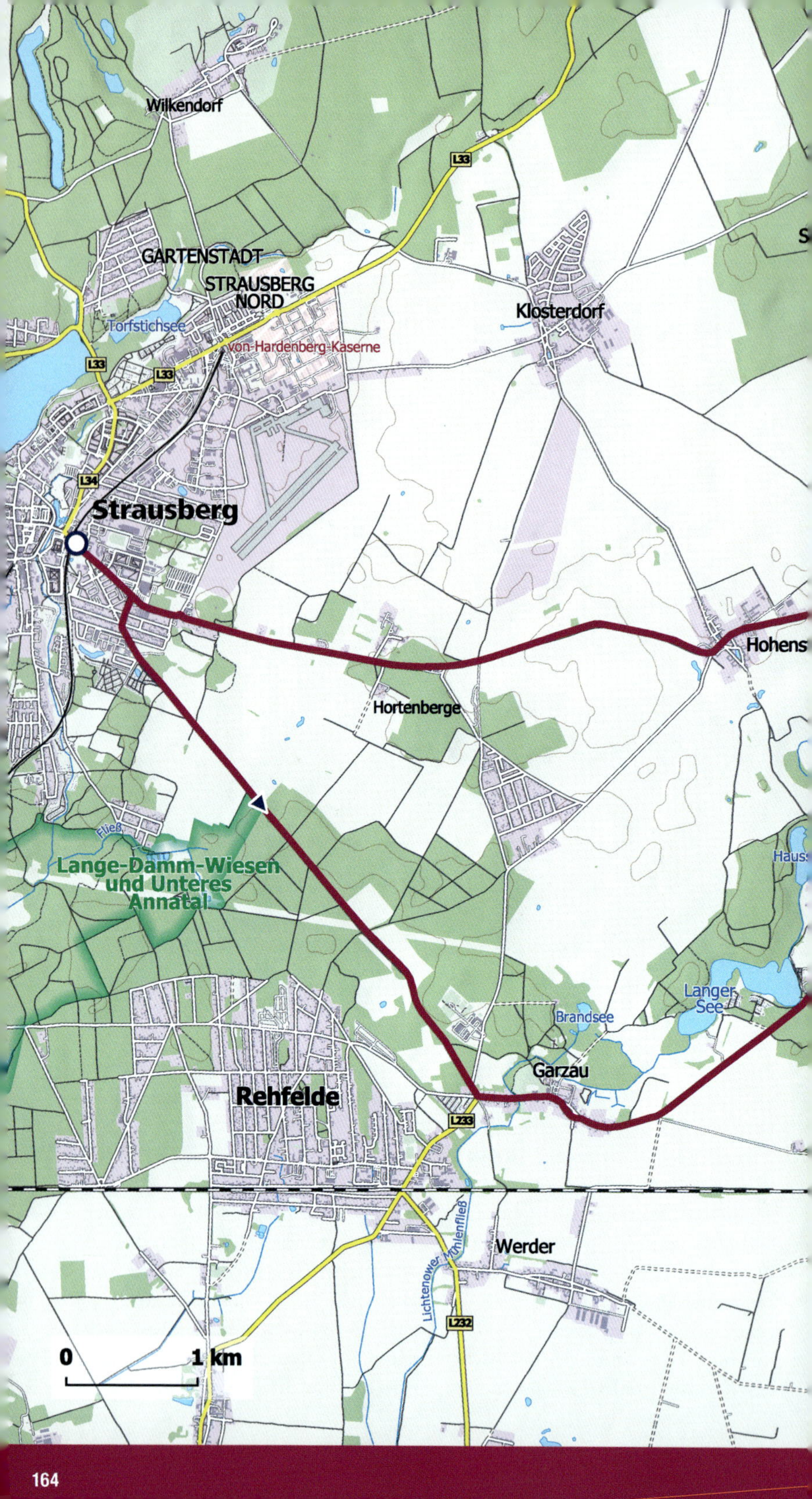
Wilkendorf
L33
GARTENSTADT
STRAUSBERG
NORD
Torfstichsee
von-Hardenberg-Kaserne
Klosterdorf
L33
L33
L34
Strausberg
Hohens
Hortenberge
Fließ
Lange-Damm-Wiesen
und Unteres
Annatal
Langer
See
Brandsee
Garzau
Rehfelde
L233
Werder
Lichtenower Mühlenfließ
L232
0
1 km

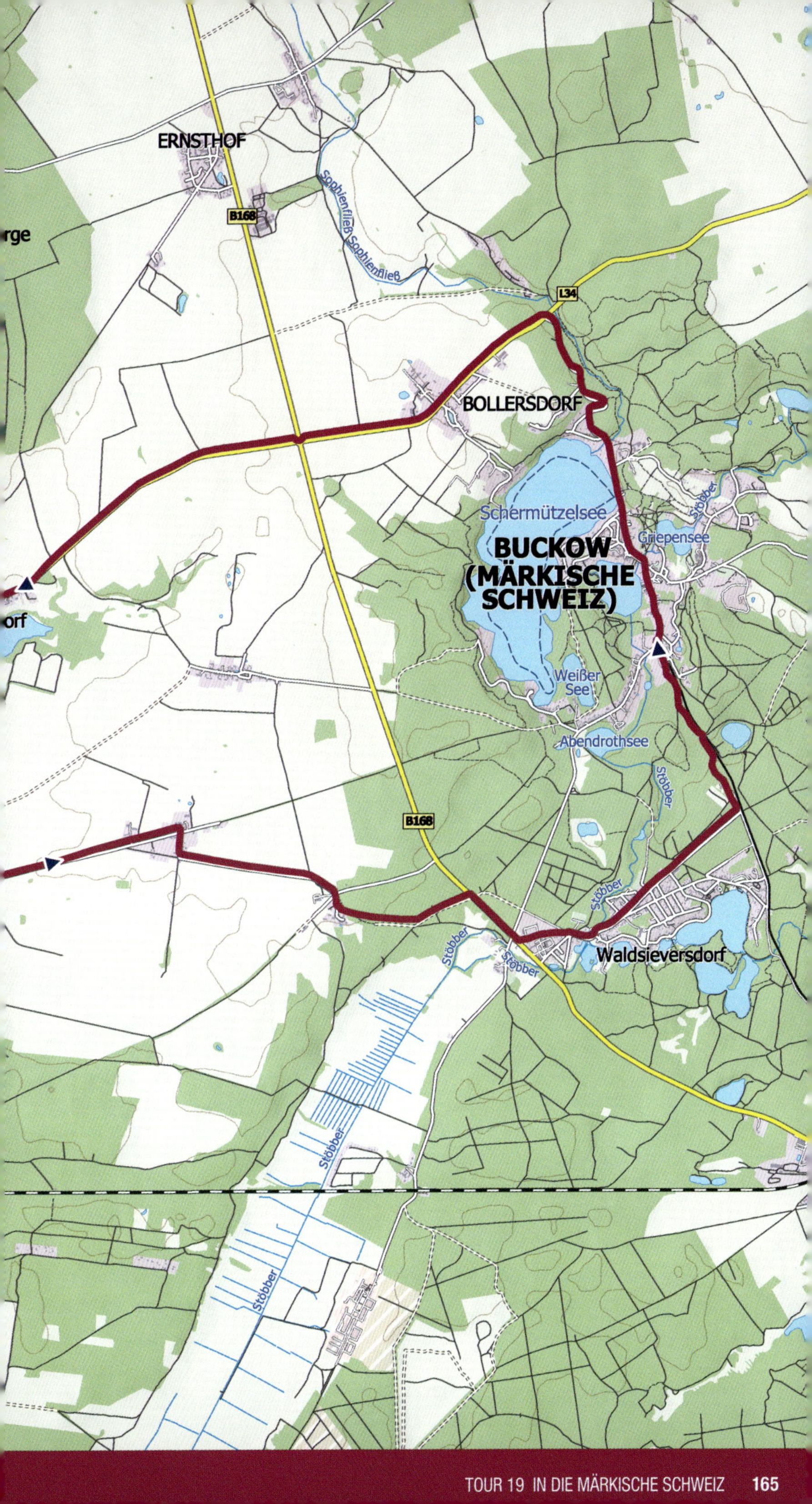
ERNSTHOF
B168
rge
Sophienfließ
Sophienfließ
L34
BOLLERSDORF
Schermützelsee
BUCKOW
(MÄRKISCHE
SCHWEIZ)
Griepensee
Stöbber
orf
Weißer
See
Abendrothsee
Stöbber
B168
Stöbber
Stöbber
Stöbber
Waldsieversdorf
Stöbber
Stöbber

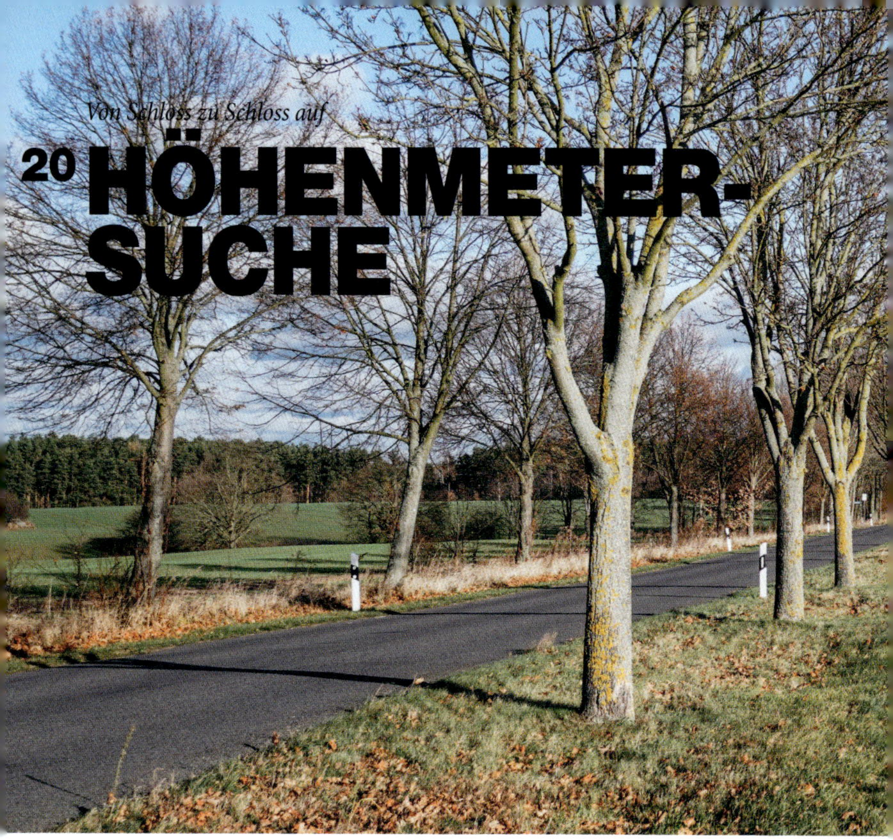

Von Schloss zu Schloss auf

20 HÖHENMETER-SUCHE

vom

BAHNHOF REHFELDE

49 Kilometer

330 Höhenmeter

nach

SEELOW-GUSOW

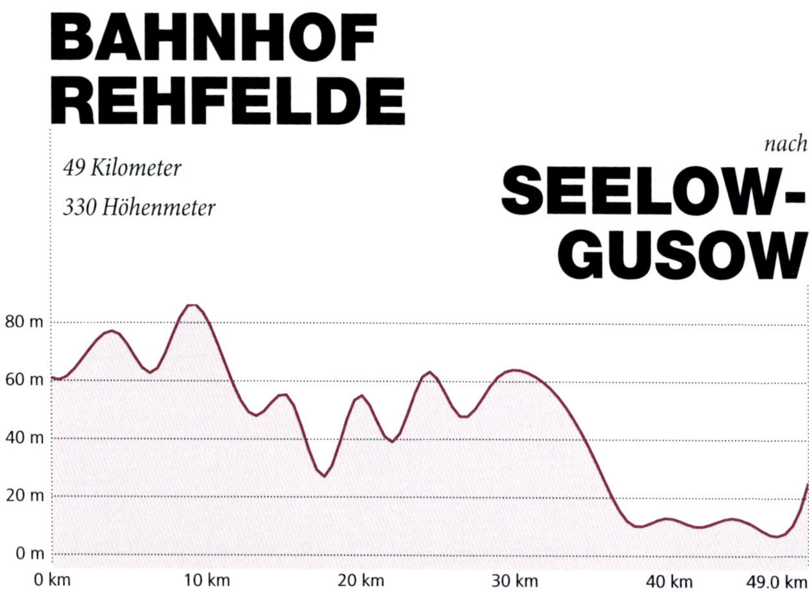

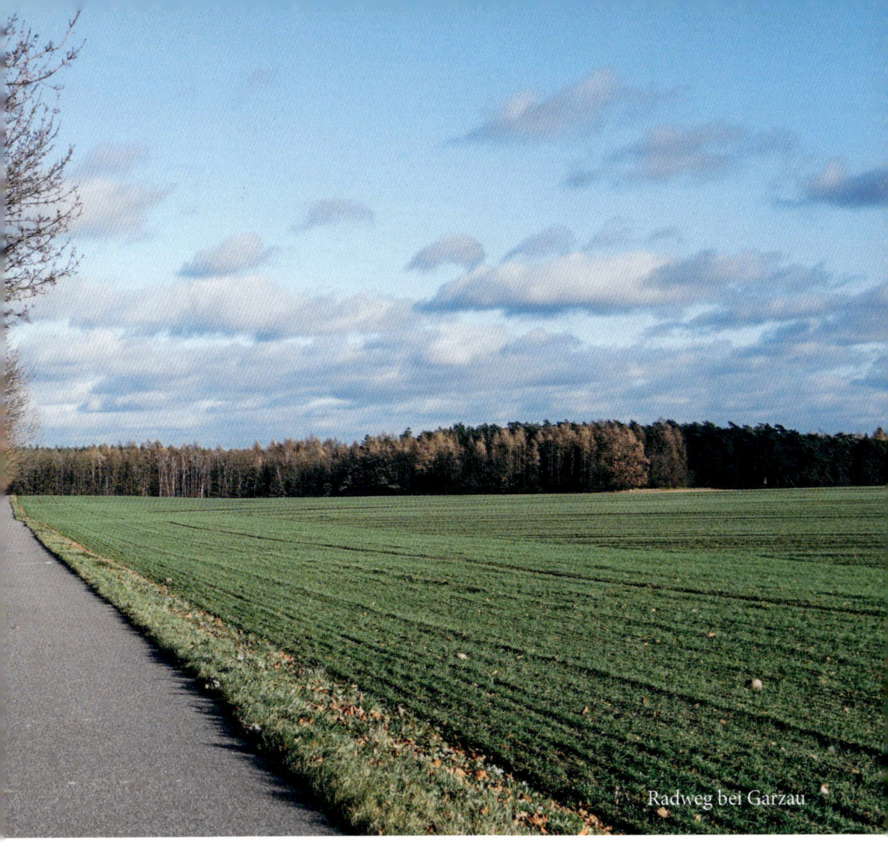
Radweg bei Garzau

Diese Tour hat es in sich: Vollgepackt mit Sehenswürdigkeiten reiht sich Schloss an Schloss, und Höhenmeter an Höhenmeter. Gepaart mit der wunderbaren Naturkulisse und entspannten Radwegen verspricht die Route, den Tag abwechslungsreich zu füllen!

Größtenteils asphaltiert mit einigen Steigungen, für fitte Familien auch mit Anhänger geeignet, tolle E-Bike-Tour mit Lademöglichkeit an der Radstation, Badestopp möglich. Ggf. an Handtuch, Mücken- und Sonnenschutz denken!

Unsere vielfältige Tagestour in die Märkische Schweiz startet im Osten von Berlin am Bahnhof Rehfelde, wo stündlich Züge aus der Hauptstadt halten. Von hier geht es direkt auf den Radweg und der Straße folgend durch den Ort Garzau. Kurz nach dem im Privatbesitz befindlichen Schloss biegen wir nach links auf eine Nebenstraße ab in den ehemaligen, nun verwilderten Landschaftspark. Das alte Kopfsteinpflaster macht den Weg etwas ungemütlich, aber die Mühe lohnt sich. Mitten im Grünen steht hier Deutschlands größte Feldsteinpyramide, die Pyramide Garzau (Am Gutshof, 15345 Garzau-Garzin, pyramide.garzau.de) aus dem 18. Jahrhundert, die in der Brandenburger Landschaft definitiv Eindruck macht.

Wir steigen auf die Räder und fahren uns nun erstmal etwas ein. Auf den folgenden ca. 10 Kilometern können wir

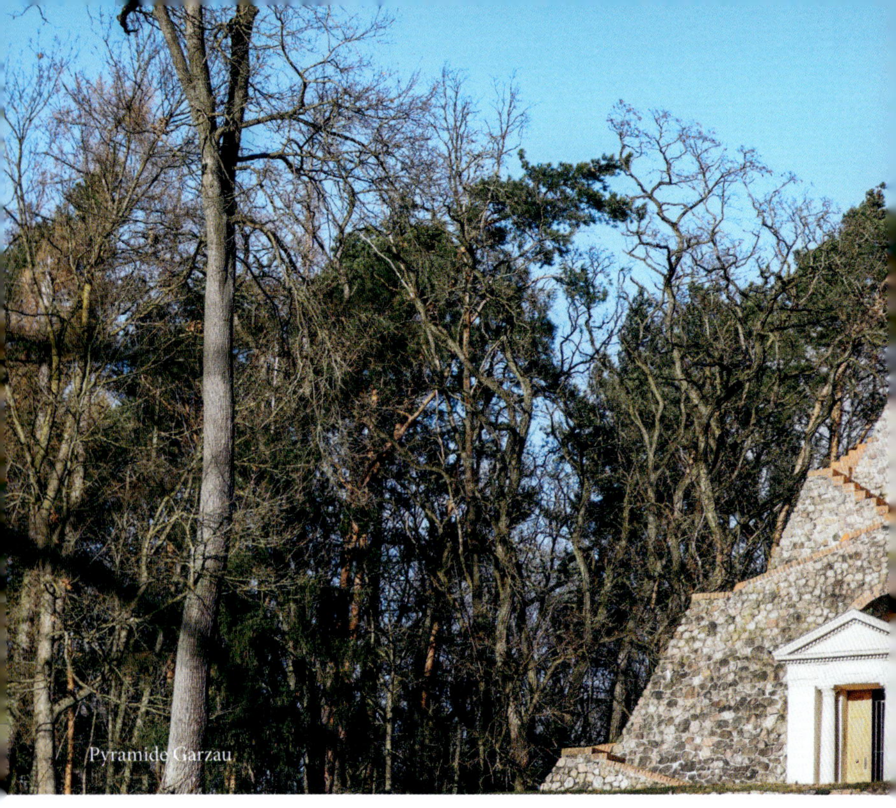
Pyramide Garzau

abseits vom Straßenverkehr idyllisch an Feldern entlang und durch Wald radeln. Der Feldabschnitt ist eher ungewöhnlich ausgebaut worden. Während mittig altes Kopfsteinpflaster verläuft, können wir an den Wegrändern auf gut fahrbarem Pflaster radeln. Die Strecke ist Teil des Europaradwegs R1, der uns den Großteil des Tages leiten wird. Auf dem asphaltierten Waldweg wird das Gelände hügeliger und deutet an, was uns heute noch erwarten wird. Es geht an der Bergschäferei vorbei, weiter über die B 168 und wir gelangen ins hübsche Waldsieversdorf. Der anerkannte Erholungsort lockt mit vielen kleinen Sehenswürdigkeiten, wie einem sanierten Wasserturm, einer Blumenuhr, dem Sommerhaus des Dadaisten John Heartfield oder dem Strandbad am Großen Däbersee. Für uns bedeutet es aber auch die erste, reizvolle Pausengelegenheit. Auf der Sonnenterrasse des ADFC-Bett+bike-zertifizierten Café Tilia (Mo, Do, Fr 14–17, Sa–So 13–18 Uhr, Dahmsdorfer Str. 27, 15377 Waldsieversdorf) direkt am R1 lässt es sich für Radfahrende ideal pausieren. Kühle Getränke und hausgemachter Kuchen sorgen genauso dafür wie die im Notfall vorhandenen Repair-Kits fürs Fahrrad. Perfekt!

Am Bahnhof Waldsieversdorf biegen wir nach links ab und radeln auf dem asphaltierten Radweg durch den Wald an den Bahngleisen entlang. Dort fährt ein über 120 Jahre altes Kleinod durch die malerische Kulisse des Naturparks – die elektrisch betriebene Museumsbahn Buckower Kleinbahn (Sa–So und Feiertage, 3/1,50 €, buckower-kleinbahn.de). Sie nimmt bei Platzverfügbarkeit sogar Fahrräder mit.

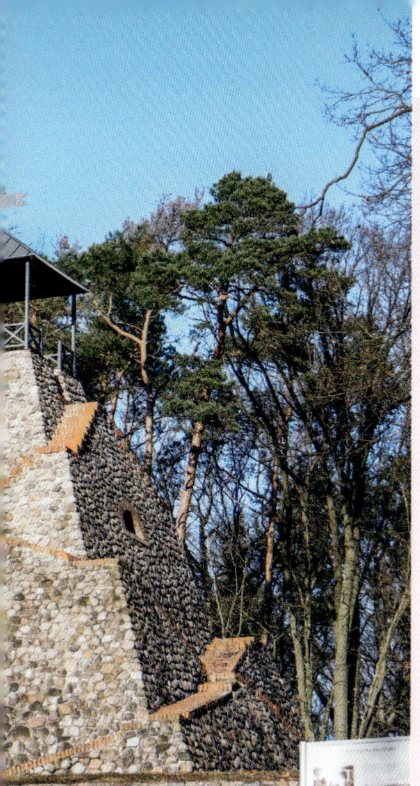

Highlights
am Wegesrand

Km 2,5
Ein Verein hat Anfang der 2000er aus den Ruinen der Pyramide Garzau einen möglichst originalgetreuen Wiederaufbau gestartet und diesem eindrucksvollen Bauwerk, das sich auch von innen besichtigen lässt, neues Leben eingehaucht. Am letzten Samstag im August finden an der Pyramide Freiluft-Konzerte statt.

Berge
Der Naturpark Märkische Schweiz ist ungwöhnlich hügelig. Perfekt zum Wandern – wie durchs Sophienfließ nördlich von Buckow, oder zum Offroad-Radfahren – wie durchs malerische Stobbertal bis zum Tornowsee. Beides gute Optionen, die Tour zu verlängern.

Km 40
Ein besonderes Highlight ist die Neuhardenberg-Nacht am Schloss Neuhardenberg im Juni auf dem Gelände des weitläufigen, wunderschönen Schlossparks mit Musik und internationalen Theater- und Performancekünstlern – ein unvergessliches Erlebnis für die ganze Familie in märchenhafter Kulisse.

Kurz nach dem Bahnhof Buckow biegen wir nach rechts auf die Hauptstraße ab und fahren auf dieser durch den einzigen staatlich anerkannten Kneippkurort Brandenburgs ins Herz der Märkischen Schweiz. Am türkisfarbenen Wasser des bis zu 45 Meter tiefen Schermützelsees gelegen, verzaubert der kleine Ort Buckow in vielerlei Hinsicht. Wir kommen am geschäftigen Marktplatz und kurz darauf an einer Radstation mit Ladeoption für E-Bikes und Reparaturstation vorbei, die sich direkt an der Touristinfo (saisonal, Di–So ab 10 Uhr, Sebastian-Kneipp-Weg 1, 15377 Buckow, maerkischeschweiz.eu) befindet. Von dort ist es nicht weit bis zum herrlichen Schlosspark Buckow aus dem 17. Jahrhundert. Auch wenn das Schloss nicht mehr erhalten und im Park Radfahren verboten ist, sollte man einen Besuch in Betracht ziehen, um etwas auf dem wunderschönen Parkgelände zu flanieren. Im Sommer gibt es hier klassische Open-Air-Konzerte, die eine wunderbare Atmosphäre schaffen.

Nachdem wir den Schlosspark verlassen haben, empfiehlt es sich, kurz vom Müsliriegel abzubeißen, einen Gang runter und falls vorhanden eine Unterstützungsstufe am E-Bike hochzuschalten und kräftig in die Pedale zu treten. Der vor uns liegende Anstieg auf der Königsstraße ist knackig – aber mit etwas Geduld und Schmackes schaffen wir das. Damit uns beim Hochfahren nicht langweilig wird, hoppeln wir anfangs über ein paar Meter Kopfsteinpflaster, die bald in Asphalt übergehen. Die vor uns liegende Landschaft entschädigt dann für einiges. Der Naturpark Märkische Schweiz ist ein eiszeitlich geprägtes Landschaftsschutzgebiet mit einigen Seen, Fließen, Wäldern und Schluchten. Vor allem die „Berge" der Region heben sich deutlich von der oft flachen Brandenburger Landschaft ab. Wir fahren auf dem asphaltierten Radweg des R1 durch den Wald, passieren dabei das Umweltzentrum Drei Eichen, sehen malerische Fließlandschaften und sogar eine Flugsanddüne, die aufgrund ihrer Einzigartigkeit und der steinzeitlichen Funde zum Bodendenkmal erklärt wurde.

Wir verlassen den Wald, Felder säumen nun den Weg. Es geht durch die Siedlung Münchehofe mit der alten Feldsteinkirche bis nach Obersdorf immer weiter auf dem R1. Mittlerweile folgen wir auch der Radroute der Märkischen Schlössertour, die auf dem Allee-Abschnitt nach Trebnitz teilweise den uns schon bekannten Mix aus Kopfsteinpflaster und Fahrbereichen aus Pflastersteinen aufweist. Alles in allem eine entspannte Strecke abseits des Straßenverkehrs. Wem nach der Sichtung eines weiteren Schlosses ist, der kann in Trebnitz einen Abstecher nach Süden durch den Ort machen und einen Blick auf das Schloss werfen, bevor es auf der L 36 gen Norden geht.

Vor uns liegt die einzige Radweglücke der Tour und wir fahren die knapp 4 Kilometer bis nach Wulkow auf der ruhigen Landstraße weiter. Dort passieren wir das romantische Hochzeitshotel Schloss Wulkow, bevor wir nach rechts auf den asphaltierten Radweg abbiegen, der nur auf einem kurzen Abschnitt durch einen naturbelassenen Feldweg unterbrochen wird. Schließlich erreichen wir ein weiteres Tourenhighlight im Ort Neuhardenberg. Die klassizistische Anlage des Schloss Neuhardenberg (Schinkelplatz, 15320 Neuhardenberg, schlossneuhardenberg.de) mit Hotel, Restaurant und Schinkelkirche wurde vom preußischen Baumeister Karl-Friedrich Schinkel Anfang des 19. Jahrhunderts umgestaltet. Die Stiftung Schloss Neuhardenberg richtet dort ganzjährig ein vielfältiges Programm aus. Die letzten Kilometer liegen vor uns, die wir auf dem straßenbegleitenden Radweg nach Gusow zurücklegen. Das letzte Schloss unserer Tour, das Gusower Schloss, wurde mehrfach umgebaut und erscheint heute im neogotischen Stil. Mit dem Bild dieses eindrucksvollen Bauwerks im Kopf erreichen wir kurz darauf den Bahnhof Seelow-Gusow und steigen nach einem ereignisreichen Tag in den Zug, der uns über unseren Startort hinweg stündlich wieder nach Berlin bringt.

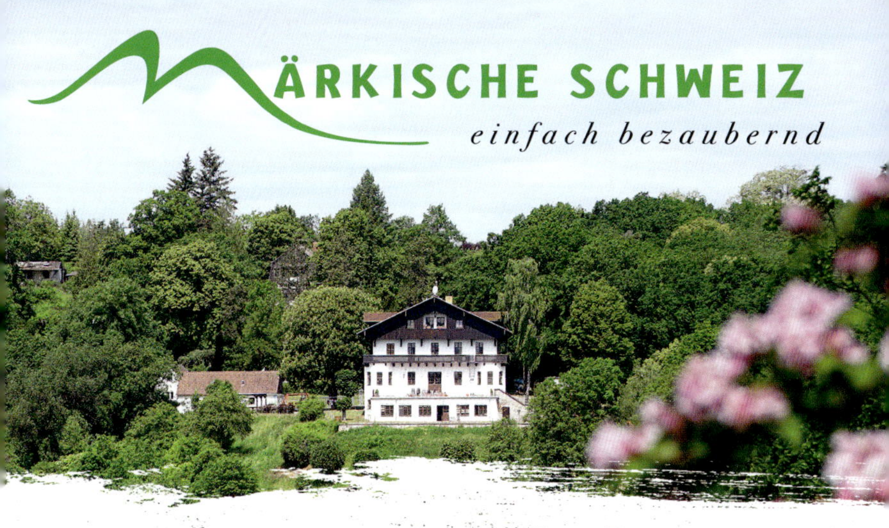

UNTERWEGS IN DER MÄRKISCHEN SCHWEIZ

Sie wandern gerne? Dann sind Sie in der Märkischen Schweiz genau richtig. Ob kurze oder lange, einfache oder anspruchsvolle Touren, direkt am See entlang oder vorbei an Streuobstwiesen, durch harzig duftende Wälder, vorbei an idyllischen Ortschaften, durch urwüchsige Schluchten und Kehlen oder über Anhöhen mit Panoramablick – von allem ist etwas dabei.

Aber auch für Radfahrer sind die Brandenburgischen Mini-Alpen mit ihren anspruchsvollen Touren, wie geschaffen. Viel Spaß auf der Oberbarnimer Feldsteinroute oder auch dem Europaradweg R1.

Sollten Sie noch einen Tipp für einen schönen Platz zum Picknicken benötigen, die wildeste Schlucht noch nicht gefunden haben oder eine schöne Unterkunft suchen – dann schauen Sie einfach bei uns rein.

Wir freuen uns auf Ihren Besuch!

Touristinformation Märkische Schweiz
Sebastian-Kneipp-Weg 1 · 15377 Buckow (Märk. Schweiz)
Tel. 033433 150031 oder 150032
touristinfo@amt-maerkische-schweiz.de
www.maerkischeschweiz.eu

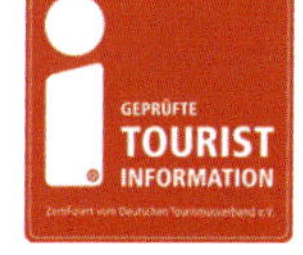

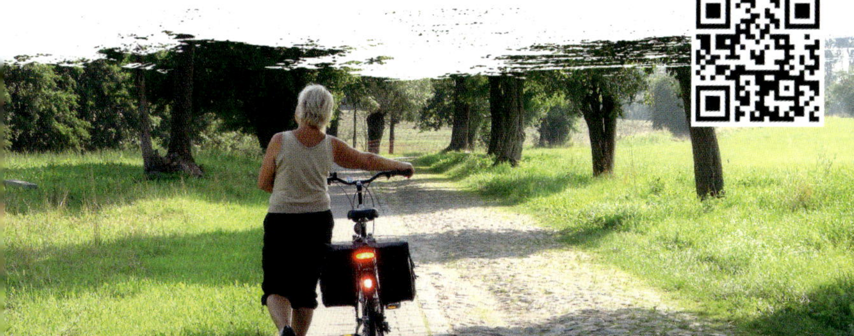

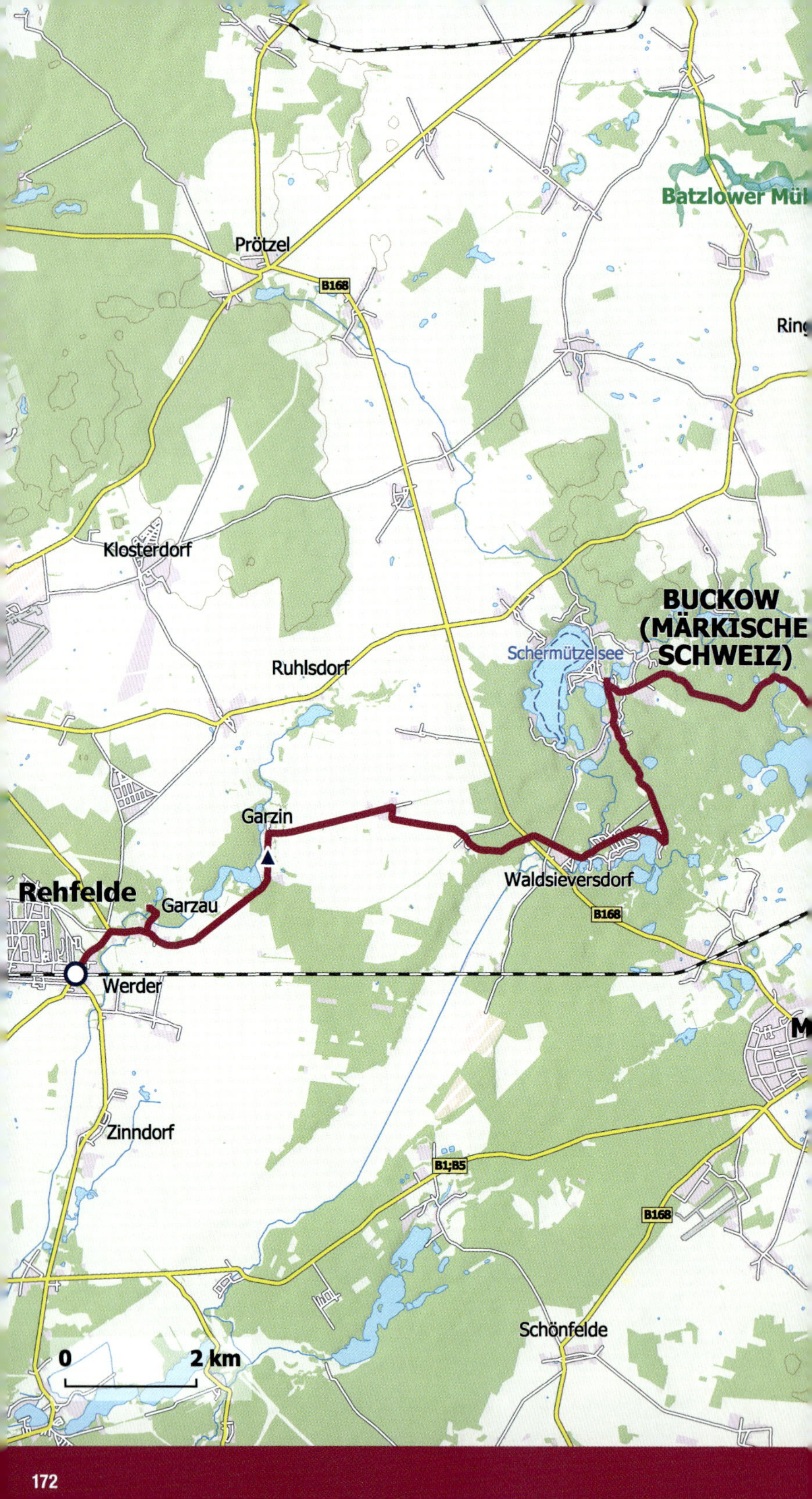
Batzlower Mü
Prötzel
B168
Ring
Klosterdorf
BUCKOW
(MÄRKISCHE
SCHWEIZ)
Schermützelsee
Ruhlsdorf
Garzin
Rehfelde
Garzau
Waldsieversdorf
B168
Werder
M
Zinndorf
B1;B5
B168
Schönfelde
0
2 km

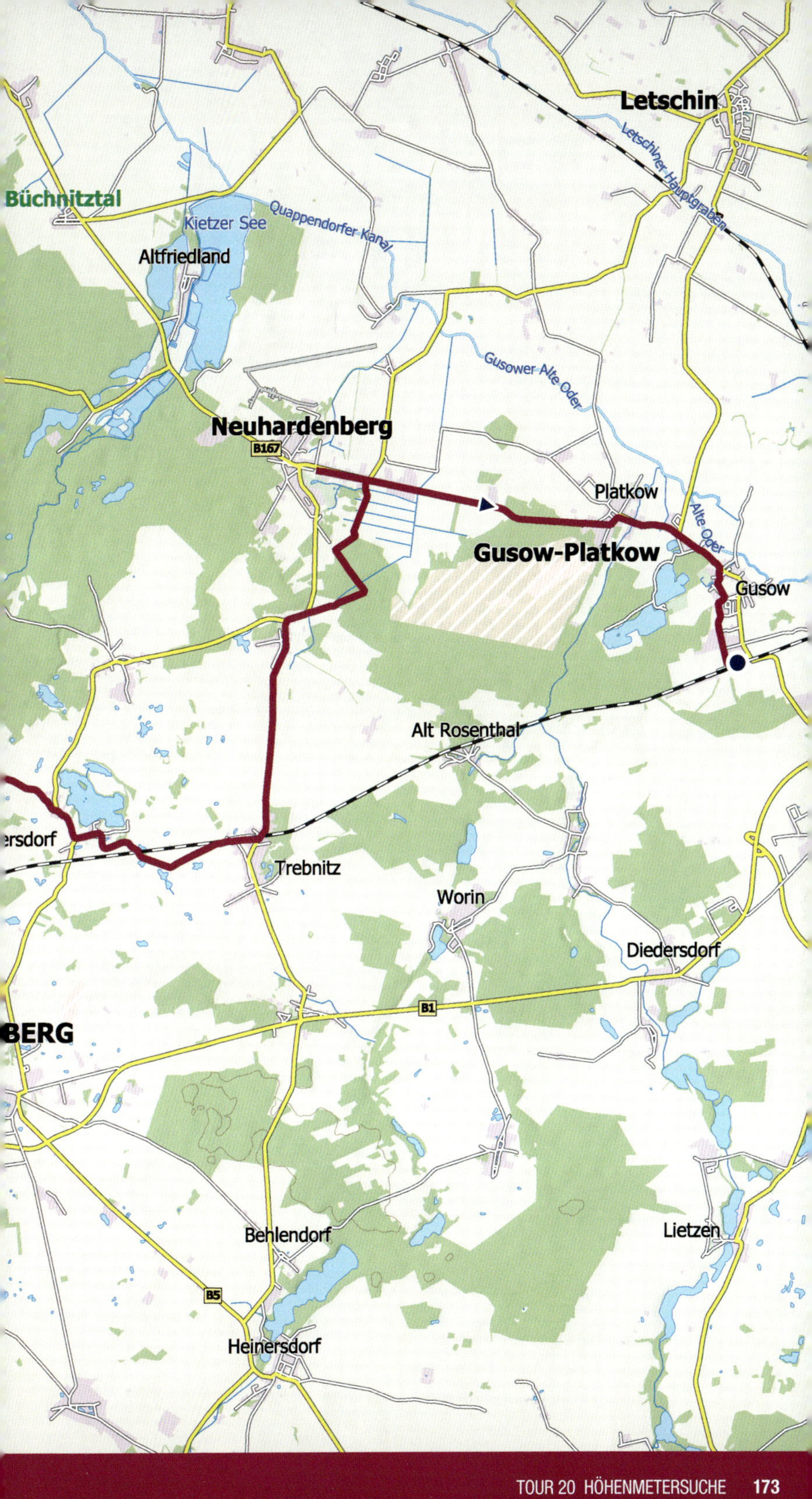
Letschin
Letschiner Hauptgraben
Büchnitztal
Kietzer See
Quappendorfer Kanal
Altfriedland
Gusower Alte Oder
Neuhardenberg
B167
Platkow
Alte Oder
Gusow-Platkow
Gusow
Alt Rosenthal
ersdorf
Trebnitz
Worin
Diedersdorf
B1
BERG
Behlendorf
Lietzen
B5
Heinersdorf

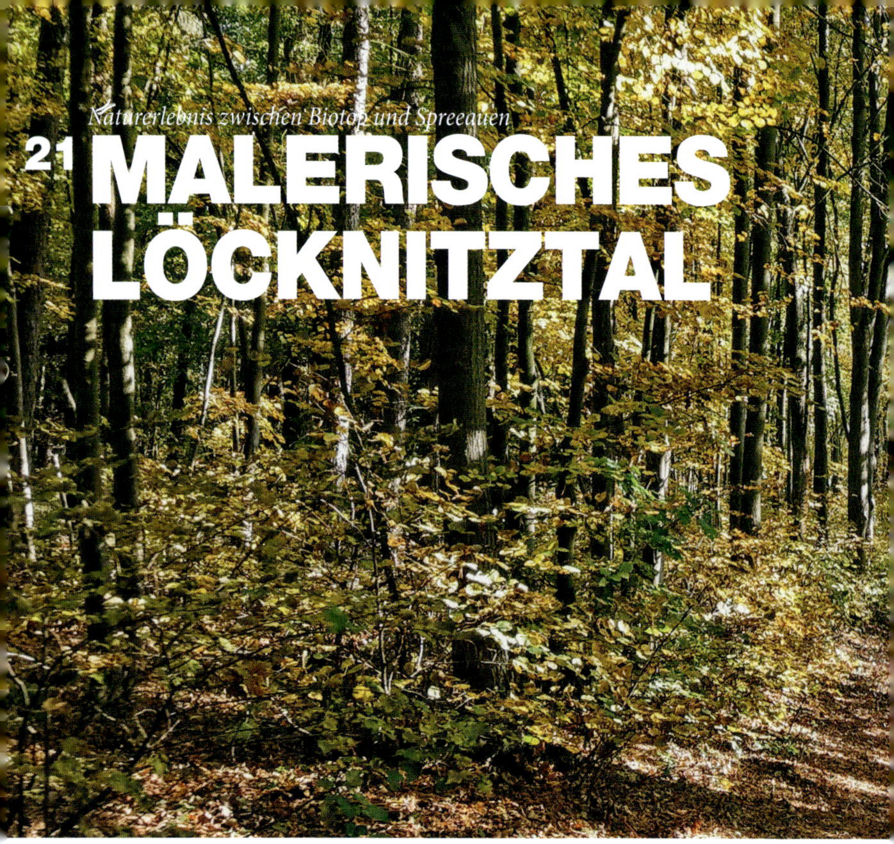

Naturerlebnis zwischen Biotop und Spreeauen

21 MALERISCHES LÖCKNITZTAL

Start/Ziel

BAHNHOF ERKNER

Rundtour

37,4 Kilometer

35 Höhenmeter

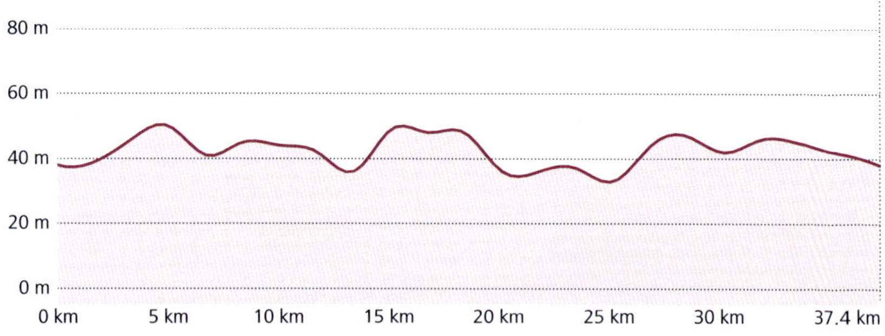

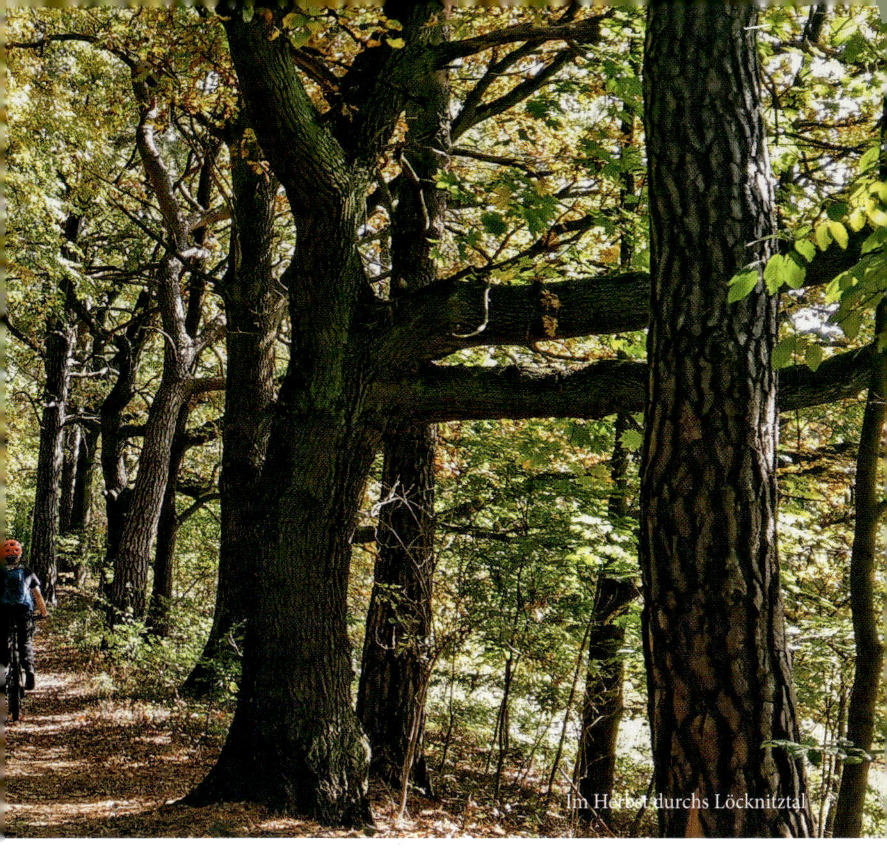
Im Herbst durchs Löcknitztal

Gemischter Untergrund mit Schotter- und Naturwegen mit Wurzeln, die aber umfahren werden können. Viel Asphalt auf der zweiten Hälfte. Für Familien mit Anhänger bedingt geeignet (Alternativrouten beachten!). Im Sommer unbedingt an Mückenschutz denken!

Wir beginnen die Fahrt ins Grüne am Bahnhof Erkner, einer Kleinstadt am südöstlichen Stadtrand von Berlin. Sie ist das Tor in eine wunderschöne Region, in der es sich wunderbar durch große Wälder und entlang der idyllischen Löcknitz sowie der wilden Spree radfahren lässt. Dafür radeln wir nun ein Stück auf dem Radweg durch die Stadt nach Süden und biegen am Kreisverkehr der Friedrichstraße nach links auf die Gerhart-Hauptmann-Straße ab. Dass diese Straße den Namen des bedeutenden Schriftstellers und naturalistischen Dramatikers trägt, kommt nicht von ungefähr. Hauptmann lebte nicht nur in Erkner, hier ist auch das Gerhart-Hauptmann-Museum (Di–So 11–17 Uhr, 2/1,50 €, Gerhart-Hauptmann-Straße 1–2, 15537 Erkner, hauptmannmuseum.de) in einer herrschaftlichen Villa zu finden, welches das Leben und Werk des Nobelpreisträgers dokumentiert.

Wir folgen der Gerhart-Hauptmann-Straße weiter und lassen kurz darauf die Stadt hinter uns, indem wir nach links auf den Oberförstereiweg fahren.

Highlights
am Wegesrand

Km 4
Kurz nach der Brücke über die A 10 gibt es nördlich des Oberförstereiweges bereits die Option dem Löcknitztalweg zu folgen. Zwischen A 10 und L 23 gestalten märchenhafter Bruchwald und Wiesen die Gegend. Eine Schafherde sogt für Landschaftspflege – Teile des schmalen Weges führen mitten über ihre Weidefläche.

Biwakieren
Ähnlich dem Biwakplatz Mönchwinkel gibt es in Brandenburg einige Plätze mit legaler Wildcamping-Option. Wenn auch einfach gehalten, verfügen sie oft über Bänke oder Feuerstellen. Auf reiseland-brandenburg.de findet man über die Suche noch einige weitere.

Km 24
In Holly's Galerie Café backt Doris Hollnagel nahezu täglich blecheweise Kuchen, den man sich direkt in der Küche der Gartenlaube auswählt und abholt. Abgerechnet wird tellerweise, nicht pro Stück. Ein sehr schmackhaftes Highlight der Tour, das man sich nicht entgehen lassen sollte.

Feinster Schotterweg durch den Wald, der sich sehr gut mit dem Tourenrad fahren lässt, liegt nun für einige Kilometer bis zur L 23 vor uns. Ab dort geht es nach wenigen Metern auf der Landstraße am Rastplatz und Kriegsdenkmal Grünheide vorbei nach rechts in die glaziale Schmelzwasserrinne des Naturschutzgebiets (NSG) Löcknitztal, einem vielfältigen, wunderschönen Biotop, das zahlreichen seltenen Tier- und Pflanzenarten eine Heimat bietet. Der Löcknitztalweg, dem wir nun für knapp zwei Kilometer folgen können, ist eigentlich ein gekennzeichneter Wanderweg entlang der wilden Löcknitz, einem Nebenfluss der Spree. Mit etwas Geschick und Vorsicht lässt sich dieser jedoch gut mit dem Fahrrad erkunden. Breitere Reifen mit Profil sind auf jeden Fall von Vorteil, um den teilweise schmalen Waldweg, der ab und zu von Wurzeln durchzogen ist, zu bewältigen. Doch das lohnt sich, denn

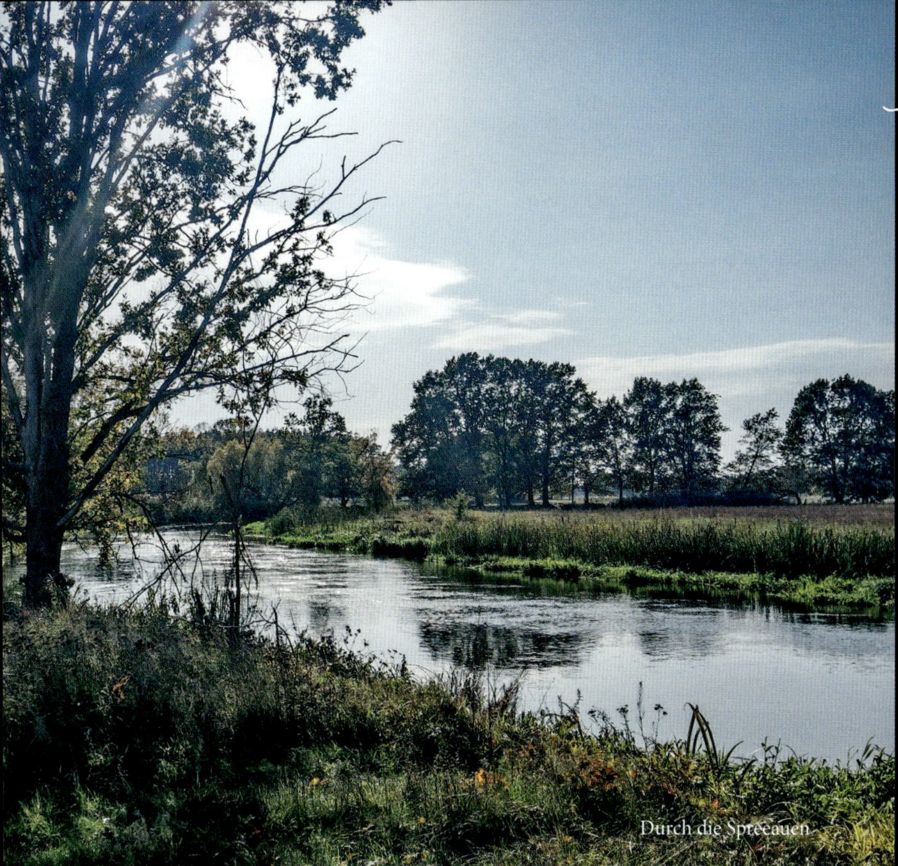
Durch die Spreeauen

die Aussichten auf Wasser und Feuchtwiesen sind malerisch schön und mit etwas Glück lassen sich hier seltene Tierarten, wie Fischotter und Eisvogel, beobachten.

Wer lieber weiter über bequemere Forstwege fahren möchte, kann an der L 23 am Kriegsdenkmal Grünheide, statt auf den Löcknitztalweg abzubiegen, dem breiteren Weg folgen und nach ca. 500 Metern an der Waldkreuzung nach rechts radeln. Der Weg stößt kurz darauf wieder auf die Route. Wir erreichen schließlich Klein-Wall und die dort gelegene Forellenanlage.

Von da an geht es durch den Wald auf gut fahrbaren Schotter- und Forstwegen gen Süden, bis wir im Ort Mönchwinkel ankommen und an die alte Spree gelangen. Diese zeigt sich hier so wild und unberührt, wie die meisten Berlinbesuchenden den berühmten Hauptstadtfluss sicherlich noch nie gesehen haben. In sich schlängelnden Mäandern prägt die Spree das Landschaftsbild und die Ufer sind mit breiten Schilfgürteln versehen, in denen sich viele Wasservögel und Insekten heimisch fühlen. Felder und Wälder erstrecken sich ringsum. Wir radeln entspannt auf Nebenstraßen mitten durch die idyllische Kulisse bis zur hölzernen Spreebrücke Mönchwinkel, an der auch der Biwakplatz Mönchwinkel (Spreebrücke, 15528 Grünheide) liegt. Diese Wasserwanderplätze sind sowohl für Bootsreisende als auch – wenn zugänglich – für Wandernde und

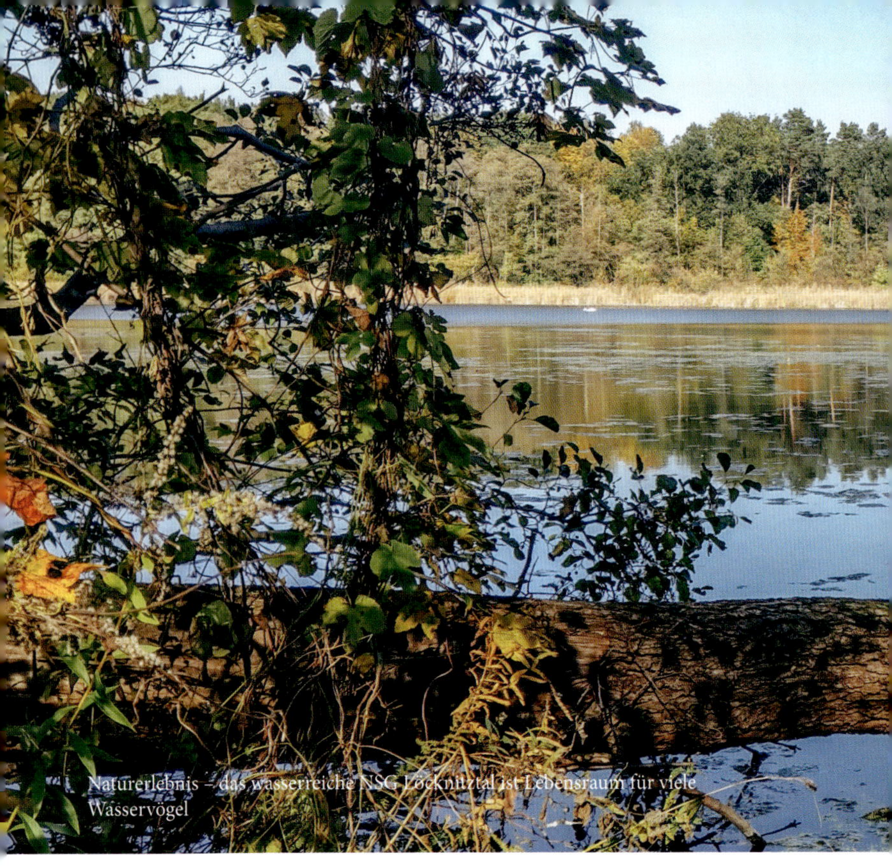
Naturerlebnis – das wasserreiche NSG Löcknitztal ist Lebensraum für viele Wasservögel

Radfahrende eine willkommene legale Möglichkeit, an vielen beliebten Brandenburger Wasserstraßen eine meist kostenfreie Nacht direkt unterm Sternenhimmel zu verbringen.

Wir überqueren die Spreebrücke und fahren nach rechts auf eine ruhige asphaltierte Forststraße. Mittlerweile sind wir auf dem SPR – Spreeradweg (spreeradweg.de) unterwegs, der sich in mehreren Abschnitten abwechslungsreich durch die vielfältige Brandenburger Landschaft zieht. Wir folgen der größtenteils asphaltierten Route nun bis zum Ende der Tour. Nach knapp 4 Kilometern durch den Wald biegen wir nach rechts ab und nähern uns der Spree wieder. Eine herrliche verkehrsfreie Fahrradstraße liegt vor uns und, ähnlich wie sich die Spree hier durch die Landschaft schlängelt, radeln wir in sanften Bögen durch die Natur.

In Neu-Hartmannsdorf gelangen wir wieder an die L 23 und folgen dieser ein kurzes Stück gen Norden, bevor wir, weiter auf dem Spreeradweg fahrend, nach Hartmannsdorf abbiegen. Dort erreichen wir nun ein Stopp, der allein schon eine Tour in die Region Grünheide wert ist. Am Ortseingang nach Hartmannsdorf befindet sich auf unserer linken Seite Holly's Galerie Café (Di–So 10–17 Uhr, Schulstraße 2, 15528 Spreenhagen, OT Hartmannsdorf) oder einfach „Holly's Kuchenparadies". Denn nichts weniger wartet dort auf primär zuckerhungrige

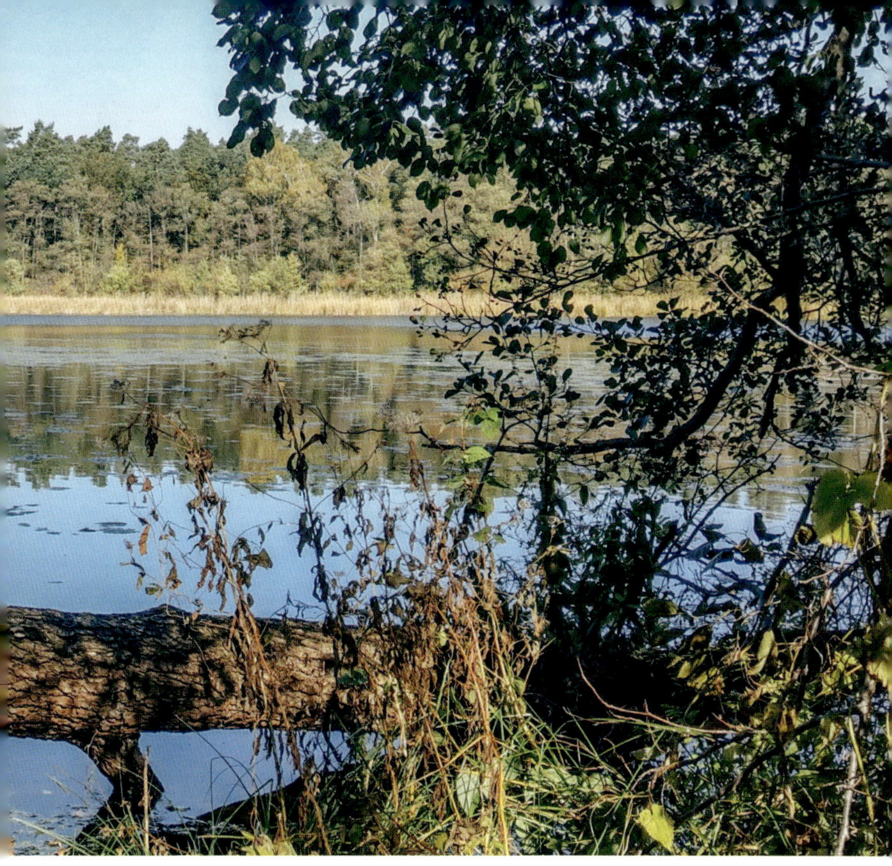

Radfahrende, die am Wochenende in Scharen anradeln. Das Café ist wahrlich einzigartig: Es gibt Kaffee direkt aus der Isolierkanne und Teller voller Blechkuchen draußen im Garten der sehr herzlichen Betreiberin – definitiv ein Pflichtstopp!

Nach dieser kräftigen Stärkung nähern wir uns langsam wieder dem Ausgangspunkt unserer Tour. In Hartmannsdorf biegen wir nach rechts auf die Lindenallee ab und folgen dem Spreeradweg weiter, der sich nun mit der Oder-Spree-Tour überschneidet. Dabei radeln wir auf einer schmalen, asphaltierten Nebenstraße zwischen Feldern und durch den angenehm schattigen Wald hindurch. Nachdem wir kurz nach Steinfurt erneut die A 10 überquert haben, verlassen wir die Steinfurter Straße nach rechts auf einen parallel zur Autobahn verlaufenden Radweg, der uns schließlich noch einmal bis an die Spree bringt. Diese überqueren wir an der Spreebrücke Jägerbude. Der folgende Radweg verläuft zweigeteilt durch den Wald – auf einer Seite feinster Asphalt, auf der anderen sandig-schottriger Waldboden – für jeden Geschmack etwas. Kurz vor Hohenbinde biegen wir nach links und dann nochmal nach rechts ab und fahren auf dem straßenbegleitenden Radweg zurück bis nach Erkner, wo sich die letzten Kilometer mit der Strecke des Hinwegs überschneiden. Ein naturreicher Tag neigt sich dem Ende zu und wir steigen nach knapp 38 Kilometern am Bahnhof in Erkner vom Fahrrad.

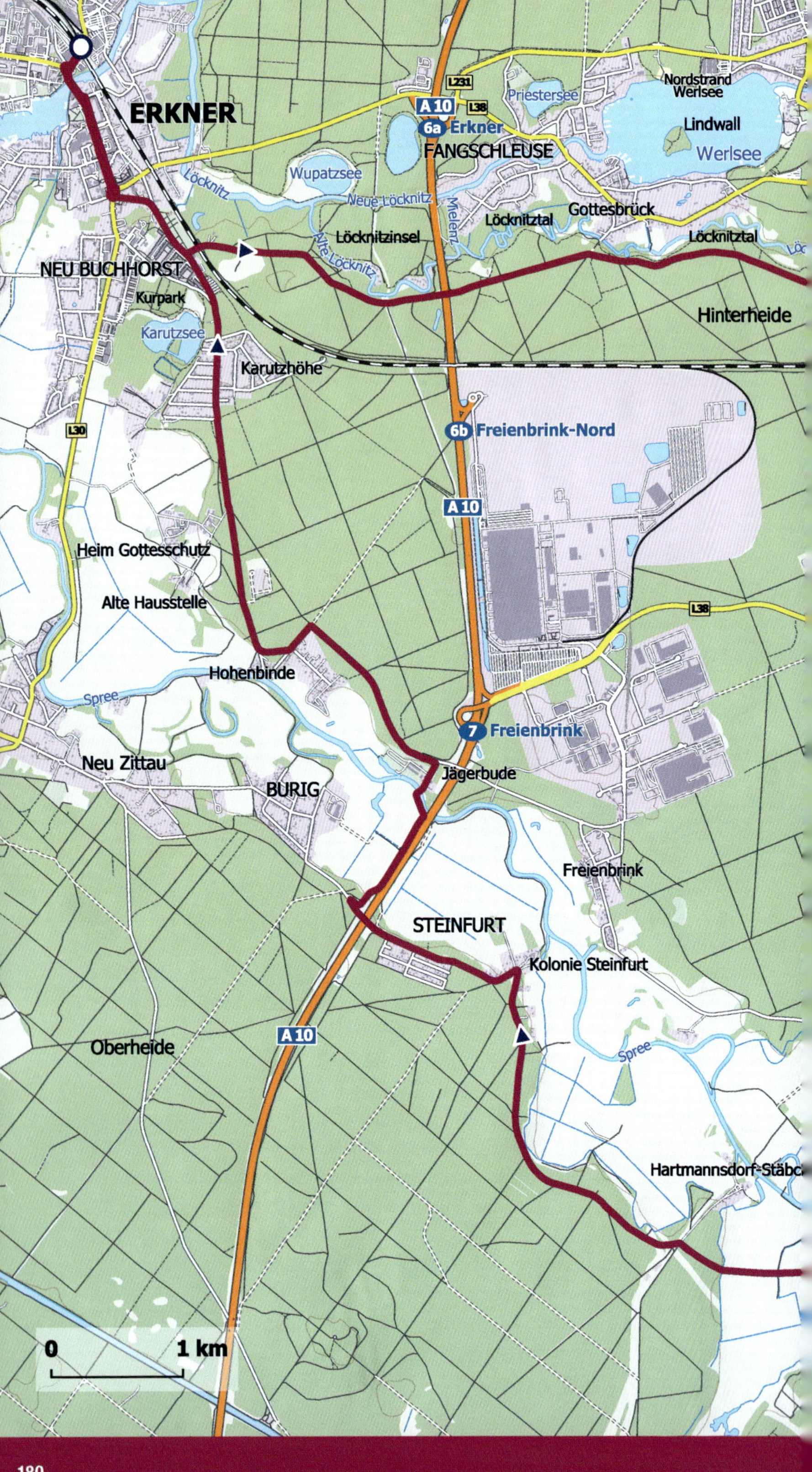
ERKNER
Erkner
FANGSCHLEUSE
Priestersee
Nordstrand Werlsee
Lindwall
Werlsee
Wupatzsee
Löcknitz
Neue Löcknitz
Mielenz
Löcknitztal
Gottesbrück
Löcknitztal
Löcknitzinsel
Alte Löcknitz
NEU BUCHHORST
Kurpark
Karutzsee
Karutzhöhe
Hinterheide
Freienbrink-Nord
A 10
L231
L38
L30
Heim Gottesschutz
Alte Hausstelle
Hohenbinde
Spree
Freienbrink
Neu Zittau
BURIG
Jägerbude
Freienbrink
STEINFURT
Kolonie Steinfurt
Oberheide
Spree
Hartmannsdorf-Stäbc
0
1 km

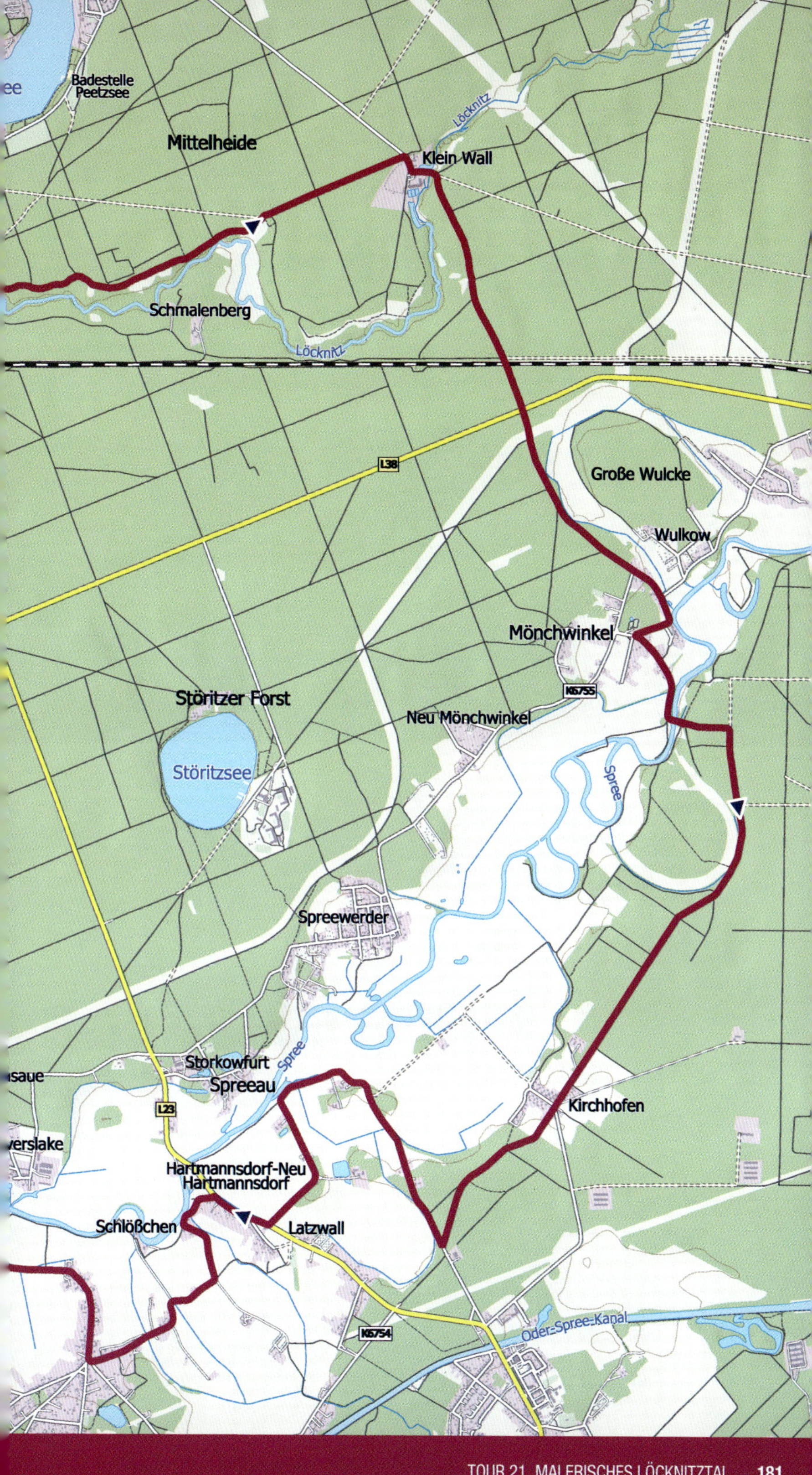
Badestelle
Peetzsee
Mittelheide
Löcknitz
Klein Wall
Schmalenberg
Löcknitz
L38
Große Wulcke
Wulkow
Mönchwinkel
K6755
Störitzer Forst
Neu Mönchwinkel
Störitzsee
Spree
Spreewerder
Storkowfurt
Spree
Spreeau
L23
Kirchhofen
Hartmannsdorf-Neu
Hartmannsdorf
Schlößchen
Latzwall
K6754
Oder-Spree-Kanal

Durch das

22 BERLINER URSTROMTAL

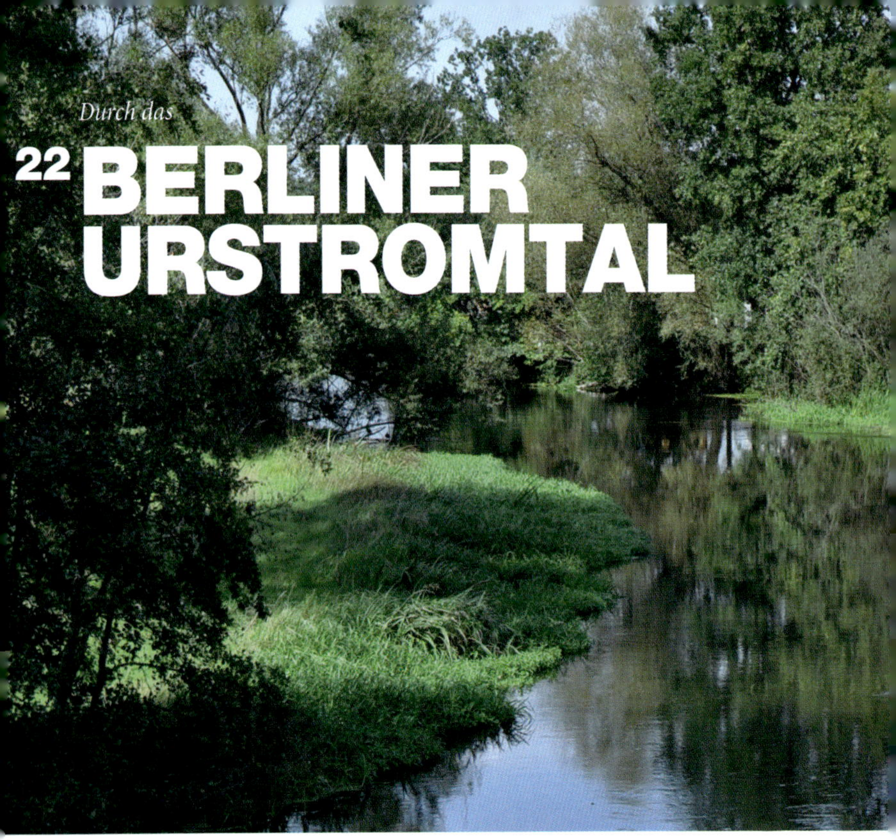

vom

BAHNHOF ERKNER

nach

FÜRSTENWALDE (SPREE)

37,9 Kilometer

80 Höhenmeter

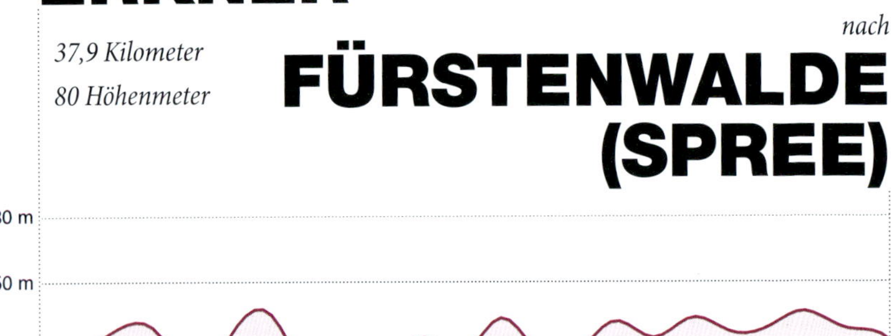

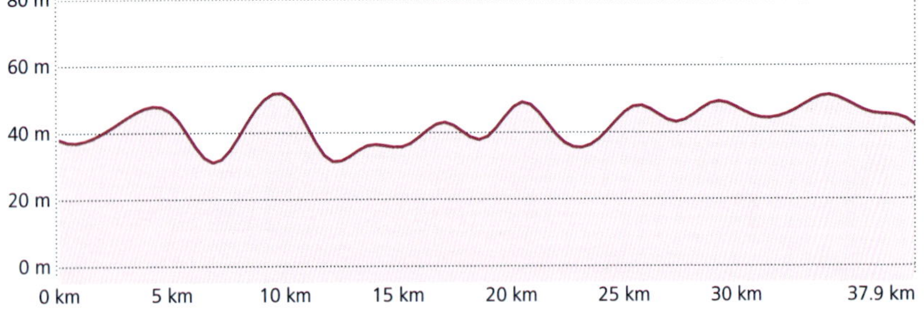

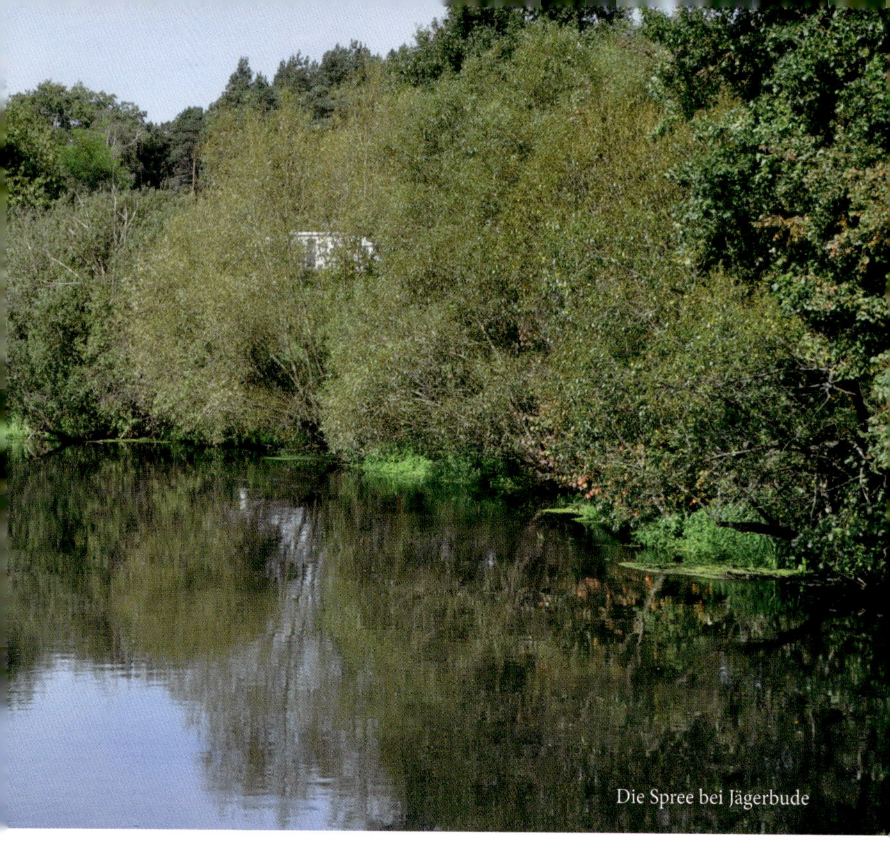
Die Spree bei Jägerbude

Das Spree-Tal zwischen Erkner und Fürstenwalde (Spree), ein Teil des Berliner Urstromtals und ein Abschnitt des Spreeradweges, wählen wir für diese Radtour.

Vom S- und Regionalbahnhof Erkner fahren wir nach rechts zum nahen Friedensplatz (Kreisverkehr), hier nach links in Richtung Königs Wusterhausen (RWW Buckow/Märkische Schweiz/R1) über das Flakenfließ und entlang der Friedrichstraße zum Kreisverkehr. Wir folgen der Gerhart- Hauptmann-Straße (RWW Fürstenwalde) und Hohenbinderstraße (Karutzhöhe) zum Stadtende, dann dem Radweg über etwa 700 m, und fahren weiter auf dem Sträßchen nach Hohenbinde. Mit einem Rechtsknick beginnt der Radweg (RWW Fürstenwalde) und führt durch das Waldstück nach Jägerbude. Es geht bei den wenigen Häusern von Jägerbude nach rechts, dann weiter über die Spree und an der Autobahn entlang, die Spreeaue durchquerend, zur Straße Neu Zittau – Hartmannsdorf. Nach links folgen wir der Straße (kein RWW, RWZ!) über die Autobahnbrücke, entlang der Spreeaue und durch Kiefernwald über Steinfurt und in die Spreeaue hinein nach Hartmannsdorf.

Unser Weg führt in Hartmannsdorf weiter nach links (RWW Fürstenwalde) nach Neu-Hartmannsdorf an der Spree. Hier müssen wir etwa 500 m nach rechts ohne Radweg ans Orts-

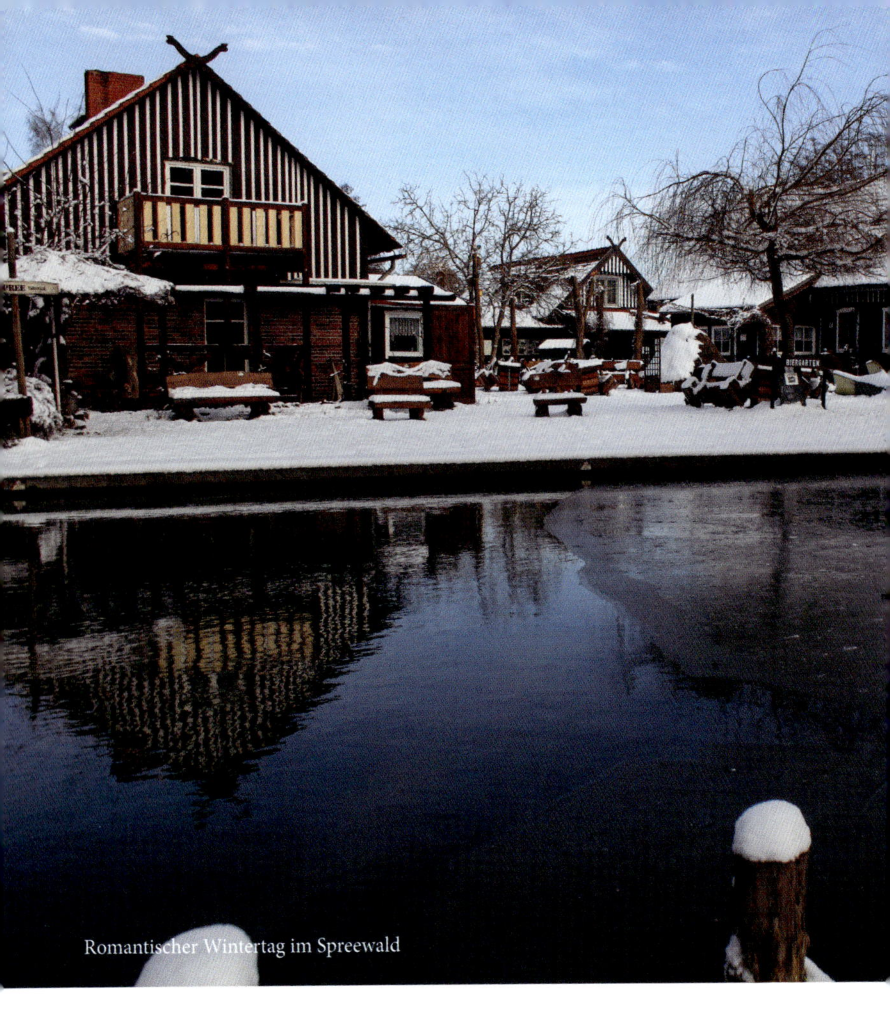
Romantischer Wintertag im Spreewald

ende fahren, dann geht es nach links (RWW Fürstenberg) auf die Fahrradstraße und auf dieser zu einem Spree-Altarm und in einem Rechts-Bogen (Röthen) in das Waldgebiet entlang einer mit Kiefern bestandenen kaltzeitlichen Düne zum Ende der Fahrradstraße. Hier knickt der Spree-Radweg scharf nach links ab (RWW Fürstenwalde) und führt durch den Kiefernforst nach Kirchhofen.

Durch den Ort fahren wir geradeaus (RWW Mönchwinkel), und dann weiter auf dem Sträßchen und über die Spree nach Mönchwinkel.

Der Straße (Mittelweg) in Mönchwinkel folgen wir nach rechts (RWW Fürstenwalde), an der Spree entlang und weiter auf der Straße zur Landstraße Grünheide – Hangelsberg. Hier nach rechts (RWW Fürstenberg) auf dem Radweg nach Hangelsberg. Etwa 700 m nach dem Ortsende von Fürstenwalde West führt der Spreeradweg von der Straße weg, dann an der Spree entlang, an der Großen Tränke vorbei, weiter am Oder-Spree-Kanal entlang und über diePintsch-Brücke am ehemaligen Pintsch- Hafen (1930, J. Pintsch AG). Nach der Brücke fahren wir nach rechts (kein RWW!, gelber Balken) auf dem

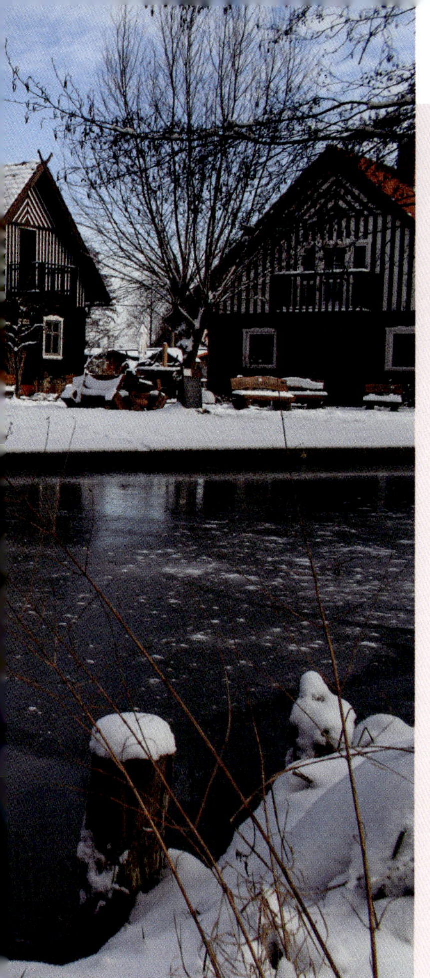

Highlights
am Wegesrand

Museumspark Rüdersdorf
Der Museumspark Rüdersdorf ist ein ehemaliges Kalksteinwerk, das heute als Museum genutzt wird. Hier können Sie mehr über die Geschichte des Kalksteinabbaus erfahren und die beeindruckenden Maschinen und Anlagen besichtigen. Der Park bietet auch eine Vielzahl von Aktivitäten wie Wandern, Radfahren und Bootfahren1.

Schloss Neuhardenberg
Das Schloss Neuhardenberg ist ein historisches Schloss, das im 18. Jahrhundert erbaut wurde. Es ist von einem wunderschönen Park umgeben und bietet eine Vielzahl von Aktivitäten wie Wandern, Radfahren und Reiten. Das Schloss verfügt auch über ein Restaurant, in dem Sie eine Pause einlegen und die lokale Küche genießen können2.

Spree
Der 403 km lange Nebenfluss der Havel (ungefähr 182 km davon sind schiffbar), entspringt im Oberlausitzer Bergland bei Ebersbach-Neugersdorf (390 m ü.NN), fließt durch Sperenberg, Cottbus, durch den Ober- und Unterspreewald, Fürstenwalde (Spree) und mündet in Berlin-Spandau in die Havel (34 m ü.NN).

Kunstspeicher Friedersdorf
Der Kunstspeicher Friedersdorf ist ein Museum für zeitgenössische Kunst. Hier können Sie Werke von Künstlern aus der Region und der ganzen Welt bewundern. Der Kunstspeicher bietet auch eine Vielzahl von Aktivitäten wie Workshops, Führungen und Konzerte.

unbefestigten Weg und dem RWZ folgend am Kanal (kurzes Stück Radweg) entlang, weiter auf der Straße „Altstadt“ und „Goetheplatz” in die Stadt Fürstenwalde (Spree), am Goetheplatz rechts und links, dann in Richtung Bahnhof (Eisenbahnstraße) zum Bahnhof Fürstenwalde (Spree).

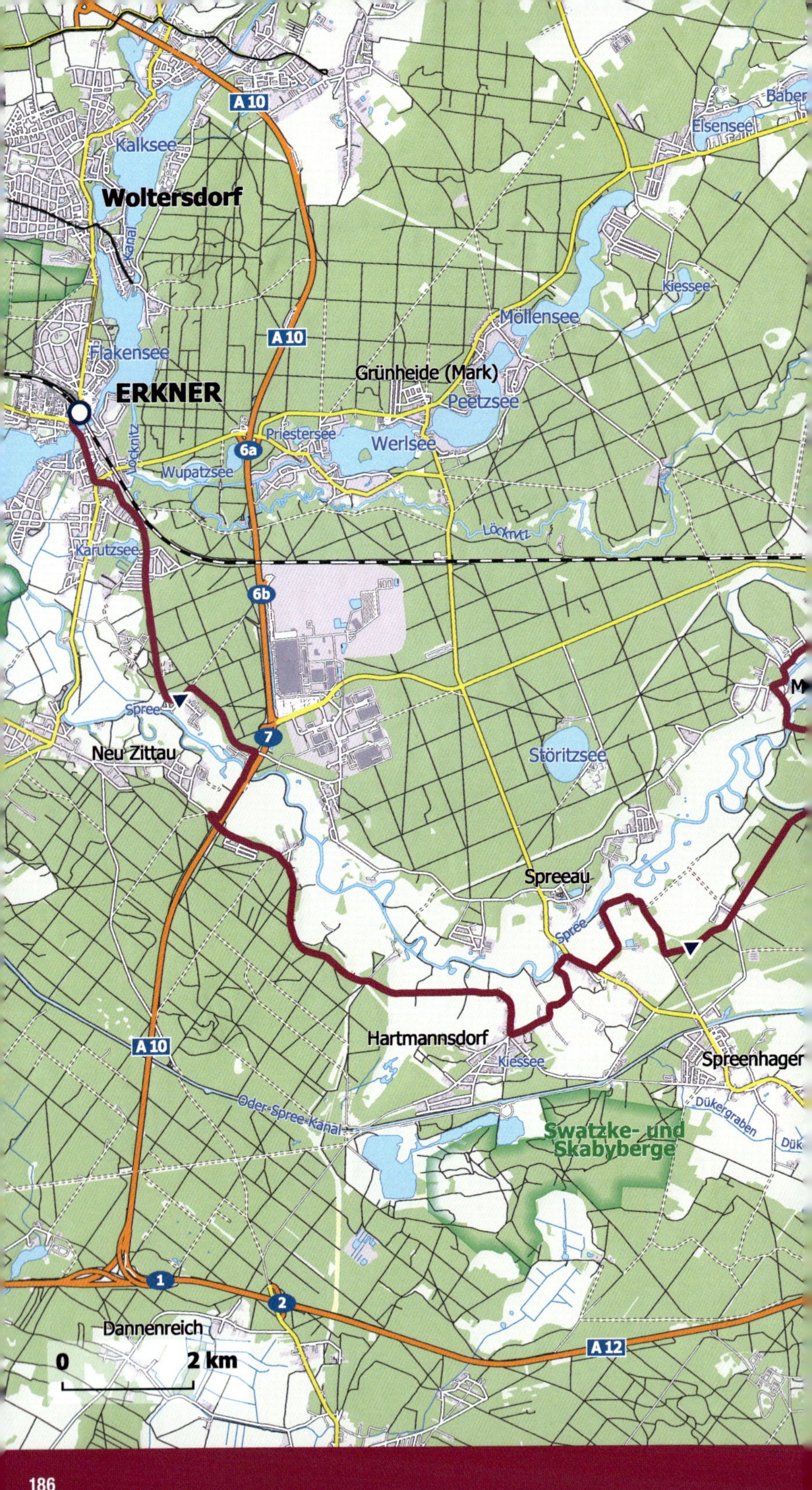

A 10
Baber
Elsensee
Kalksee
Woltersdorf
Kanal
Kiessee
Möllensee
A 10
Flakensee
Grünheide (Mark)
ERKNER
Peetzsee
Priestersee
Werlsee
6a
Löcknitz
Wupatzsee
Löcknitz
Karutzsee
6b
M
Spree
7
Neu Zittau
Störitzsee
Spreeau
Spree
Hartmannsdorf
Kiessee
Spreenhager
A 10
Oder-Spree-Kanal
Dükergraben
Dük
Swatzke- und Skabyberge
1
2
Dannenreich
0
2 km
A 12

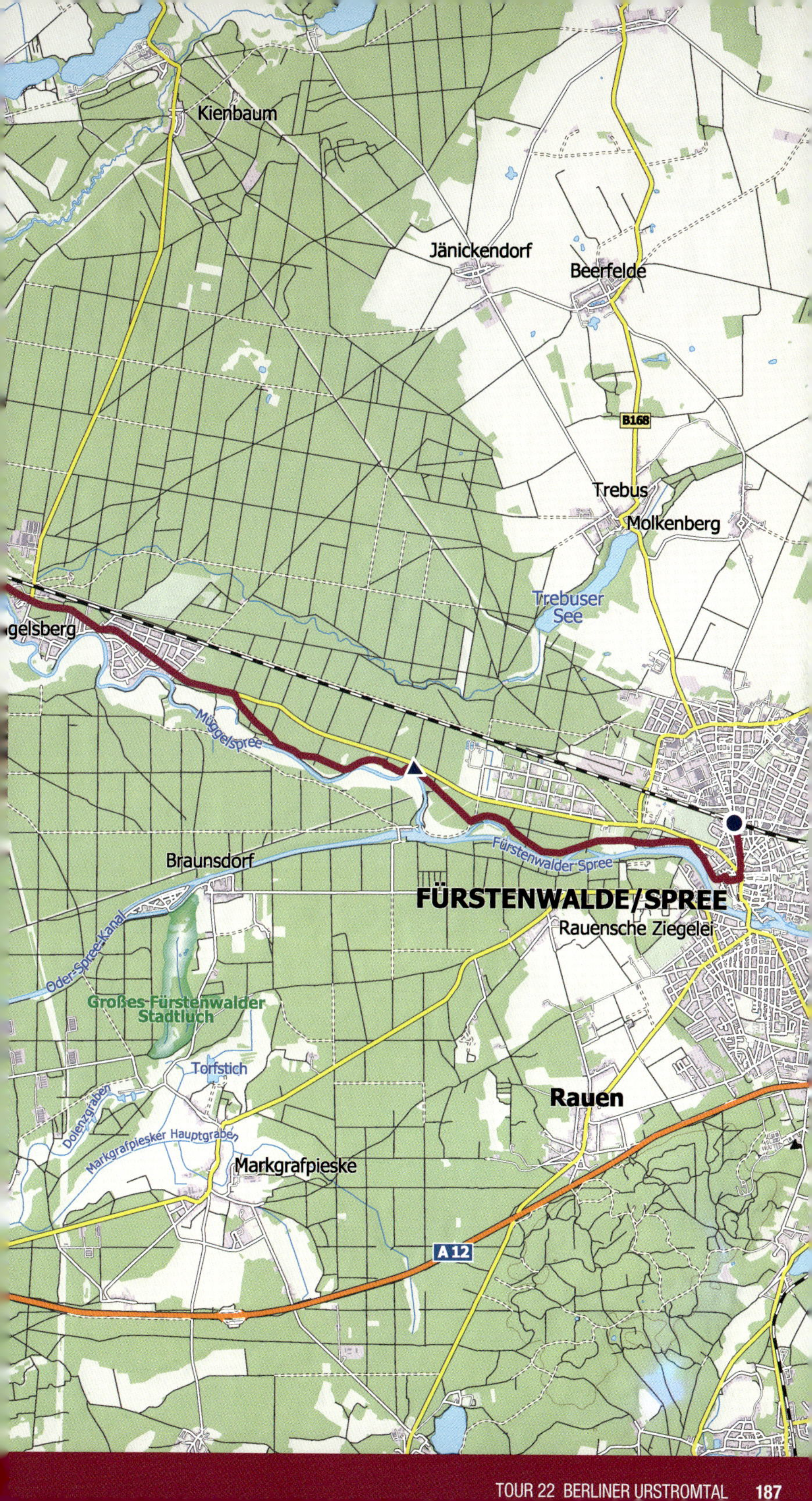
Kienbaum
Jänickendorf
Beerfelde
B168
Trebus
Molkenberg
Trebuser See
gelsberg
Müggelspree
Fürstenwalder Spree
Braunsdorf
FÜRSTENWALDE/SPREE
Rauensche Ziegelei
Oder-Spree-Kanal
Großes-Fürstenwalder Stadtluch
Torfstich
Dolenzgraben
Markgrafpiesker Hauptgraben
Markgrafpieske
Rauen
A 12

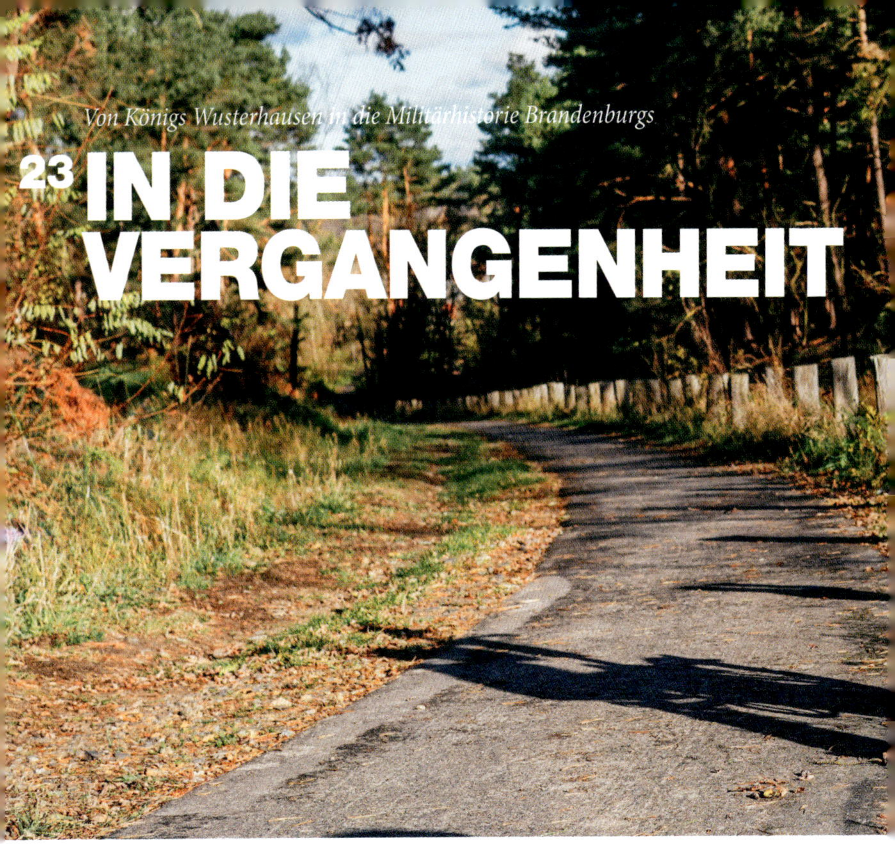

Von Königs Wusterhausen in die Militärhistorie Brandenburgs

23 IN DIE VERGANGENHEIT

Start/Ziel

BAHNHOF KÖNIGS WUSTERHAUSEN

Rundtour

52,2 Kilometer

100 Höhenmeter

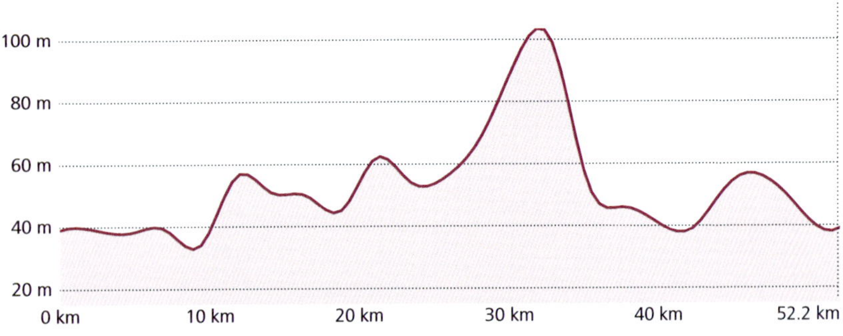

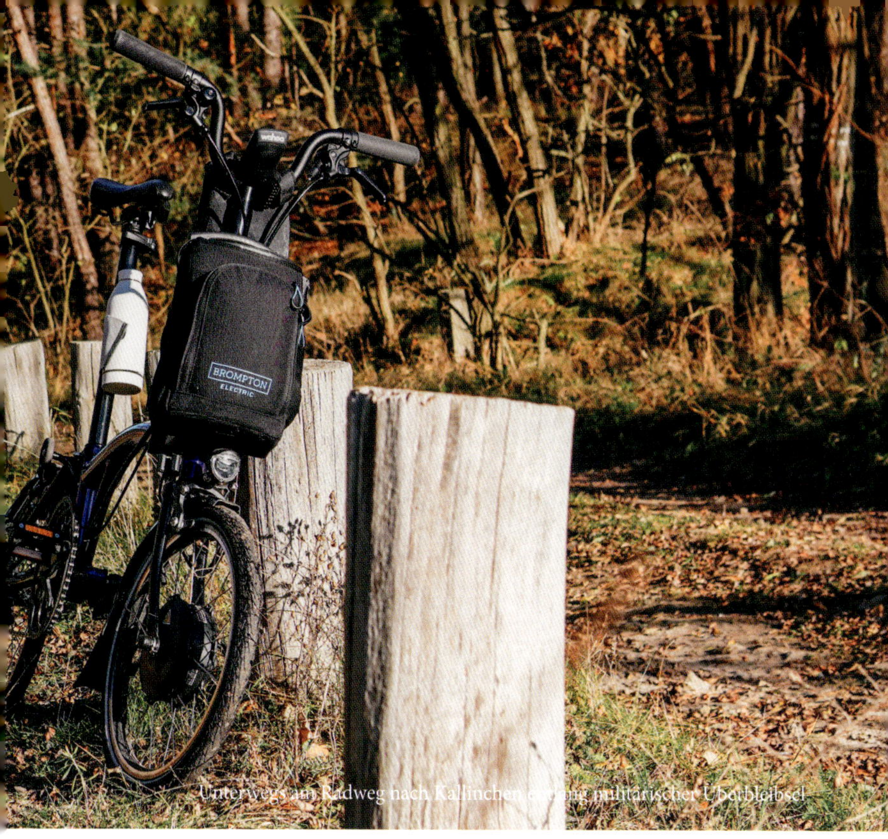

Unterwegs am Radweg nach Kallinchen entlang militärischer Überbleibsel

Diese abwechslungsreiche Radtour führt uns durch Stadt und Land vorbei an Wasser und Feldern, lässt uns auf den Spuren deutscher Vergangenheit radeln und nimmt uns auf wechselnden Untergründen mit durch eine hügelige Waldlandschaft zwischen gesprengten Bunkern und zurückgewonnener Natur – eine Reise durch die Zeit, die du so noch nicht gemacht hast!

Gemischte Wegqualität – von glattem Asphalt bis Schotter und etwas Sand ist alles dabei, leicht profilierte Reifen empfehlenswert, einige kleinere Steigungen. Bademöglichkeit in Kallinchen.

Wir beginnen städtisch am gut angebunden Bahnhof Königs Wusterhausen, oder kurz KW, wie der Berliner sagt, im Süden von Berlin. Hier kommt man perfekt mit den Öffentlichen hin, ob mit S-Bahn aus Berlin oder Regionalzug. Unser erstes Tourenhighlight liegt dann auch nur wenige hundert Meter vom Bahnhof entfernt. Nachdem wir rechts bis zum Kreisverkehr gefahren sind, radeln wir nach links und direkt darauf zu. Dabei kreuzen wir den Nottekanal das erste Mal. Der Wasserweg grenzt an den Schlosspark der ehemaligen Residenz des preußischen Soldatenkönigs Friedrich Wilhelm I.: Das kompakte Renaissance-Schloss Königs Wusterhausen (Schloßplatz 1, 15711 Königs Wusterhausen, spsg.de) versetzt uns ins 16. Jahrhundert. Das Schloss liegt mit seinen Nebengebäuden im Westen des öffentlich zugänglichen Parks. Radfahren

Highlights

am Wegesrand

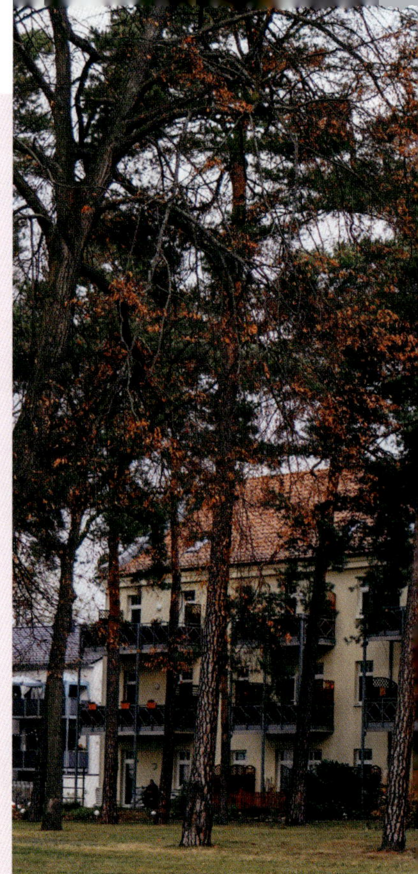

Km 1

Auf der Mühleninsel am Weidenufer südlich vom Schloss Königs Wusterhausen befindet sich neben einem Bootsverleih auch ein großartiger Wasserspielplatz für die Kleinen – ein toller Stopp für Familien.

Betonzigarre

7 der ehemals 19 Luftschutzbunker, auch Betonzigarre oder Winkelbunker gennant, sind noch erhalten und geben neben den umliegenden Groß- und Tiefbunkeranlagen einen beeindruckenden Einblick in die über 100-jährige Militärgeschichte von Wünsdorf-Waldstadt.

Km 32

Auf dem Radweg nach Kallinchen entdecken wir immer wieder militärische Überbleibsel, wie gesprengte Bunkeranlagen, am Wegesrand. Hier gilt zu beachten, den Weg nicht zu verlassen, wie auch die Warnhinweise auf zahlreichen Schildern im Wald verlauten lassen. In einem ehemaligen Militärgebiet nicht unüblich.

darf man dort nicht, aber einmal gemütlich hindurchschieben und dabei die sanierte Anlage von außen anschauen oder gegebenenfalls von innen besichtigen, ist natürlich entspannt möglich.

Von dort aus geht es auf der Schloßstraße über die Kanalinsel und bis zur kleinen Königs Wusterhausener Schleuse, wo wir nach rechts auf den wunderschönen Rad- und Fußweg entlang des Nottekanals abbiegen. Büsche und teilweise hohe Bäume und Alleen säumen den Kanal und laden besonders im Herbst zu einem herrlich farbenfrohen Schauspiel ein. Der Untergrund variiert von Asphalt zu festen Schotter- und Naturböden und ist mit etwas Profil sehr gut fahrbar.

In Mittenwalde verlassen wir den Kanal an der Mittenwalder Schleuse, die zweite der drei Schleusen des Nottekanals. Es wird langsam etwas hügeliger und so bieten sich auf dem Radweg entlang der B

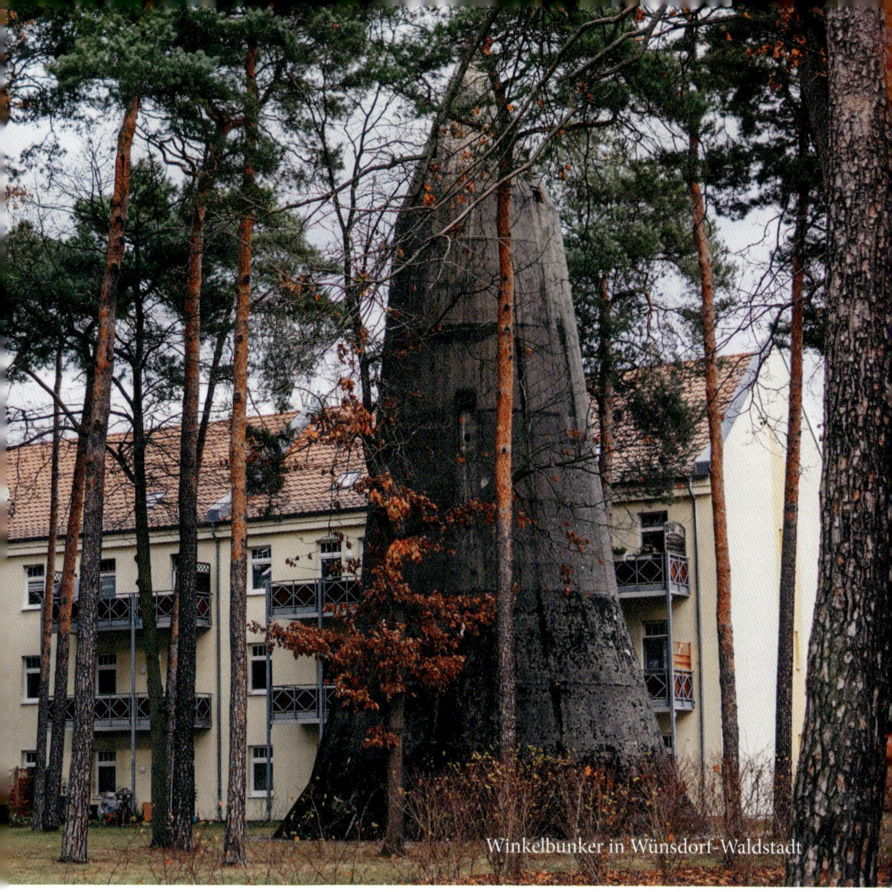
Winkelbunker in Wünsdorf-Waldstadt

246 immer wieder schöne Ausblicke über die Felder und die gesamte Umgebung. In Telz rollen wir zunächst ordentlich bergab, dann treten wir kurz vor Zossen im Wald noch einmal kräftig in die Pedale, um den kurzen Anstieg in die Stadt hinein zu bewältigen. Puh, erstmal geschafft! Kurz nach dem denkmalgeschützten Wasserturm überqueren wir die Gerichtstraße und biegen nach links ins Scheunenviertel ein.

Von nun an fahren wir auf der ruhigen Nebenstraße am ehemaligen Weinberg entlang. Das ruppige Kopfsteinpflaster macht dabei mehr als deutlich, wie alt die Straße schon ist. Es gibt aber immer wieder Möglichkeiten den unangenehmen Steinen an den Wegrändern zu entgehen und nach wenigen hundert Metern haben wir es dann auch geschafft und rollen über eine geteerte Straße nach Wünsdorf ein. Dort gibt es wahrlich einiges zu entdecken und wir bleiben immer wieder erstaunt stehen, um alles, was wir dort sehen, wirklich aufnehmen zu können.

Wir befinden uns in der Bücherstadt Wünsdorf-Waldstadt. Bücherstadt? Vielleicht ist das nicht das erste, was einem hier in den Sinn kommt. Fakt ist aber, das Ende der 90er nach dem walisischen Vorbild der „Booktown“ Wünsdorf zu Deutschlands einziger Bücherstadt wurde. Das zeigt sich noch heute durch die Anwesenheit von Antiquariaten bzw. Buchläden mit tausenden Büchern. Was uns aber sicherlich zuallererst ins Auge sticht, wenn wir in den Ort hineinfahren, sind die hoch emporragenden Türme der Luftschutzhochbunker, die mal mitten auf einer Wiese schon halb eingewachsen, mal zentral in einem Wohngebiet wie Fremdkörper aus Beton aus dem Boden ragen. Diese Spitzbunker können neben den Bunkeranlagen (12 €, Haus Oskar, Zehrensdorfer Str. 12, 15806 Zossen, OT Wünsdorf, +49 (0) 33702 - 9600, buecherstadt.com) des ehemaligen Generalstabs- und Oberkommandos des Deutschen Heeres bei Bunkerführungen ganzjährig besucht werden.

Die Route folgt nun ein kurzes Stück der B 96, bis man rechts das Café Lötz (Di–So 9–19 Uhr, Berliner Allee 48, 15806 Zossen, OT Wünsdorf) erreicht. Dort lohnt ein Stopp, denn es gibt allerlei Leckereien und neben Torten auch herzhafte Snacks. Im Anschluss geht es weiter nach Süden und links in die Hauptallee. Nach dem Zweiten Weltkrieg ließen sich Sowjetische Truppen in der Waldstadt nieder und machten es zu einem Sperrgebiet für die deutsche Bevölkerung. Daher kommt auch der Beiname „Verbotene Stadt". Hinter Zäunen und zwischen Bäumen können wir die Bauwerke aus der Militärvergangenheit bestaunen, u. a. den imposanten Bau des Hauses der Offiziere (Hauptallee 117, 15806 Zossen, OT Wünsdorf), ein sehenswerter Lost Place, der auf Fototouren besichtigt werden kann.

Nach so viel Beton und Militärhistorie radeln wir nun ein Stück gen Norden und wieder mehr in die Natur hinein. Der Radweg nach Kallinchen ist am Anfang für etwa 3 km etwas fordernd, da er über feste Schotterwege und berghoch führt. Dafür ist die Umgebung sehr schön und wir fahren durch den abwechslungsreichen Wald zwischen Birken und Nadelbäumen. Ab der Hälfte, auf Höhe eines überdachten Rastplatzes, geht es auf einem schön in die Landschaft eingebetteten Asphaltweg weiter. Rechts eine Art sandiger Reitweg abgetrennt durch kleine Holzpfähle, links der geteerte Radweg mit ein paar Wurzeln. Und am Ende werden wir mit einem langen Stück bergab belohnt. Huuuuiii!

Schließlich erreichen wir Kallinchen und den wunderbar sauberen Motzener See. Im Sommer kann man hier am Strandbad (Am Strandbad, 15806 Zossen, OT Kallinchen) eine erfrischende Pause einlegen. Danach fahren wir über die ruhige Seestraße vorbei an Campingplatz und Wohnhäusern bis zur Motzener Straße, der wir bis zur Kreuzung Töpchiner Straße folgen. Von nun an geht es nach Norden, durch Motzen hindurch. Wir radeln entlang der Bestenseer Straße, bis wir auf den Hofjagdweg treffen. Der Name des Weges ist bezeichnend, denn die insgesamt knapp 68 km lange Route trägt uns wieder ein wenig in die Vergangenheit. Wir erleben auf rund 10 Kilometern einen Teil der Reise durch historische Orte der preußischen Hofjagdgesellschaften aus dem 18. und 19. Jahrhundert. Das bedeutet eine entspannte Fahrt auf asphaltierten Nebenstraßen, vorbei an Feldern und Seen. Über herrliche Radwege durch Wald und kleine Orte radeln wir zurück nach Königs Wusterhausen, stoßen dort erneut auf den Nottekanal und erreichen kurz darauf den Bahnhof.

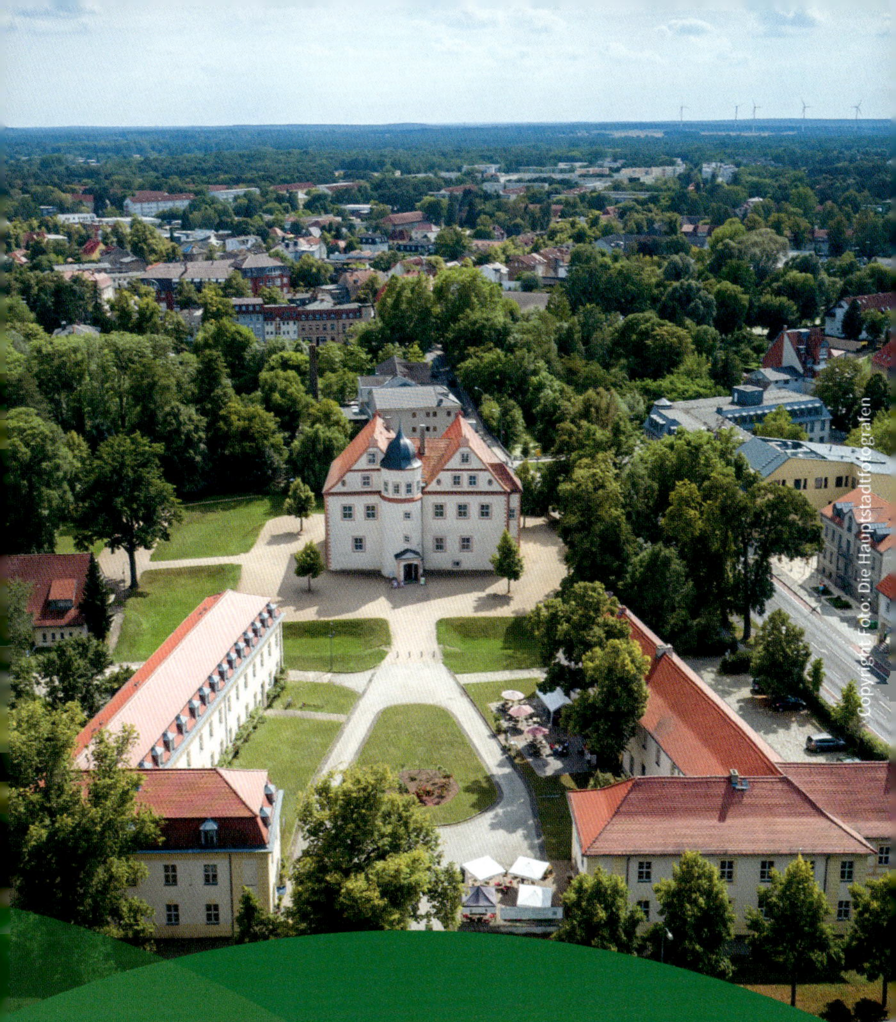

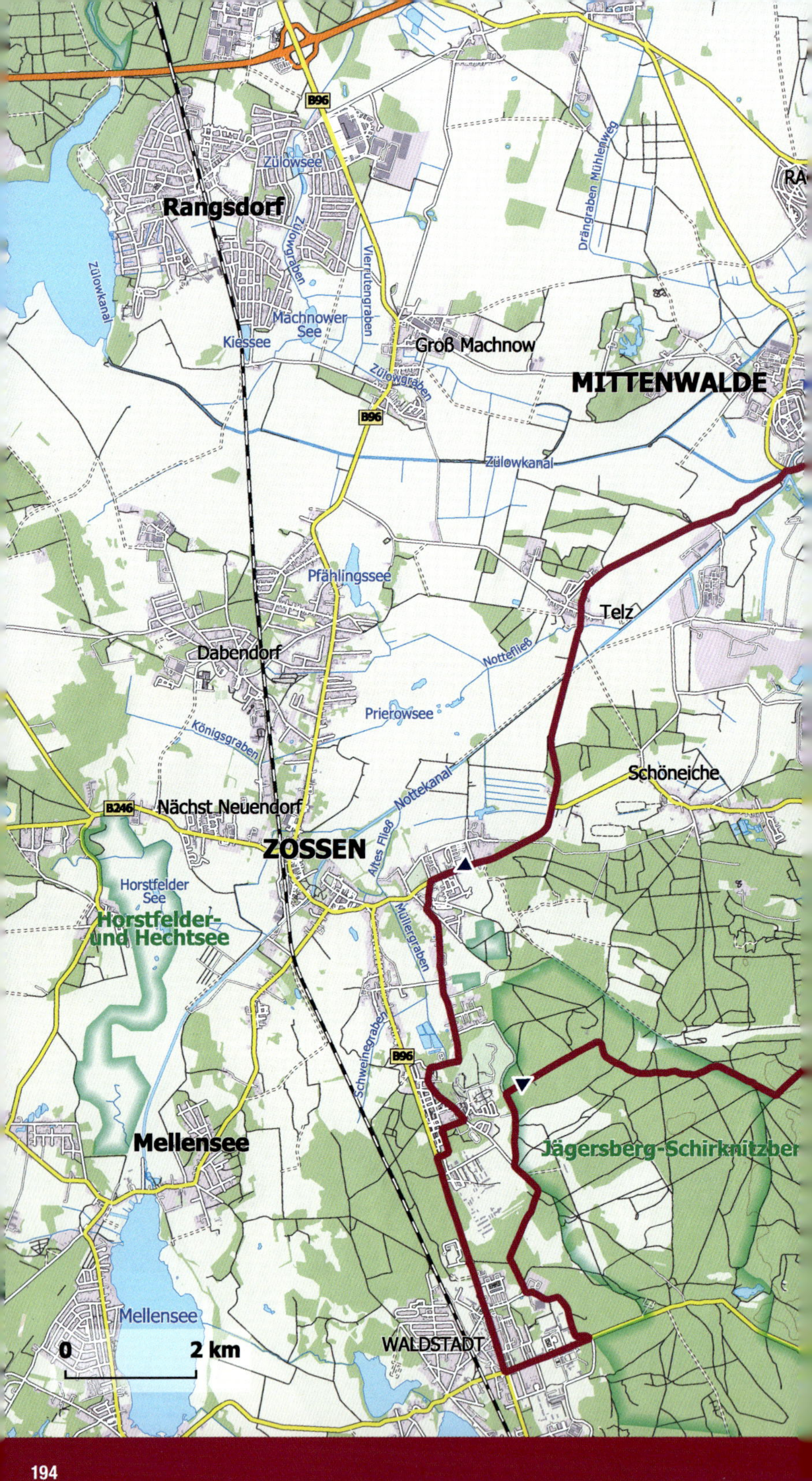
B96
Zülowsee
Rangsdorf
Zülowgraben
Vierrutengraben
Drängraben Mühlenweg
Zülowkanal
Machnower See
Kiessee
Groß Machnow
Zülowgraben
MITTENWALDE
B96
Zülowkanal
Pfählingssee
Telz
Dabendorf
Notteflieẞ
Prierowsee
Königsgraben
Schöneiche
B246
Nächst Neuendorf
Nottekanal
ZOSSEN
Altes Fließ
Horstfelder See
Horstfelder- und Hechtsee
Müllergraben
Schweinegraben
B96
Mellensee
Jägersberg-Schirknitzber
Mellensee
0
2 km
WALDSTADT

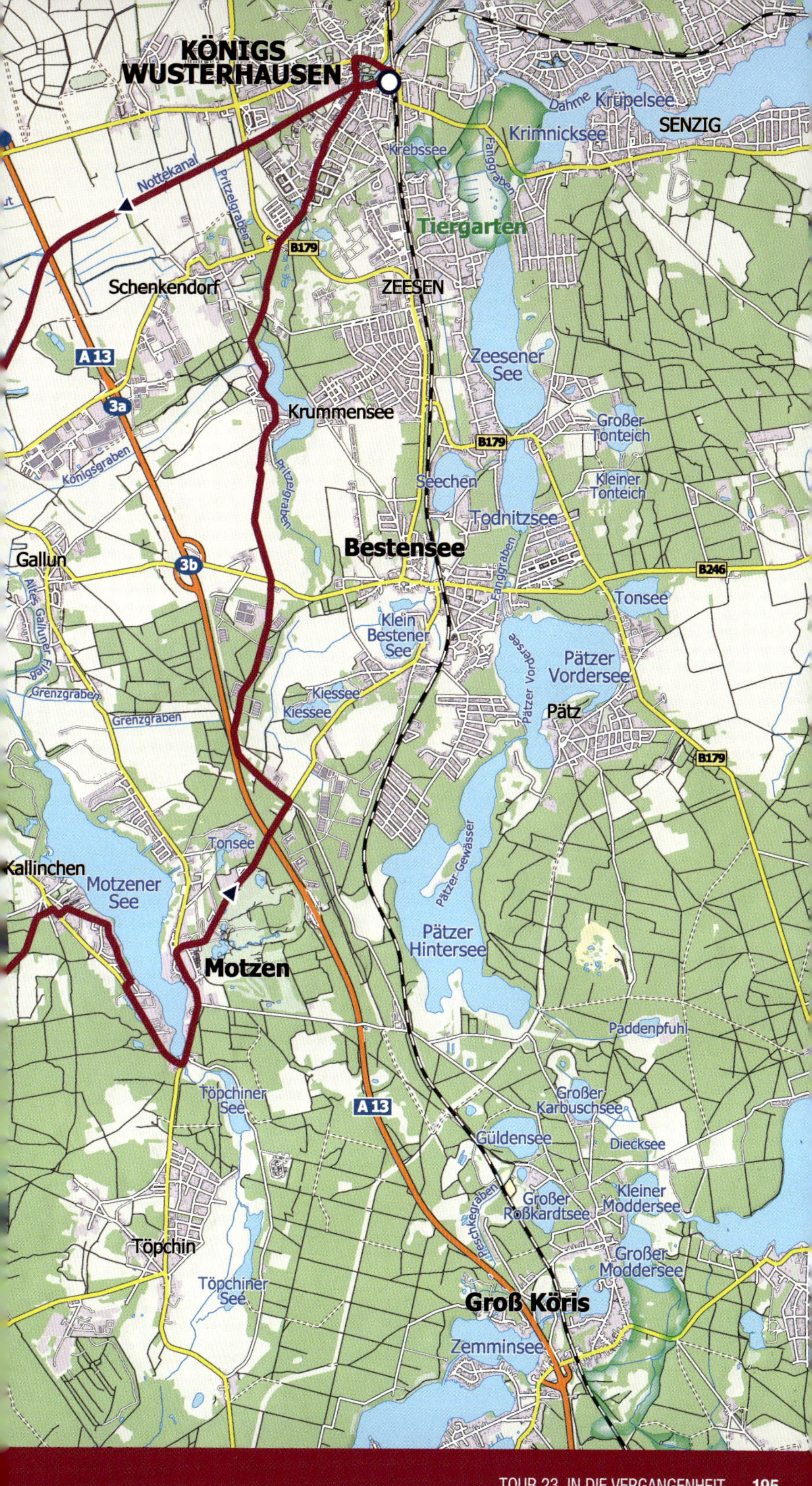

KÖNIGS WUSTERHAUSEN
Dahme
Krüpelsee
SENZIG
Krimnicksee
Krebssee
Fanggraben
Nottekanal
Pritzelgraben
Tiergarten
B179
Schenkendorf
ZEESEN
Zeesener See
A 13
3a
Krummensee
Großer Tonteich
B179
Königsgraben
Seechen
Kleiner Tonteich
Pritzelgraben
Todnitzsee
Bestensee
Fanggraben
Gallun
3b
B246
Altes Galluner Fließ
Tonsee
Klein Bestener See
Pätzer Vordersee
Pätzer Vordersee
Grenzgraben
Kiessee
Kiessee
Grenzgraben
Pätz
B179
Tonsee
Kallinchen
Motzener See
Pätzer-Gewässer
Pätzer Hintersee
Motzen
Paddenpfuhl
Töpchiner See
Großer Karbuschsee
A 13
Güldensee
Dieckssee
Großer Roßkardtsee
Kleiner Moddersee
Peschkegraben
Töpchin
Großer Moddersee
Töpchiner See
Groß Köris
Zemminsee

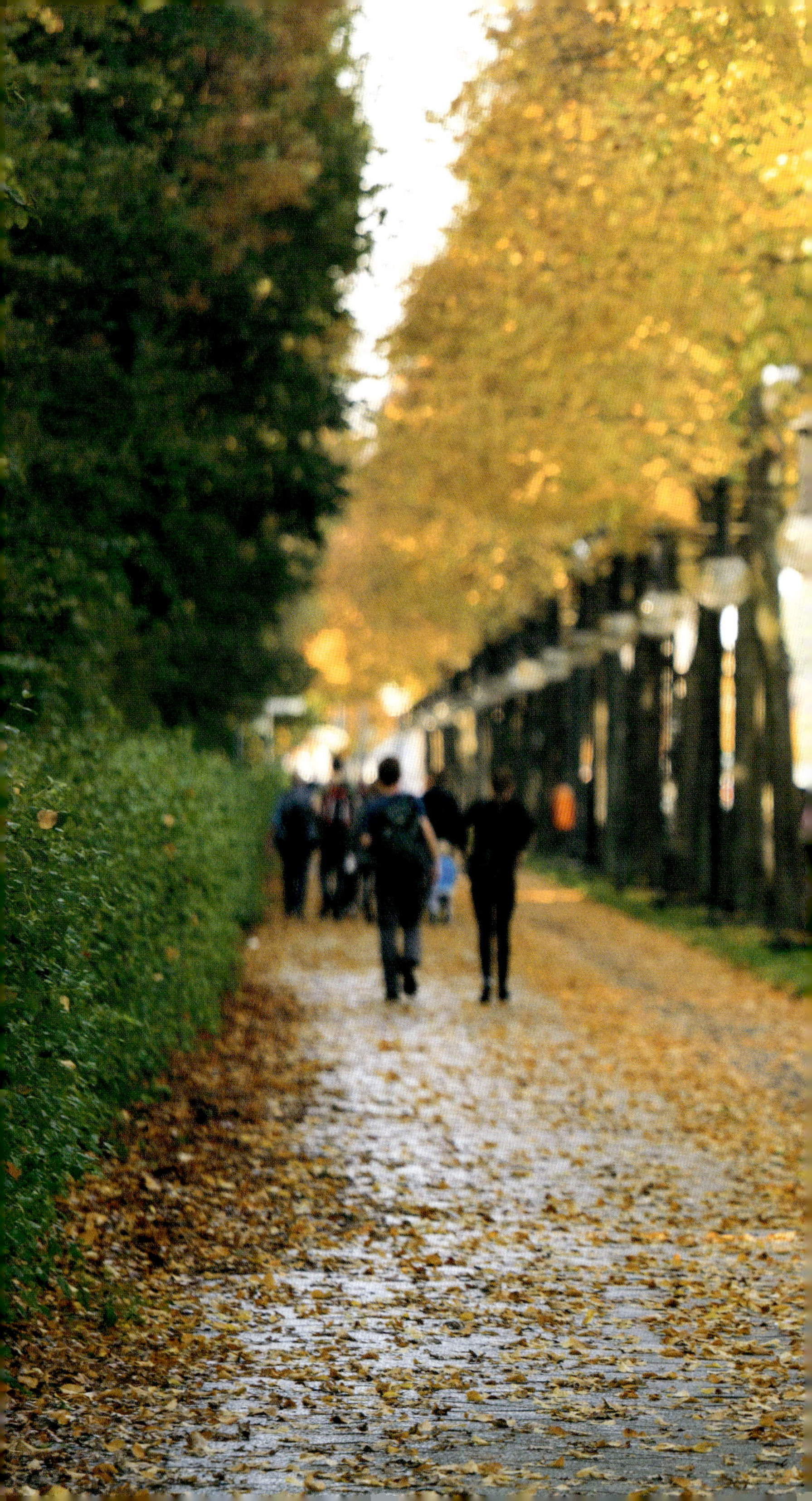

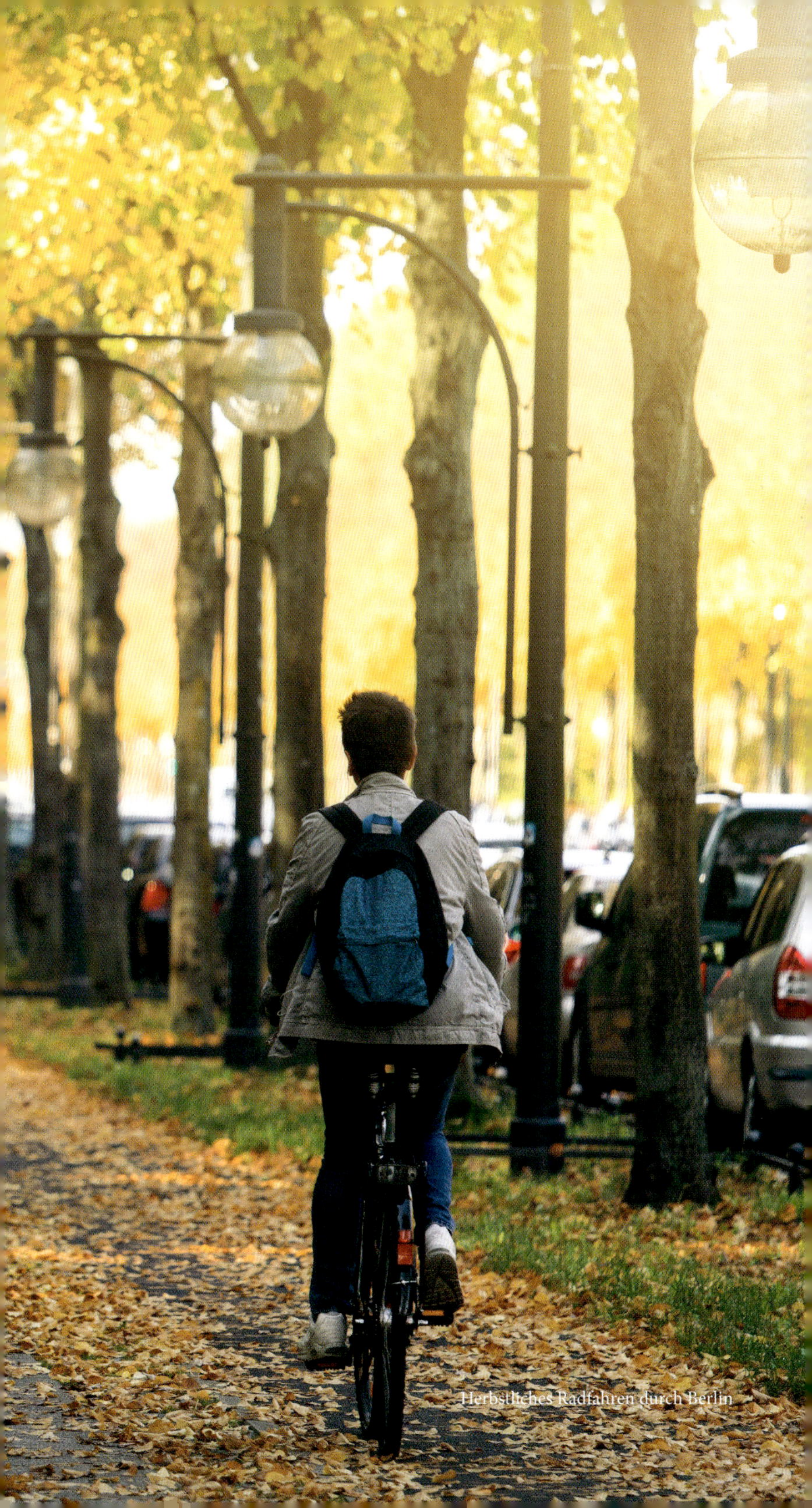
Herbstliches Radfahren durch Berlin

Durch den Naturpark Westhavelland

24 HAVELIDYLLE

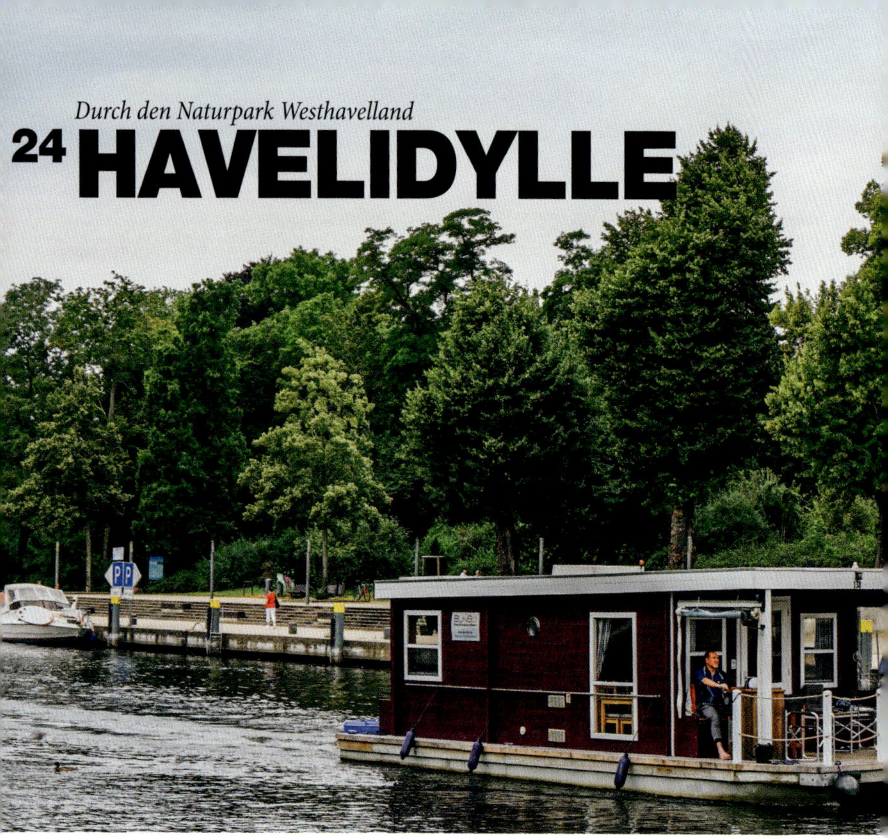

Start/Ziel

BRANDENBURG AN DER HAVEL

Rundtour

112,6 Kilometer

100 Höhenmeter

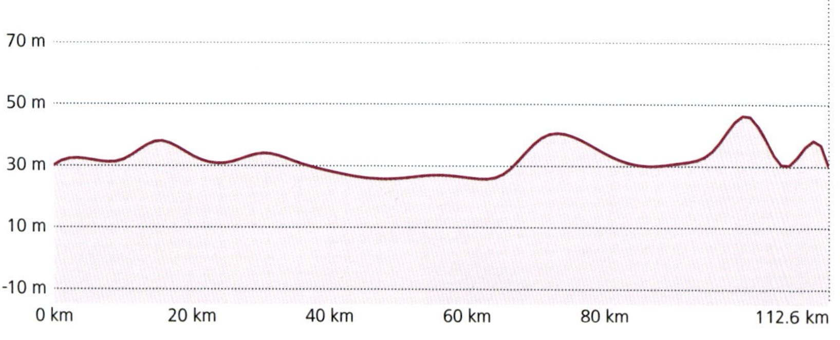

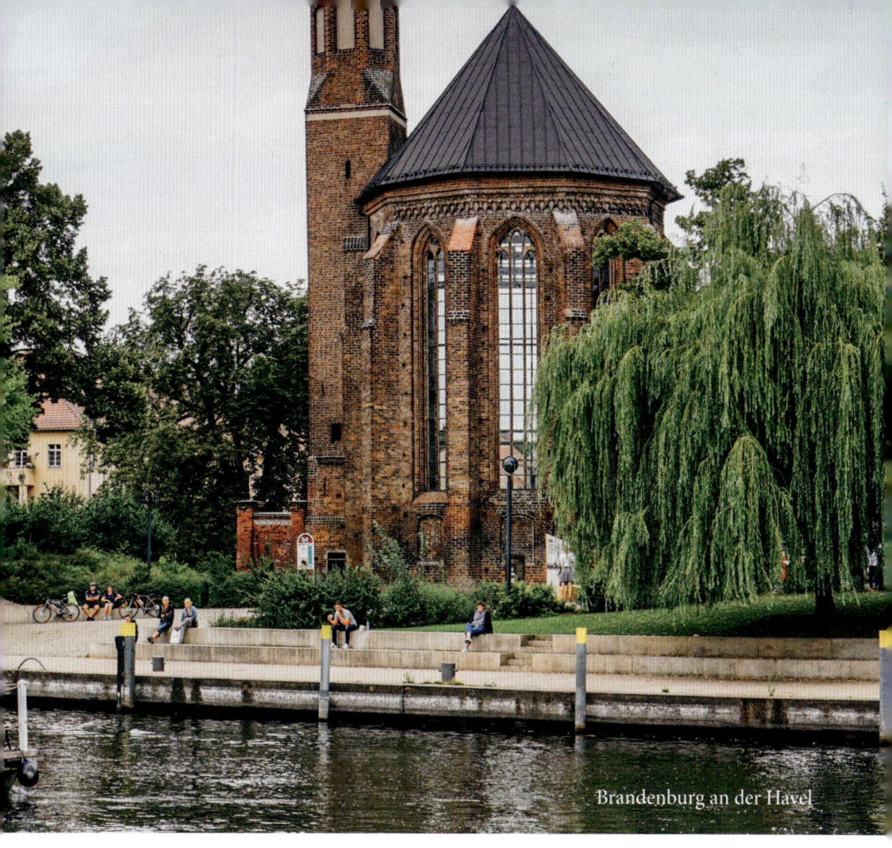

Brandenburg an der Havel

Auf dieser zweitägigen Tour radeln wir häufig am Wasser entlang und erleben den größten Naturpark Brandenburgs zwischen Havel, Seen und Feldern. Dabei entdecken wir kleine Orte mit einzigartigem Charme und erkunden die Highlights der Region vom Fahrradsattel aus.

Gut geeignet für Familien mit Anhänger, größtenteils asphaltiert mit ein paar wenigen Kopfsteinpflaster- und Wald-/ Schotterwegpassagen. Rastplätze und Verpflegungsoptionen auf der Strecke, Bademöglichkeiten vorhanden. Sonnenschutz einpacken!

TAG 1: Unsere Reise beginnt und endet am Bahnhof Brandenburg an der Havel, rund eine Bahnstunde von Berlin entfernt. Er ist auch der Startpunkt der über 1.100 Kilometer langen Tour Brandenburg, dem längsten deutschen Radfernweg, der uns den Großteil des Tags begleiten wird. Die wasserreiche Stadt Brandenburg an der Havel blickt auf eine über 1.000-jährige Geschichte zurück und verfügt über drei mittelalterliche Stadtkerne. Auf unserem Weg hinaus erkunden wir einen Teil davon und fahren über den Neustädtischen Markt zunächst zum Backsteinbau des Neustädtischen Mühlentorturms (Mühlendamm, 14776 Brandenburg) aus dem 15. Jahrhundert. Dieser ist einer der vier noch erhaltenen Tortürme der Brandenburger Stadtmauer.

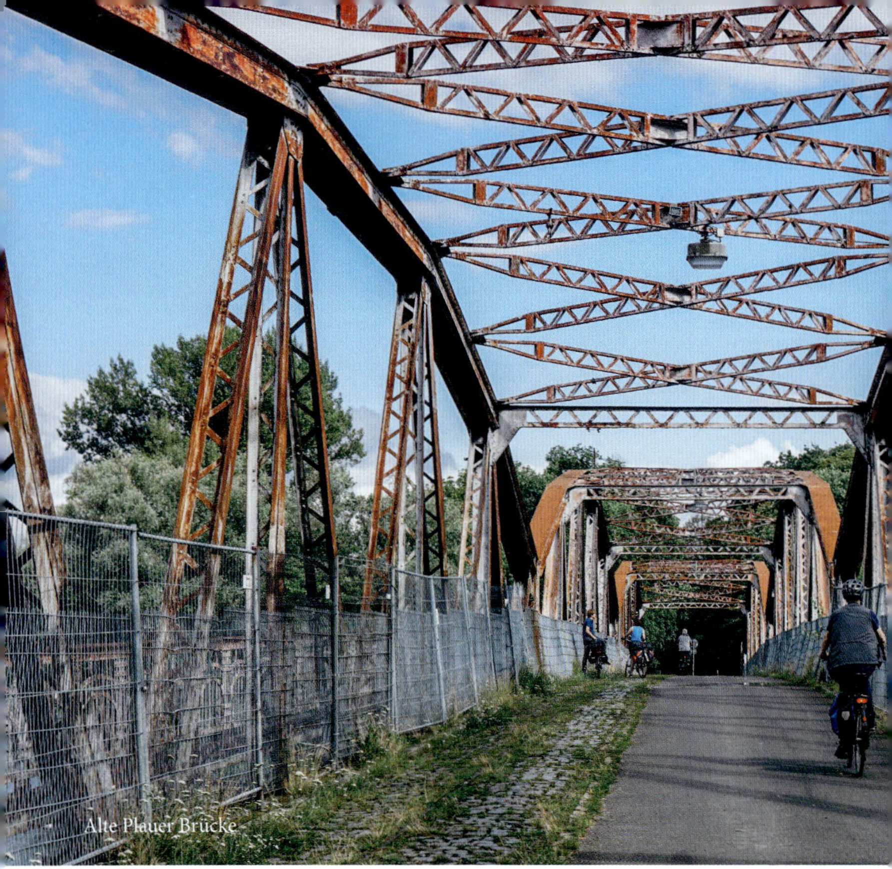
Alte Plauer Brücke

Für uns geht es vom Torturm nach links weiter am Wasser entlang. Dabei radeln wir entspannt durch den Park über das ehemalige BUGA-Gelände Packhof bis zur Werft an der Jahrtausendbrücke, von welcher man einen schönen Blick auf die belebten Havelufer hat. Der Uferweg ist Teil des Havel-Radwegs und trägt uns langsam heraus aus der Stadt. Wir gelangen auf den straßenbegleitenden Radweg der Wilhelmsdorfer Landstraße. Diesem folgen wir bis zum Krugpark Wilhelmsdorf mit seinem Lehr- und Erlebnispfad, wo wir nach rechts abbiegen und kurz darauf auf den herrlichen, asphaltierten Radweg am Breitlingsee stoßen. Tief durchatmen, See- und Waldluft schnuppern und endlich autoverkehrsfrei Radfahren – ein Träumchen! Der Weg führt in sanften Kurven durch den Wald vorbei am Strand und Seecamp Malge bis nach Kirchmöser Dorf am Möserschen See. Am dortigen Hafen Kirchmöser geht es recht beschaulich zu und der idyllische Blick auf den See lädt zum kurzen Stopp ein. Dabei entdeckt man dann auch Skurrilitäten wie den Vorgarten des Bootverleihs, der über und über mit Gartenzwergen dekoriert ist.

Die Uferstraße bringt uns am Heiligen See vorbei durch Kirchmöser Ost und hinein in ein sehr kontrastreiches Umfeld im Vergleich zur Seeidylle am Hafen, denn im 19. und 20. Jahrhundert wurde der Ort zum Industriestandort. Auf unserem Weg hindurch fahren wir vorbei an ehemaligen Arbeitersiedlungen und entdecken die Überbleibsel der industriekulturellen Architektur auf einem Teil

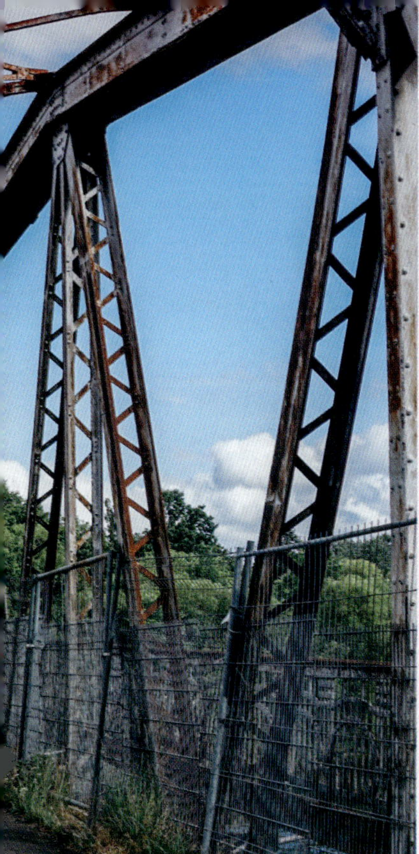

Highlights
am Wegesrand

Km 2
Übrigens, wer aufmerksam in Brandenburg an der Havel unterwegs ist, entdeckt regelmäßig die lebensgroßen, vierbeinigen Bronzeskulpturen aus einem Sketch des berühmten Brandenburger Karikaturisten Loriot am Wegesrand. Also Augen offenhalten und fleißig Waldmöpse zählen! Mal sehen, wer die meisten entdeckt.

Live-Stream
In Fohrde brütet ein Storchenpaar, das bereits einige mediale Aufmerksamkeit bekommen hat. Der Grund: Eine Live-Übertragung per Videokamera direkt aus dem Storchennest lässt einen ganz nah am Leben der Vögel teilhaben (storchennest-fohrde.de).

Km 36
An der Fähre Pritzerbe-Kützkow bietet sich ein tolles Havel-Panorama. Viele Vögel leben in Ufernähe und lassen sich von der Fähre als auch vom Havleufer in Kützkow toll beobachten. Exotischere Tiere gibt es in Kützkow übrigens auf einen Erlebnishof mit Straußenfarm und allerlei anderen Tieren.

des Industrielehrpfades mit zahlreichen Infotafeln. Die Brücke über den Elbe-Havel-Kanal bringt uns schließlich heraus aus Kirchmöser und hinüber in den grünen Schlosspark Plaue am Plauer See.

Nicht nur der Havel-Radweg, sondern auch der Fontane-Weg führt durch den Park hindurch. Der Schriftsteller war häufig in Plaue zu Gast und so finden sich dort einige Erinnerungen den berühmten Literaten. Wir radeln durch den schattigen Schlosspark vorbei am weltweit ältesten erhaltenen Tontaubenschießstand, der um 1900 entstanden ist, bis zur barocken, dreiflügeligen Anlage des Schloss Plaue. Hier befindet sich direkt an der Havel auch die Schloss-Schänke mit malerisch am Wasser gelegenen Biergarten und lädt zu einem Päuschen ein. Dabei hat man einen tollen Blick auf den imposanten Stahlfachwerkbau im Jugendstil der Alten Plauer Brücke (Genthiner Str. 1, 14774 Plaue) aus dem Jahr 1904. Diese wird aktuell (Stand Herbst 2021) saniert.

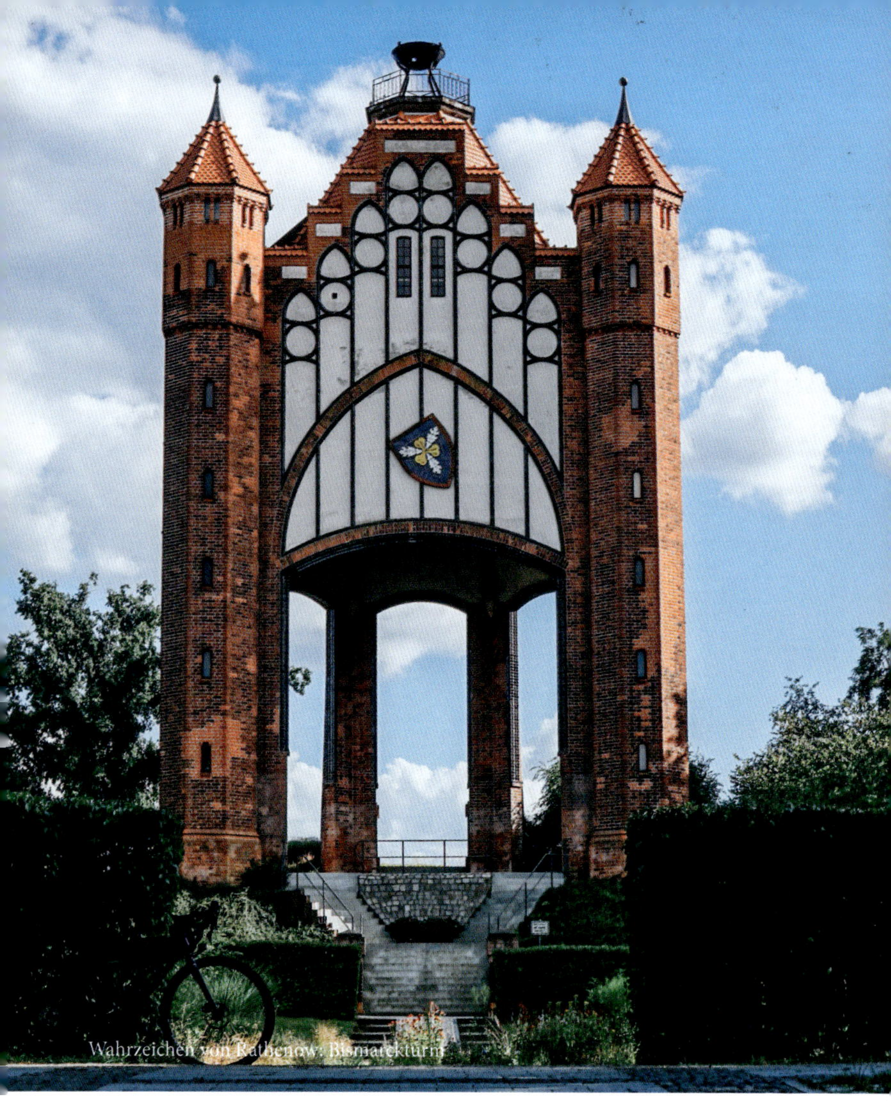

Wahrzeichen von Rathenow: Bismarckturm

Wir überqueren erneut die Havel, biegen nach links auf den Briester Weg und folgen der Havel auf dem Radweg entlang der Landstraße über Briest bis nach Tiekow. Kurz nach dem Ort radeln wir nach links auf den geteerten, ruhigen Radweg zwischen den Feldern, der uns am Bahnhof Fohrde vorbeiführt.

Und es geht wieder übers Wasser, und zwar gleich zwei Mal: Zunächst rollen wir von Fohrde rüber nach Pritzerbe über die Brücke der Havel mit schönem Blick auf die nebenliegende Eisenbahnbrücke. Dem Uferweg nach links folgend gelangen wir zur Kettenfähre Pritzerbe-Kützkow (saisonal, 5–22 Uhr, 1,50 € inkl. Fahrrad, Havelstraße, 14798 Havelsee). Während der kurzen Fährfahrt nach Kützkow hinüber lässt sich der malerische Ausblick über den Fluss und die schöne Uferpromenade ausreichend genießen. Von Kützkow aus radeln wir nach rechts auf eine ruhige Fahrradstraße, die uns über einen sehr gut fahrbaren, zweispurigen Plattenweg zwischen Feldern und schattigen Alleen bis in den kleinen, unscheinbaren Ort Bahnitz führt.

Das kleine Dorf wirkt unauffällig, doch es lohnt ein aufmerksamer Blick. Denn neben einer Kunsthalle versteckt sich hier eine besondere Rarität: Die Dorfkirche Bahnitz (Mai–Sept. tgl. 10–18 Uhr, Dorfstraße 6, 14715 Milower Land) ist mit ihren 30 Sitzplätzen vermutlich die kleinste Kirche Deutschlands, in der regelmäßige Gottesdienste stattfinden. Wir verlassen Bahnitz und radeln auf der Fahrradstraße weiter zwischen den Feldern durchs schöne Milower Land nach Jerchel. Ab dort folgen wir dem straßenbegleitenden Radweg bis nach Milow. Wenn wir durch den etwas lebhafteren Ort radeln, kommen wir an einer ehemaligen Kirche vorbei, die umfunktioniert wurde und heute eine Sparkasse beherbergt. Deutlich hübscher ist allerdings die alte, etwas später auftauchende Fachwerkkirche. Auch ein Supermarkt, Restaurant und Bäcker befinden sich in Milow – perfekt also für einen kleinen Verpflegungsstopp. Aber es gibt hier noch mehr zu entdecken.

Die Schönheit des 1998 gegründeten Naturparks Westhavelland haben wir vom Fahrrad bisher schon etwas erleben können. Mehr Hintergrundwissen über den vielfältigen Lebensraum erhalten wir im NABU NaturparkZentrum Milow (saisonal, April–Okt. 10–17 Uhr, außer Mi., Stremmestraße 10, 14715 Milower Land, nabu-westhavelland.de), das direkt am Wasser auf dem Rittergut Milow liegt, wo es auch einen Gasthof mit Terrasse gibt. Die Gegend ist in vielerlei Hinsicht einzigartig. Der Naturpark ist zum Beispiel der erste Sternenpark des Landes und zählt zu den dunkelsten Orten in Deutschland – wer also Sterne gucken möchte, kann sich in der BRD kaum in einer besseren Region aufhalten! Das schreit förmlich nach einer Nacht im Freien – wie auf dem am Wasser gelegenen Biwakplatz Milow. Wem etwas mehr Komfort wichtig ist, findet in dem Ort aber auch eine Jugendherberge, Hotel und Pensionen.

TAG 2: Von Bützer bis Rathenow ist die Strecke größtenteils wunderschön und sehr gut fahrbar. Die betonierten Platten der Fahrradstraße führen zwischen Wiesen und Feldern häufig unweit der Havel entlang. Auch dieser Abschnitt ist Teil des Havel-Radwegs sowie der BUGA 2015 Tour. Später erreichen wir Rathenow West und biegen nach rechts auf die Genthiner Straße.

Rathenow trägt den Beinamen „Stadt der Optik", was zum einen der Optischen Industrie geschuldet ist, aber auch an vielen weiteren Orten der Stadt aufgegriffen wurde. Wie im vielfältigen Optikpark (Mitte April–Okt. 9–18 Uhr, Schwedendamm 1, 14712 Rathenow, optikpark-rathenow.de) mit seinen optischen Täuschungen, Farbspielen und Gärten. Um das Gelände und die vielen

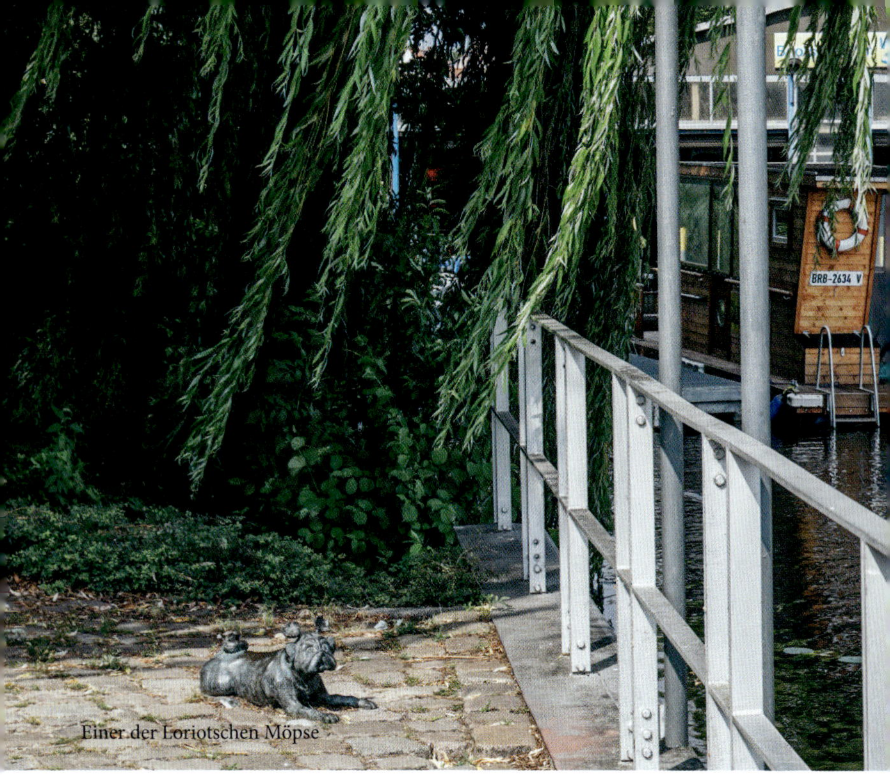
Einer der Loriotschen Möpse

Impressionen des Parks gebührend aufnehmen zu können, sollte man etwas Zeit einplanen. Im Anschluss radeln wir weiter, vorbei am weltweit größten Brachymedialfernrohr und gelangen somit zur geschwungenen, ebenso beeindruckenden Weinbergbrücke. Die 348 Meter lange Brücke ist eine reine Fuß- und Fahrradbrücke über die hier sehr idyllisch fließende Rathenower Havel und verbindet den Optikpark mit dem blumenreichen, grünen Weinbergspark. Es geht bergauf, als wir am Park entlang radeln. Wir passieren dabei eines der Wahrzeichen von Rathenow, den 34 Meter hohen Bismarckturm, den man auch besteigen und von dort eine tolle Aussicht über die Stadt genießen kann.

Falls Rathenow als Übernachtungsstopp gewählt wurde, geht es nun am nächsten Morgen ausgeruht auf den Rückweg nach Brandenburg. Knapp 45 Kilometer liegen jetzt noch vor uns. Die Strecke der Tour Brandenburg führt etwas kürzer über einen asphaltierten Radweg nach Süden aus Rathenow hinaus, allerdings parallel zur Milower Landstraße. Wer lieber ruhiger und ungestört vom Verkehr fahren möchte, sollte unserer Tour gen Westen über die Bammer Landstraße folgen und etwa einen Kilometer nach den Bahngleisen rechts in den Wald abbiegen. Am Wolzensee vorbei führt die Alte Heerstraße über festen Forst- und Schotterboden. Eine schöne Abwechslung zu den vielen Wegen entlang der Felder am Vortag. In Spolierenberg biegen wir nach rechts und radeln bis nach Premnitz weiter unter Bäumen.

In dem größeren Ort an der Havel können wir uns mit Proviant eindecken und zum Havelufer fahren, um den herrlichen Ausblick über die Landschaft von der 11 Meter hohen Aus-

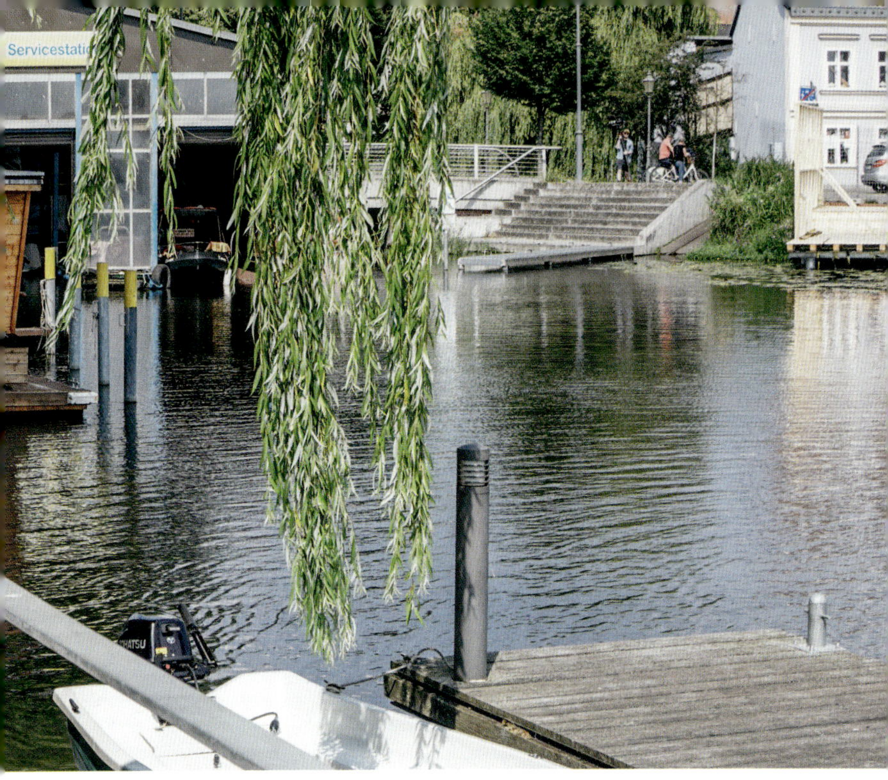

sichtsplattform Premnitz (9–20 Uhr, Alte Hauptstraße, 14727 Premnitz) auf dem Pumpwerkgebäude zu genießen. Unser Weg aus Premnitz führt an der alten Steinbogenbrücke und am Bahnhof vorbei. Ab jetzt folgen wir dem asphaltierten, straßenbegleitenden Radweg, der mal durch Wälder, entlang von Feldern und durch einige kleine Orte führt. Kurz vor Pritzerbe verlassen wir den Radweg und biegen nach links auf eine Nebenstraße ab. Die folgenden ca. 9 Kilometer bis Brielow sind geprägt von entspannten Neben- und Fahrradstraßen zwischen Feldern und Wald. Kurz nach der „Schwedenlinde" gelangen wir auf den Storchenradweg und folgen diesem entlang alter Gleise und am Beetzsee vorbei bis Brandenburg.

Bevor wir wieder am Bahnhof in Brandenburg ankommen, machen wir noch einen Bogen durch die Altstadt Brandenburg. Mit dem gotischen Backsteingebäude des Altstädtischen Rathauses aus dem 15. Jahrhundert und dem Marktbrunnen sollte man sich diese nicht entgehen lassen. Bis zur Vereinigung der beiden Brandenburger Städte 1715 war das Rathaus der administrative Mittelpunkt der Altstadt. Danach wurde es u. a.als Barchentfabrik, Warenlager, Kaufhalle und Kornmagazin genutzt. Zur Ruine verfallen, wurde es von der Stadt 1910 wiederaufgebaut. Und wer findet weitere von Loriots Bronze-Waldmöpsen, die an seinen Ausspruch „Ein Leben ohne Mops ist möglich, aber sinnlos" erinnern? Wir radeln anschließend über die Jahrtausendbrücke und erreichen nach unserem Weg durch die Neustadt bald darauf den Bahnhof Brandenburg, den Ausgangspunkt unserer Tour. Geschafft!

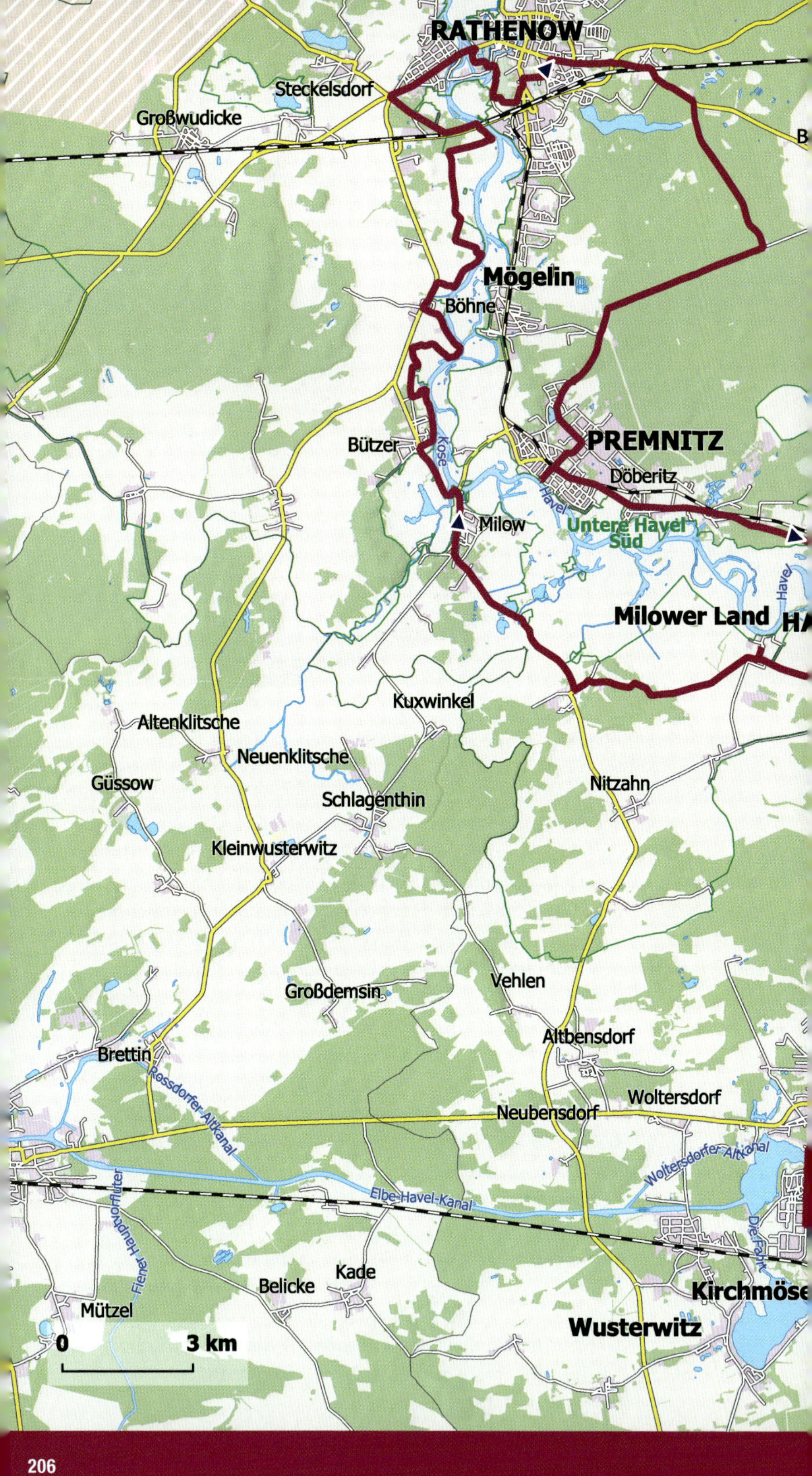
RATHENOW
Steckelsdorf
Großwudicke
Mögelin
Böhne
Bützer
Kose
PREMNITZ
Döberitz
Havel
Milow
Untere Havel Süd
Milower Land
Kuxwinkel
Altenklitsche
Neuenklitsche
Güssow
Schlagenthin
Nitzahn
Kleinwusterwitz
Großdemsin
Vehlen
Altbensdorf
Brettin
Rossdorfer Altkanal
Woltersdorf
Neubensdorf
Woltersdorfer Altkanal
Elbe-Havel-Kanal
Fiener Hauptvorfluter
Die Fohrt
Kade
Belicke
Kirchmöse
Mützel
Wusterwitz
0
3 km

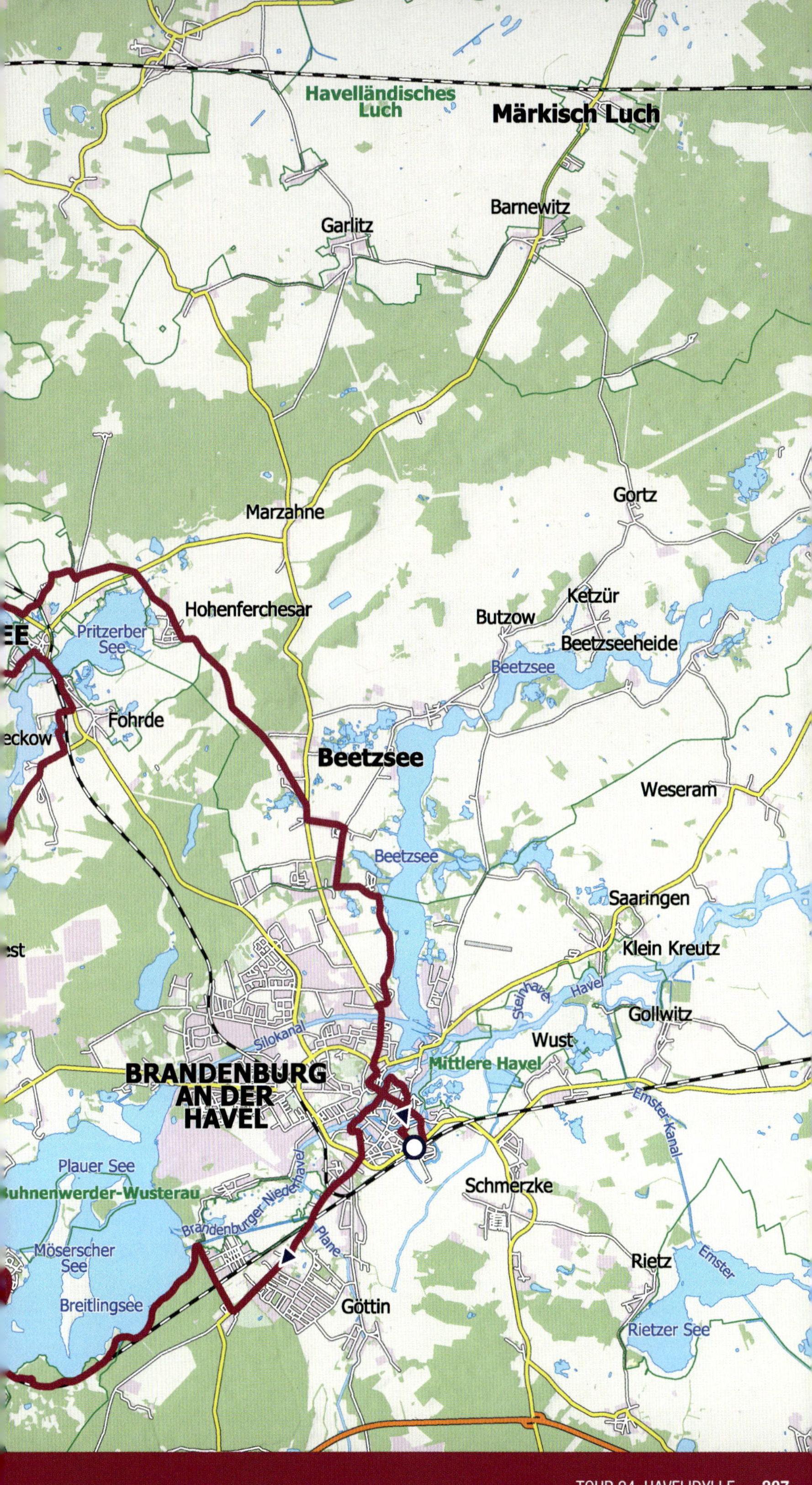
Havelländisches Luch
Märkisch Luch
Barnewitz
Garlitz
Marzahne
Gortz
Hohenferchesar
Ketzür
Butzow
Beetzseeheide
Pritzerber See
Beetzsee
Fohrde
Beetzsee
Weseram
Beetzsee
Saaringen
Klein Kreutz
Havel
Steinhavel
Gollwitz
Silokanal
Wust
Mittlere Havel
BRANDENBURG AN DER HAVEL
Emster-Kanal
Plauer See
Buhnenwerder-Wusterau
Brandenburger Niederhavel
Schmerzke
Plane
Möserscher See
Rietz
Emster
Breitlingsee
Göttin
Rietzer See

Erlebnistour durchs Biosphärenreservat Spreewald

25 SPREEGURKEN

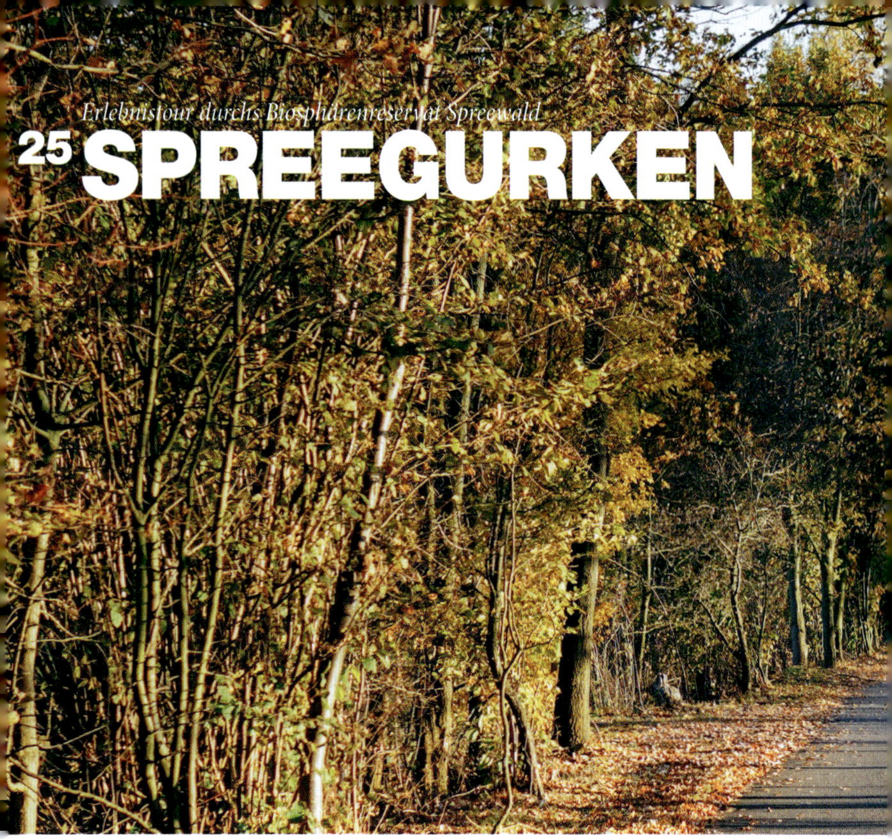

Start/Ziel

BAHNHOF LÜBBEN

Rundtour

92,9 Kilometer

40 Höhenmeter

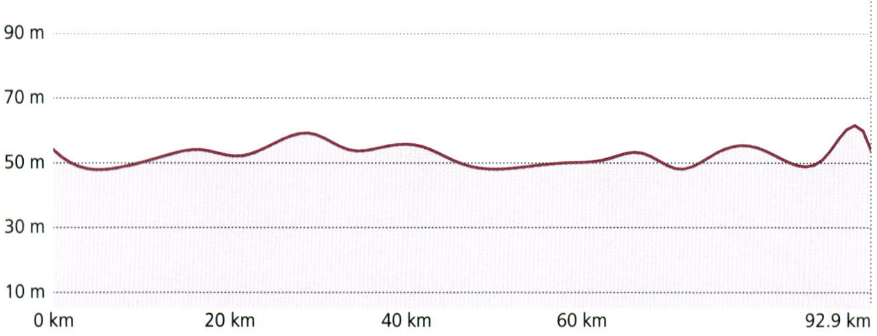

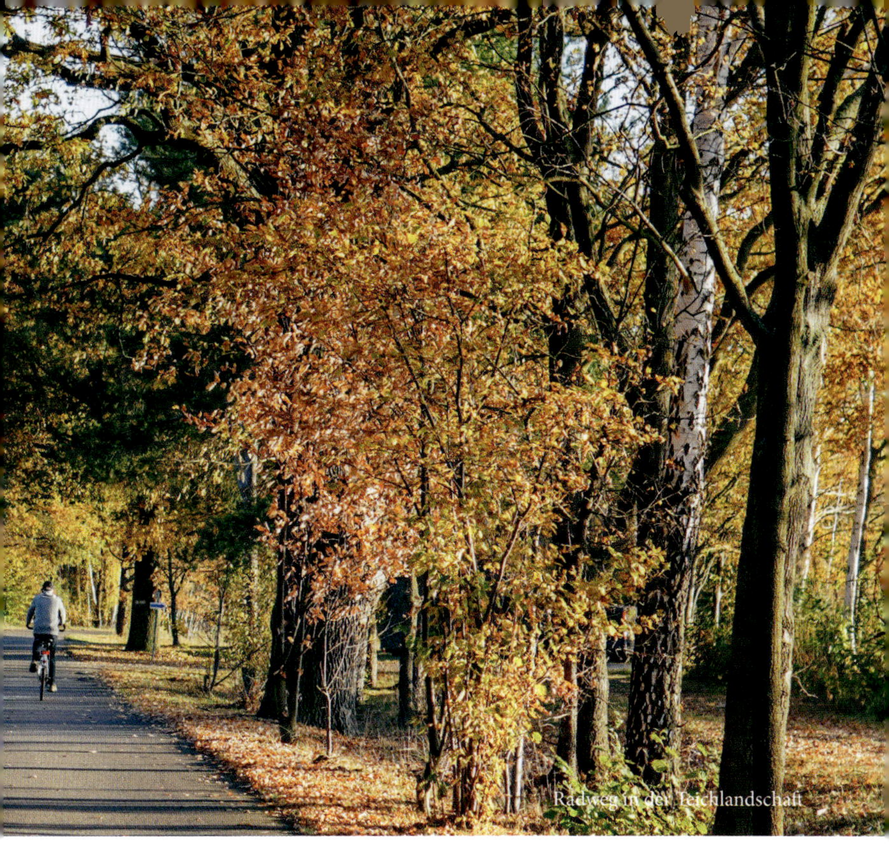
Radweg in der Teichlandschaft

Diese impressionsreiche Wochenendtour führt dich mitten hinein in das einzigartige UNESCO-Biosphärenreservat Spreewald, und damit in eine der landschaftlich schönsten Regionen Mitteleuropas. Malerische Natur, kulturelle Besonderheiten und die regionale Küche machen die Tour zu einem einmaligen Erlebnis.

Gut geeignete Tour für die ganze Familie, Anhänger können nur an den Fließbrücken beschwerlich sein, variabler Untergrund aus vielen asphaltierten Rad- und teilweise festen Schotterwegen, nahezu keine Steigungen. An Mückenschutz denken!

TAG 1: Der Spreewald ist ein Klassiker unter den Berliner Ausflugszielen – und gehört sicherlich zu den „Must-See"-Regionen Deutschlands. Bekannt ist die Brandenburger Region vor allem für ihre Auenlandschaft und ihren Wasserreichtum mit dem etwa 1.500 Kilometer langen Netz aus schmalen Flussarmen und Fließen. Großartig für uns, dass sich die malerische Spreewaldlandschaft neben der hier typischen Kahnfahrt auch ganz wunderbar mit dem Fahrrad erkunden lässt. Das von der UNESCO anerkannte Biosphärenreservat bietet rund 5.000 Tier- und Pflanzenarten eine Heimat. Mal sehen, ob uns der eine oder andere Bewohner, wie eine Nutria oder der Fischotter, begegnen.

Highlights

am Wegesrand

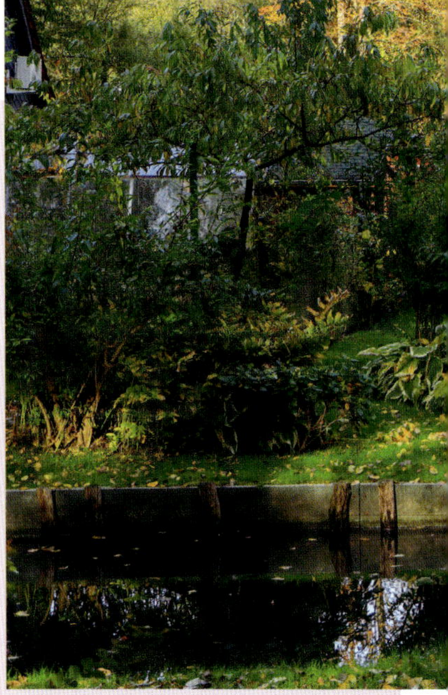

Km 2

Durch die touristische Erschließung des Spreewalds gibt es überall Fahrradleihoptionen – mit und ohne Motor. Mehr Informationen dazu erhält man oft in den Touristinfos, wie in Lübben auf der Schlossinsel (Ernst-von-Houwald-Damm 15) oder in Lübbenau. Auch Akku-Lademöglichkeiten kann man dort erfragen.

Holz

Die Spreewälder Holzbrücken mit ihren Führungsschienen für Fahrräder sind mit Gepäck etwas beschwerlich zu überqueren. Da heißt es, nicht ärgern, in die Hände spucken, notfalls Taschen abladen und sich beim Hochschieben weiterhin an der schönen Naturkulisse erfreuen!

Km 35

Die im Jahr 1832 eingeweihte Schinkelkirche in Straupitz wurde von dem berühmten preußischen Architekten Karl Friedrich Schinkel im Stil einer altrömischen Basilika entworfen. Die Kirche zählt mit der weit sichtbaren Doppelturmfassade zu den bedeutenderen, klassizistischen Bauwerken des Baumeisters.

Die Runde kann flexibel an drei verschiedenen Regionalbahnhöfen begonnen werden, neben unserem Start- und Endpunkt am Bahnhof Lübben liegen auch die Bahnhöfe Lubolz und Lübbenau in der Nähe der Route. Lübben ist übrigens ein toller Übernachtungsort, da wir die Tour in zwei Loops fahren und den Ort nach ca. 55 Kilometern wieder erreichen. Wer also lieber ohne Gepäck fährt, sucht sich am besten hier eine Unterkunft.

Nun geht es aber los! Wie verlassen den Lübbener Bahnhof und bekommen auf der Fahrt durch den grünen, von dem kleinen Fluss Berste durchzogenen Hain schon mal einen guten Vorgeschmack auf den kommenden Tag. Über die Breite Straße gelangen wir in die Innenstadt. Unser erstes Ziel ist der Kahnhafen, wo wir beim berühmten Gurken-Paule einen schnellen Gewürzgurken-Snack nehmen – denn die Gurke gehört zum Spreewald einfach dazu –, bevor wir einen Bogen über die Schlossinsel Lübben machen. Das Lübbener Museumsschloss liegt auf der nördlichen Seite des Schlangengrabens und von unserer Sei-

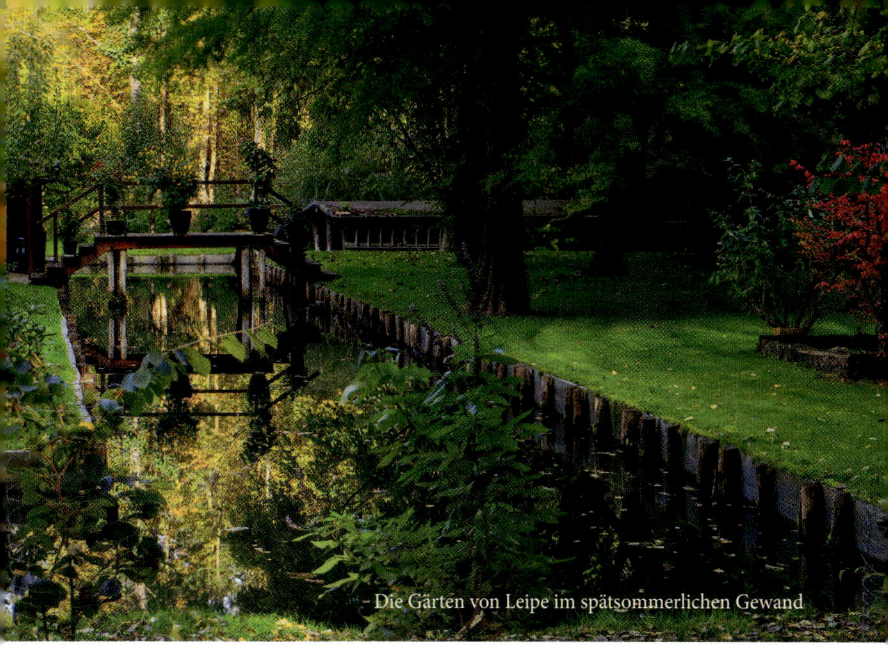
Die Gärten von Leipe im spätsommerlichen Gewand

te aus hat man einen guten Blick auf das schöne Renaissancegebäude.

Wir verlassen Lübben nach Süden und fahren auf dem beliebten 260 Kilometer langen Gurkenradweg, der uns über die Tour hinweg immer wieder leiten wird, immer der Gurke nach am Spreedeich entlang. Der herrlich asphaltierte Radweg führt uns fernab vom Straßenverkehr durch die wechselhafte Landschaft nach Lübbenau in den Oberspreewald. Wir radeln mitten durch die beschauliche Altstadt am Markt vorbei, passieren einige kleine Läden und Lokale mit regionalen Besonderheiten und Spezialitäten. Sorbisch/wendische Kultur und Tracht werden hier besonders an Festtagen lebendig, denn der Spreewald ist ein fest verwurzeltes Siedlungsgebiet der Sorben/Wenden, was u.a. auch an der mehrsprachigen Beschilderung von Ortsnamen deutlich wird.

Bevor wir die Schlossinsel erreichen, können wir kurz vor der Spreebrücke noch einen Abstecher nach rechts machen. Dort liegt der größte aller Spreewaldhäfen, der Spreewaldhafen Lübbenau, und die Gurkenmeile, wo ortsansässige Gurkenbetriebe ihr saftiges Gemüse verkosten lassen. Im Sommer herrscht im Hafen reger Betrieb und die spreewaldtypischen Holzkähne brechen zwischen März und November regelmäßig mit zahlreichen Besuchenden an Board auf, um auf Touren zwischen 2 und 6 Stunden die wunderbare Fließlandschaft auf dem Wasser zu erkunden. Wir fahren weiter zur Schlossinsel mit ihrem imposanten Schlossbau, der sein heutiges Äußeres im 19. Jahrhundert erhalten hat und nun ein Hotel beherbergt. Der umgebende Schlosspark mit Orangerie und Marstall ist wunderschön und ebenfalls einen Besuch wert.

Für uns geht es nun tiefer hinein in den Oberspreewald. Wir verlassen den Schlossbezirk und folgen dem Lehder Fließ in das idyllische Dorf Lehde, welches gerade mal um die 130 Einwohner hat und zu den schönsten Dörfern des Spreewalds gehört. Im dortigen Freiland-

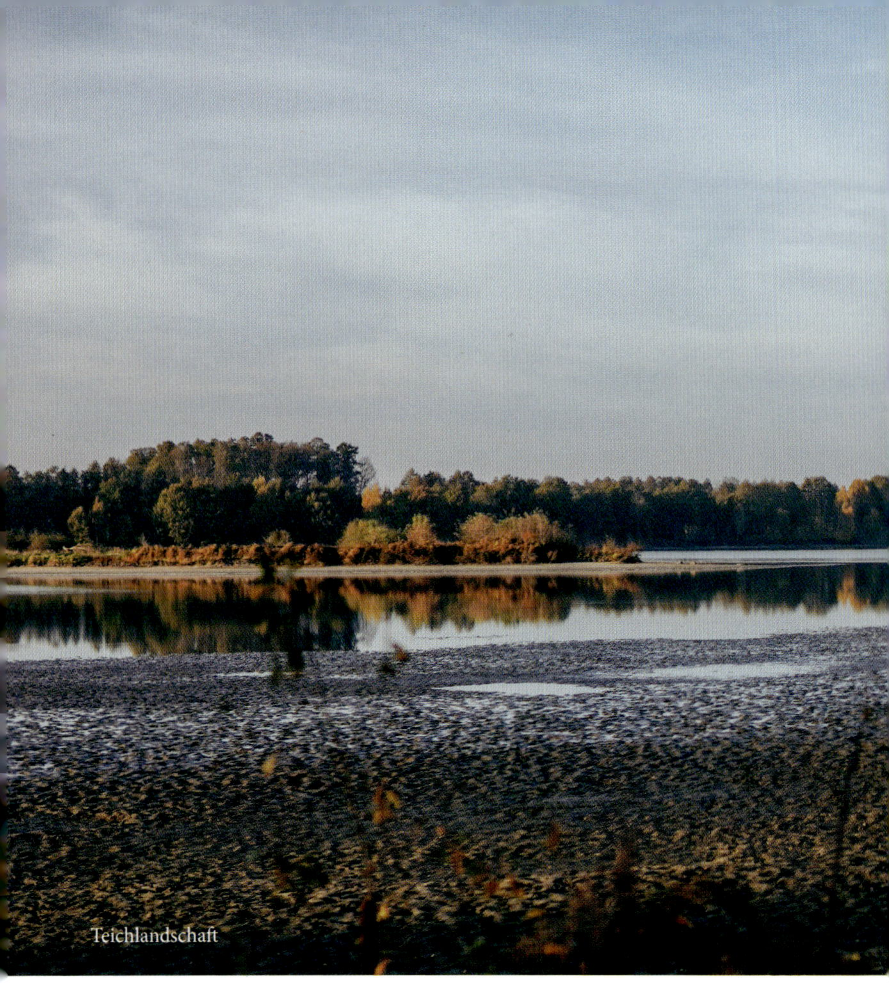
Teichlandschaft

museum betreten wir dann eine völlig andere Welt und erleben die ursprüngliche Lebensweise der Spreewälder in der Zeit des 19. Jahrhunderts. Nach diesen vielen besonderen Eindrücken wird es Zeit für eine längere Radelphase, oder? Dafür lassen wir Lehde hinter uns und überqueren zunächst einmal eine der typischen hölzernen Fließbrücken über die Spree.

Der Gurkenradweg überschneidet sich auf dem wunderschönen Weg von Lehde nach Leipe mit dem Spreeradweg und wir radeln auf dem malerisch eingebetteten, festen Schotterweg zwischen Birken und Erlen immer am Kanal entlang. Am Wochenende ist in der Hauptsaison mitunter einiges los, weshalb wir uns einfach etwas mehr Zeit nehmen und entspannt das reizvolle Spreewaldpanorama genießen.

In Leipe öffnet sich die Landschaft wieder etwas mehr und sobald wir nach links abgebogen sind, fahren wir nun primär zwischen Wiesen und Feldern entlang Richtung Burg. Asphaltierte Nebenstraßen gestalten jetzt unseren Weg und es gibt immer wieder Einkehrmöglichkeiten wie am Hafen Waldschlösschen. Wir lassen den nächstgrößeren Spreewaldort Burg südöstlich liegen und bewegen uns nun ein Stück gen Norden vorwärts.

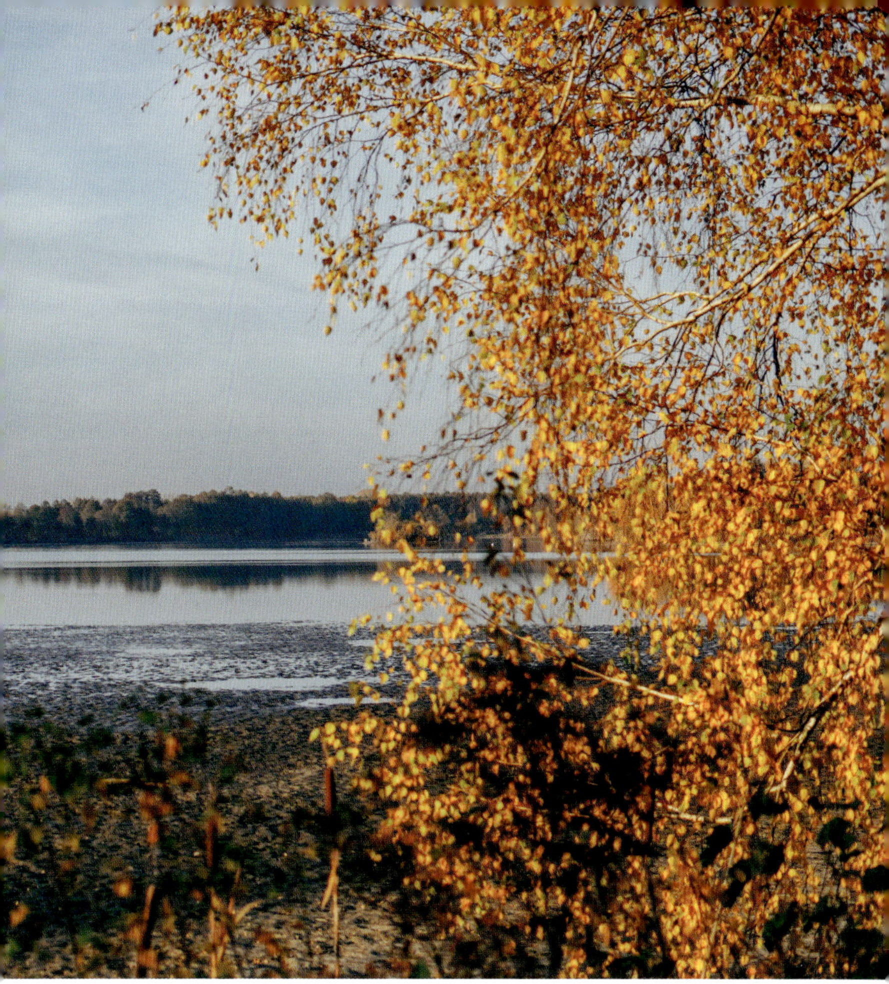

Dabei kommen wir am Irrgarten Burg (2/1,50 €, Willischzaweg, 03096 Burg, spreewaldhof-lukas.de/irrgarten.php) vorbei, der eine gelungene Abwechslung zu den anderen Spreewälder Highlights darstellt. Na, wer findet den schnellsten Weg zum Mittelpunkt?

Wir folgen dem Gurkenradweg weiter, vorbei an der Schleuse Burg, eine von vielen kleinen Schleusenanlagen, die uns auf dieser Tour begegnen. Nach der Überquerung des Hochwasserschutzkanals Nordumfluter radeln wir die nächsten 4 Kilometer entspannt auf einer asphaltierten Fahrradstraße zwischen den Feldern, die nun deutlich größer geworden sind und einen hier ungewohnten Weitblick ermöglichen. Schließlich gelangen wir nach Straupitz, einer Gemeinde am nordöstlichen Spreewaldrand, welche vor allem aufgrund ihrer großen, für ein Dorf eher ungewöhnlichen Schinkelkirche mit Doppelturmfassade in Erinnerung bleibt. Doch auf dem Weg in den Ort hinein fallen auch andere Gebäude ins Auge, wie etwa das Straupitzer Schloss, welches als Schule genutzt wird oder der historische Fachwerkbau des Kornspeichers, der unweit der Touristinfo an der Straße liegt.

Wir folgen dann dem straßenbegleitenden Radweg entlang der L 44 bis Neu-

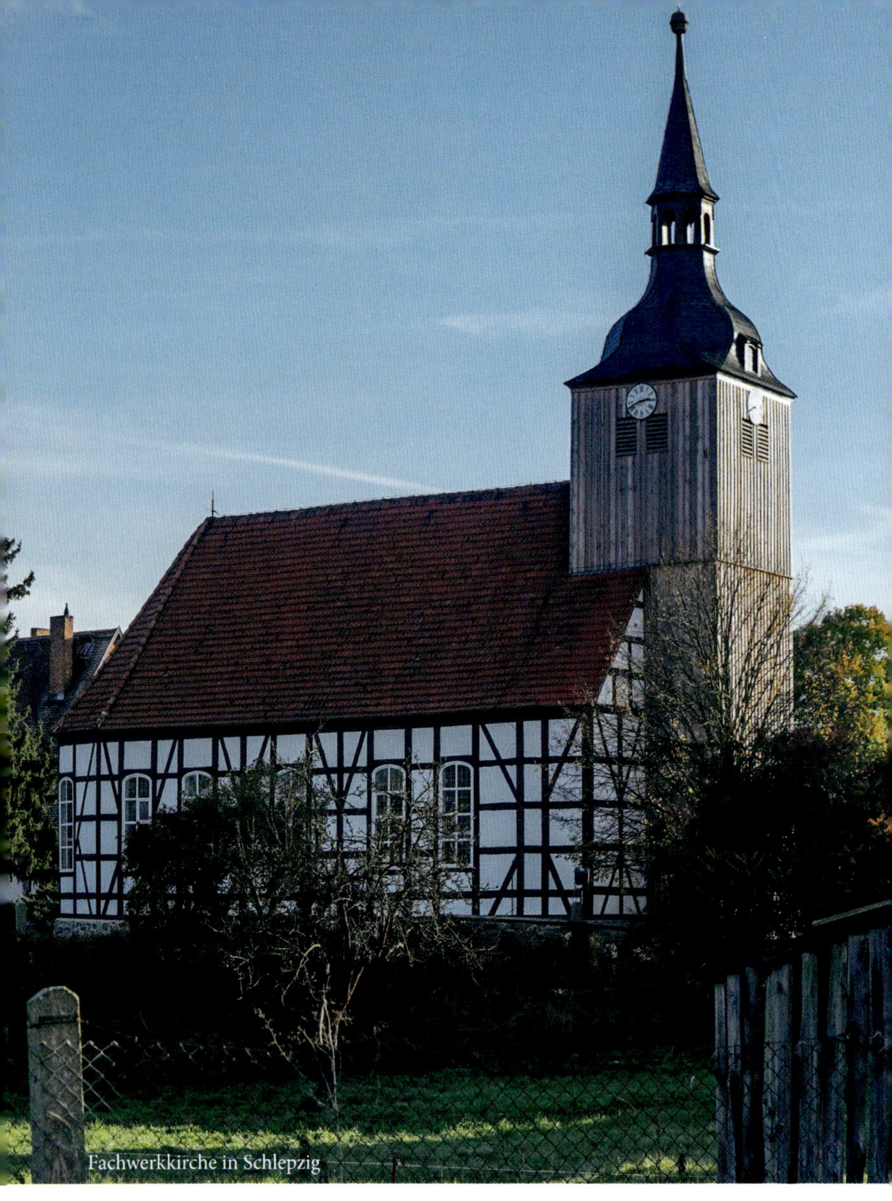
Fachwerkkirche in Schlepzig

Zauche, von wo wir an der Backsteinkirche vorbeiradelnd über den asphaltierten Gurkenradweg wieder zurück an den Nordumfluter kommen. Nach knapp 2 Kilometern über einen festen Schotterweg parallel zum Wasser überqueren wir den Kanal erneut und gelangen auf Asphalt nach Alt-Zauche. Dort gibt es die nächste wunderbare Pausenmöglichkeit an dem neu aufgebauten Gasthaus In Mühle (Mühlweg 2b, 15913 Alt Zauche-Wußwerk) im urigen, regionaltypischen Blockstil. Der Nordumfluter begleitet uns anschließend auf wechselnden, jedoch größtenteils geteerten Wegen bis kurz nach Lübben, das wir östlich des Zentrums passieren. Wer hier übernachtet, hat nun die erste Etappe voller Eindrücke geschafft und kann sich ein wohlverdientes, deftiges Spreewaldessen gönnen.

TAG 2: Auf der nächsten Etappe unserer Tour tragen uns die Räder für die ersten 10 Kilometer über größtenteils feste Schotterwege gen Norden und damit hinein in den Unterspreewald. Eine malerisch schöne Landschaft liegt auf diesem Tourenabschnitt. Im Kontrast zu den vielen kleinen Spreeverästelungen, die wir bisher gesehen haben, befindet sich hier eine ausgedehnte, von Wald umgebene Teichlandschaft mit etwa 250 Hektar Fischteichen. Besonders im Herbst ist das Farbenspiel der Bäume, die sich im Wasser spiegeln, atemberaubend schön und lädt immer wieder dazu ein, kurz innezuhalten und sich an dem romantischen Anblick zu erfreuen.

Wir erreichen die ersten Häuser von Schlepzig und entdecken das kleine, direkt an einem Fließarm gelegene rote Backsteingebäude des Café an der Spree (Do–So 11–17/18 Uhr, Dammstraße 12, 15910 Schlepzig). Dieses bietet in seinem urigen Garten mit Holzbänken am Wasser neben Spreewälder Spezialitäten, wie frischen Hefeplinsen und Schmalzbrot mit Gewürzgurke, auch Eis und andere kleine Snacks an. Ein herrlicher Ort für eine Schlemmerpause. Und im Anschluss geht es rein ins facettenreiche Zentrum des Unterspreewalds. In Schlepzig kann man getrost etwas mehr Zeit einplanen, denn der Ort ist ein Ausgangspunkt für die berühmten Spreewälder Kahnfahrten und hat kulturell und kulinarisch einiges zu bieten. Besonders Prozentiges steht hoch im Kurs: In dem kleinen Ort gibt es in einem sehenswerten Backstein-Fachwerkhaus-Ensemble eine prämierte Spreewald Destillerie für Roggen-Whiskey und eine Privatbrauerei mit Gasthaus und direktem Blick ins Brauhaus. Beide bieten Führungen und Verkostungen an, perfekt also für einen längeren Aufenthalt.

Wir verlassen Schlepzig nach links und folgen nun ein Stück dem Hofjagdradweg. So gelangen wir in das über 1.000 Jahre alte Dorf Krausnick, wo besonders die liebevoll sanierte Fachwerk-Kreuzkirche Krausnick auffällt, die eine Orgel aus dem 19. Jahrhundert beherbergt. Krausnick ist auch ein guter Ausgangspunkt in die regional eher untypische hügelige Landschaft der Krausnicker Berge.

Von Krausnick aus fahren wir weiter auf dem Gurkenradweg wunderbar entspannt auf einem asphaltierten Radweg und primär durch den typischen Brandenburger Nadelwald. Rastplätze für eine Pause liegen am Weg und nach etwa 10 Kilometern erreichen wir Lubolz, das auch über einen Regionalbahnhof verfügt und wo wir die letzten Kilometer auf dem straßenbegleitenden Radweg nach Lübben in Angriff nehmen. Wir lassen die Tour mit einem Bogen durchs westliche Lübben und durch den Hain an der Berste entlang ausklingen und erreichen schließlich unseren Ausgangspunkt am Lübbener Bahnhof wieder.

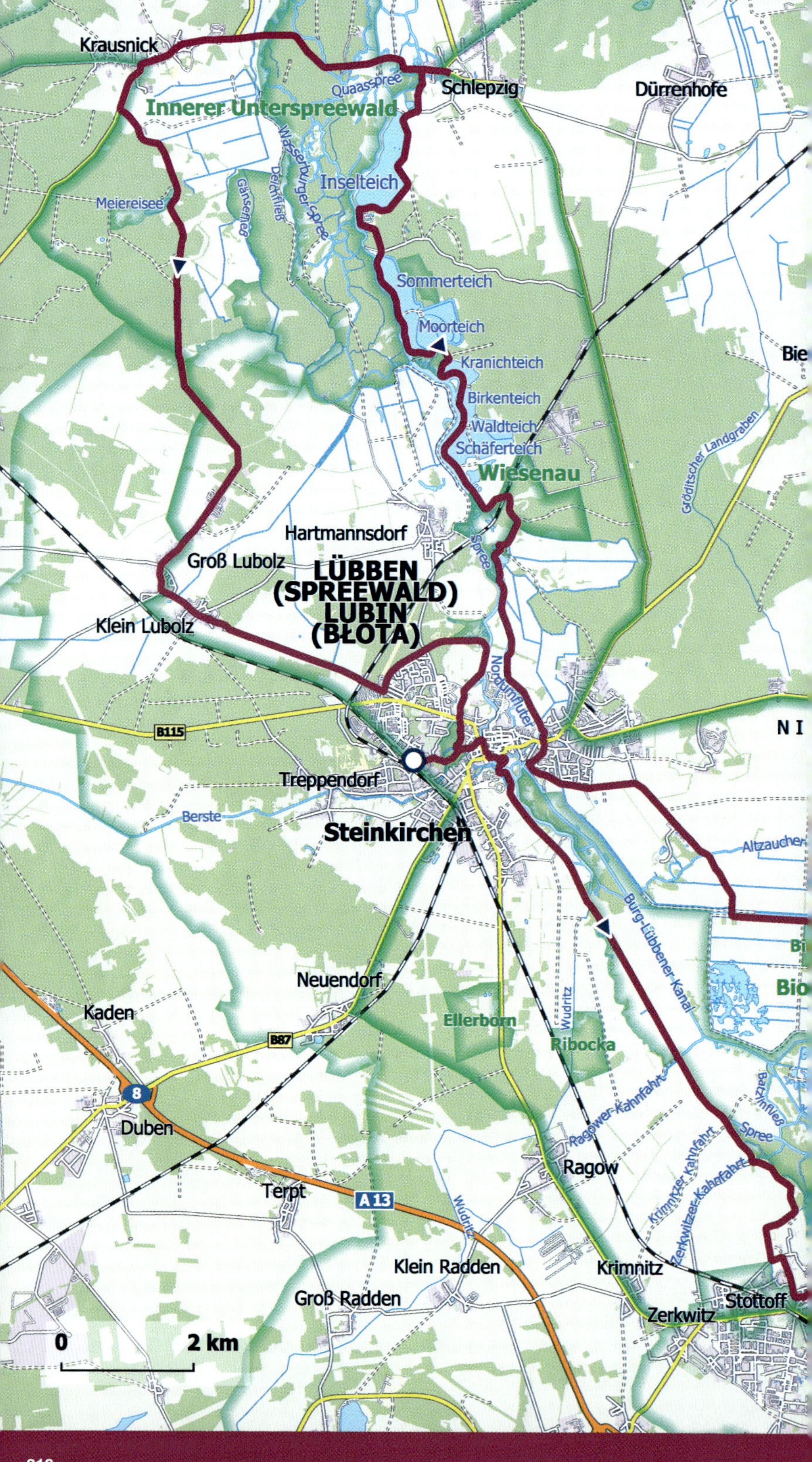
Krausnick
Schlepzig
Dürrenhofe
Quaasspree
Innerer Unterspreewald
Inselteich
Wasserburger Spree
Deichfließ
Gänsefließ
Meiereisee
Sommerteich
Moorteich
Kranichteich
Birkenteich
Waldteich
Schäferteich
Wiesenau
Bie
Gröditscher Landgraben
Hartmannsdorf
Groß Lubolz
LÜBBEN
(SPREEWALD)
LUBIN
(BŁOTA)
Klein Lubolz
Spree
Nordumfluter
B115
N I
Treppendorf
Berste
Steinkirchen
Altzauche
Burg-Lübbener Kanal
Neuendorf
Kaden
B87
Ellerborn
Wudritz
Ribocka
Bio
8
Duben
Ragower-Kahnfahrt
Bathfließ
Spree
Ragow
Krimnitzer Kahnfahrt
Zerkwitzer-Kahnfahrt
Terpt
A 13
Wudritz
Klein Radden
Krimnitz
Groß Radden
Stottoff
Zerkwitz
0
2 km

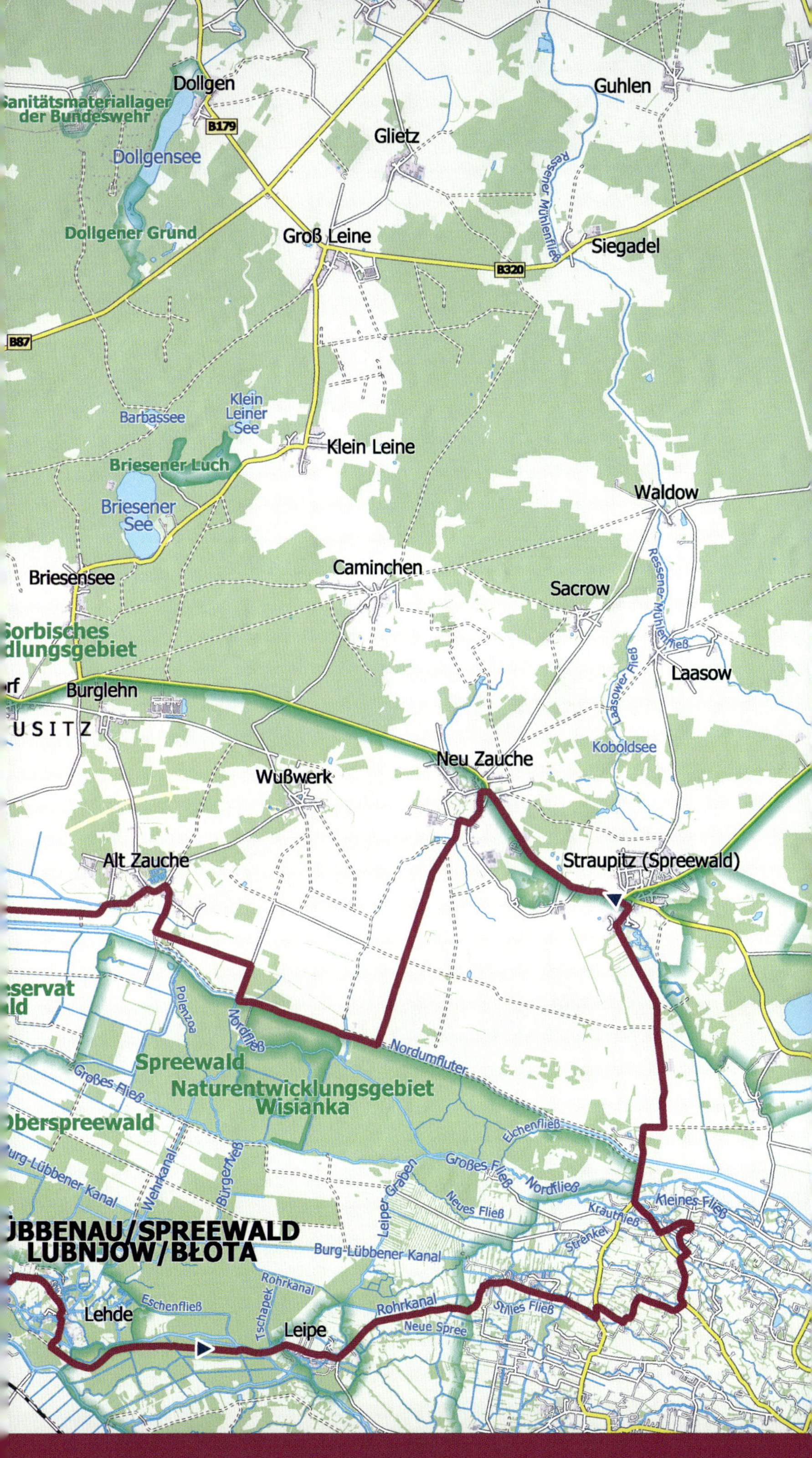

Dollgen
Sanitätsmateriallager der Bundeswehr
B179
Dollgensee
Dollgener Grund
B87
Gurhlen
Glietz
Groß Leine
B320
Siegadel
Ressener Mühlenfließ
Barbassee
Klein Leiner See
Klein Leine
Briesener Luch
Briesener See
Waldow
Caminchen
Sacrow
Briesensee
Sorbisches
dlungsgebiet
Laasow
Laasower Fließ
Burglehn
USITZ
Koboldsee
Neu Zauche
Wußwerk
Alt Zauche
Straupitz (Spreewald)
eservat
ld
Polenzoa
Nordfließ
Nordumfluter
Spreewald
Naturentwicklungsgebiet
Wisianka
Großes Fließ
Oberspreewald
Eichenfließ
Großes Fließ
Nordfließ
Burg-Lübbener Kanal
Wehrkanal
Bürgerfließ
Leiper Graben
Neues Fließ
Krautfließ
Kleines Fließ
Strenkel
ÜBBENAU/SPREEWALD
LUBNJOW/BŁOTA
Burg-Lübbener Kanal
Rohrkanal
Eschenfließ
Lehde
Tschapek
Leipe
Rohrkanal
Stilles Fließ
Neue Spree

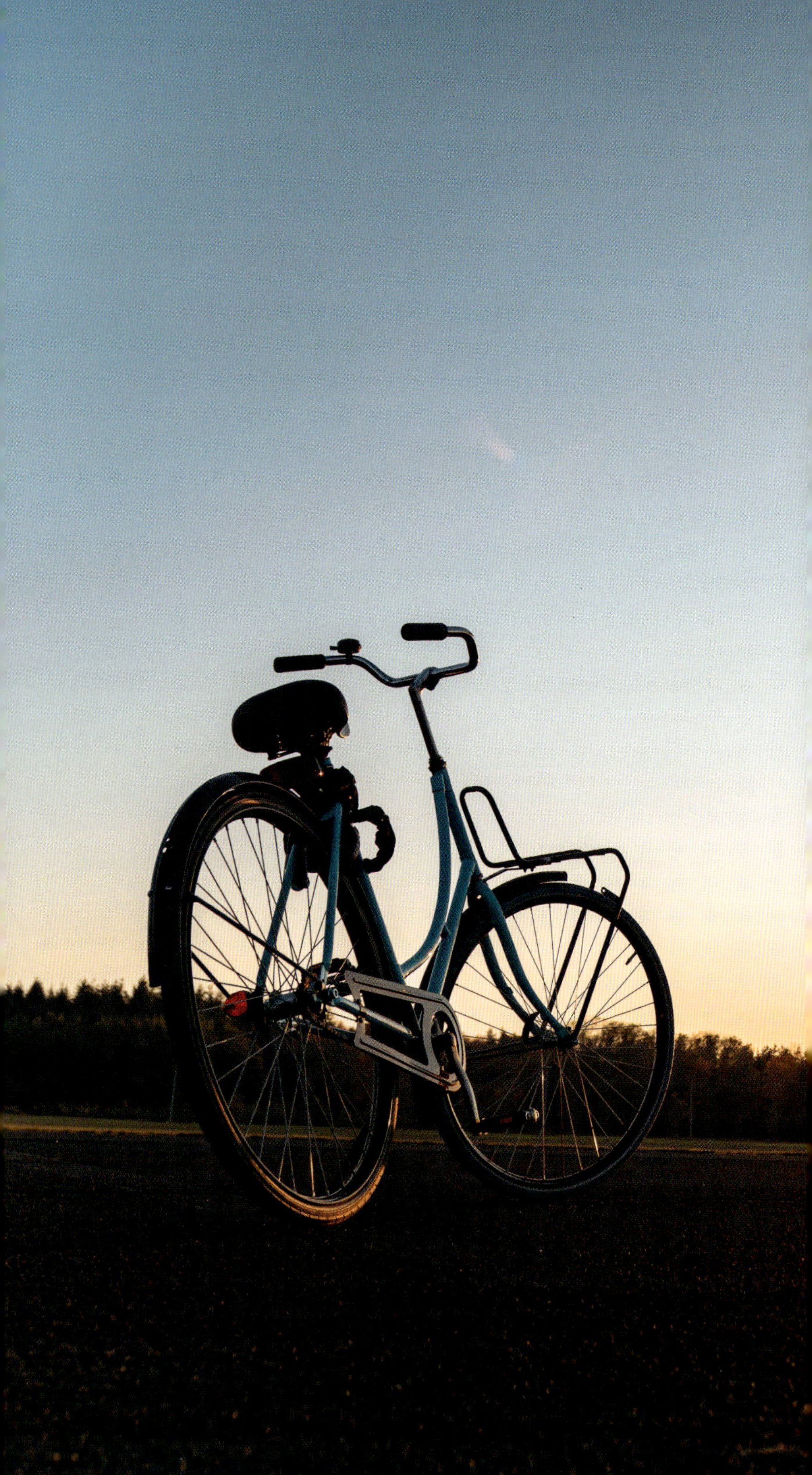

So manche Stimmung lässt sich nur mit dem Rad erfahren

Die Route für unterwegs

GPS-Daten zum Downloaden

Du planst und navigierst lieber digital? Für das Navigationsgerät deiner Wahl haben wir alle Touren auf unserer Webseite für dich.

www.kompass.de/gps

Damit kommst du direkt zum Download-Bereich. Einfach das richtige Produkt auswählen, herunterladen und auf das Zielgerät oder in die gewünschte App importieren.

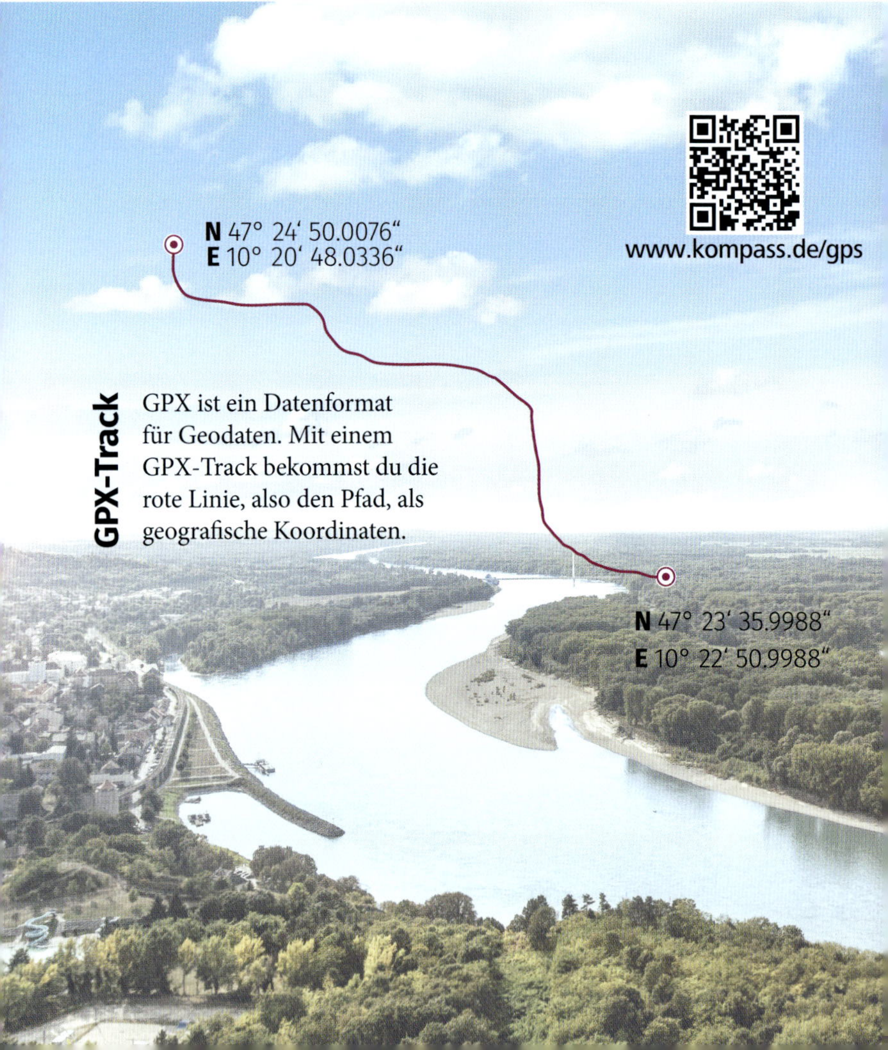

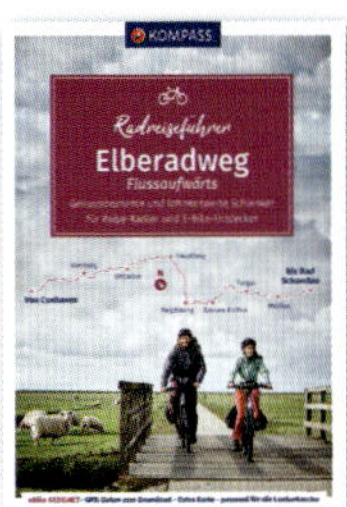

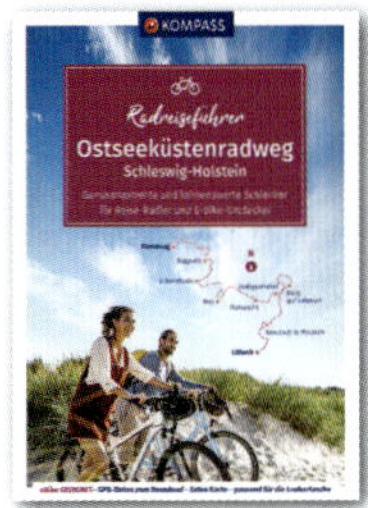

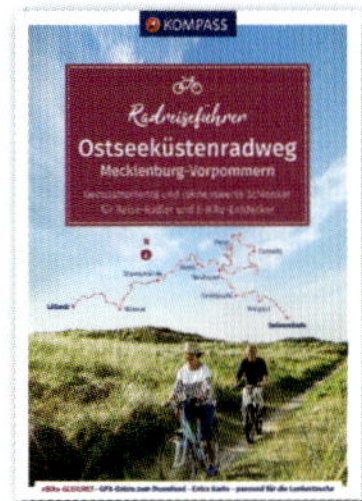

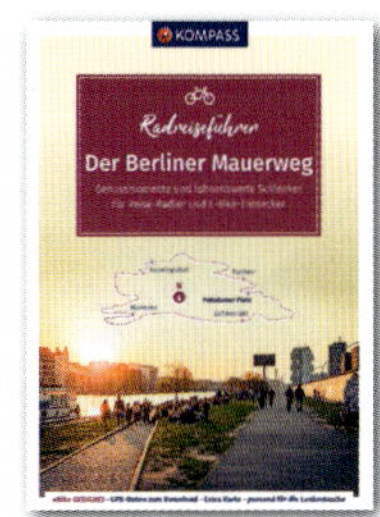

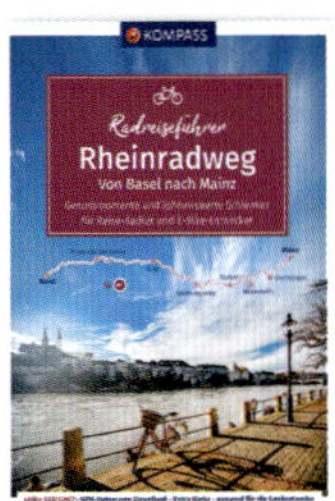

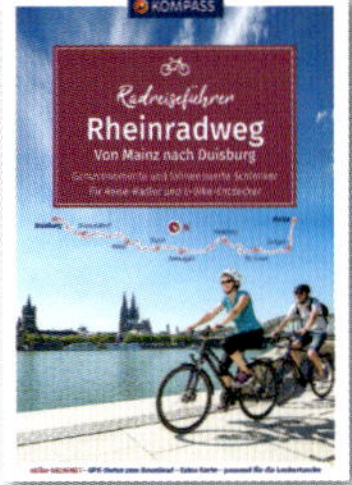

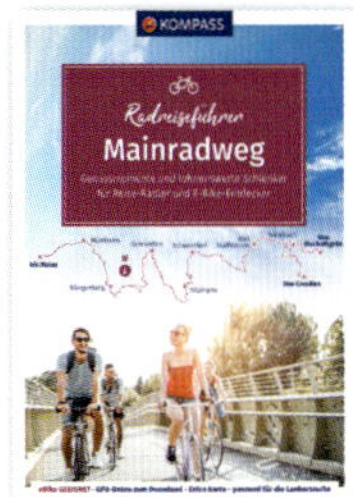

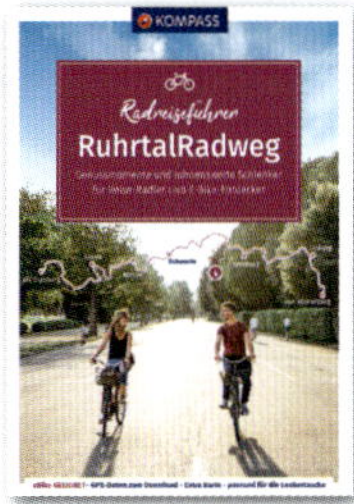

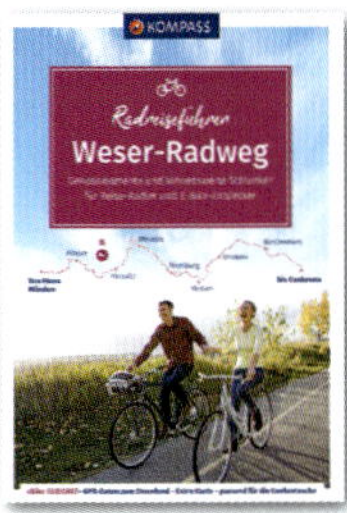

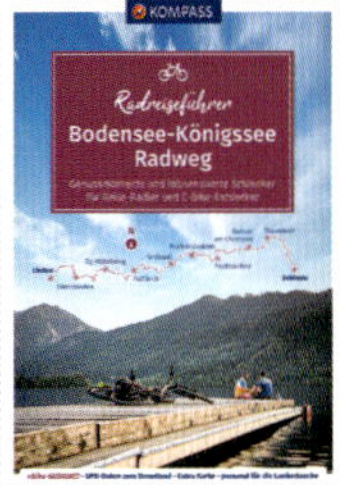

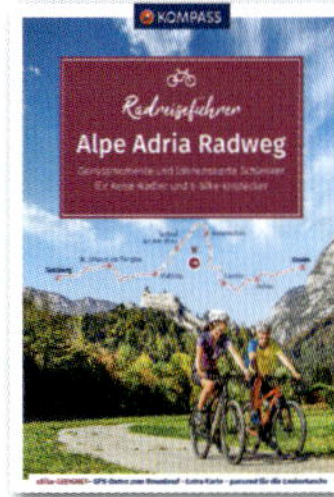

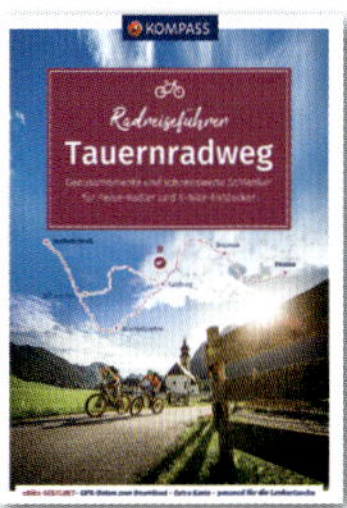

KOMPASS Radreiseführer – der perfekte Begleiter.

Weitere Fahrradführer

Lust auf eine Fahrrad-Reise bekommen ?

Viele der vorgestellten Touren führen teilweise über Fahrradfernwege. Diese führen entlang von Flüssen, der Küste oder rund um Seen. Wenn du jetzt Lust auf mehr bekommen hast, dann ist so eine Tour vermutlich genau das Richtige für dich. Wir haben natürlich genau die richtigen Führer für dich als Begleitung. In unseren Radreiseführern zeigen wir dir neben der Strecke, was es alles entlang des Weges zu entdecken gibt. Egal, ob gemächlich mit dem Flussverlauf oder ambitioniert über die Alpen – es gibt für jedes Level die richtige Route. Natürlich auch für alle, bei denen der Motor etwas mithilft und so mehr Energie für die Aussicht bleibt.

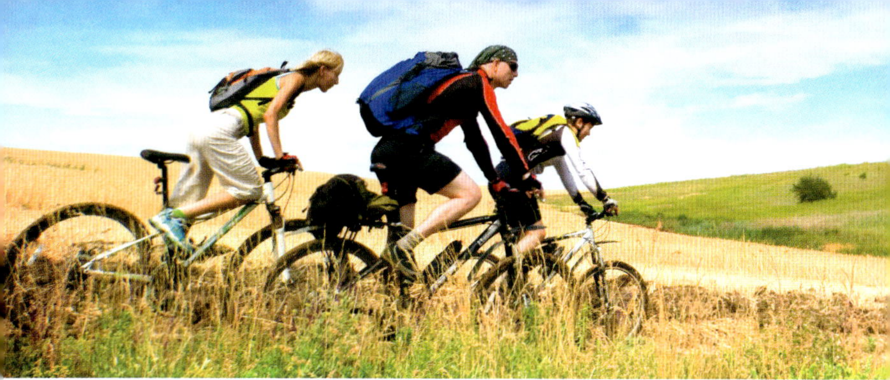

Unser
Autorenteam

Zwischen der Nordsee und den Bayerischen Alpen besteht ein Radwegenetz mit einer Gesamtlänge von rund 75.000 Kilometern. Keine Frage also, dass eine Präsentation der schönsten Fahrradrouten Deutschlands nur im Teamwork möglich ist. Verlag und Redaktion danken jenen Damen und Herren, die Berlin und seine Umgebung mit dem Fahrrad erkundet und beschrieben haben, sehr herzlich für die gute Zusammenarbeit. Ohne ihr Wissen und ihre Erfahrung wäre die Realisierung des vorliegenden Werkes nicht möglich gewesen!

- Ralf Enke
- Juliane Schumacher

Impressum

1. Auflage 2024 Verlagsnummer 6035 ISBN 978-3-99154-127-1

Titelbild: Spaß am herbstlichen Radfahren (© maxbelchenko - stock.adobe.com)
Cover Rückseite: Wanderweg am Kanal (© Friedberg - stock.adobe.com)
Projektleitung: Jeff Reding
Grafische Herstellung und Kartenausschnitte: © KOMPASS-Karten GmbH
Kartenausschnitte: © KOMPASS-Karten GmbH unter Verwendung OpenStreetMap Contributors (www.openstreetmap.org)

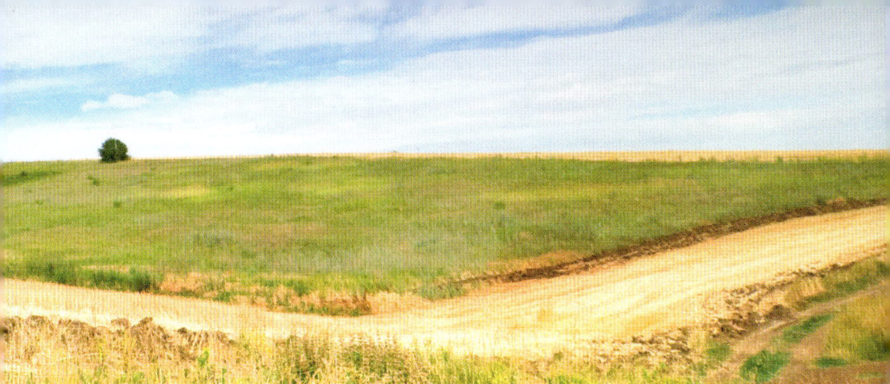

Bildnachweis: S. 2/3 © Mirko Vitali - adobe stock; S. 5 © Peeradontax - adobe stock; S. 22 © rotschwarzdesign - adobe stock; S. 24 © Potsdamer Platz ; S. 26 © imageBROKER - Alamy Stock Photo; S. 50/51 © Adrian Berger - adobe stock; S. 70 © ebenart - stock.adobe.com; S. 64 © Tilo Grellmann - adobe stock; S.78, 90, 100, 108, 112, 114 © Ralf Enke; S. 76 © CHECKPOINT BRAVO e. V.; S. 80 © Stiftung Preußische Schlösser und Gärten Berlin-Brandenburg; S. 82 © SPSG_Marmorpalais_HansBach; S. 85 © visumate; S. 88, 90 © Johanna Jahnke; S. 92 © Timo Jahnke; S. 96 © ArTo - stock.adobe.com; S. 98, © Stephan Laude - adobe stock; S. 104 © Karl Heinz Spremberg; S. 1 © spuno - stock.adobe.com; S. 106 © Konrad Weiss - stock.adobe.com; S. 123 © mondputzer_pixelio.de; S. 142 © Jaanmr_photo - stock.adobe.com; S. 118, 120, 122 © Jan Bubenik; S. 138/139 © spuno - adobe stock; S. 14, 16, 18, 32, 34, 36, 40, 42, 44, 48, 52, 56, 58, 60, 66, 68, 108, 126, 128, 130, 134, 136, 138, 144, 146, 150, 152, 154, 166, 168, 174, 176, 178, 188, 190, 198, 200, 202, 204, 208, 212, 214 © Juliane Schumacher - adobe stock; S.160 © Copula - stock.adobe.com; S. 162 © Stockholm Syndrome; S. 184 © holger.l.berlin - stock.adobe.com; S.196 © scharfsinn86 - stock.adobe.com; S.211 © Ina Meer Sommer - stock.adobe.com; S. 218 © Sayed - stock.adobe.com; S.222 © Alina Isakovich - Fotolia

Kompass Karten GmbH
Karl-Kapferer-Straße 5, A-6020 Innsbruck
www.kompass.de/service/kontakt

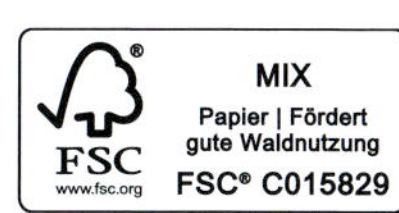

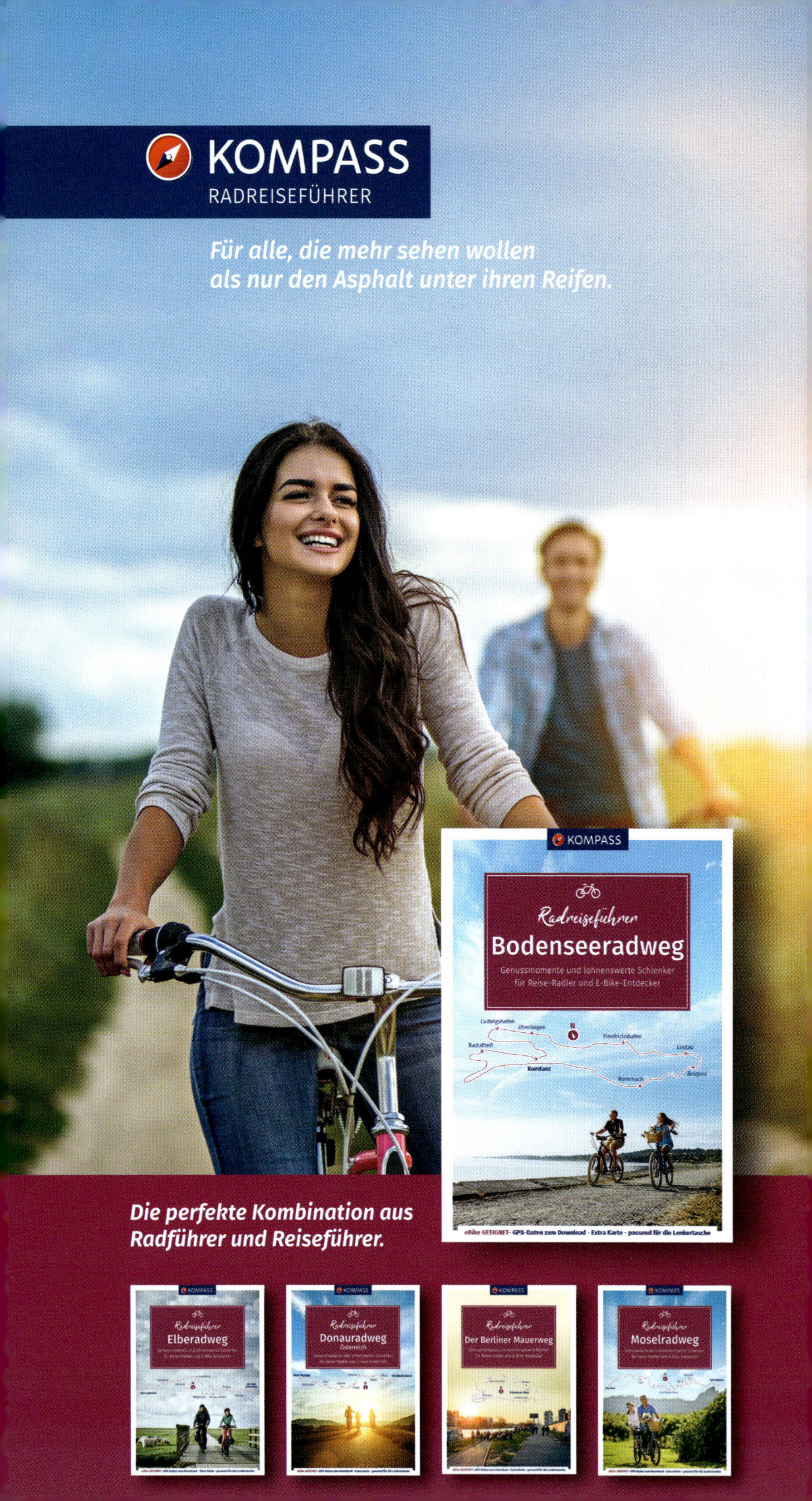